普通高等教育"十二五"规划教材

宏观经济学习题集

李家凯　汪延明　主编

科学出版社
北京

内 容 简 介

为加深学生对宏观经济学各章节所学知识的印象，便于系统掌握和灵活运用宏观经济学的基本理论，满足不同层次学生学习宏观经济学的需要，本习题集依据高鸿业主编的《宏观经济学》教材而编写，其特色有：根据教学大纲的知识点设计不同难度、不同标准、不同类型的习题；根据国内外宏观经济发展的最新动态，设计典型案例；充分照顾不同学习程度的学生，题目由易到难，同时提供了较为翔实的参考答案。

本习题集适合普通高等院校经管类本科生、硕士研究生参考使用。

图书在版编目（CIP）数据

宏观经济学习题集/李家凯，汪延明主编. —北京：科学出版社，2018.9

普通高等教育"十二五"规划教材
ISBN 978-7-03-058196-9

Ⅰ. ①宏… Ⅱ. ①李… ②汪… Ⅲ. ①宏观经济学-高等学校-习题集 Ⅳ. ①F015-44

中国版本图书馆 CIP 数据核字（2018）第 149948 号

责任编辑：兰　鹏　陶　璇／责任校对：邹慧卿
责任印制：吴兆东／封面设计：蓝正设计

科　学　出　版　社 出版
北京东黄城根北街 16 号
邮政编码：100717
http://www.sciencep.com

北京盛通商印快线网络科技有限公司 印刷
科学出版社发行　各地新华书店经销

*

2018 年 9 月第　一　版　　开本：787×1092　1/16
2020 年 1 月第二次印刷　　印张：18 3/4
　　　　　　　　　　　　　字数：440 000

定价：52.00 元

（如有印装质量问题，我社负责调换）

前　言

社会主义市场经济日益发展的今天，西方经济学理论也越来越受到高校教学工作和社会实践工作的重视，宏观经济学已经成为高等院校中主修经济类及管理类学科学生的基础课程和必修课程。但是对大多数高校的学生来说，学习宏观经济学这门课存在一定的困难，因为宏观经济学涉及的知识点比较烦杂，相对微观经济学来说更加抽象，也不像微观经济学那样贴近生活、比较容易在生活中找到实例加以分析和理解，这就更加大了初学者学习并掌握其主要知识点的难度。我们也了解到，不少学校的本科生在学习宏观经济学方面存在基础薄弱、不会做题等方面的问题。于是我们决定编写此习题集，主要是为了满足高校本科生学好宏观经济学这门课程的需要。

本习题集以高鸿业主编的、中国人民大学出版社出版的《宏观经济学》作为编写依据，包括单项选择、多项选择、判断、名词解释、简答、计算、论述、案例分析八个部分的内容，内容紧扣教材，涵盖了教材的每一个知识点。本习题集的每一个题目都用"★"标识了难度系数，"★"越多，表示难度系数越大。此外，我们还将一些经典的考研原题收录到本书中来，供考研的同学作为真题来训练，但考研题所占比重不大，本习题集还是强调重基础、重计算。本习题集的每一章案例分析都会有一个和该章知识点相联系的贵州省的实际案例，使贵州财经大学本校的学生能够更好地了解本省省情并联系实际作出分析和判断。

市场上关于高鸿业主编的《宏观经济学》的习题集很多，相对而言，本习题集在以下方面具有特色。

（1）难度分级。本书难度跨越比较大，从宏观经济学的基础题难度至考研的难度都有分布，并将习题集按三级分类。★表示基础题，★★表示提高题，★★★表示难题。不同读者可以根据自己的实际情况选择相关难度的习题进行练习。

（2）案例体现本地特色。每章习题后面都设计了案例分析题，案例分析题题材几乎都是取自贵州省的经济与社会现象。这是本习题集区别于其他习题集的主要特点。

（3）习题都配有答案。本习题集每一道题后面都附有答案，以便学生做完题后能及时纠正自己的错误与不足，方便学生学习教材之后通过练题再次巩固教材内容。

（4）每章习题题量大，题型新颖。本习题集主要是打造一个高鸿业主编的《宏观经济学》习题库，编写的题目新颖，主要让学生通过做题达到巩固知识点、灵活运用知识、温故而知新的目的。

（5）题目紧跟教材。每一章的习题都和教材知识点密切相关，本习题集注重基础，同时也看重提高，深入浅出、题型全面、重点突出，希望学生通过习题集来巩固教材上的知识点。

（6）分析每章重难点。每章习题前面都对本章内容的重难点进行了分析，指出重难点是哪些，方便学生能更好地掌握学习重点。

编写组

2018 年 5 月 10 日

目 录

第十二章　宏观经济的基本指标及其衡量 ... 1
一、单项选择题 ... 1
二、多项选择题 ... 8
三、判断题 ... 9
四、名词解释 ... 11
五、简答题 ... 11
六、计算题 ... 12
七、论述题 ... 14
八、案例分析 ... 14

第十三章　国民收入的决定：收入—支出模型 ... 19
一、单项选择题 ... 19
二、多项选择题 ... 26
三、判断题 ... 28
四、名词解释 ... 29
五、简答题 ... 29
六、计算题 ... 30
七、论述题 ... 31
八、案例分析 ... 31

第十四章　国民收入的决定：IS—LM 模型 ... 36
一、单项选择题 ... 36
二、多项选择题 ... 43
三、判断题 ... 45

四、名词解释 46
　　五、简答题 47
　　六、计算题 47
　　七、论述题 48
　　八、案例分析 48

第十五章 国民收入的决定：总需求—总供给模型 56
　　一、单项选择题 56
　　二、多项选择题 62
　　三、判断题 64
　　四、名词解释 66
　　五、简答题 66
　　六、计算题 66
　　七、论述题 67
　　八、案例分析 68

第十六章 失业与通货膨胀 74
　　一、单项选择题 74
　　二、多项选择题 76
　　三、判断题 77
　　四、名词解释 77
　　五、简答题 78
　　六、计算题 78
　　七、论述题 79
　　八、案例分析 79

第十七章 宏观经济政策 82
　　一、单项选择题 82
　　二、多项选择题 87
　　三、判断题 88
　　四、名词解释 89
　　五、简答题 90

六、计算题 ··· 90
　七、论述题 ··· 90
　八、案例分析 ··· 91

第十八章　开放经济下的短期经济模型 ··· 95
　一、单项选择题 ··· 95
　二、多项选择题 ··· 98
　三、判断题 ··· 100
　四、名词解释 ·· 102
　五、简答题 ··· 102
　六、计算题 ··· 103
　七、论述题 ··· 103
　八、案例分析 ··· 103

第十九章　经济增长 ·· 107
　一、单项选择题 ··· 107
　二、多项选择题 ··· 109
　三、判断题 ··· 110
　四、名词解释 ·· 110
　五、简答题 ··· 111
　六、计算题 ··· 111
　七、论述题 ··· 111
　八、案例分析 ··· 112

第二十章　宏观经济学的微观基础 ·· 114
　一、单项选择题 ··· 114
　二、多项选择题 ··· 117
　三、判断题 ··· 118
　四、名词解释 ·· 119
　五、简答题 ··· 120
　六、计算题 ··· 120
　七、论述题 ··· 121

八、案例分析 ··· 121

第二十一章

新古典宏观经济学和新凯恩斯主义经济学 ·············· 125

　　一、单项选择题 ·· 125
　　二、多项选择题 ·· 128
　　三、判断题 ·· 130
　　四、名词解释 ·· 132
　　五、简答题 ·· 132
　　六、论述题 ·· 133
　　七、案例分析 ·· 133

第二十二章

西方经济学与中国 ·· 135

　　一、单项选择题 ·· 135
　　二、论述题 ·· 135
　　三、案例分析 ·· 136

参考答案及解析 ·· 139
参考文献 ·· 290
后记 ·· 291

第十二章

宏观经济的基本指标及其衡量

【重难点分析】

本章考查的重点主要有：国内生产总值及其核算方法，国民收入的衡量指标，国民收入构成的基本公式，名义 GDP 和实际 GDP 的关系，失业和物价水平的衡量方法。

本章考查的难点主要有：国内生产总值的概念及其核算方法，核算国内生产总值的收入法和支出法的区分与计算，国民收入的几个概念之间的关系与计算，国民收入核算体系中储蓄和投资的恒等式。

一、单项选择题

1. 用支出法核算的国内生产总值的构成部分不包括下列哪项？（　　）★
   A. 投资　　　　　　　　　　　　　　B. 净出口
   C. 消费　　　　　　　　　　　　　　D. 总出口

2. 一国的国民生产总值小于国内生产总值，那么说明这个国家的公民从本国取得的收入（　　）外国公民从该国取得的收入。★★★
   A. 小于　　　　　　　　　　　　　　B. 等于
   C. 大于　　　　　　　　　　　　　　D. 可能小于可能大于

3. 宏观经济学和微观经济学的关系是（　　）。★
   A. 没有关系，相互独立
   B. 两者都是研究一国的国民经济，但研究角度不同
   C. 两者都是研究一国的国民经济，研究角度相同
   D. 最终都是研究个别厂商和消费者的行为

4. 用收入法核算的国内生产总值不应该包括（　　）。★★
   A. 工资、利息和租金等这些生产要素的报酬　　B. 非公司企业主收入
   C. 净出口　　　　　　　　　　　　　　　　　D. 公司税前利润

5. 下列不应该计入当年 GDP 的是（　　）。★★★
   A. 当年重新改装的摩托车增加的价值　　　　　B. 一辆二手摩托车的价值
   C. 磨损了的汽车零部件替换品的销售价值　　　D. 一辆新摩托车的价值

6. 下列各项中，不列入 GDP 核算的是（　　）。★
   A. 政府给贫困家庭的补助　　　　　B. 房地产中介出租房屋收取的佣金
   C. 出口到国外的货物　　　　　　　D. 保险公司收到的一笔投保的保险费
7. 国民收入不包括下列哪部分？（　　）★
   A. 工资收入　　　　　　　　　　　B. 福利支付
   C. 利息收入　　　　　　　　　　　D. 利润收入
8. 国内生产总值是指一定时期内的某一国家或地区经济的（　　）的市场价值。★
   A. 所有的物品和劳务的总和
   B. 一切的经济交易
   C. 生产的所有最终物品和劳务的总和
   D. 市场上所有交换的最终物品和劳务的总和
9. 为从国民收入中获取个人收入，不用减去下列哪项？（　　）★★
   A. 社会保险税　　　　　　　　　　B. 公司所得税
   C. 公债利息　　　　　　　　　　　D. 公司未分配利润
10. 在经济分析中通常使用国民生产总值指标而不是国民生产净值指标，这是因为（　　）。★★
    A. 联合国有关机构有规定
    B. 国民生产总值比国民生产净值更好地反映了一国一年间新增的实物量
    C. 国民生产净值比国民生产总值更好地反映了一国一年间新增的实物量
    D. 国民生产总值比国民生产净值更容易作准确计算
11. 一国经济在 2015 年（基期）的 GDP 为 4 000 亿元，如果 2016 年 GDP 平减指数为 3，而实际 GDP 增加 30%，则 2016 年的名义 GDP 等于（　　）。★★★
    A. 15 000 亿元　　　　　　　　　　B. 15 200 亿元
    C. 15 400 亿元　　　　　　　　　　D. 15 600 亿元
12. 如果个人收入等于 100 美元，而个人所得税等于 12 美元，消费等于 55 美元，利息支付总额等于 5 美元，个人储蓄为 6 美元，则个人可支配收入为（　　）。★★
    A. 88 美元　　　　　　　　　　　　B. 45 美元
    C. 40 美元　　　　　　　　　　　　D. 34 美元
13. 已知消费为 80 亿元，投资为 20 亿元，间接税为 20 亿元，政府的物品和劳务支出额为 25 亿元，净出口为 5 亿元，则（　　）。★★
    A. NDP=60 亿元　　　　　　　　　B. GNP=130 亿元
    C. NDP=130 亿元　　　　　　　　　D. 无法确定 GNP
14. 在国民收入核算体系中，计入 GDP 的政府支出是指（　　）。★
    A. 政府购买物品的支出
    B. 政府购买物品和劳务的支出
    C. 政府购买物品和劳务的支出加上政府的转移支付之和
    D. 政府工作人员的薪金和政府转移支付

15. 已知某国的资本品存量在年初为600亿元，它在本年度生产了250亿元的资本品，资本品消耗折旧是200亿元，那么该国在本年度的总投资额和净投资额分别是（　　）。★★

   A. 250亿元和50亿元　　　　　　　B. 850亿元和650亿元
   C. 250亿元和200亿元　　　　　　 D. 50亿元和400亿元

16. 在公司税前的利润中，与个人收入无关的是（　　）。★

   A. 股东红利　　　　　　　　　　　B. 公司所得税
   C. 社会保险税　　　　　　　　　　D. 公司未分配利润

17. 下列属于经济学上的投资的是（　　）。★

   A. 企业增加一笔存货　　　　　　　B. 企业新建一座厂房
   C. 企业购买一台机器设备　　　　　D. 以上都是

18. 下列项目中，不属于政府购买的是（　　）。★

   A. 政府投资修桥补路　　　　　　　B. 政府投资兴办一所高校
   C. 政府提供更多的公务服务产品　　D. 政府给贫困家庭的生活补贴

19. 下列属于流量指标的是（　　）。★★

   A. 财富　　　　　　　　　　　　　B. 收入
   C. 黄金储备　　　　　　　　　　　D. 外汇储备

20. 下列指标中属于存量指标的是（　　）。★

   A. 收入　　　　　　　　　　　　　B. 进出口
   C. 投资　　　　　　　　　　　　　D. 资本

21. 净出口是指（　　）。★

   A. 出口额加上进口额　　　　　　　B. 出口额减进口额
   C. 出口额减政府购买　　　　　　　D. 进口额减出口额

22. 下列属于政府转移支付的是（　　）。★

   A. 政府给养老院拨款　　　　　　　B. 政府给公务员发工资
   C. 政府投资兴建歌剧院　　　　　　D. 政府用于研发高新技术的投资

23. 今年的名义国内生产总值小于去年的名义国内生产总值说明（　　）。★★

   A. 今年生产的物品和劳务的总量一定比去年减少了
   B. 今年的物价水平和实物产量水平都比去年降低了
   C. 今年实际产出一定比去年低
   D. 以上三种说法都不一定正确

24. 通过核算生产要素在生产过程中应得的收入份额反映最终成果来计量GDP属于（　　）。★

   A. 支出法　　　　　　　　　　　　B. 收入法
   C. 价值增值法　　　　　　　　　　D. 个人收入法

25. 以下哪个选项不是重要的宏观经济目标？（　　）★

   A. 价格稳定　　　　　　　　　　　B. 充分就业
   C. 完全竞争　　　　　　　　　　　D. 经济增长

26. 下列哪一本著作对现代宏观经济学的产生起了最为重要的作用？（　　）★
   A. 凯恩斯的《货币论》
   B. 凯恩斯的《就业、利息和货币通论》
   C. 马歇尔的《货币、信用与商业》
   D. 亚当·斯密的《国富论》

27. 宏观经济学家在研究消费问题时，所关心的是（　　）。★
   A. 消费者具体购买的是什么
   B. 消费者的各种支出进行加总而得到一个总量
   C. 消费者的具体需求能否得到满足
   D. 消费者的总群体的大小

28. 在国内生产总值统计数字中，"投资"包括（　　）。★★
   A. 政府部门向公务员购买的劳务
   B. 任意购买一种新发行的普通股
   C. 年终与年初相比增加的存货量
   D. 消费者购买的但到年终并没完全消费掉的任何商品

29. 在国内生产总值统计数字中，住宅在其所有者居住时其服务价值是按照何种方式处理的？（　　）★★★
   A. 不作计算，因为财产服务不认为是"生产"
   B. 不作计算，因为这样的财产服务包括住宅本身的价值
   C. 采用一个租金价值的任意估计值，不计入国内生产总值
   D. 采用一个租金价值的任意估计值，计入国内生产总值

30. 在国内生产总值和统计数字里，一个负的总投资数字（　　）。★★
   A. 绝不会出现
   B. 只有在厂房和设备的折旧总额足够大时才会出现
   C. 在那年内没有生产任何厂房和设备时会自然出现
   D. 会由于那年内的存货缩减量足够大而产生

31. 如果GDP下降的原因是投资支出的下降，那么可以预计（　　）。★★
   A. 消费和储蓄都会减少
   B. 消费增加，但储蓄会减少
   C. 消费减少，但储蓄会增加
   D. 消费和储蓄都不一定改变

32. 在某个节日期间，厂商大量囤积货物，但因为没有出现预期中的购物潮，许多企业都剩下了许多货物。这些货物是（　　）。★
   A. 存货
   B. 固定资本
   C. 消费品
   D. 以上都不是

33. 下列有关两部门经济产品市场均衡的描述，正确的是（　　）。★★★
   A. 总收入必须正好等于消费者计划用掉的那部分收入再加上他们合意总储蓄的总和
   B. 消费者的支出总额必须等于"收支相抵"的收入水平
   C. 总收入必须正好等于消费者计划用掉的收入加计划投资总额
   D. 总收入必须正好等于计划储蓄与计划投资相加后的总数

34. 某国2016年的名义GDP为1 200亿元，GDP平减指数为1.2，则实际GDP为（　　）。★
   A. 1 200亿元
   B. 1 000亿元
   C. 800亿元
   D. 1 440亿元

35. 在统计中，社会保险税增加对（　　）有直接影响。★
   A. 国内生产总值（GDP）　　　　B. 国民生产净值（NNP）
   C. 个人收入（PI）　　　　　　　D. 国民收入（NI）

36. 下列项目中，（　　）不属于要素收入，但要计入个人收入（PI）之中。★
   A. 房租　　　　　　　　　　　　B. 养老金
   C. 红利　　　　　　　　　　　　D. 银行存款利息

37. 不会影响GDP测量的是（　　）。★★
   A. 产品价值的变化　　　　　　　B. 对政府提供的服务的价值的估计
   C. 出口的增加　　　　　　　　　D. 政府转移支付

38. 经济增长总是以实际GDP的数值来衡量的，这是因为（　　）。★
   A. 产出逐年变化　　　　　　　　B. 收入法与支出法得出的数字并不相等
   C. 逐年的名义GDP差别太大　　　D. 价格水平逐年变化

39. 表示一国国民在一定时期内生产的所有最终产品和劳务的市场价值的总量指标是（　　）。★
   A. 国民生产总值　　　　　　　　B. 国内生产总值
   C. 名义国民生产总值　　　　　　D. 实际国民生产总值

40. 在一般情况下，国民收入核算体系中，数值最小的是（　　）。★★
   A. 国民生产净值　　　　　　　　B. 个人收入
   C. 个人可支配收入　　　　　　　D. 国民收入

41. 当实际GDP为175亿元，GDP平减指数为1.6时，名义GDP为（　　）。★
   A. 110亿元　　　　　　　　　　B. 157亿元
   C. 280亿元　　　　　　　　　　D. 175亿元

42. 名义GDP和实际GDP的主要区别是（　　）。★
   A. 实际GDP按价格变化作了调整，而名义GDP则没有
   B. 名义GDP按价格变化作了调整，而实际GDP则没有
   C. 名义GDP更适合于比较若干年的产出
   D. 实际GDP在通货膨胀时增长更多

43. 在四部门经济中，GDP是指（　　）的总和。★★
   A. 消费、净投资、政府购买和净出口　　B. 消费、总投资、政府购买和净出口
   C. 消费、总投资、政府购买和总出口　　D. 消费、净投资、政府购买和总出口

44. 用所有厂商的收入扣除使用的中间投入品成本来核算GDP的方法是（　　）。★★
   A. 最终产品法　　　　　　　　　B. 个人收入法
   C. 收入法　　　　　　　　　　　D. 生产法

45. 如果钢铁、油漆、绝缘材料以及所有用来制造一个电烤炉的原料价值在计算GDP时都包括进去了，那么这种衡量方法（　　）。★
   A. 因各种原料都进入市场交易，所以衡量是正确的
   B. 因为重复记账导致过高衡量
   C. 由于重复记账导致过低衡量
   D. 由于各种原料起初都是生产者存货的一部分故没有影响

46. 计入国民生产总值的有（　　）。★★
   A. 家庭主妇的家务劳动折合成的收入　　B. 拍卖毕加索作品的收入
   C. 出售股票的收入　　D. 晚上为邻居看儿童的收入

47. 在计算国内生产总值时，（　　）才可以扣除中间产品的价值。★★
   A. 剔除金融转移
   B. 计量GDP时使用增值法（价值增加法）
   C. 剔除以前生产产品的市场价值
   D. 剔除那些未涉及市场交换的商品

48. GDP等于工资、利息、租金、利润以及间接税支付的总和，也可以表述为（　　）。★★
   A. 总需求＝总供给　　B. 总供给＝总产出
   C. 总产出＝总收入　　D. 总收入＝总需求

49. 下列应计入GDP中的是（　　）。★
   A. 面包厂购买的面粉　　B. 购买40股股票
   C. 家庭主妇购买的面粉　　D. 购买政府债券

50. 用收入法计算的GDP等于（　　）。★★
   A. 消费＋投资＋政府支出＋净出口　　B. 工资＋利息＋地租＋利润＋间接税
   C. 工资＋利息＋中间产品＋间接税＋利润　　D. 工资＋利息＋中间产品＋间接税

51. 在收入法核算的GDP中，以下（　　）项目不应计入。★
   A. 利润　　B. 政府转移支付
   C. 企业净利息支付　　D. 租金收入

52. 下列各项指标中，由现期国内生产要素报酬加总得到的是（　　）。★
   A. 国内生产总值　　B. 国民生产总值
   C. 可支配收入　　D. 国民生产净值

53. 下列说法中，（　　）不是GDP的特征。★
   A. 它是用实物量测度的　　B. 它测度的是最终产品和劳务的价值
   C. 客观存在只适用于给定时期　　D. 它没有计入生产过程中消耗的商品

54. 国民生产总值是以下（　　）的市场价值。★
   A. 一年内一个经济社会中的所有交易
   B. 一年内一个经济社会中交换的所有商品和劳务
   C. 一年内一个经济社会中交换的所有最终商品和劳务
   D. 一年内一个经济社会中生产的所有最终产品和劳务

55. "面包是最终产品，而面粉是中间产品"这一命题（　　）。★★
   A. 一定是对的　　B. 一定是不对的
   C. 可能是对的，也可能是不对的　　D. 在任何情况下都无法判断

56. 下列因素不会影响GDP测量的是（　　）。★
   A. 产品价值的变化　　B. 对政府提供的服务的价值的估计
   C. 出口的增加　　D. 对非市场商品价值的估计

第十二章 宏观经济的基本指标及其衡量

57. 在 GDP 统计中，负的总投资数字（　　）。★★
    A. 不可能出现　　　　　　　　B. 可能出现，若折旧足够大的话
    C. 可能由于库存大幅度减少而引起　　D. 将意味着经济中所生产的超过其消费的

58. 当只考察产品市场时，国民收入达到均衡的条件是（　　）。★★
    A. 消费等于收入　　　　　　　B. 总产出等于总支出
    C. 消费加投资等于总产出　　　D. 进口等于出口

59. 下列不属于漏出量的是（　　）。★
    A. 政府支出　　　　　　　　　B. 税收
    C. 储蓄　　　　　　　　　　　D. 进口

60. 下列不属于注入量的是（　　）。★
    A. 政府支出　　　　　　　　　B. 投资
    C. 进口　　　　　　　　　　　D. 出口

61. 在通过国民生产净值计算个人可支配收入时，绝不能（　　）。★
    A. 扣除折旧　　　　　　　　　B. 加上政府转移支付
    C. 扣除企业的间接税　　　　　D. 扣除未分配的公司利润

62. 表示一个国家领土上居民在一定时期内生产的所有最终产品和劳务的市场价值的总量指标是（　　）。★
    A. 国民生产总值　　　　　　　B. 国内生产总值
    C. 名义国民生产总值　　　　　D. 实际国民生产总值

63. 如果个人收入等于 570 美元，而个人所得税等于 90 美元，消费等于 430 美元，利息支付总额为 10 美元，个人储蓄为 40 美元，则个人可支配收入等于（　　）。★
    A. 500 美元　　　　　　　　　B. 480 美元
    C. 470 美元　　　　　　　　　D. 400 美元

64. 在国民产值和国民收入统计中使用的"国民收入"（NI）特指（　　）。★★
    A. NNP 加上所有不是从所得支出的税，即 NNP 加上"企业间接税"
    B. NNP 减去所有从所得支出的税，如个人和公司所得税
    C. NNP 加上所有从所得支出的税，如个人和公司所得税
    D. NNP 减去所有不是从所得支出的税，即 NNP 减去"企业间接税"

65. 下列不列入国内生产总值核算的是（　　）。★
    A. 出口到国外的一批货物
    B. 政府给贫困家庭发放的一笔救济金
    C. 经纪人为一座旧房买卖收取的一笔佣金
    D. 保险公司收到一笔家庭财产保险费

66. 作为经济财富的一种测定，GDP 的基本缺点是（　　）。★
    A. 它不能测定私人产出产量
    B. 它没有反映非市场活动所创造的价值
    C. 不如 GNP 准确
    D. 它不能测定与存货增加相联系的生产

二、多项选择题

1. 宏观经济政策的最终目标包括（　　）。★
   A. 充分就业　　　　　　　　　B. 经济增长
   C. 价格稳定　　　　　　　　　D. 国际收支均衡

2. 市场经济中市场有多种多样。宏观经济学在宏观层面上研究市场活动时，只把各种市场归结为哪几大类？（　　）★
   A. 产品市场　　　　　　　　　B. 土地市场
   C. 货币市场　　　　　　　　　D. 劳动市场

3. 下列关于 GDP 的说法正确的有（　　）。★
   A. GDP 是一个市场价值概念
   B. GDP 测度的是中间产品的价值
   C. GDP 是一定时期内所生产的最终产品价值
   D. GDP 是一定时期内所售卖掉的最终产品价值

4. 今年的名义 GDP 大于去年的名义 GDP，则（　　）。★★
   A. 今年生产的商品和劳务的数量比去年多了
   B. 今年物价水平和实物产量水平都比去年提高了
   C. A、B 两种情况都有可能，但无法确定到底是哪一项
   D. 若今年与去年相比，物价水平没变，则表明今年的实物产量水平比去年提高了

5. GDP 核算不反映以下（　　）交易。★★
   A. 新建但未销售的住房　　　　B. 与朋友打赌赢得 200 元
   C. 大学生每月获得的生活补贴　D. 银行存款的利息

6. 下列属于要素收入的有（　　）。★★
   A. 市长工资　　　　　　　　　B. 股票分红
   C. 公司对希望工程捐款　　　　D. 居民的存款利息

7. 下列结论正确的有（　　）。★★
   A. GDP＝DPI＋折旧
   B. GNP＝GDP＋本国国外净要素收入
   C. NDP＝GDP－折旧
   D. NI＝DPI－企业转移支付－红利－利息调整＋公司利润＋个人税收

8. 下列项目中，属于政府购买的有（　　）。★
   A. 地方政府投资兴建一所小学　B. 政府购买电脑和轿车
   C. 政府给公务员加薪　　　　　D. 政府给低收入者提供一笔住房补贴

9. 煤炭具有多种用途，下列各项中不是作为最终产品的有（　　）。★★
   A. 家庭用于做饭　　　　　　　B. 化工厂作为化工原料
   C. 供热公司用于供应暖气　　　D. 居民用于取暖

10. 某国的成年人口总数是 7 000 万，其中劳动力是 5 000 万，就业人数 4 800 万，下列表述中正确的有（　　）。★★★
    A. 该国的失业率为 4%   B. 该国的劳动力参与率为 71.4%
    C. 该国的就业率为 96%   D. 该国的失业率为 8%

11. 最终产品法是将（　　）加总起来的一种核算方法。★★
    A. 消费和投资   B. 进口
    C. 政府购买   D. 净出口

12. 在计算 PI 时不需要从 NI 中减去的有（　　）。★★
    A. 公司所得税和公司未分配利润   B. 转移支付
    C. 社会保险税   D. 红利

13. 在考察国民收入核算中的恒等关系时，通常把经济由简单到复杂地分成（　　）。★★
    A. 一部门经济   B. 两部门经济
    C. 三部门经济   D. 四部门经济

14. 在国民收入核算中，除了国内生产总值之外还有另外四个重要的指标，它们是（　　）。★★
    A. 政府收入   B. 国民生产净值
    C. 国民收入   D. 个人收入和个人可支配收入

15. 下列等式中不正确的关系式有（　　）。★★
    A. NI＝NDP－间接税   B. GDP＝NI－间接税
    C. NDP＝GDP－折旧   D. DPI＝PI－个人所得税

16. 已知，$C=3\,000$ 亿元，$I=800$ 亿元，$G=960$ 亿元，$X=200$ 亿元，$M=160$ 亿元，折旧＝400 亿元，则正确的有（　　）。★
    A. GDP＝3 800 亿元   B. NDP＝4 400 亿元
    C. 净出口＝40 亿元   D. GDP＝4 800 亿元

17. 在计算 GDP 的政府支出部分的规模时，不正确的有（　　）。★★
    A. 计入政府用于商品的支出，不计入用于劳务的支出
    B. 计入政府用于最终商品和劳务的支出
    C. 计入政府用于最终商品和劳务的支出，以及政府的全部转移支付
    D. 计入政府的转移支付，不计入政府用于商品和劳务的支出

三、判断题

1. 国内生产总值的最终产品仅包括有形的物质产品。（　　）★
2. 今年生产出来并销售出去的汽车的价值和去年生产出来今年销售出去的汽车的价值都应该计入今年的国内生产总值。（　　）★★
3. 纺织厂为做棉服而买的棉花和居民买的棉服都应该计入国内生产总值。（　　）★
4. 国内生产净值由国内生产总值减去折旧得到。（　　）★

5. 一辆汽车的销售额应该计入国内生产总值中。（   ）★★
6. 名义 GDP 可以作为衡量一国生活水平的最好统计指标。（   ）★
7. 如果一国的人口数量增加，那么该国的 GDP 要保持和人口增加同样快的速度才能保证该国人民的生活水平不至于下降。（   ）★★
8. 对于一国经济而言，进口一般创造国民收入而出口一般减少国民收入。（   ）★★
9. 国民经济核算中，使用生产法、支出法、收入法得到的 GDP 是相同的。（   ）★★★
10. 企业转移支付的增加不会影响国民收入。（   ）★★
11. 政府为某公司修建专用机场而进行的支付为转移支付。（   ）★
12. 个人可支配收入是指 GDP 中可用于家庭支出或储蓄的那一部分。（   ）★
13. 储蓄—投资恒等式并不意味着计划储蓄总等于计划投资。（   ）★★★
14. 实际 GDP 是指将名义 GDP 根据失业变动进行调整后得到的。（   ）★★
15. 失业率是指一个国家失业人数和该国成年人口总人数的比率。（   ）★
16. 当我们测度一个特定时期所发生的事时，我们涉及的是一个流量。（   ）★
17. 用收入法计算的 GDP 中包括折旧，但折旧不属于要素收入。（   ）★★
18. 住宅建筑是耐用消费品，在国民收入账户中，被作为消费者支出处理。（   ）★★★
19. 净投资与资本消耗折旧相等，意味着资本品存量保持不变。（   ）★★
20. 不论是商品数量还是商品价格的变化都会引起实际国内生产总值的变化。（   ）★★★
21. 某公司生产的汽车多卖掉一些所带来的 GDP 增量要比少卖掉一些带来的 GDP 增量大。（   ）★★
22. 个人收入就是个人可支配收入。（   ）★
23. 如果两个邻居互相帮忙，一个为对方修水电，一个为对方修鞋，但他们实行亲兄弟明算账，都向对方付费，他们的行为对 GDP 不会产生影响。（   ）★★
24. 一个在中国工作的美国公民的收入是美国 GNP 的一部分，也是中国 GDP 的一部分。（   ）★
25. 某出租车司机于 2006 年购买了一辆产于 2002 年的小轿车，该司机为此付出的 20 万元的购车费应该计入 2006 年的 GDP。（   ）★★
26. 劳务的提供也是一种生产性活动，其创造的价值也应该计入 GDP。（   ）★
27. 总投资增加，资本存量未必跟着增加。（   ）★
28. 政府转移支付应计入 GDP 中。（   ）★
29. 居民购买住房属于个人消费支出。（   ）★
30. 如果两个国家的国民生产总值相同，那么，它们的生活水平也就相同。（   ）★
31. 用消费物价指数、生产物价指数和 GDP 平减指数所计算出的物价指数是相同的。（   ）★★
32. 经济学上所说的投资是指增加或替换资本资产的支出。（   ）★
33. 已知某国的资本品存量年初为 15 000 亿美元，本年度生产了 3 000 亿美元的资本品，资本消耗折旧是 2 000 亿美元，则年末该国的资本品存量为 16 000 亿美元。（   ）★

34. 建造一所新房子的行为是一种投资行为。（　　）★
35. 家庭主妇提供劳务应得的收入，构成国民生产总值的一部分。（　　）★
36. 如果 GDP 的当前市场价值有了很大的增加，可以表明该国扩大了生产。（　　）★
37. 可支配收入是指 GDP 中可用于家庭支出或储蓄的那一部分。（　　）★
38. 按百分比计算，如果名义 GDP 上升幅度小于价格上升的幅度，则实际 GDP 将下降。（　　）★

四、名词解释

1. 最终产品★★
2. 国内生产总值（GDP）★★★
3. 流量★★
4. 存量★★
5. 折旧★
6. 国内生产净值（NDP）★★
7. 国民收入（NI）★★
8. 储蓄—投资恒等式★★★
9. 名义 GDP★★
10. 实际 GDP★★★
11. GDP 折算指数★
12. 中间产品★
13. 个人收入（PI）★
14. 个人可支配收入（DPI）★
15. 消费价格指数（CPI）★★
16. 生产价格指数（PPI）★
17. 支出法★★
18. 收入法★★
19. 生产法★
20. 价格指数★
21. 通货膨胀率★★

五、简答题

1. 国内生产总值的含义以及在理解时应注意的问题。（考研高频考点）★★★
2. 简述国内生产总值和国民生产总值的区别与联系。（考研高频考点）★★
3. 如何理解国内生产总值、国内生产净值、国民收入、个人收入和个人可支配收

入这几个统计指标之间的关系？（考研高频考点）★★★

4. 按照支出法核算的国民收入，主要包括哪些内容？★★

5. 简述三部门经济的收入构成及储蓄—投资恒等式。（考研高频考点）★★★

6. 简述名义 GDP 和实际 GDP 的区别与联系。（东北财经大学考研）★★

7. 为什么说 GNP 不是衡量一国福利水平的理想指标？★★★

8. 简述失业率与劳动力参与率的计算方式。★

9. 什么是消费者价格指数（CPI）？CPI 如何构造？CPI 的缺陷是什么？★★

10. 什么是生产者价格指数（PPI）？PPI 与 CPI 的关系是什么？★

11. 什么是 GDP 折算指数？GDP 折算指数与 CPI 的关系是什么？★★

六、计算题

1. 假定某国国民收入资料如下（单位：亿元）★

国内生产总值 9 000，总投资 1 500，净投资 1 000，消费 5 000，政府购买 1 200，政府预算盈余 500。

运用上述资料，计算：

（1）国内生产净值；（2）净出口；（3）政府净收入；（4）个人可支配收入；（5）个人储蓄。

2. 已知某一经济社会的相关数据如表 12-1 所示。★★

表 12-1　某某-经济社会的相关数据　　　　　　　　　单位：亿元

项目	金额
资本消耗补偿	400
雇员酬金	2 000
企业支付的利息	200
间接税	310
个人租金收入	50
公司利润	180
非公司企业主收入	130
红利	80
社会保险税	170
个人所得税	420
消费者支付的利息	70
政府支付的利息	110
政府转移支付	360
个人消费支出	2 000

试求：（1）国民收入；（2）国内生产净值；（3）国内生产总值；（4）个人收入；（5）个人可支配收入；（6）个人储蓄。

3. 假如某经济社会 2015 年、2016 年生产的产品情况如表 12-2 所示。以 2015 年为基期，求：（1）2016 年的 GDP 增长率；（2）CPI 及 2016 年的通货膨胀率。★★

表 12-2　某经济社会 2015 年、2016 年生产的产品情况

产品	2015 年		2016 年	
	数量/斤	价格/元	数量/斤	价格/元
猪肉	300	20	300	21
面粉	400	3	400	4
土豆	800	2	800	3

4. 表 12-3 是某国三年内的经济数据。★★

表 12-3　某国三年内的经济数据

年份	牛奶的价格/美元	牛奶量/品脱	蜂蜜的价格/美元	蜂蜜量/品脱
2014	1	100	2	50
2015	1	200	2	100
2016	2	200	4	100

要求：（1）把 2014 年作为基年，计算每年的名义 GDP、实际 GDP 和 GDP 平减指数。

（2）计算 2015 年和 2016 年从上一年以来名义 GDP、实际 GDP 和 GDP 平减指数变动的百分比。

（3）在 2016 年，经济福利有增加吗？为什么？

5. 表 12-4 描述了作为最终产品出售给消费者的面包的生产过程。在生产过程的第一阶段，农民生产小麦 3 000 千克并以每千克（假设每千克小麦做一个面包，如果生产过程都没有损耗）10 元价格卖给面粉厂；面粉厂把小麦加工成面粉以每千克 12 元卖给面包厂；面包厂制成面包以每个 15 元价格卖给零售商；零售商以每个面包 18 元卖给消费者。★★

表 12-4　作为最终产品出售给销售者的面包的生产过程

生产过程	经济活动	价格/元	增值额/元
第一阶段	农民出售小麦	10	
第二阶段	面粉厂出售面粉	12	
第三阶段	面包厂出售面包	15	
第四阶段	零售商出售面包	18	

要求：（1）填充上表的最后一栏。

（2）计算面包的增值总量是多少，消费者对面包的支出是多少。

6. 假设一国经济有甲、乙、丙三个厂商，甲厂商年产 8 000，卖给乙、丙和消费者，其中乙买 500，丙买 5 000，其余 2 500 卖给消费者。乙年产 1 000，直接卖给消费者。丙年产 9 000，其中 4 500 由甲购买，其余由消费者购买。★★★

要求：（1）如果投入在生产中都用光，计算价值增加。

（2）计算国内生产总值。

（3）如果丙厂商有 1 000 的折旧，计算国民收入。

七、论述题

1. 如何理解国民收入核算是宏观经济分析的前提？有什么局限性？★★★
2. 请推导四部门经济中总储蓄—投资的恒等式。★★
3. 说明用支出法核算四部门经济的国内生产总值时，各项支出的含义，并指出核算中不能计入的支出有哪些。★★★
4. 储蓄—投资恒等式为什么并不意味着计划储蓄总等于计划投资？★★★
5. 用收入法核算国内生产总值应该包括哪些项目？★★
6. 试述"GNP＝$C+I+G+(X-M)$"的内涵。★★★

八、案例分析

案例一：

贵州前三季度 GDP 增长 10.1% 增速位居全国第 1 位

新年的钟声即将敲响。回望 2017 年，全省经济发展交出了一份十分抢眼的成绩单！

前三季度，全省地区生产总值增长 10.1%，增速位居全国第 1 位，连续 27 个季度保持在全国前 3 位，预计全年增长 10%以上，总量达到 1.35 万亿元，人均达到 3.8 万元。大扶贫、大数据、大生态三大战略行动强势推进，国家级试验区加快建设，旅游经济彰显绝佳"气质"……在新经济的舞台上，贵州经济颜值高、气质好、成色更纯、底色更亮、活力更足，不断释放强劲动能。

放眼全省经济，呈现稳中有进、稳中有新、稳中向好的态势，全省上下团结拼搏，用狠抓实干贯穿这一年创新、前进的整个过程。蓬勃发展的新贵州，正不断刷新成绩单，令世人刮目相看。

破——结构优化　韧性强劲

2017 年，贵州在全国率先建立能源工业运行新机制，率先提出 2019 年前全部关闭淘汰 30 万吨以下煤矿，省财政连续 4 年每年安排 10 亿元专项资金用于支持煤炭工业转型升级，这一重磅消息，搅动一池春水。淘汰落后产能，贵州敢为人先，产业转型正进入前所未有的快车道。

破旧出新。贵州在能源工业转型升级迈出坚实步伐的同时，农业结构转型升级的步伐也在加快。

"改变祖祖辈辈种玉米的传统，结束样样都有样样都不成规模的历史。"贵州下决心调整玉米种植面积，扩大特色经济作物种植面积，加快"一县一业"产业发展，全省千千万万传统农民的生产生活正迎来历史性改变。

革故鼎新，需要壮士断腕的勇气、猛药去疴的决心。

围绕事关全省发展大局的重大问题和深层难题，一年来，省委、省政府采取了一系列开创性、突破性的重大创新举措，有力促进经济社会发展。

——强力推进脱贫攻坚产业扶贫子基金加速落地,坚持上规模、强龙头、创品牌、带农户,贵州产业扶贫打开新篇章。

——大力解决长期制约能源工业发展的深层次体制机制问题,出台一系列文件,下定决心淘汰落后产能,能源工业转型升级成效显现。

——全力发展实体经济,千企引进、千企改造"双千工程"和大数据+产业深度融合行动强力推进,效果喜人。

——抢抓交通、流通、网通条件加快改善的有利时机,大力发展旅游经济,旅游业持续"井喷",旅游发展提档升级。

——坚持生态产业化、产业生态化,强力实施十大污染源治理和十大行业治污减排"双十"工程,生态优先、绿色发展正在成为多彩贵州的主旋律!

——着力提高金融服务保障能力,创新地方金融体系,有效解决了农村"组组通"公路三大决战筹资等融资难题。

......

一组组实打实的行动,绘就贵州砥砺奋进的崭新画卷。全省上下戮力同心,苦干实干出实绩。

变——动力转换　动能澎湃

这是惊喜不断的一年,全省经济结构日益优化,新旧动能加快转化。

这一年,苹果中国第一个数据中心落子贵州。贵阳·贵安国家级互联网骨干直联点建成。贵州钢绳实现我国钢丝绳行业标准零突破……

一个个"第一",一次次"突破",让贵州收获璀璨星光,让世人"眼前一亮"。

春江水暖鸭先知,企业是对市场冷暖最敏感的群体之一。据统计,2017年共有16家500强企业和877家高技术含量、高成长性企业布局贵州。

省外企业加速布局,省内产业加快发展。这一年,贵州茶叶、辣椒、火龙果、刺梨、薏仁米等绿色农产品(7.840,-0.20,-2.49%)"泉涌"发展,种植规模居全国第1。全省工业产品覆盖率56.5%。全省进出货物比调整为53∶47。

新业态蓬勃发展,新产业快速成长,新企业加速孕育。多彩贵州,变化无时无刻不在发生。产业之变、质量之变、效能之变,让贵州风起云涌。

经济结构越来越"优"。大数据电子信息制造业增加值增长86.2%,高技术产业、装备制造业分别增长40.6%和23.8%,绿色经济占地区生产总值比重预计达到37%。粮经作物种植比调整为38∶62。旅游接待人数和旅游总收入分别增长40%和41.6%。

发展动力越来越"强"。1 597家企业、1 637个项目实施技术改造。苹果中国云服务、华为数据中心等标志性项目落地。贵阳至重庆高铁、遵义至贵阳高速公路复线、茅台机场等重大项目相继建成。黔中城市群、贵阳临空经济示范区等新增长极加快打造。贵州电网省内售电量有望首次突破1 000亿千瓦时。

优质供给越来越"多"。智能手机、集成电路产量分别增长9.5倍和28.9%。工业产品达到341种,覆盖率56.5%、提高1.2个百分点。绿色农产品"泉涌"发展,无公害农产品达到2 040个。新增4A级以上景区22家。地理标志保护产品达到238个,中国驰名商标达到61个。

经济效益越来越"好"。2017年，为实体经济企业降低成本608亿元。1~10月亏损企业户数同比下降4.6%，规模以上工业企业主营业务收入、利润总额分别增长20%和41.2%，提高6.7和24.8个百分点。省国资委监管企业实现营业收入、利润总额预计分别增长15.8%和20%，提高6.4和11.4个百分点。

立——开拓创新　机遇无限

运筹帷幄，稳字当头。把握经济发展中"稳"与"进"的辩证，贵州对内不断扩大有效投资，稳扎稳打推进"三去一降一补"各项工作，对外尽情敞开胸怀、搭建平台、开放创新。

发展的贵州，开放的贵州，机遇无限。

机遇，在农村。

打好产业扶贫硬仗、打好易地扶贫搬迁硬仗、打好基础设施硬仗、打好教育医疗住房"三保障"硬仗，下大力推进农业结构调整，贵州不遗余力。"组组通"公路三年大决战、农业专班、冷链物流、乡村旅游、农村电商……一个个让人热血沸腾的词语把红利撒向贫困地区、撒向农村，预计全年可减少贫困人口120万，贵州乡村正在迎来巨变。

机遇，在城市。

山地特色新型城镇示范区、省级空间性规划"多规合一"、城市地下综合管廊、海绵城市、智慧城市建设有序推进，贵阳轻轨观山湖段试运行……城市发展聚指成拳，后劲十足。

加快建设国家内陆开放型经济试验区，"数字丝路"跨境数据枢纽港等项目加速推进……发展活力和韧性不断增强。

数博会、生态文明试验区、贵阳国际研讨会、中国—东盟教育交流周、国际山地旅游大会暨户外运动、酒博会、贵洽会……城市的信心和魅力在开放中掀起朵朵浪花。

一组数据，映射出贵州后发赶超、稳中求进的决心：来自省发展改革委的数据显示，2017年全省固定资产投资增长20%以上，其中省重大工程项目完成投资8 700亿元，"1+7"民生工程和十件民生实事分别完成投资1 992亿元和1 432亿元。重点基础设施、重大产业项目、重大民生工程、"5个100"工程等投资建设力度持续加大。

抢抓新机遇，开拓新天地，贵州正沿着高质量发展的航道跑出加速度，书写新时代的发展新答卷。

根据上述材料结合所学经济学知识回答下列问题：

（1）贵州省GDP增速连续27个季度位居全国前列的原因是什么？

（2）为什么贵州要大力提高GDP，但又不能将GDP作为衡量经济发展的唯一指标？

（3）为促进贵州省GDP的快速发展，你认为可以进一步采取哪些措施？

注：此案例摘自http://gz.people.com.cn/n2/2017/1225/c194827-31066981.html，有改动。

案例二：

茅台成25年A股第一高价股　总市值超半个贵州GDP

2017年8月14日收盘，茅台已经累计上涨逾50%，市值也到达6 278亿元。而2016

年贵州省的 GDP 为 1.17 万亿元，也就是说，贵州茅台目前的市值比贵州省 GDP 的一半还多。

2017 年 10 月 25 日，汇丰把贵州茅台目标价上调 27%至 720 元。中金公司更为看好，上调目标价 22.11%至 845 元人民币。

持续火爆的销量成为茅台业绩爆发的重要原因。2017 年前三季度，茅台酒实现销售收入 384 亿元，贡献度高达 90%。按前三季度实现净利润 199.83 亿元来算，茅台平均每天大约赚 7 300 万元。

2018 年以来，贵州茅台股价累计上涨近 70%。除了在开年第二个交易日大涨逾 5%，创下历史新高，茅台在 2018 年以来的每一个月，都不断刷新股价纪录。1 月曾两次创下历史新高，2 月三次创下历史新高，3 月则有十次创下历史新高。

对于茅台未来的行情演绎，相关人士指出，2018 年外资通过 MSCI 明晟指数进入 A 股后，茅台股价势必掀起更大波澜。

"这相当于海外资金像航空母舰驶了进来，而且是持续进来。"

茅台酒有着独特的稀缺性和收藏价值。由于贵州遵义茅台镇有着独特的海拔、气温、日照时数、土壤、水系和粮食作物，整个酿造过程长达 5 年，构成了茅台酒的难以复制性和稀缺性。据了解，科学界曾多次尝试异地制造、高科技手段合成茅台酒，均无功而返。

"茅台酒几乎买不到了！2017 年出厂的茅台酒指导价是 1 299 元/瓶，其他年份的价格都由市场决定。"

2017 年中开始，坊间就出现了"茅台比楼火""一茅难求"的局面。8 月底，北京西单、朝阳等多家茅台专卖店出现了"限购"、早上 7 点排队"抢购"、"每天都售空"的情景。

"茅台股票的红利期还未真正到来，现在茅台基酒年产量是 26 000 多吨，2025 年将达到 8 万～10 万吨，相当于现在基酒产量的 4 倍……老酒收藏将是一片蓝海！茅台不仅是收藏品，更会成为金融资产，日后甚至可在银行做抵押物。"

此前，强势引爆暑期电影档的《战狼 2》中出现多个贵州茅台特写镜头，让网友质疑是茅台的植入广告，但吴京表示分文未收，茅台酒厂方也表示是无偿植入，但不可否认的是《战狼 2》确实间接为贵州茅台做了一次品牌推广。

茅台的成功显然与品牌推广脱不了干系。

茅台的品牌推广：

（1）利用历史推广。绝大多数有名品牌都有一定的历史沉淀，即使可口可乐也已经有了 100 多年的历史。而茅台的历史更是可以追溯到汉朝时期，距扬名于巴拿马万国博览会也已近百年。

（2）利用自身特点推广。茅台酒拥有独特的品质，它只能在赤水河畔的茅台镇上产出，甚至那里的空气都成为茅台酒品质的重要环节，所以产出数量有限。

（3）利用名人效应推广。周恩来总理把茅台酒当作一生至爱，使茅台酒的品牌气质彰显无遗。

茅台在品牌推广的同时还有自己的商标战略。

中国贵州茅台酒厂（集团）有限责任公司不但申请了"茅台"商标，还申请了"茅台尚品""茅台酒庄""茅台庄园"等一系列的商标。

虽然历经多年的拉锯战后，"国酒茅台"商标最终无法注册下来，其间多次被驳回，但贵州茅台屡败屡战地递交申请，其次数高达9次。

有人士猜测，首先，不管"国酒"商标是否通过，只要贵州茅台递交了申请，在申请时贵州茅台就能利用"国酒茅台"的TM商标进行宣传。而"国酒"两字能带来的利益不言而喻。其次，"国酒茅台"无法通过申请，证明其他"国酒"商标也无法通过申请，而在过去的10多年里却只有茅台用"国酒"两字进行过品牌宣传，相信不少人在心目中已经把茅台和"国酒"画上了等号。

如此看来，茅台的成功似乎和"国酒"的商标注册也脱不了干系。

而2016年茅台对当时的系列酒策略做了进一步调整，继续一个世界级茅台的品牌战略，同时大力发展茅台王子酒、茅台迎宾酒和赖茅三个系列酒。

在主品牌上，茅台一直在控制产量，市面上甚至一酒难求，高昂的价格很好地保证了品牌的高端性，三个面向大众的子系列则贡献了主要销量。

目前茅台品牌价值57亿美元，已经成为世界最昂贵名酒品牌。

根据上述案例结合所学经济学知识回答下列问题：

（1）贵州茅台的市值能达到贵州省GDP一半以上的原因是什么？

（2）你认为贵州省其他的白酒企业应该如何与茅台共同发展以促进地区经济的增长？

注：此案例摘自http://www.sohu.com/a/164669888_114984，有改动。

第十三章

国民收入的决定：收入—支出模型

【重难点分析】

本章考查的重点主要有：三部门经济考得比较多，两部门经济和四部门经济考得较简单，要求掌握一些基本算法以及概念。

本章考查的难点主要有：凯恩斯函数以及其消费理论，在两部门经济中国民收入的决定以及变动，简单收入决定的动态模型，乘数理论，在三部门经济中的政府购买支出乘数、政府转移支付乘数、税收乘数、平衡预算乘数。

一、单项选择题

1. 在两部门经济中，（   ）时经济达到均衡。★
   A. 计划储蓄等于计划投资   B. 实际投资等于实际储蓄
   C. 实际消费加实际投资等于产出值   D. 企业总投资等于个人总收入

2. 在两部门经济中，均衡产出条件是（   ）。★★★
   A. 计划投资等于计划储蓄
   B. 实际产出等于居民和企业实际消费和投资之和
   C. 国民收入等于国民实际消费和投资之和
   D. 名义产出等于居民和企业实际想要有的消费和投资

3. （   ）称为均衡产出。★★
   A. 国民总产出   B. 实际产出等于计划的产出
   C. 库存为零的产出   D. 和总需求相等的产出

4. （上海财经大学考研）在简单凯恩斯乘数中，乘数的重要性依赖于（   ）。★★
   A. 投资函数的斜率   B. 消费函数的斜率
   C. 实际货币供应量   D. 实际利率

5. 如果边际储蓄倾向为 0.2，投资支出增加 40 万元，这将导致均衡收入 GDP 增加（   ）。★★
   A. 20 万元   B. 40 万元
   C. 200 万元   D. 400 万元

6. 政府购买支出乘数等于（　　）。★
   A. 转移支付乘数　　　　　　　　B. 投资乘数减 1
   C. 投资乘数　　　　　　　　　　D. 投资乘数的相反数

7. 当消费函数为 $c=a+by$（$a>0$，$0<b<1$）时，这说明，平均消费倾向（　　）。★★★
   A. 小于边际消费倾向　　　　　　B. 大于边际消费倾向
   C. 等于边际消费倾向　　　　　　D. 无法确定

8. 根据凯恩斯的消费函数，导致消费增加的因素主要是（　　）。★★★
   A. 收入增加　　　　　　　　　　B. 物价指数下降
   C. 边际储蓄倾向下降　　　　　　D. 利率水平下降

9. 根据凯恩斯的储蓄函数，导致储蓄增加的主要因素为（　　）。★★★
   A. 边际储蓄倾向下降　　　　　　B. 边际消费倾向下降
   C. 利率水平提高　　　　　　　　D. 收入增加

10. 在下面四个选项中，投资乘数最大的是（　　）。★
    A. 边际消费倾向为 0.5　　　　　B. 边际消费倾向为 0.4
    C. 边际储蓄倾向为 0.4　　　　　D. 边际储蓄倾向为 0.3

11. 在两部分经济中，当投资增加 80 万元时，国民收入增加了 800 万元，则边际消费倾向为（　　）。★★
    A. 0.9　　　　　　　　　　　　B. 0.1
    C. 1　　　　　　　　　　　　　D. 0.6

12. 如图 13-1 所示，$c=c(y)$ 曲线是消费曲线，表示消费和收入之间的函数关系。B 点是消费曲线和 45°线的交点，则 B 点左方，表示（　　）。★★★
    A. 消费小于收入　　　　　　　　B. 消费等于收入
    C. 消费大于收入　　　　　　　　D. 无法确定

13. 如图 13-2 所示，$s=s(y)$ 曲线表示储蓄与收入之间的函数关系。B 点是储蓄曲线和横轴交点，则 B 点以右表示（　　）。★★★

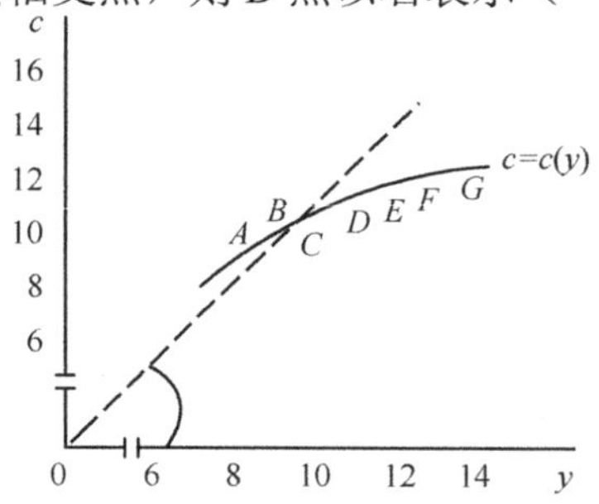

图 13-1　消费曲线 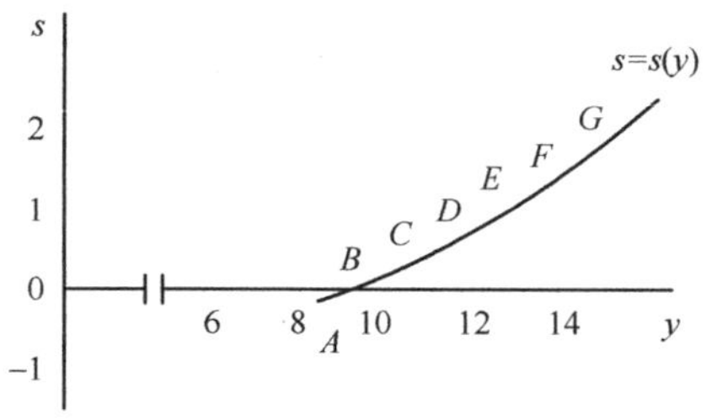　　　　　　　　图 13-2　储蓄曲线

A. 正储蓄　　　　　　　　　　　　B. 负储蓄
C. 可能正储蓄也可能负储蓄　　　　D. 无法判断

14. 如果某一平均消费倾向为一常数,则消费函数为( )。★★
   A. 一条相对于横轴上凸的曲线　　　B. 通过原点的一条直线
   C. 一条相对于横轴下凹的曲线　　　D. 在纵轴上有一正截距的直线

15. 根据凯恩斯理论,若消费函数的自发消费为正数,则边际消费倾向( )。★★
   A. 等于平均消费倾向　　　　　　　B. 大于平均消费倾向
   C. 小于平均消费倾向　　　　　　　D. 可能大于也可能小于平均消费倾向

16. 一个简单经济中,设总需求只包括消费,若 $C=350+0.5Y$,则均衡收入是( )。★
   A. 175　　　　B. 350　　　　C. 600　　　　D. 700

17. (上海财经大学2007年选择题第21题)假设一个经济体,其国内生产总值是6 000,个人可支配收入是5 000,政府预算赤字是200,消费是4 700,贸易赤字是100,那么,投资为( )。★★
   A. 100　　　　B. 200　　　　C. 300　　　　D. 400

18. 假设贵州省2017年,政府采购数量为2 500,预算赤字为100,国内居民储蓄为2 000,消费5 000,贸易赤字是50,则下面说法正确的是( )。★★
   A. 投资为1 750　　　　　　　　　B. 投资为1 650
   C. 国民收入 $Y=9\ 400$　　　　　　D. 国民收入为9 350

19. 若消费函数为一条向右上方倾斜的直线,那么平均消费倾向( ),边际消费倾向( )。★★★
   A. 递减;递减　　　　　　　　　　B. 不变;递减
   C. 不变;不变　　　　　　　　　　D. 递减;不变

20. 国民收入决定理论中的"投资—储蓄"是指( )。★
   A. 实际投资和实际储蓄
   B. 经济达到均衡时,计划投资和计划储蓄相等
   C. 事后投资等于储蓄
   D. 计划投资恒等于储蓄

21. 若投资乘数为 K,政府购买乘数为 k_G,政府转移支付乘数为 k_{tr},税收乘数为 k_t,则,这四者之间的关系为( )。★★★
   A. $k_t=k_{tr}<k_G$　　　　　　　　B. $k_{tr}+k_t=1$
   C. $k_t<0<k_{tr}<k_G=K$　　　　　D. $0<k_t<k_{tr}<k_G=K$

22. 当实际收入高于均衡收入时,下列说法正确的是( )。★★
   A. 计划投资超过储蓄　　　　　　　B. 总需求超过实际产出
   C. 存在非计划存货投资　　　　　　D. 不存在非计划存货投资

23. 若平均储蓄倾向为负数,则( )。★★
   A. APC>1　　　　　　　　　　　　B. APC<1
   C. APC+MPS<1　　　　　　　　　D. APC=1

24. 若政府支出乘数为9,在其他条件不变的情况下(税收为定量税),税收乘数为( )。★★
   A. 9　　　　B. 4.5　　　　C. 8　　　　D. -8

25. 税收乘数和政府转移支付乘数相比的区别是（　　）。★
   A. 税收乘数总比转移支付乘数小1　B. 两者乘积等于1
   C. 前者为负，后者为正　　　　　　D. 前者为正，后者为负

26. 凯恩斯认为，（　　）是影响消费的最主要因素。★
   A. 收入　　　　　　　　　　　　　B. 利率
   C. 国家制度　　　　　　　　　　　D. 收入分配

27. 若总供给是600亿元，消费470亿元，而投资是100亿元，则在该经济中（　　）。★★★
   A. 存货中不存在非计划存货投资　　B. 存在非计划存货投资
   C. 存在非计划储蓄　　　　　　　　D. 非计划储蓄等于计划投资及非计划投资

28. 对外贸易乘数公式表示为（　　）。★
   A. $1/(1+\beta+\gamma)$　　　　　　　B. $1/(1-\beta+\gamma)$
   C. $\beta/(1-\beta+\gamma)$　　　　　　D. $-\beta/(1-\beta+\lambda)$

29. 在两部门经济中，当投资增加100万元时，国民收入增加了1 000万元，则它的边际储蓄为（　　）。★★
   A. 100%　　　B. 50%　　　C. 20%　　　D. 10%

30. 如果边际消费倾向是0.8，在税收是从量税的情况下，税收乘数是（　　）。★
   A. 4　　　　　B. −4　　　C. −8　　　D. 8

31. 下列导致收入水平变化最小的是（　　）。★★
   A. 政府购买支出增加60亿元，减少税收10亿元
   B. 政府转移支付增加70亿元
   C. 税收减少70亿元
   D. 政府购买支出增加60亿元，税收增加10亿元

32. 三部门经济与四部门经济相比，投资乘数倾向于（　　）。★
   A. 变小　　　　　　　　　　　　　B. 变大
   C. 不变　　　　　　　　　　　　　D. 视具体情况而定

33. 在定量税情况下，平衡预算乘数的值（　　）。★★★
   A. 大于1　　　　　　　　　　　　B. 等于1
   C. 小于1　　　　　　　　　　　　D. 大于0而小于1

34. 假如国民总收入为10亿元，政府预算赤字是1亿元，国际收支逆差是1亿元，储蓄额为2亿元，下面说法正确的是（　　）。★★★
   A. 投资等于2亿元　　　　　　　　B. 消费额等于7.5亿元
   C. 政府支出额为1.5亿元　　　　　D. 消费加政府支出等于8亿元

35. 在三部门经济中，与均衡的国民收入反方向变化的是（　　）。★
   A. 政府购买　　　　　　　　　　　B. 政府转移支付
   C. 税收　　　　　　　　　　　　　D. 投资

36. 现代西方宏观经济学的奠基人凯恩斯的学说的中心内容是（　　）。★★
   A. 国民收入决定理论　　　　　　　B. 失业和通货膨胀关系理论
   C. 生产理论　　　　　　　　　　　D. 国际收支平衡理论

第十三章 国民收入的决定：收入—支出模型

37. 仅包括（　　）市场的国民收入决定理论称为简单的国民收入决定理论。★
   A. 国际　　　　　　　　　　B. 货币
   C. 产品　　　　　　　　　　D. 劳动

38. 乘数发挥作用的条件是（　　）。★★
   A. 总需求大于总供给　　　　B. 经济实现了充分就业
   C. 经济中存在闲置资源　　　D. 投资和储蓄的决定是相互影响的

39. 若消费需求增加，企业可能不会扩大生产规模的是（　　）。★
   A. 企业普遍存在大量产成品存货　　B. 预计在未来生产成本会上升
   C. 企业劳动力流动异常　　　　　　D. 企业设备闲置过多

40. 在三部门经济中，若消费函数为 $c=200+0.8(y-t)$，如果政府税收 t 与自发性投资支出 i 同时增加 10 亿元，那么均衡收入水平会（　　）。★
   A. 增加 5 亿元　　　　　　　B. 增加 10 亿元
   C. 减少 5 亿元　　　　　　　D. 减少 10 亿元

41. 税收对投资乘数的影响是（　　）。★★★
   A. 会使乘数变小　　　　　　B. 会使乘数不变
   C. 会使乘数变大　　　　　　D. 与税收种类有关

42. 消费函数一般情况下应该是（　　）。★
   A. 收入的一次函数且截距为正　　B. 收入的一次函数且截距为负
   C. 上凸函数和增函数　　　　　　D. 下凸函数和增函数

43. 在简化的线性消费函数中，边际消费倾向与平均消费倾向在收入增加时的变化特征分别为（　　）。★★
   A. 随着收入增加而递增，随着收入增加而递减
   B. 随着收入增加而递减，随着收入增加而不变
   C. 随着收入增加而不变，随着收入增加而递减
   D. 随着收入增加而不变，随着收入增加而不变

44. 平均储蓄倾向 APS 和边际储蓄倾向 MPS 的关系是（　　）。★
   A. APS＞MPS
   B. APS＝MPS
   C. APS＜MPS
   D. 在低收入时 APS＜MPS，在高收入时 APS＞MPS

45. 设消费函数 $C=1\,000+0.8Y$，$I=600$，则均衡的国民收入为（　　）。★
   A. 6 000　　　B. 8 000　　　C. 10 000　　　D. 12 000

46. 设消费函数为 $C=1\,000+0.75Y$，则要使均衡收入增加 120 亿元，则需要投资（　　）亿元。★
   A. 增加 30　　B. 增加 90　　C. 减少 30　　D. 减少 90

47. 设消费函数 $C=1\,000+bY$，$I=500$，投资乘数为 5，则均衡储蓄为（　　）。★★★
   A. 5 500　　　B. 500　　　C. 1 000　　　D. 7 000

48. 假设一国的消费函数为 $C=1\,000+0.8Y_d$，政府购买支出减少了100亿元，由此产生的政府财政盈余通过减少等额的税收来抵销。那么，对国民收入的影响为（　　）。★★★

　　A. 增加 500 亿元

　　B. 增加 400 亿元

　　C. 减少 100 亿元

　　D. 政府购买支出减少额为税收所抵销，故对国民收入没有影响

49. 设消费函数 $C=1\,000+0.8Y_d$，$T=200$，$TR=100$，$I=500$，$G=180$，则三部门经济中，可支配收入为（　　）。★★★

　　A. 7 800　　　　B. 7 900　　　　C. 8 000　　　　D. 8 100

50. 如果一项投资无风险，一项投资的内部报酬率或资本边际效率大于市场利率，则这项投资（　　）。★

　　A. 值得进行　　　　　　　　　　B. 不值得进行

　　C. 无法判断　　　　　　　　　　D. 以上都不对

51. 边际消费倾向是指每增加 1 元收入所增加的消费，它在一般情况下应该是（　　）。★

　　A. 随着收入增加而不改变　　　　B. 随着收入增加而递增

　　C. 随着收入增加而递减　　　　　D. 随着收入增加先递增后递减

52. 储蓄函数一般情况下应该是（　　）。★★

　　A. 收入的一次函数且截距为正　　B. 收入的一次函数且截距为负

　　C. 上凸函数和增函数　　　　　　D. 下凸函数和增函数

53. 设消费函数 $C=1\,000+bY$，$I=500$，均衡国民收入为 6 000，则边际储蓄倾向为（　　）。★★

　　A. 0.25　　　　B. 0.5　　　　C. 0.75　　　　D. 0.8

54. 投资乘数的作用需要的条件有（　　）。★★

　　A. 资源利用达到上限，且完全信息、自由交易

　　B. 资源大量闲置，且完全信息、自由交易

　　C. 资源利用达到上限，且限制自由交易

　　D. 资源大量闲置，且限制自由交易

55. 在三部门经济模型中，设没有收入比例税，消费函数为 $C=1\,000+0.75Y_d$，则为使均衡国民收入增加200亿元，需要政府支出（　　）亿元。★★

　　A. 增加 40　　　B. 增加 50　　　C. 增加 1 000　　　D. 增加 200

56. 如果消费函数向上移动，则意味着消费者（　　）。★★

　　A. 由于减少收入而减少储蓄

　　B. 由于增加收入而增加储蓄

　　C. 不是由于增加收入，而是其他原因而使储蓄增加

　　D. 不是由于增加收入，而是其他原因而使储蓄减少

57. 设消费函数 $C=1\,000+bY$，$I=500$，均衡国民收入为 6 000，则均衡消费和均衡储蓄分别为（　　）。★★

　　A. 500，5 500　　　　　　　　　　B. 5 500，500
　　C. 5 000，1 000　　　　　　　　　D. 1 000，5 000

58. 在凯恩斯 45 度线图中，消费函数与 45 度线相交点的产出水平表示（　　）。★★

　　A. 净投资支出 I 大于零时的 GDP 水平
　　B. 均衡的 GDP 水平
　　C. 消费 C 和投资 I 相等
　　D. 没有任何意义，除非投资 I 恰好为零

59. 如果边际储蓄倾向为 0.3，投资支出增加 60 亿元，这将导致均衡 GDP 增加（　　）。★

　　A. 20 亿元　　　B. 60 亿元　　　C. 180 亿元　　　D. 200 亿元

60. 在三部门经济模型中，设没有收入比例税，消费函数为 $C=1\,000+0.8Y_d$，则当税收增加 200 亿元时，均衡 GDP（　　）亿元。★★★

　　A. 减少 1 000　　B. 减少 800　　C. 增加 1 000　　D. 减少 200

61. 在没有比例税的情况下，三部门经济的投资乘数（　　）两部门经济的投资乘数。★

　　A. 大于　　　　　　　　　　　　B. 等于
　　C. 小于　　　　　　　　　　　　D. 可能大于也可能小于

62. 如果 GDP 是均衡水平，则要求（　　）。★★

　　A. 收入总额必须正好等于消费者从收入中来的计划支出加上计划储蓄
　　B. GDP 总额必须正好等于计划储蓄总额与计划投资总额之和
　　C. 消费者支出总额必须正好等于收入的收支平衡水平
　　D. 所得收入总额必须正好等于全体消费者从收入中来的计划支出加上计划投资总额

63. 在两部门经济中（　　），从而线性消费函数（　　）。★★

　　A. $Y=Y_d$，$C=a+bY$　　　　　　B. $Y>Y_d$，$C=a+bY_d$
　　C. $Y<Y_d$，$C=a+bY_d$　　　　　D. $Y=Y_d$，$C<a+bY$

64. 消费函数与储蓄函数（　　）。★★★

　　A. 没有必然联系　　　　　　　　B. 之和等于收入 Y
　　C. 都是一次函数　　　　　　　　D. 都是下凸函数

65. 如果假定随着收入的提高，边际消费倾向下降，那么国民收入分配越不均等，意味着社会消费曲线（　　）。★★

　　A. 向上移动　　　　　　　　　　B. 不变
　　C. 向下移动　　　　　　　　　　D. 不确定

66. 在凯恩斯两部门经济模型中，下列属于内生变量的是（　　）。★★

　　A. 国民收入
　　B. 国民收入、均衡消费
　　C. 均衡收入、均衡消费、均衡储蓄
　　D. 均衡收入、均衡消费、均衡储蓄、均衡税收

67. 在三部门经济模型中，设没有收入比例税，消费函数为 $C=1\,000+0.75Y_d$，则为使均衡国民收入增加 200 亿元，需要政府税收（　　）亿元。★★
   A. 减少 40　　　　　　　　　　B. 减少 50
   C. 减少 66.7　　　　　　　　　D. 减少 133.3

二、多项选择题

1. 下列表述不正确的有（　　）。★★
   A. 边际消费倾向与边际储蓄倾向之和大于 1
   B. 边际消费倾向与边际储蓄倾向之和等于 1
   C. 平均储蓄倾向与平均消费倾向之和等于 1
   D. 平均储蓄倾向与平均消费倾向之和大于 1

2. 影响消费的因素有（　　）。★
   A. 收入　　　　　　　　　　　　B. 利率
   C. 国家制度　　　　　　　　　　D. 物价水平

3. 下列说法正确的有（　　）。★★
   A. 在三部门经济中，政府购买支出乘数与投资乘数相等
   B. 在三部门经济中，政府购买支出乘数与投资乘数不相等
   C. 在三部门经济中，国民收入从总支出角度看，包括消费、投资和政府购买
   D. 在三部门经济中，国民收入从总收入角度看，则包括消费、储蓄和总税收

4. 下列说法不正确的有（　　）。★★★
   A. 均衡收入应是计划的消费、投资和政府购买之总和，同计划的消费、储蓄和总税收之和相等的收入
   B. 投资乘数指收入的变化与带来这种变化的投资支出的变化的比率
   C. 假定某社会的边际消费倾向是 0.8（已知 $c=1\,000+0.8y$）。因此，增加的 100 亿美元有 80 亿美元用于购买消费品
   D. 投资变动引起国民收入的变动没有乘数效应

5. 最简单经济关系中的基本假设有（　　）。★★
   A. 假设所分析的经济中不存在政府，也不存在对外贸易，只有家户部门（居民户）和企业部门（厂商）
   B. 设不论需求量为多少，经济社会均能以不变的价格提供相应的供给量
   C. 企业不存在折旧
   D. 企业未分配利润为零

6. 若社会收入水平为 1 200 亿元，消费为 800 亿元，当收入增加至 1 600 亿元时，消费增加至 1 000 亿元，下列计算正确的有（　　）。★★★
   A. 当收入是 1 200 亿元时，平均消费倾向大约是 0.67
   B. 当收入是 1 200 亿元时，平均储蓄倾向大约是 0.33

C. 收入水平由 1 200 亿元增至 1 600 亿元时的边际消费倾向是 0.5

D. 收入水平由 1 200 亿元增至 1 600 亿元时的边际储蓄倾向是 0.5

7. 在开放经济中，一国的均衡国民收入取决于（　　）。★

A. 国内消费　　　　　　　　　　B. 投资

C. 政府支出　　　　　　　　　　D. 净出口

8. 乘数作用的大小要受到的限制有（　　）。★★★

A. 社会中过剩生产能力的大小

B. 政府公共性支出不能过多

C. 投资和储蓄决定的相互独立性

D. 货币供给量增加能否适应支出增加的需要

9. 下列说法正确的有（　　）。★★

A. 边际消费倾向与乘数成正比　　B. 乘数的作用并非双向的

C. 乘数的实现条件是有限制的　　D. 乘数反映了投资引起收入的变化程度

10. 在两部门经济中，当计划储蓄小于计划投资时（　　）。★★★

A. 计划产量小于均衡收入水平　　B. 计划产量大于均衡收入水平

C. 产品供过于求，企业减少生产　D. 产品供不应求，企业会扩大生产

11. 当消费和收入之间呈线性关系时，消费函数就是一条向右上方倾斜的直线，下列说法正确的有（　　）。★★

A. 消费函数上每一点的斜率都相等　　B. 消费函数上每一点斜率不一定相等

C. 当消费函数为线性时，APC＞MPC　　D. 当消费函数为线性时，APC＜MPC

12. 下列关于均衡国民收入的说法，正确的有（　　）。★★★

A. 均衡国民收入一定是理想的国民收入

B. 均衡国民收入通常是可以持续下去的收入

C. 均衡国民收入等于充分就业的国民收入

D. 均衡国民收入取决于计划支出等于计划产出时的水平

13. 在四部门经济中，会导致国民收入下降的有（　　）。★★

A. 税收增加　　　　　　　　　　B. 边际进口倾向上升

C. 净出口提高　　　　　　　　　D. 居民消费增加

14. 凯恩斯主义的全部理论涉及的市场有（　　）。★★

A. 产品市场　　　　　　　　　　B. 货币市场

C. 劳动市场　　　　　　　　　　D. 国际市场

15. 在短期，经济处于均衡时（　　）。★★★

A. 社会可能实现了充分就业　　　B. 社会可能没有实现充分就业

C. 可能存在通货膨胀缺口　　　　D. 可能存在通货紧缩缺口

16. 从家户消费函数求取社会消费函数时，还要考虑的限制条件有（　　）。★

A. 国民收入分配　　　　　　　　B. 政府税收政策

C. 公司未分配利润在利润中所占比例　　D. 以上都正确

17. 下列可以改变社会的消费函数有（　　）。★★★
   A. 总人口的变动　　　　　　　　　B. 大量有价值自然资源的发现
   C. 家庭收入变动　　　　　　　　　D. 社会流动资产价值的改变

三、判断题

1. 非计划存货投资在国民收入核算中不是投资支出的一部分。（　　）★★
2. 均衡产出指与实际需求相一致的产出。（　　）★★
3. 具有高收入的人群的边际消费倾向要高于低收入的人群。（　　）★★★
4. 当产品市场处于均衡状态时，边际消费倾向与边际储蓄倾向相等。（　　）★
5. 若实际储蓄与实际投资相等，那么实际市场经济处于均衡状态。（　　）★
6. 收入和消费之间如果具有线性关系，则边际消费倾向固定。（　　）★★★
7. 无论消费水平高低，平均消费倾向不可能大于1。（　　）★★★
8. 要增加均衡产出，关键是要增加总需求，因为均衡产出水平决定于总需求或者说总支出水平。（　　）★★★
9. 当经济达到均衡时，计划投资可能等于计划储蓄。（　　）★
10. 随着收入的增加，消费也会增加，但是消费的增加不及收入增加多。（　　）★
11. 当消费函数为线性时，总有APC＜MPC。（　　）★★
12. 边际消费倾向总大于0小于1，但平均消费倾向则可能大于、等于或小于1。（　　）★★
13. 消费随收入增加而增加的比率呈现出递减的趋势，储蓄随收入增加而增加的比率也是递减的。（　　）★★
14. 储蓄曲线上面任一点与原点相连接而形成的射线的斜率，表示平均储蓄倾向。（　　）★
15. 储蓄和收入的关系函数既可以是线性的也可以是非线性的。（　　）★★
16. 若边际消费倾向为0.65，那么储蓄函数比消费函数陡。（　　）★★
17. 在三部门经济中，政府购买支出乘数和投资乘数相等。（　　）★★
18. 政府转移支付乘数等于可支配收入的边际消费倾向与1减可支配收入的边际消费倾向之比。（　　）★★
19. 如果边际消费倾向增加，国民收入将会减少。（　　）★★★
20. 政府购买支出乘数小于税收乘数以及政府转移支付乘数。（　　）★★★
21. 在均衡产出水平上，计划产出与计划支出相等。（　　）★
22. 均衡收入条件 $i=s$ 与国民收入核算 $i=s$ 中的 i 和 s 表示相同含义。（　　）★★
23. 边际消费倾向越大，则投资乘数越大。（　　）★
24. 改变政府的购买支出水平对宏观经济活动的影响效果要比改变税收和转移支付的影响效果大。（　　）★★
25. 平衡预算理论表明，政府支出和税收的相同增长不会对收入产生影响。（　　）

26. 萨伊和凯恩斯都提出了生产和收入决定于总需求的理论。（　　）★★
27. 宏观和微观中所说的均衡是指一种不再变动的状态。（　　）★
28. 税收乘数是指税收绝对量变动对总收入的影响。（　　）★
29. 税收乘数为正值。（　　）★
30. 税收乘数的绝对值等于可支配收入边际消费倾向对1减可支配收入边际消费倾向之比。（　　）★★★
31. 社会消费曲线是家庭消费曲线的加总。（　　）★
32. "萨伊定律"简单讲就是"供给总是会创造出它自身的需求"。（　　）★
33. 如果消费函数为$C=bY$，则其平均消费倾向等于边际消费倾向。（　　）★
34. 无论收入为多少，消费永远大于储蓄。（　　）★
35. 政府转移支付是政府购买支出的一部分。（　　）★
36. 设边际储蓄倾向不等于0，则政府支出乘数总是大于转移支付乘数。（　　）★

四、名词解释

1. 非计划存货投资★
2. 均衡产出★★
3. 收入引致的消费★★
4. 政府购买支出乘数★★★
5. 平衡预算乘数★★★
6. 政府转移支付乘数★★
7. 边际消费倾向★★
8. 平均储蓄倾向★★
9. 引致消费★
10. 自发性投资和引致投资★
11. 税收乘数★

五、简答题

1. 试简述消费函数和储蓄函数之间的关系。★★
2. 说明在三部门经济中，政府购买支出乘数和投资乘数相等。★★
3. 区分家户消费函数和社会消费函数。★★
4. 平衡预算、乘数的作用机制是什么？★★★
5. 除收入之外，还有哪些比较重要的因素会影响消费？★
6. 说明一个国家的生产或收入如何决定，要从分析最简单的经济关系开始。为此，需要作的假设条件是什么？★★
7. 在现实生活中，乘数作用的大小要受到哪些条件的限制？★★★

六、计算题

1. 若社会收入水平为 2 000 亿元，消费为 1 500 亿元，当收入增加至 3 000 亿元时，消费增加至 2 000 亿元。请计算：★

   （1）收入水平为 2 000 亿元时的平均消费倾向。

   （2）收入水平为 2 000 亿元时的平均储蓄倾向。

   （3）收入水平由 2 000 亿元增加至 3 000 亿元时的边际消费倾向。

   （4）收入水平由 2 000 亿元增加至 3 000 亿元时的边际储蓄倾向。

2. 若一国的边际消费倾向为 0.5，计算：当投资增加 100 亿元时，国民收入会增加多少？若投资减少 50 亿元时，国民收入会减少多少？★★

3. 若一国投资增加 50 亿，国民收入增加 150 亿时，计算其投资乘数、边际消费倾向、边际储蓄倾向。★★

4. （山东大学 2004 年考研）已知消费函数 $C=20+0.75(Y-T)$，税收 $T=0.2Y$，投资 $I=380$，政府支出 $G=400$，求：★★★

   （1）边际消费倾向。

   （2）画图，并标出纵坐标、斜率。

   （3）均衡收入 Y。

   （4）均衡时政府预算盈余。

   （5）当 $G=410$ 时，求政府支出函数，并说明为什么和 $1/(1-MPC)$ 不一致。

5. 若贵州省某经济的消费函数为 $C=210+0.7Y$，则投资 $i=40$，政府购买性支出 $g=100$，政府转移支付 $tr=60$，税收 $t=200$（单位：亿元）。★★

   要求：（1）求均衡收入。

   （2）试求投资乘数、政府支出乘数、税收乘数、转移支付乘数、平衡预算乘数。

6. 在计算题第 5 题基础之上，假定贵州省达到充分就业所需要的国民收入为 1 200 亿元。则：★★

   （1）增加政府购买；（2）减少税收；（3）以同一数额增加政府购买和税收（以便预算平衡）实现充分就业，各自需要多少数额？

7. 假定 A 市的消费函数 $c=40+0.7y_d$，净税收即总税收减去政府转移支付后的金额 $t_n=40$，投资 $i=50$，政府购买性支出 $g=60$，净出口 $nx=40-0.06y$，求：★★★

   （1）均衡收入。

   （2）在均衡收入水平上的净出口余额。

   （3）投资乘数。

   （4）投资从 50 增至 60 时的均衡收入和净出口余额。

   （5）当净出口从 $nx=40-0.06y$ 变成 $nx=30-0.06y$ 时的均衡收入。

8. （北京大学经济学院 2007 年考研真题）$C=100+0.8Y_d$，$t=0.25$，$G=200$，$TR=62.5$，$I=50$，$T=ty$，则求：★★

（1）均衡收入。
（2）边际税率的乘数。
（3）政府购买 G 的乘数。
（4）平衡预算乘数。
（5）若实际收入是 800，求非意愿投资。

9. 若消费函数 $C=\alpha+\beta y_d$，税收总量 $T=T_0+ty$，其中，y_d 为居民可支配收入，t 为比例税税率，T_0 为定量税额度，I 为投资，G 为政府购买，求均衡时的国民收入水平。**

七、论述题

1. 请论述在两部门经济中，均衡国民收入是如何决定的。**
2. 按照凯恩斯的观点，储蓄是哪个变量的函数？增加储蓄对均衡收入会产生什么影响？**
3. 在加入对外贸易之后，为什么封闭经济中的一些乘数会变小？*
4. 政府支出包括政府购买和政府转移支付，为什么在计算构成国民收入的总需求时只计算政府购买而没有包括政府转移支付？***
5. 为什么政府购买支出乘数和投资乘数的绝对值大于政府税收乘数和转移性乘数绝对值？**

八、案例分析

案例一：

贵州扶贫政策

2016 年 1～11 月，贵州省一般公共预算收入完成 1 397.53 亿元，按照全面推开营改增试点及政府性基金转列一般公共预算管理等相关规定，调整 2015 年同期基数后，增收 102.56 亿元，同口径增长 7.9%。其中，省本级完成 243.91 亿元，增收 22.80 亿元，增长 10.3%；市县级完成 1 153.62 亿元，增收 79.76 亿元，增长 7.4%。

2016 年 1～11 月主要收入项目情况：

（1）增值税及营业税合计完成 409.15 亿元，增长 11.7%。
（2）企业所得税完成 123.24 亿元，增长 7.8%。
（3）个人所得税完成 31.49 亿元，增长 4.0%。
（4）地方其他税种收入情况：城市建设维护税完成 57.21 亿元，增长 8.8%；资源税完成 20.70 亿元，负增长 7.7%；土地增值税完成 86.30 亿元，增长 10.2%；耕地占用税完成 132.52 亿元，增长 4.9%；车船税完成 9.10 亿元，增长 14.6%。
（5）非税收入完成 360.11 亿元，增长 1.0%。

2016 年 1～11 月，贵州省一般公共预算支出完成 3 840.54 亿元，增加 493.04 亿元，增长 14.7%。其中，省本级一般公共预算支出完成 756.16 亿元，增加 19.61 亿元，增长 2.7%；市县级一般公共预算支出完成 3 084.38 亿元，增加 473.43 亿元，增长 18.1%。

2016 年 1~11 月主要支出项目情况：

一般公共服务支出 582.33 亿元，增长 13.2%；教育支出 771.76 亿元，增长 20.2%；科学技术支出 61.53 亿元，增长 44.5%；文化体育与传媒支出 48.96 亿元，增长 26.1%；医疗卫生与计划生育支出 367.54 亿元，增长 24.6%；社会保障和就业支出 355.05 亿元，增长 16.7%；公共安全支出 215.10 亿元，增长 24.2%；城乡社区支出 218.46 亿元，增长 31.6%。

2017 年，贵州省一般公共预算收入完成 1 613.64 亿元，根据全面推开营改增试点等规定，调整 2016 年同期基数后，同口径（下同）增收 108.72 亿元，增长 7.2%。其中，省本级完成 295.21 亿元，增收 15.38 亿元，增长 5.5%；市县级完成 1 318.43 亿元，增收 93.34 亿元，增长 7.6%。

主要收入项目情况：

（1）增值税及营业税合计完成 417.73 亿元，增长 10.0%。

（2）企业所得税完成 146.57 亿元，增长 15.3%。

（3）个人所得税完成 48.53 亿元，增长 38.4%。

（4）地方其他税种收入情况：土地增值税完成 108.66 亿元，增长 14.4%；城镇土地使用税完成 37.90 元，增长 25.8%；房产税完成 38.61 亿元，增长 26.6%；资源税完成 30.77 亿元，增长 32.9%；契税完成 89.29 亿元，增长-2.9%。

（5）非税收入完成 434.09 亿元，增长-1.5%。

2017 年，全省一般公共预算支出完成 4 604.57 亿元，增加 342.21 亿元，增长 8.0%。其中，省本级一般公共预算支出完成 806.51 亿元，减少 98.60 亿元，增长-10.9%；市县级一般公共预算支出完成 3 798.06 亿元，增加 440.81 亿元，增长 13.1%。

主要支出项目情况：

教育支出 903.51 亿元，增长 7.1%；社会保障和就业支出 500.19 亿元，增长 36.2%；医疗卫生与计划生育支出 439.49 亿元，增长 12.0%；公共安全支出 267.55 亿元，增长 7.0%；科学技术支出 88.29 亿元，增长 27.4%。

最近几年贵州省政府努力增加公共性工程支出，减少市场供给失灵。虽然最近几年经济发展迅速，取得很多突出性成就，但是阻碍贵州省经济发展有很多因素，其中之一就是贫困人口基数依然很大。

贵州省作为全国贫困人口最多、贫困面积最大、脱贫攻坚任务最重的省份，无疑是中国脱贫攻坚的主战场。十八大以来，贵州省委省政府善于"打硬仗"，五年时间减少农村贫困人口 700 多万，减贫、脱贫成效显著，创造了脱贫攻坚的"贵州经验"。

"当前，脱贫攻坚已经到了啃硬骨头、攻坚拔寨的冲刺阶段，贵州还有 372.2 万农村贫困人口尚未脱贫。脱贫攻坚是今后五年贵州的首要目标，是头等大事和一号民生工程。"贵州省委书记陈敏尔表示，作为全国贫困人口最多的省份，贵州的脱贫攻坚工作备受关注。实施大扶贫战略行动，贵州要把"精准"二字落实到扶持谁、谁来扶、怎么扶、如何退全过程，贯穿到党政部门、基层组织、社会力量各方面，才能科学、有效、如期地完成脱贫攻坚目标任务，打赢脱贫攻坚这场硬仗，走出一条体现中央精神、具有贵州特色的扶贫开发路子。

虽然贵州脱贫攻坚取得了重大成效，但仍有372.2万农村贫困人口，贫困落后仍是贵州的主要矛盾。贵州应牢牢抓住这一主要矛盾，打赢脱贫攻坚战这场硬仗，确保到2020年与全国同步实现全面小康。

根据上述案例结合所学经济学知识回答下列问题：

（1）试结合贵州省的"扶贫"政策以及国民收入决定相关理论论述将一部分国民收入从富者转给贫者是否将提高总收入水平。

（2）若贵州省政府通过增加公共工程支出来改善经济，则对总需求有何影响？

注：此案例摘自 http://www.gzcz.gov.cn/gzcy/zwwb/zxxx/201612/t20161215_1556828.html；http://gz.people.com.cn/n2/2017/0416/c344124-30034833.html，有改动。

案例二：

材料一　投资与储蓄关系的探讨

学过经济学的学者都知道，投资等于储蓄是简单国民收入决定的基本均衡条件，但是，在现实生活中，国民收入以及经济运行状态很难用精确数字来表示，其评价过程非常复杂，规模也非常庞大，有时候，其评价结果与实际也存在较大偏差。一些生产企业也不是那么理性，也不能对经济运行状态作出完全正确或者及时的判断，在学术研究中，我们一般都假设企业对经济都有正确的判断能力，当经济处于非均衡状态时，企业通过调整其存货进而调整其产量或者投资以适应总需求的机制，企业生产或者社会投资又会对经济产生影响。

最早的经济增长理论非常强调投资的作用。经济学家认为，投资才能带来经济增长，而且，他们做了一个很"简单粗暴"的假设，即投资的增长率和经济增长率之间有固定的比例关系。举例来说，如果投资率（投资占GDP的比例）为4%，能够带来1%的GDP增长率，那么，如果你想把GDP增长率提高4%呢？很简单，投资率需要提高到16%。西方经济学家提出这个理论，是从当年苏联制订经济计划受到的启发。苏联当年就是这么预测经济增长的。怎么提高投资率呢？你必须提高储蓄率。投资需要的钱，来自储蓄存下来的钱。可是，穷国的储蓄率很低，拿不出足够多的钱投资。比如说，一个穷国的储蓄率只有GDP的4%，但要想实现4%的经济增长，需要16%的投资率，也就是16%的储蓄率。这就有一个12%的储蓄—投资缺口。

材料二　中美贸易战争

2018年3月底中美贸易战已经打响了，双方已经摊牌，一年前我们就一直在推演，这件事是一定会发生的。西方资本主义大体上可以分成英美式和英美式以外的两个完全不同的体系，英、美是两个先后统治世界次序的主宰者。

在我看来特朗普应该是深谙英美式资本主义精要的总统，最知道这种美国式资本主义的优势在哪个地方，我个人认为美国式资本主义的优势主要有三个方面是独一无二的。

（1）美元本位的国际货币体系。

（2）非同一般的高效率的驱动不断地引领全球的产业变迁、产业转型和技术创新的非常有深度的金融系统。

（3）完备的国家治理。美国建国243年以来，国家治理体制上没有任何变迁，这个体制之所以绵延至今、主宰全球次序的制定，最重要的是其代表对人普世价值、原创精神的尊重和体制性的保护。

这三个方面决定了美国能够支配和利用全球所有经济体的基本的储蓄账户、宏观账户。只有这样的经济体能够实行国家层面的运转，控制全球的基本投资储备账户转化为本国的利益。

而从全球来看，直接对应的另外一个经济体的变化就是中国崛起。因为中国是2001年入世的，但是中国外向型的累积储蓄的模式在之前的一段时间其实已经成型。如果和美国的账户对应起来，1998年到中国入世的时间区间应该是整个改变全球账户的非常关键的历史时刻。经过这个时段以后，你看到全球宏观账户，特别是中美两个国家的宏观账户完全是一个对称变化的状态。

从数据上看到的中国真正的崛起，其实是1998年之后，从数据上的起步，体量完全进入了加速度非常大的状态，就是1998年到2001年入世的历史时间窗口，中国占全球出口份额从2001年之前的不到5%，入世16年现在在WTO（世界贸易组织）框架下大概是15%。从宏观账户的变化来讲，中国借助了WTO的这样一个全球化的体系，迅速完成了自己的工业化和城市化的过程。

在WTO的框架下，中国不光成为美国的竞争对手，也将成为全球其他国家的竞争对手，如此，全球贸易可能会向中国"单极"的方向发展。

中国出口占世界份额15%，超第二位美国4%，超第三位德国5%，后者难以匹及，所以在WTO框架下，中国无疑是最受益的。全球国际分工产业链、供应链重构以后，许多产业链整体迁移到中国，或者以中国为中心来组织。例如CES消费电子、汽车、通信设备、装配制造，全世界最有竞争力的产业链和产业工人（工程师）都落在了中国，包括未来的新能源汽车、智能汽车这个方向。长此以往，正如班农的看法，21世纪中国将统治全球的制造业，这个判断是可能的。

作为一个商人，特朗普可能比一般建制派的政客更准确地感受到这点，并迫切地实施贸易战。所以背后其实是宏观账户的问题，是一个道路的问题。特朗普实际上要修正的是在过去30年、40年可能有点老化的美国式资本主义机制，逐步地产业空心化、制造业边缘化。

美国现在的产业简单来讲就是两端：一端是知识、技术密集型高端产业，另一端就是农业，中间基本上都空出来了。这个实际上是美国这部资本主义的机器在过去30年、40年参数逐步失灵，从生产型社会滑向消费型社会的体现，对于特朗普来讲要改变这个路径，遏制这个方向，实际上要修正的是美国整个宏观的基本账户，投资和储蓄。

国家的国际收支平衡从恒等式的角度来讲，另一头是这个国家的投资和储蓄账户平衡的关系。修正账户从根本上讲是要提高国家储蓄率，等于修正美国道路的问题。作为工作的抓手，宏观恒等式的另外一头，肯定要落实在贸易平衡上面。从基本宏观账户的内在逻辑推演来看，为什么特朗普经济政策的一头重心会放在贸易保护主义，从逻辑上讲他的直觉是很顺畅的，找到了国家的症结，这是我们的理解。如果直白地讲，特朗普要提振美国经济，创造总需求的扩张，通过减税或者基建的投资扩张，如果拉起的经济都转化为中国的顺差或者其他国家的贸易出超，这肯定是他不愿意的。

经济的提升，总需求的扩张所带来的溢出要沉淀在国内，转化为企业或者家庭部门储蓄的增长，这是很正常的想法。所以对于基本恒等式的两头，这边要沉淀到国内，必然地，另外一头工作的重头就会放在抑制国外部门获得其经济扩张的效应这个方向上，他要在这个上面着力是很正常的。

中美博弈的结果，可能是双方达成一个阶段性的协议，或者找到一个妥协的方式，美国人希望看到的就是在互联网市场分一杯羹。其他方面，特朗普心里很明白，我们看得很清楚，全球化以后产业的国际分工结构短期内是改变不了的。产业链包括技术储备等都不是一个短变量，而是长期时间积累，落地在一个地方。

中国未来的出牌，一是打好太极，自己心里很清楚，美国人要的是什么东西，并不是真正想跟你在这个方向"打"，有些东西你知道对方要什么就好谈了。

另外，中国要保持基本的宏观账户，目前格局的延续，关键还是要立足于自身，自己的马步扎实了，所有的对手都拿你没有办法。只要真正坚定走十九大确立的方向，制造强国、坚定地压缩金融地产挤出的效应，稳定投资和储蓄的基本账户，美国也束手无策。

根据上述案例结合所学经济学知识回答下列问题：

（1）为什么说投资等于储蓄是简单国民收入决定的基本均衡条件？国民收入的变动机制是什么？

（2）储蓄率太低，将制约投资以及经济增长。在简单凯恩斯模型中，储蓄率提高将使总产量减少，这是否矛盾？

（3）你如何看待中美贸易战？

注：此案例摘自 https://wallstreetcn.com/articles/3051948；http://www.96369.net/news/453/453768.html，有改动。

第十四章

国民收入的决定：IS—LM 模型

【重难点分析】

本章考查的重点主要有：IS 曲线的推导、斜率及经济含义，IS 曲线的移动，流动性偏好与货币需求动机，流动偏好陷阱，货币需求函数，货币供求均衡和利率的决定，LM 曲线的推导、斜率及经济含义，LM 曲线的移动，产品和货币市场同时均衡的利率和收入，LM 曲线的三个区域。

本章考查的难点主要有：IS 曲线的移动，流动性偏好与货币需求动机，流动偏好陷阱，LM 曲线的移动，LM 曲线的三个区域。

一、单项选择题

1. IS 曲线表示（　　）市场（　　）时（　　）的关系。★
   A. 产品，均衡，国民收入和利率　　B. 货币，均衡，国民收入和利率
   C. 产品，不均衡，总供给和总需求　D. 产品，均衡，总供给与总需求

2. 在 IS 曲线上存在储蓄和投资均衡的收入和利率的组合点有（　　）。★★
   A. 一个　　　　　　　　　　　　　B. 无数个
   C. 一个或无数个　　　　　　　　　D. 一个或无数个都不可能

3. 在两部门 IS 曲线模型中，IS 曲线的下方表示投资 I（　　）储蓄 S。★★
   A. 小于　　　　　　　　　　　　　B. 等于
   C. 大于　　　　　　　　　　　　　D. 可能大于、等于或小于

4. 已知在两部门模型中，储蓄函数为 $S=-100+0.25Y$，投资函数为 $I=200-4R$，则 IS 曲线方程为（　　）。★
   A. $Y=1\,600-16R$　　　　　　　　B. $Y=1\,200-12R$
   C. $Y=1\,600-12R$　　　　　　　　D. $Y=1\,200-16R$

5. 如果消费函数 $C=\alpha+\beta Y$，投资函数为 $I=e-dR$，则两部门经济中的 IS 曲线方程为（　　）。★★
   A. $Y=\dfrac{\alpha+e}{d}-\dfrac{1-\beta}{d}R$　　　　B. $R=\dfrac{\alpha+e}{1-\beta}-\dfrac{d}{1-\beta}Y$

C. $R=\dfrac{\alpha+e}{d}-\dfrac{1-\beta}{d}Y$ D. $R=\dfrac{\alpha+e+G}{d}-\dfrac{1-\beta(1-t)}{d}Y$

6. 其他条件不变，当投资对利率的敏感系数 d 增大时，IS 曲线会（　　）。★★
   A. 变陡峭　　　　　　　　　B. 变平缓
   C. 不变　　　　　　　　　　D. 旋转 180°

7. 政府支出 G 增加，会使得 IS 曲线（　　）。★
   A. 向右移动　　　　　　　　B. 向左移动
   C. 变陡峭　　　　　　　　　D. 变平缓

8. 古典经济学流派认为，利率是由（　　）。★
   A. 投资需求与货币供给相等时决定的
   B. 投资与储蓄相等时决定的
   C. 货币需求与货币供给相等时决定的
   D. 产品市场与货币市场共同均衡时决定的

9. 对货币的需求，又称（　　）。★
   A. 流动性　　　　　　　　　B. 流动性偏好
   C. 灵活性　　　　　　　　　D. 交易性需求

10. 下列不属于凯恩斯流动性偏好的动机的是（　　）。★
    A. 交易性动机　　　　　　　B. 投机性动机
    C. 预防性或谨慎性动机　　　D. 流动性动机

11. 通常情况下，人们会在利率（　　）时预期证券价格会下降。★★
    A. 很高　　　　　　　　　　B. 很低
    C. 很高或很低　　　　　　　D. 很高和很低

12. 通常情况下，只有当目前利率（　　），从而债券价格（　　），人们预期证券价格将（　　）时，人们会买进债券，即用手里持有的货币去换回债券，即减少货币持有量，或减少货币需求，增加证券的需求。★★★
    A. 较低，较高，下降　　　　B. 较低，较低，升高
    C. 较高，较高，下降　　　　D. 较高，较低，升高

13. 流动性偏好陷阱之所以发生，是因为（　　）。★★
    A. 当利率降得很低时，证券价格很高，此时购买证券将使风险变得很大
    B. 当利率降得很低时，证券价格很高，此时购买证券将使风险变得很小
    C. 当利率升得很高时，证券价格很高，此时购买证券将使风险变得很大
    D. 当利率升得很高时，证券价格很低，此时购买证券将使风险变得很小

14. 凯恩斯认为在极端情形下，当利率低到一定程度时（　　）。★★
    A. 交易动机的货币需求将趋于无穷大
    B. 预防动机的货币需求将趋于无穷大
    C. 投机动机的货币需求将趋于无穷大
    D. 投机动机的货币需求将趋于无穷小

15. 名义货币需求函数 $L=(kY-hR)P$ 在纵坐标为利率，横坐标为货币需求量的坐标系是（　　）。★

   A. 向右下方倾斜的曲线　　　　B. 向右上方倾斜的曲线
   C. 垂直线　　　　　　　　　　D. 水平线

16. 凯恩斯认为利率主要是由（　　）。★

   A. 投资需求与货币供给相等时决定的
   B. 投资与储蓄相等时决定的
   C. 货币需求与货币供给相等时决定的
   D. 产品市场与货币市场共同均衡时决定的

17. LM 曲线表示（　　）。★

   A. 货币供给等于货币需求的收入和利率的组合
   B. 货币供给大于货币需求的收入和利率的组合
   C. 产品需求等于产品供给的收入和利率的组合
   D. 产品供给大于产品需求的收入和利率的组合

18. LM 曲线的垂直阶段又称为（　　）。★

   A. 凯恩斯区域　　　　　　　　B. 正常区域
   C. 古典区域　　　　　　　　　D. 流动性陷阱区域

19. 设名义货币供给量为 M，价格水平为 P，实际货币供给量 $m=M/P$，实际货币需求为 $L=m=kY-hR$，则下面各项错误的 LM 曲线方程为（　　）。★★

   A. $R=\dfrac{k}{h}Y-\dfrac{M}{hP}$　　　　B. $Y=\dfrac{h}{k}R+\dfrac{M}{kP}$
   C. $R=\dfrac{h}{k}Y+\dfrac{M}{kP}$　　　　D. $R=\dfrac{k}{h}Y-\dfrac{m}{h}$

20. 设货币的交易需求 $L_1=0.2Y$，货币投机需求为 $L_2=1\,250-500R$，货币供给量 $M=1\,500$，物价水平 $P=1$，则 LM 曲线方程为（　　）。★

   A. $Y=500+400R$　　　　　　B. $R=0.000\,4Y-0.5$
   C. $Y=400+500R$　　　　　　D. $R=0.000\,4Y-1$

21. 下列哪项表示了在纵坐标为利率 R、横坐标为收入 Y 的坐标系中的 LM 曲线的斜率？（　　）★

   A. k　　　　　　　　　　　　B. $\dfrac{k}{h}$
   C. $\dfrac{1}{h}$　　　　　　　　　D. $-\dfrac{k}{h}$

22. LM 曲线可以分为三段，其中与凯恩斯的流动性偏好陷阱相对应的一段是（　　）。★

   A. 水平阶段　　　　　　　　　B. 正常向右上方倾斜阶段
   C. 垂直阶段　　　　　　　　　D. 向右下方倾斜阶段

23. 当货币供给量 M 增加时，会使得 LM 曲线（　　）。★
   A. 变陡峭　　　　　　　　　B. 向左移动
   C. 向右移动　　　　　　　　D. 变平缓

24. 假定货币需求函数为 $L=kY-hR$，货币供给减少 15 亿美元而其他条件不变，则会使 LM 曲线（　　）。★★★
   A. 左移 15 亿美元
   B. 左移 k 乘以 15 亿美元
   C. 左移 k 除以 15 亿美元（$k/15$）
   D. 左移 15 亿美元除以 k（$15/k$）

25. IS 曲线与 LM 曲线的交点表示（　　）。★
   A. 产品市场处于均衡状态，而货币市场处于非均衡状态
   B. 产品市场处于非均衡状态，而货币市场处于均衡状态
   C. 产品市场与货币市场都处于均衡状态
   D. 产品市场与货币市场都处于非均衡状态

26. 在两部门经济中，消费 $C=100+0.8Y$，投资 $I=150-6R$，实际货币供给 $m=M/P=150$，货币需求 $L=0.2Y-4R$，则产品市场与货币市场同时均衡时的利率和收入为（　　）。★★
   A. 8，1 000　　　　　　　　B. 10，1 000
   C. 8，950　　　　　　　　　D. 10，950

27. 设其他条件不变，物价水平上升，则产品市场与货币市场重新达到均衡时，利率 r 将（　　），而收入 y 将（　　）。★★
   A. 上升，增加　　　　　　　B. 上升，减少
   C. 下降，增加　　　　　　　D. 下降，减少

28. 如果 IS 曲线与 LM 曲线同时向右移动，则（　　）。★★★
   A. 利率上升，收入可能增加也可能减少
   B. 利率下降，收入可能增加也可能减少
   C. 收入增加，利率可能上升也可能下降
   D. 收入减少，利率可能上升也可能下降

29. 在极端古典主义情形下，（　　）。★★
   A. 财政政策完全无效　　　　B. 财政政策相对无效
   C. 财政政策完全有效　　　　D. 财政政策相对有效

30. 根据凯恩斯主义的 IS—LM 模型，当经济处于流动性陷阱时期，为刺激需求应该采取的政策是（　　）。★★
   A. 增加财政支出　　　　　　B. 增加财政税收
   C. 增加货币供给　　　　　　D. 提高法定准备金率

31. 处于 IS 曲线和 LM 曲线交点下方的一个点表示（　　）。★★
   A. 投资小于储蓄，货币供给大于货币需求
   B. 投资大于储蓄，货币供给大于货币需求

C. 投资大于储蓄，货币供给小于货币需求
D. 投资小于储蓄，货币供给小于货币需求

32. 当货币需求对利率的敏感程度降低时，LM 曲线将（　　）。★★
   A. 变平缓   B. 向右下方移动
   C. 向左上方移动   D. 变陡峭

33. 假定名义货币供给量不变，价格总水平下降将导致一条向右上方倾斜的 LM 曲线上的一点（　　）。★★
   A. 沿原 LM 曲线向上方移动   B. 沿原 LM 曲线向下方移动
   C. 向右移动到另一条 LM 曲线上   D. 向左移动到另一条 LM 曲线上

34. IS 曲线向左方移动的条件是（　　）。★
   A. 总支出增加   B. 总支出减少
   C. 价格水平上升   D. 价格水平下降

35. 当利率水平变得很高时，购买债券的风险将会（　　）。★★
   A. 变小   B. 变大
   C. 可能变大，也可能变小   D. 不发生变化

36. （上海财经大学考研）若横轴表示收入，纵轴表示利率，则 IS 曲线的下方表示（　　）。★★
   A. 投资大于储蓄   B. 货币需求大于货币供给
   C. 投资小于储蓄   D. 货币需求小于货币供给

37. （中央财经大学考研）在图 14-1 的 IS—LM 模型中，A 点向均衡点调整的过程中，（　　）。★★
   A. r 上升，y 上升   B. r 下降，y 下降
   C. r 下降，y 上升   D. r 上升，y 下降

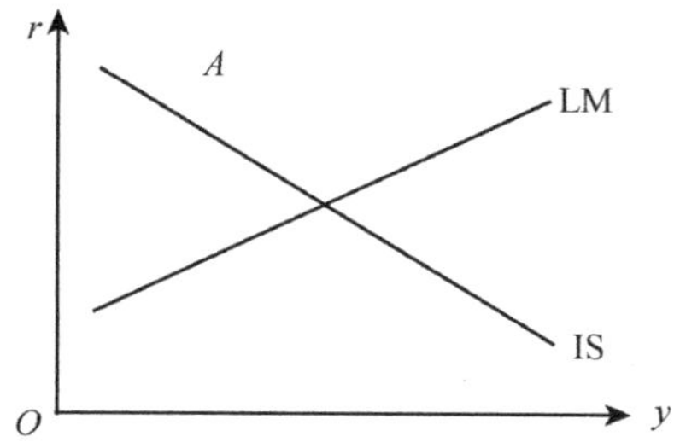

38. 一般来说，IS 曲线的斜率（　　）。★
   A. 为负   B. 为正
   C. 为零   D. 等于 1

图 14-1 IS—LM 模型

39. 如果流动性偏好接近水平状，这意味着（　　）。★★
   A. 利率稍有变动，货币需求就会大幅度变动
   B. 利率变动很大时，货币需求也不会有很多变动
   C. 货币需求不受利率变动影响
   D. 以上三种情况均可能存在

40. 如果利率上升，货币需求将（　　）。★
   A. 不变   B. 受影响，但不可能说出是上升还是下降
   C. 下降   D. 上升

41. 当利率很低时，人们购买债券的风险将会（　　）。★
   A. 变得很小   B. 变得很大
   C. 可能很大也可能很小   D. 不变

第十四章 国民收入的决定：IS—LM 模型

42. 在凯恩斯的理论体系中，货币需求和货币供给函数决定（　　）。★★
   A. 名义利率　　　　　　　　B. 实际利率
   C. 价格水平　　　　　　　　D. 消费水平

43. 在 IS 曲线和 LM 曲线的交点（　　）。★★
   A. 经济一定处于充分就业的状态　　B. 经济一定不处于充分就业的状态
   C. 经济有可能处于充分就业的状态　D. 经济资源一定得到了充分利用

44. 当经济中未达到充分就业时，如果 LM 曲线不变，政府支出增加会导致（　　）。★
   A. 收入增加、利率上升　　　　B. 收入增加、利率下降
   C. 收入减少、利率上升　　　　D. 收入减少、利率下降

45. 一般地，在 IS 曲线不变时，货币供给减少会导致（　　）。★
   A. 收入增加、利率上升　　　　B. 收入增加、利率下降
   C. 收入减少、利率上升　　　　D. 收入减少、利率下降

46. 按照货币学派的观点，货币供应的增加将（　　）。★
   A. 提高利率　　　　　　　　　B. 降低总需求
   C. 增加总需求　　　　　　　　D. 降低价格水平

47. 依据凯恩斯货币理论，货币供给增加将（　　）。★
   A. 降低利率，从而减少投资和总需求
   B. 降低利率，从而增加投资和总需求
   C. 提高利率，从而增加投资和总需求
   D. 提高利率，从而减少投资和总需求

48. 其他条件不变，价格水平上升时，会（　　）。★
   A. 减少实际货币供给，并使 LM 曲线右移
   B. 减少实际货币供给，并使 LM 曲线左移
   C. 增加实际货币供给，并使 LM 曲线右移
   D. 增加实际货币供给，并使 LM 曲线左移

49. 在货币市场上，如果货币需求超过货币供给，（　　），利率上升。★
   A. 债券价格上涨　　　　　　　B. 债券价格下降
   C. 债券价格不变　　　　　　　D. 债券价格可能上涨也可能下降

50. 引起 LM 曲线变得平缓的原因可能是（　　）。★★
   A. 货币需求对收入变动的反应程度和货币需求对利率变动的反应程度同比例增强
   B. 货币需求对收入变动的反应程度和货币需求对利率变动的反应程度同比例减弱
   C. 货币需求对收入变动的反应程度增强，货币需求对利率变动的反应程度减弱
   D. 货币需求对收入变动的反应程度减弱，货币需求对利率变动的反应程度增强

51. 下列哪种情况中，增加货币供给对均衡收入影响较小？（　　）★
   A. LM 曲线陡峭，而 IS 曲线平缓　　B. LM 曲线陡峭，IS 曲线也陡峭
   C. LM 曲线平缓，而 IS 曲线垂直　　D. LM 曲线和 IS 曲线一样平缓

52. 货币市场和产品市场同时均衡出现于（　　）。★
   A. 所有收入水平上

B. 一种收入水平和一种利率上

C. 各种收入水平和一定的利率水平上

D. 一种收入水平和各种利率水平上

53. 下列关于 LM 曲线的叙述正确的是（　　）。★

A. LM 曲线向上倾斜，并且是在收入水平给定的条件下画出的

B. LM 曲线向下倾斜，并且价格的增加将使其向上移动

C. LM 曲线向上倾斜，并且是在实际货币供给给定的条件下画出的

D. 沿着 LM 曲线，实际支出等于计划支出

54. 如果实际收入提高，同时由于政府支出增加而导致利息率下降，那么（　　）。★★

A. IS 曲线一定垂直　　　　　　B. LM 曲线一定垂直

C. 美联储必定同时增加了货币供给　D. 美联储必定同时减少了货币供给

55. 如果人们在每个利息率水平，突然希望增加货币持有，则（　　）。★★

A. 货币需求曲线将向左移动　　　B. LM 曲线将向左上移动

C. 实际收入将减少　　　　　　　D. 以上说法都对

56. 像凯恩斯一样，许多经济学家认为，在经济衰退时货币政策是无效的，这是因为（　　）。★★

A. 货币需求和投资都相对有弹性

B. 货币需求相对有弹性，投资相对无弹性

C. 货币需求和投资需求都相对无弹性

D. 货币需求相对无弹性，投资相对有弹性

57. 如果一个经济处于流动陷阱，那么（　　）。★★

A. 利率的变动对投资没有影响

B. 投资的变动对计划的总支出没有影响

C. 公开市场活动不会引起实际货币供给曲线移动

D. 实际货币供给增加对利率没有影响

58. 根据 IS—LM 模型，在 LM 曲线保持不变的情况下，可知（　　）。★★

A. 投资增加，使国民收入减少，利率上升

B. 投资增加，使国民收入增加，利率上升

C. 货币供给量增加，使国民收入减少，利率下降

D. 货币供给量增加，使国民收入增加，利率上升

59. 下列说法正确的是（　　）。★

A. 货币需求随着名义利率上升而增长

B. 货币需求随着名义利率下跌而不发生改变

C. 货币需求随着名义利率上升而下降

D. 货币需求随着名义利率下跌而下降

60. 利率和收入的组合点出现在 IS 曲线右上方、LM 曲线的左上方的区域中，则表示（　　）。★★

A. $I<S, L<M$　　　　　　　　B. $I>S, L>M$

C. $I>S, L<M$　　　　　　　　D. $I<S, L>M$

61. 一般情况下，利率上升会使得投机性货币需求量（　　）。★★
   A. 减少　　　　　　　　　　　B. 增加
   C. 不变　　　　　　　　　　　D. 受影响，但不可能说出是增加还是减少

62. （　　）将产生货币的交易性需求。★
   A. 为了日常消费的便利　　　　B. 为了应对通货膨胀发生的可能性
   C. 为了预防生病需要的开支　　D. 为了购买股票、债券

63. 在其他条件不变的情况下，随着（　　），货币的交易性需求量上升。★
   A. 名义收入增加　　　　　　　B. 实际利率上升
   C. 价格水平的倒数下降　　　　D. 货币流通速度上升

64. 在投机性货币需求曲线的"凯恩斯陷阱"区域，意味着（　　）。★★
   A. 经济主体对货币的投机性货币需求量趋近于 0
   B. 经济主体对货币的投机性货币需求量趋近于 ∞
   C. 投机性货币需求量不受利率变动影响
   D. 以上三种情况均可能存在

65. 当经济不在 IS 曲线与 LM 曲线的交点所对应的状态时，就会发生自发的调节过程。假设现在的经济状态处在 LM 曲线上，但在 IS 曲线的左方，那么，调节过程就将是（　　）。★
   A. 实际国民生产总值增加，利率上升
   B. 实际国民生产总值增加，利率下降
   C. 实际国民生产总值减少，利率上升
   D. 实际国民生产总值减少，利率下降

二、多项选择题

1. LM 曲线是（　　）。★
   A. 描述产品市场达到均衡时，国民收入与利率之间关系的一条曲线
   B. 描述货币市场达到均衡时，国民收入与利率之间关系的一条曲线
   C. 以国民收入为横坐标、利率为纵坐标的向右上方倾斜的一条曲线
   D. 以国民收入为横坐标、利率为纵坐标的向右下方倾斜的一条曲线

2. IS 曲线是（　　）。★
   A. 描述产品市场达到均衡时，国民收入与利率之间关系的一条曲线
   B. 描述货币市场达到均衡时，国民收入与利率之间关系的一条曲线
   C. 以国民收入为横坐标、利率为纵坐标的向右上方倾斜的一条曲线
   D. 以国民收入为横坐标、利率为纵坐标的向右下方倾斜的一条曲线

3. 凯恩斯认为货币可以满足的动机有（　　）。★
   A. 交易动机　　B. 套现动机　　C. 谨慎动机　　D. 投机动机

4. 下列说法错误的有（　　）。★★
   A. IS 曲线与投资曲线同方向变动　　　B. IS 曲线与投资曲线反方向变动
   C. IS 曲线与储蓄曲线反方向变动　　　D. IS 曲线与储蓄曲线同方向变动

5. 下列说法错误的有（　　）。★★
   A. LM 曲线与货币投机需求曲线同方向移动
   B. LM 曲线与货币投机需求曲线反方向移动
   C. LM 曲线与货币交易需求曲线同方向移动
   D. LM 曲线与货币交易需求曲线反方向移动

6. 下列会使 IS 曲线向右移动的有（　　）。★
   A. 投资需求曲线向右上方移动　　　B. 储蓄曲线向左移动
   C. 增加政府购买性支出　　　　　　D. 增加政府税收

7. 下列会使 LM 曲线向右移动的有（　　）。★
   A. 价格水平不变时，M 增加　　　B. 价格水平 P 下降
   C. 价格水平不变时，M 减少　　　D. 价格水平 P 上升

8. 下列影响投资决策的基本因素有（　　）。★★
   A. 贴现率　　　B. 股票价格　　　C. 利率　　　D. 预期收益率

9. IS 曲线和 LM 曲线的交点表示（　　）。★★
   A. 货币市场处于均衡状态而产品市场处于非均衡状态
   B. 实际货币供给等于实际货币需求
   C. 产品供给等于产品需求
   D. 货币市场与产品市场同时处于均衡状态

10. 如果一个点位于 IS 曲线的上方但位于 LM 曲线的下方，则意味着（　　）。★★★
    A. 产品市场有超额产品供给　　　B. 产品市场有超额产品需求
    C. 货币市场有超额货币供给　　　D. 货币市场有超额货币需求

11. 下列关于 LM 曲线的说法，错误的有（　　）。★★
    A. LM 曲线在"凯恩斯区域"是垂直的
    B. LM 曲线在"中间区域"是向右上方倾斜的
    C. LM 曲线在"古典区域"是水平的
    D. LM 曲线在"古典区域"是垂直的

12. 假定货币供给量和价格水平保持不变，货币需求为收入和利率的函数，则收入减少时（　　）。★★
    A. 货币需求增加，利率不变　　　B. 货币需求增加，利率下降
    C. 货币供给量不变，利率下降　　　D. 货币需求减少，利率上升

13. 若其他条件保持不变，那么货币供给减少将导致（　　）。★★
    A. 收入增加　　　　　　　　B. 收入减少
    C. 利率上升　　　　　　　　D. 利率下降

14. 下列关于 IS 曲线斜率的说法，错误的有（　　）。★★★
    A. 投资需求对于利率变动越敏感，则 IS 曲线越平缓

B. 投资需求对于利率变动越敏感，则 IS 曲线越陡峭

C. 边际消费倾向越大，则 IS 曲线越平缓

D. 边际消费倾向越大，则 IS 曲线越陡峭

15. 下列关于 LM 曲线斜率的说法，正确的有（　　）。★★★

A. 其他条件不变时，货币需求对利率的敏感度越高，LM 曲线越平缓

B. 其他条件不变时，货币需求对利率的敏感度越高，LM 曲线越陡峭

C. 其他条件不变时，货币需求对收入变动的敏感度越高，LM 曲线越陡峭

D. 其他条件不变时，货币需求对收入变动的敏感度越高，LM 曲线越平缓

三、判断题

1. IS 曲线表示的是在产品市场均衡时总产出与实际利率之间的对应关系。（　　）★

2. 在 IS 曲线上，随着实际利率的降低，国民收入将会增加。（　　）★

3. 在 LM 曲线上，实际利率是与国民收入同方向变动的。（　　）★

4. 价格水平固定不变，当中央银行降低名义货币供应量时，LM 曲线将向右下方平移。（　　）★

5. 货币需求对收入的变化越敏感，LM 曲线越陡峭。（　　）★★

6. 货币供给的减少会使 LM 曲线向右方移动。（　　）★

7. 出于交易动机的货币需求主要取决于收入。（　　）★

8. IS 曲线上的任何一点，都表示产品市场的均衡。（　　）★

9. 给定总产出不变，当政府支出增加时，IS 曲线将向左下方移动。（　　）★

10. 流动偏好陷阱是指当利率极低时，货币的投机需求成为无限大的经济现象。（　　）★★★

11. 利率与资本边际效率是影响投资需求的两个基本因素，它们与投资需求都是呈反方向变化的。（　　）★★

12. MEI 曲线就是投资曲线。（　　）★★

13. LM 曲线上的任何一点，都表示货币市场的均衡。（　　）★

14. 如果政府减税，会使 IS 曲线左移。（　　）★

15. LM 曲线呈水平形状的区域称为"古典区域"。（　　）★

16. 如果投资对利率变动的敏感程度发生变化，则 IS 曲线的斜率也会变化。（　　）★★

17. 一般情况下，IS 曲线的斜率为负。（　　）★

18. 设 M 表示名义货币供给量，实际货币需求函数为 $L=kY-hR$，则 LM 曲线方程为 $R=kY/h-M/h$。（　　）★

19.（上海财经大学考研）流动性陷阱指 LM 曲线呈水平状，此时财政政策最有效。（　　）★★

20.（上海财经大学考研）存在货币需求的流动性陷阱现象时，财政政策的挤出效应

最小。（　　）★★★

21．（上海财经大学考研）货币主义者不相信流动性陷阱的存在。（　　）★★

22．（对外经济贸易大学考研）IS 曲线和 LM 曲线的交点表示产品市场和货币市场的同时均衡，且处于充分就业条件的均衡。（　　）★★

23．实际货币供给增加可以通过价格水平的提高或者名义货币供给增加来实现。（　　）★★

24．当收入增加时，货币交易需求将增加。（　　）★

25．按照凯恩斯的货币需求，如果利率上升，货币需求将减少。（　　）★

26．当价格水平的上升幅度大于名义货币供给的增长时，实际货币供给减少。（　　）★

27．当利率降得很低时，人们购买债券的风险将会变得很小。（　　）★

28．人们在债券价格趋向于下降时倾向于减少手持货币。（　　）★★

29．利率越低，用于投机的货币则越多。（　　）★

30．如果利率水平处在流动性陷阱区域，货币政策是无效的。（　　）★

31．在凯恩斯区域内，货币政策有效。（　　）★

32．一般来说，位于 IS 曲线右边的收入和利率的组合，都是投资小于储蓄的非均衡组合。（　　）★★

33．一般来说，LM 曲线斜率为正。（　　）★

34．产品市场决定收入，货币市场决定利率。（　　）★

35．IS—LM 模型在政策上可以用来解释财政政策和货币政策，因此它是整个宏观经济学的核心。（　　）★

36．根据 IS—LM 模型，货币量的增加会引起国内生产总值增加，利率下降。（　　）★

37．在 IS 曲线和 LM 曲线的交点上，投资、储蓄、货币需求量、货币供给量这四个变量相互间都相等。（　　）★

38．LM 曲线反映货币需求量与供给量如何随着利息率的变化而变化。（　　）★

39．如果 LM 曲线是完全垂直的，那么财政政策在增加就业方面是无效的。（　　）★

40．国民收入增加会使得货币总需求曲线上的点沿着货币总需求曲线向上移动。（　　）★★

41．其他条件不变的前提条件下，利率上升会使得货币总需求曲线沿着横轴向右移动。（　　）★★

四、名词解释

1．资本边际效率★
2．投资边际效率★
3．IS 曲线★★

4. 流动性偏好★★

5. 交易动机★

6. 预防性动机★

7. 投机动机★

8. 流动偏好陷阱（南京财经大学考研）★★★

9. 货币需求函数★

10. 货币供给★

11. LM 曲线★

12. LM 曲线的凯恩斯区域★★

13. LM 曲线的古典区域★★

14. LM 曲线的中间区域★

15. 挤出效应★

五、简答题

1. 什么是流动偏好陷阱？★

2. 什么是流动性偏好与货币需求动机？★★

3. 简述 IS 曲线的经济含义。★

4. 使得 IS 曲线水平右移的因素有哪些？★★

5. 简述货币需求函数的构成。★★

6. 在凯恩斯的收入决定论中，收入水平是如何决定的？利息率的变动对此有什么作用？★★

六、计算题

1. 已知消费函数 $C=100+0.6Y$，投资函数为 $i=520-2r$，货币需求函数为 $L=0.2Y-4r$，货币供给为 $m=120$。★★

要求：（1）写出 IS 曲线方程。

（2）写出 LM 曲线方程。

（3）写出 IS—LM 模型的具体方程并求解均衡的国民收入和均衡的利率。

2. 假定名义货币供给量用 M 表示，价格水平 $P=1$，货币需求用 $L=kY-hr$ 表示。★★

要求：（1）求 LM 曲线的代数表达式，指出其斜率表达式。

（2）找出当 $k=0.2$，$h=10$；$k=0.2$，$h=20$；$k=0.1$，$h=10$ 时，LM 斜率的值。

（3）当 k 变小时，LM 曲线的斜率如何变化，h 增大时，LM 曲线的斜率如何变化？

（4）若 $k=0.2$，$h=0$，LM 曲线变化如何？

3. 假设货币需求为 $L=0.2y-10r$，货币供给为 200 美元，$C=60+0.8yd$，$t=100$，$i=150$，$g=100$。*

要求：（1）求 IS 曲线和 LM 曲线。
（2）求均衡收入、利率和投资。
（3）政府支出从 100 增加到 120 时，均衡收入、利率和投资有何变化？
（4）是否存在"挤出效应"？

4. 假定政府要削减税收，使用 IS—LM 模型表示以下两种情况下减税的影响：***
（1）用适应性货币政策保持利率不变。
（2）货币存量保持不变。
要求：说明两种情况下减税的经济后果有什么区别。

七、论述题

1. 推导 LM 曲线，并说明其政策含义。（西南财经大学考研）***
2. 为什么投资的边际效率随着投资支出的增加而逐渐递减？**
3. 简述产品市场的均衡条件并加以简要评论。*

八、案例分析

案例一：

2018 年中国继续实施积极的财政政策

按照中央经济工作会议的定调，2018 年中国将继续实施积极的财政政策，调整优化财政支出结构，增强财政可持续性。那么，在中国经济已由高速增长转向高质量发展的阶段，2018 年中国积极财政政策的实施空间在哪里？在一项对 2018 年中国积极财政政策的实施空间的调查中，80% 的专家认为"无论是税收政策还是财政支出结构，财政政策将更多向高新科技产业、精准扶贫、乡村振兴等领域倾斜"；65% 的专家认为"进一步下调高新技术企业的优惠税率、扩大高新技术企业认定范围等结构性税收优惠政策"；57% 的专家认为"加大基础设施领域开放力度，鼓励地方政府结合本地实际情况，对民间资本参与 PPP 项目提供更多的优惠政策，让 PPP 回归本源"；50% 的专家认为"继续落实并完善营改增试点政策，扩大减税效应"；42% 的专家认为"'紧一般预算'与'宽广义财政'并行，预算赤字率不会进一步上调，大幅提高专项债券新增规模"；22% 的专家认为"增值税更可能以完善、扩大抵扣范围为主"。

党的十九大和中央经济工作会议均指出，中国经济已由高速增长阶段转向高质量发展阶段。在一项对推动中国经济高质量发展的基本内涵的调查中，76% 的专家认为"着力加快建设实体经济、科技创新、现代金融和人力资源协同发展的产业体系"；75% 的专家认为"着力解决实体经济供需失衡、金融部门和实体经济失衡、房地产和实体经济失衡"；71%的专家认为"提高供给体系质量，促进商品和服务质量持续提高"；57%的专家认为"让绿色发展成为普遍形态，形成人和自然和谐发展的现代化建设新格局"；53%的专家认为"加强知识产权保护，让创新成为发展的第一动力"；50%的专家认为"完善社会主义市场经济体制，完善产权制度，更好发挥政府作用，坚持深化改革开放，推动形成全面开放新格局"；42%的专家认为"实施乡村振兴战略和区域协调发展战略"。

财政政策为何还要"积极"？

2018年为什么要继续实施积极的财政政策？这主要还是由我国现有的宏观经济背景所决定的。

"我国正在推进供给侧结构性改革，经济结构调整是经济改革的重点，也是在避免大水漫灌的情况下促进产业升级、实现经济转型的有效方法。"吉林省财政科学研究所所长张依群说。

在他看来，今年货币政策依然是延续去年稳中求进的总基调，即稳健的货币政策保持中性。继续实施积极财政政策是必然选择。

多家机构预计，2018年我国全年经济增长在6.9%左右，财政收入增长在8%以上。我国宏观经济运行整体表现良好，也为继续实施积极财政政策创造了良好的外部环境。

交通银行金融研究中心研报称，展望未来3年，完成年均经济增速6.5%以上的难度不大，财政政策稳增长的力度应该不会显著加大。而抓好决胜全面建成小康社会的防范化解重大风险、精准脱贫、污染防治三大攻坚战，需要财政政策维持扩张态势。

2018年需要保持一定力度的扩张性财政政策以稳定经济增长。实施积极有效的财政政策，不仅要求在财政支出方面保持适度的增速，并优化支出结构、提高资金使用效率，更要以税制改革为重心，完善税收体系，减轻宏观税负，从而激发企业生产活力，增强居民购买力。同时，合理利用税收、社会保障、转移支付等手段，进一步增强当前财政再分配效应，协调货币政策和审慎监管政策，稳定流动性和风险预期，稳步推进创新驱动发展战略，继续加强供给侧结构性改革，从提升劳动力质量、优化投资结构以及增加研发强度、改革科研体制等方面促进全要素生产率不断提升，从而促进新旧动能的转换，确保经济中长期稳定较快增长。

根据上述材料回答以下问题：

（1）中国经济在2018年将迎来的发展重点是什么？

（2）贵州省如何借力财政政策的倾斜以谋求本省的快速发展？

注：此案例摘自 http://finance.sina.com.cn/roll/2017-12-20/doc-ifypxmsq8606952.shtml；http://mini.eastday.com/a/180227164011179.html，有改动。

案例二：

中国是否落入流动性陷阱

中国是否已落入流动性陷阱？

2014~2016年中国货币超发，居民炒股炒房，企业囤积现金但投资意愿下降，经济持续下行，中国是否已落入流动性陷阱？如何摆脱？

以经济增长停滞、通缩、低利率、货币流通速度下降为主要特征的流动性陷阱正在全球蔓延，日本、欧元区深陷其中。流动性陷阱下，传统的货币政策下，无论是数量型工具还是价格型工具，在刺激经济和就业方面无效。因此，政策不仅需要转向非传统货币政策、财政政策来刺激短期总需求，更需要启动结构性改革来恢复长期经济增长潜力。

什么是流动性陷阱？

根据货币需求理论，居民、企业等持有货币是出于不同的动机，它包括交易性动机、预防性动机和投机性动机等。与此相对应，货币需求也可以分为交易性货币需求、预防性货币需求和投机性货币需求等。

根据凯恩斯的定义，当经济处于流动性陷阱时，利率下降到一个非常低的水平以至于储蓄者认为持有现金和债券之间没有差别。出于投机性需求，公众会选择持有现金，此时现金需求是无穷大弹性的（LM为水平线），任何超额的流动性注入将会被作为现金持有，因此无法达到降低利率刺激经济的效果。

根据日本20世纪90年代和2008年全球金融危机的经验，过去20年，流动性陷阱的定义有了进一步的发展。现在的流动性陷阱经常与央行基准利率的零利率下限结合在一起。简单地说，名义利率不可能在0之下，因为没人愿意借出100元之后而收回少于100元。现在的流动性陷阱一般指名义利率为0，因此被称为"零利率下限"问题。在零利率下限时，即使经济有需要，传统价格类的量化宽松手段也不能刺激经济。

就当前而言，流动性陷阱主要是利率水平已经极低，接近于零，面临零利率下限无法再降低政策利率刺激经济。而凯恩斯的传统流动性陷阱是指居民持有现金的意愿高，无法通过传统数量型宽松降低利率水平刺激经济。

虽然流动性陷阱的现代版本和凯恩斯原始版本在定义与潜在原因上有所区别，但是其后果非常接近。首先，它们假设货币政策都是通过利率来影响经济的；其次，利率不能够降低到某个值之下，货币流通速度的下降将会削弱短期流动性的作用；最后，货币政策在流动性陷阱情况下不能够刺激经济。

什么造成了流动性陷阱？

传统凯恩斯理论认为，货币政策通过增加货币供应量来降低利率扩大总需求，但当利率下降到一定程度之后，现金和债券是完全替代的，出于投机性需求，公众会选择持有现金，此时无论怎样增加货币供给，利率都不再下降，货币政策失去对总需求的影响，此时经济便进入流动性陷阱。

当然，这可以看作是数量型货币政策的局限性导致的，在全球央行由数量型调控转向价格型调控后，增加市场的流动性无法压低政策利率的问题基本得到克服，央行可以通过公开市场操作等直接对政策利率进行调控，但价格型调控也面临零利率下限的约束，当名义利率降到0附近时，央行便失去进一步降低基准利率增加总需求的能力，现代流动性陷阱主要是指此问题。

2008年金融危机后，居民和金融机构出于避险的需求，也由于危机后谨慎监管的要求，纷纷追逐"硬"资产（安全资产如美国国债、德国国债等），导致"硬"资产需求增加，但"硬"资产的供给在金融危机之后是下降的，供需两方面的影响导致安全资产价格上升、利率迅速下降，收益率接近 0，央行无法进一步降低利率使得供给和需求出清，经济更快地落入流动性陷阱。

在传统的定义中，当经济落入流动性陷阱时，人们持有货币；但是在当前的新格局下，人们追逐各类安全的"硬"资产，如美国国债、德国国债、日元、黄金、高股息率类债券的蓝筹股等，回避风险资产。

经济落入流动性陷阱的第一个特征是经济增长停滞。20 世纪 90 年代至今的日本和目前欧元区都进入流动性陷阱，GDP 增速降低，经济增长都几乎停滞。

第二个特征是利率水平降无可降。CPI 低位徘徊，经济陷入通缩状况，名义利率在 0 附近，面临零利率下限的约束。

第三个特征就是货币流通速度下降。当经济落入流动性陷阱时，传统货币政策无法影响总需求，对产出 Y、物价 P 几无影响，从货币数量方程 $MV=PY$ 看，此时货币的流通速度 V 必然下降。

（一）日本落入流动性陷阱

日本仍处于流动性陷阱当中。2002 年至今日本 GDP 增速在 1% 上下波动，2009 年 3 月 GDP 同比增速更是断崖式下滑至 −9.2%，此后 2010 年的快速增加仅仅是 2009 年增速太低的基数效应导致，2016 年上半年 GDP 增速几近于 0。日本的无担保拆借利率水平常年在 0.5%~1%，仅 2006~2009 年超过 2%，2016 年 8 月仅为 0.9%。CPI 也常年在 0 附近，甚至为负数，2016 年 6 月 CPI 为 −0.4%。日本的货币流通速度也一直下降，从 2004 年的 0.72 降到 2015 年的 0.54。

短期利率在 0 附近，传统的货币政策难以实施。2001 年 3 月日本开始实施 QE（量化宽松）计划，直到 2006 年初结束，但这期间日本的经济增长并未好转，CPI 徘徊在 0 附近，倒是在退出 QE 之后，通货膨胀有所回升。

质化量化宽松货币政策（QQE）短暂改善经济。2013 年 4 月初，日本央行决定实施"质化量化宽松货币政策"，从 2014 年开始每月购买 13 万亿日元资产，在通胀达到 2% 以前不停止。该计划实施之后，GDP 增速、CPI 都短暂回升，但是仅仅一年之后，经济又回到之前的状态，通胀水平仍低于 2% 的目标水平。虽然 QQE 帮助日本长期贷款利率的下降，但仍无法刺激 GDP，提升通胀。2016 年 1 月 29 日日本央行推出负利率政策，虽使长期贷款利率下降，但是日本信贷增速下降，GDP 增速下降，CPI 降到 0 以下。可见，日本一系列摆脱流动性陷阱的货币政策并未取得显著的成果。

（二）欧元区落入流动性陷阱

2008 年金融危机之后，欧元区也掉入流动性陷阱的泥沼。欧元区 2016 年第二季度 GDP 增速为 1.6%，低于 2008 年金融危机前的水平，并且增速还在向下走。2016 年 7 月 CPI 为 0.2%，接近 2008 年金融危机期间的最低点。欧元区货币流通速度也在不断下降，从 2007 年的 1.25 下降至 2015 年的 1.02。同时欧元区 10 年期公债收益率持续下降，截至 2016 年 8 月 24 日，收益率为 −0.127%，而欧元区主要再融资利率已下降至 0。

为应对经济增速下滑、通货紧缩，欧央行于 2009 年 6 月推出 4 420 亿欧元的 1 年期定向再融资操作，此后经济回升，通胀上涨。但是受债务危机的影响，从 2011 年 3 月开始，GDP 增速开始回落，CPI 更是一路下降至 0。为此欧央行于 2011 年 11 月和 2012 年 2 月推出了总计达 4 890 亿欧元的 3 年期定向再融资操作，欧央行从长期再融资操作（LTRO）到定向长期再融资操作（TLTRO）再到 QE，共注入 2.2 万亿欧元，边际贷款利率从 2.25%降到 0.3%。在如此大的货币政策的刺激下，欧元区经济触底复苏，但近期 GDP 增速又开始回落，物价一直在通缩边缘。

为了治理通缩，推动经济的增长，2014 年 6 月，欧洲央行将隔夜存款利率降至 −0.1%，启动了负利率。负利率后欧元区商业银行增加超额储备金，与负利率实施后超额准备金下降的传导机制预计相左。2016 年 7 月，欧元区季调后的 CPI 为 0.05%，低于 2014 年 6 月的 0.66%。2016 年第二季度，欧元区的经济同比增长 1.6%，可见并未达到治理通缩、推动经济增长的目的。

（三）美国基本成功摆脱流动性陷阱

2008 年金融危机后，美国经济持续低迷，银行惜贷、企业投资意愿低、居民消费谨慎、市场风险厌恶情绪高，短端利率降到 0.1%左右，而长端利率难以下降，货币流通速度一路下行，出现流动性陷阱的迹象。美联储为加速美国经济走出衰退，减少产出缺口而推出 QE。

为了挽救经济于"流动性陷阱"的边缘，以伯南克为代表的美联储先后推出 3 轮量化宽松和 1 次扭曲操作，共计 3.51 万亿美元，美国长期国债利率迅速下降，贷款利率下降 60%，美国经济率先走向复苏，美元指数持续走强。当前，美联储退出 QE 并已加息一次，美国经济正在逐步向潜在增速 2%左右靠拢，2016 年 7 月美国新增非农就业 25.5 万，7 月核心 CPI 同比增加 2.2%。虽然受外围经济和金融市场动荡的拖累，美联储加息的节奏明显放缓，但基本可认为美国避免陷入"流动性陷阱"的深渊，相对来看是最为成功的。

（四）货币政策无力解决结构性问题

从日本和欧元区的经验看，当经济落入流动性陷阱之后，货币政策的效果有限，从日本历次推出 QE 计划的结果来看，通缩并没有得到缓解。而欧洲在 2008 年金融危机以来推出的 LTRO 和 QE 计划也只是让经济阶段性得到恢复，且通货膨胀水平并没有好转。唯一可以称得上成功的也只有美国历次 QE 计划。

日本和欧元区的经济问题是长期性、结构性因素叠加 2008 年金融危机的短期冲击后的结果，使其深陷流动性陷阱。在货币政策帮助美国、日本、欧元区抵抗 2008 年金融危机的负面经济冲击后，日本、欧元区和美国在人口、结构等因素上的差异，使得其走出流动性陷阱的效果不同。

从人口数量来看，日本人口趋势性的负增长，欧元区人口增速徘徊在 0 附近，美国人口则保持在 1%左右的增速水平；从人口年龄结构来看，日本和欧元区老龄化严重，而美国的人口年龄结构相对合理。日本和欧元区的老龄化趋势，减少了劳动力供给，降低了有效需求，给实际利率的下行也带来了压力。

相较美国而言，欧洲工作时间短、工会力量强大，解雇工人更困难，劳动力市场较僵化。日本的年功序列制则仍然有强大的影响力。当经济受到不利冲击时，欧元区和日本的劳动力市场调整难度大于美国，不利于经济的恢复。

美国直接融资的体制，有利于创新型企业的崛起。而欧元区、日本仍然以间接融资主导。以直接融资为主导的美国，居民表现出较强的风险意识，追求获得丰厚的分红收益，间接促进了美国创新型企业的崛起。

欧元区、日本相对美国的高税收、高福利削减经济的活力。高税收、高福利的政策可能产生道德风险，削减民众的工作动力。美国相对较低的税收鼓励更多的人追求财富，客观上能够促进经济的增长。

（五）中国面临的潜在流动性陷阱挑战

中国是否落入流动性陷阱？

GDP增速创25年以来新低。2008年以来，中国经济的增长速度先经历了一次过山车似的过程，在2011年第一季度达到增速的顶峰12%之后，一路下滑，2016年第一、二季度GDP增速均为6.7%，为25年来新低。

CPI、PPI处于低位。2014年之后，中国的CPI始终在2%附近徘徊，2016年7月为1.9%。而PPI在2012年3月之后同比增加值更是持续53个月为负，2016年7月值为-1.7%。货币流通速度持续下降，2008年为0.67，2015年已降为0.49。全社会的杠杆率一直处于上升程度，从2008年的170%上升至2014年的236%。

M1、M2增速剪刀差持续走阔。从2015年10月开始，M1的同比增速超过了M2的增速，截至2016年7月，M1增速为25.4%，M2增速为10.2%。M1的组成之中企业的活期存款占很大的比例，M1的增速超过M2的增速意味着企业存款活化，而不是进行投资。

民间投资意愿低。民间投资自2012年2月以来持续走低，与固定资产投资的张口越来越大。2016年7月，当月增速已转负为-1.2%，这和流动性陷阱时，居民愿意持有"硬资产"而不愿意进行实业投资一致。

一方面，经济不断下滑；另一方面，降准降息的边际效应衰减，M1、M2持续走阔，货币活化，民间投资意愿低下，企业大量储备现金而不愿意进行投资。所以虽然我们的政策利率水平和长端水平离零还尚有差距，但中国面临落入流动性陷阱的挑战。

流动性陷阱的内涵随时代而变，当前中国面临结构性的流动性陷阱。在凯恩斯的流动性陷阱下，数量型货币调控手段面临的挑战是增加货币供给并不能降低利率，后来引入价格型的货币调控手段克服了这一缺陷，但20世纪90年代和2008年全球金融危机后，日本和欧元区以及美国面临的挑战是，政策利率水平很快降至接近于0，因"零利率下限"的约束，政策利率降无可降，价格型的货币调控手段也失灵，这即当前主流的流动性陷阱定义。虽然当前中国的基准利率离0尚有一定的距离，但是货币政策已经难以达到提高总需求、刺激经济、降低融资成本、提振民间投资的效果，可看作结构性的流动性陷阱。

（六）中国面临流动性陷阱挑战的原因

实业投资回报率下降，企业持币观望。从工业企业的销售成本利润率来看，中国企业的利润率一直在下降，从2007年的11%下降至现在的5%。而中国的贷款利率也基本在5%的附近。因此企业基本处于不赚钱的境地。从微观层面来看，2008年至今，上市公司的留存现金已从2万亿上升到7万亿。从宏观层面来看，2016年7月固定资产累计同比增速降至8.1%，而民间投资累计投资增速为2.1%，当月同比甚至为负。另外，"硬"资产受到追捧，10年期国债收益率更是降至2.7%。

信贷市场长期存在结构性问题，投放很不均衡，造成结构性的流动性陷阱。由于国内银行放贷个人责任制和市场参与者国有、民营二元结构，银行偏向于国有背景和传统行业的借贷者。在很多领域，民营企业的效率明显高于国有企业，但国有企业有政府隐性担保，导致国有企业实际融资能力明显强于民营企业。即使流动性宽松，"三农"、中小企业、新兴产业，这些真正需要资金的领域依然无法拿到银行信贷。

国有投资扩张挤出民间投资。房地产行业央企拼地王，民企被逼退；制造业地方政府为国企站台信用背书，民企被迫退出；而服务业国有垄断行政管制，民间投资遭遇"玻璃门"和"弹簧门"。

（七）中国应对流动性陷阱挑战的公共政策选择

落入流动性陷阱之后，传统货币政策已经很难再起作用，需要财政政策或非传统货币政策来刺激总需求，通过供给端政策与改革来提高经济增长潜力。

扩大政府支出。当前中国总需求下降的原因既有老龄化、产业结构转型等中长期因素，又有实体经济去杠杆、外部冲击等短期因素，应当采取不同的财政刺激措施，做到有的放矢。考虑到政府支出结构的扭曲性，对于持续性冲击，政策刺激应当持续、量大，而对暂时性冲击，政策手段应当及时、短暂、量小，以最大化社会福利。

对于老龄化的长期不利影响，财政政策需要持续增加在教育方面的投入，以提高劳动力素质，弥补劳动力数量下降带来的人口红利减少。同时，政府也可以持续加大在养老保险、医疗保险、社会保障等方面的支出，提高居民消费意愿，促进内需增长。对于产业结构调整导致的中期不利影响，政府应当持续增加对创新的投入，在淘汰落后产能的同时支持企业自主创新投入，从低端制造业向高技术产业、装备制造业转型升级，从要素密集型产业向技术密集型、知识密集型产业过渡，以产业结构升级化解外需减少的不利影响。对于实体经济去杠杆、外部冲击等短期因素导致的总需求下降，可以及时、短暂性地扩大政府购买支出，以抵消部分总需求下降的不利影响。

调整税收。走出流动性陷阱的要点在于使用其他政策来顶替货币政策的作用——拉动总需求。政府可以在促进企业的投资、技术创新方面出台一些减税或补贴政策，以提振投资需求。对于国内消费需求，政府可以推动个税改革，提高居民可支配收入和消费意愿；还可以加大转移支付力度，以提高低收入群体消费能力。

类QE政策。近年来部分国家在金融危机中使用QE，收到一定的效果。与传统的宽松型货币政策通过降息来刺激总需求不同，QE通过央行购买金融机构的长期证券或风险资产以增加安全资产的供给，减少长短端的利差，降低企业的融资成本。但由于直接QE与《中华人民共和国中国人民银行法》相冲突，央行现在直接使用QE购买风险资产的可能性不大。中国版的量化宽松还是会以曲线的形式进行。例如注资政策性银行，对四大资产管理公司再贷款和收购银行不良资产。

通过注资政策性银行，让政策性银行直接对"三农"、小微企业、保障房、"一带一路"等放贷或在银行间市场购买地方债、信用债等，达到量化宽松、摆脱流动性陷阱的目的。而且政策性银行由央行、中央汇金和财政部直接控股，不以纯商业化为目的，能够更好地贯彻政府针对国民经济重点领域和薄弱环节的定向量化宽松。

而通过向四大资产管理公司再贷款，让其大规模收购银行"三农"、小微企业等的不良贷款，降低银行的贷款不良率，修复银行资产负债表，这样可以同时提高银行的放贷能力和对国民经济重点领域和薄弱环节的放贷意愿，对引导信贷投向、降低实体经济融资成本、摆脱流动性陷阱更有效。

供给侧改革。做好供给侧改革，是摆脱流动性陷阱、经济恢复长期平衡增长路径的根本之策。从长期来看，影响经济潜在产出水平的因素无外乎技术进步、资本、劳动力三个。

改革最根本是要动产权：厉以宁"中国改革失败可能是价格改革的失败，中国改革的成功必须取决于所有权改革的成功"，吴敬琏"制度大于技术"。20世纪80年代家庭联产承包责任制、90年代股份制国企抓大放小。国企存在的最根本问题是产权不清导致的激励不到位，进而导致的效率低下。

放松服务业管制。服务业发展严重滞后，导致大量的消费跑到境外。2014年中国居民出境旅行支出超过1万亿元人民币。中国过去30年的成功是制造业开放的成功，未来30年的成功将是服务业开放的成功。

实施大规模的减税，让利于民，提高资源配置效率。美国、英国、日本、新加坡等供给侧改革时期，大规模降低企业所得税、个人所得税等，并简化征收环节，虽然短期效果不明显，但效果长远持久，明显改善企业对未来的预期。

对于过剩产能领域企业，国企民企要同等对待，公平竞争，优胜劣汰。防止国企利用所有制身份获得贷款、债转股倾斜，逆向淘汰民企。

建立新的干部考核和激励机制。过去地方GDP锦标赛是中国经济高增长的一大引擎。近年官员广泛不作为，可能跟新的考核和激励机制不明朗有关，破旧之后要立新，未来可以建立综合GDP、就业、创新等的新干部考核机制。

保持货币政策中性。过度宽松，将增加长期供给侧改革困难。

加强对私人产权的保护。企业有长期稳定的预期，才会进行长期的投资。居民有长期稳定的预期，才会进行持续稳定的消费。

根据上述材料回答下列问题：

（1）什么是流动性陷阱？什么造成了流动性陷阱？流动性陷阱的特征是什么？

（2）有哪些国家或地区陷入流动性陷阱？

（3）中国是否陷入流动性陷阱？原因是什么？应该采取怎样的公共政策？

注：此案例摘自 http://finance.sina.com.cn/zl/china/2016-09-19/zl-ifxvyqwa3454456.shtml，有改动。

第十五章

国民收入的决定：总需求—总供给模型

【重难点分析】

本章考查的重点主要有：总需求曲线的含义，总需求曲线的图形，总需求曲线的移动，短期总供给曲线移动的因素，劳动市场的均衡条件以及相关计算。

本章考查的难点主要有：总需求曲线的推导，短期与长期宏观生产函数，古典总供给曲线，凯恩斯总供给曲线，常规总供给曲线的图形，常规总供给曲线的推导，总需求—总供给模型的应用，总需求—总供给模型的政策含义。

一、单项选择题

1. 在西方经济学当中，产量和价格是由（　　）决定的。★★
   A. 需求曲线　　　　　　　　　　　　B. 消费函数
   C. 供给曲线　　　　　　　　　　　　D. 企业

2. 总需求曲线通常是向（　　）倾斜的。★
   A. 右下方　　　　　　　　　　　　　B. 左下方
   C. 可能左下方也可能右下方　　　　　D. 以上都不正确

3. 在价格水平不变，且货币供给为已知时，（　　）决定均衡收入水平。★
   A. 政府投资刚好解决社会投资缺口　　B. 社会总产出都能被消费
   C. 企业总产出与居民需求相等　　　　D. IS 曲线和 LM 曲线的交点

4. 在价格水平既定时，增加净出口支出的事件使总需求曲线向（　　）移动。★★
   A. 左　　　　　　　　　　　　　　　B. 右
   C. 有时向左有时向右　　　　　　　　D. 无法判断

5. 若劳动市场是竞争性的，则（　　）企业达到利润最大化。★★
   A. 雇用工人的边际生产率达到最大时
   B. 直到增雇的工人将劳动的边际产品降低到和实际工资相等时
   C. 雇用工人所花成本最少时
   D. 企业生产产品全部出售并且库存为零时

6. 劳动需求函数的斜率为（　　）。★

A. 负　　　　　　　　　　　　　　B. 正

C. 视情况而定　　　　　　　　　　D. 无法判断

7. 劳动供给量是实际工资的（　　）函数。★

A. 增　　　　　　　　　　　　　　B. 减

C. 先减后增　　　　　　　　　　　D. 先增后减

8. 劳动市场的均衡条件是（　　）。★★

A. $N_s(P)=N_d(W)$　　　　　　　　B. $N_s(W)=N_d(P)$

C. $N_s(W*P)=N_d(W*P)$　　　　　　D. $N_s(W/P)=N_d(W/P)$

9. 劳动市场处于均衡的状态，在宏观经济学中被称为（　　）。★★

A. 雇佣工人工资最大化　　　　　　B. 企业产量最大化状态

C. 充分就业的状态　　　　　　　　D. 市场无任何剩余劳动力状态

10. 在长期中，古典学派认为，总供给曲线是一条位于经济的潜在产量或充分就业产量水平上的（　　）。★

A. 平行线　　　　　　　　　　　　B. 向左上方倾斜的线

C. 向右上方倾斜的线　　　　　　　D. 垂直线

11. b 是黏性价格所占比例，$(1-b)$ 是具有弹性价格所占比例，则价格总水平可表示为（　　）。★★★

A. $P=bEP+(1-b)[P+a(y-y_t)]$　　B. $P=bEP+(1-b)[P+a(y_t-y)]$

C. $P=(1-b)EP+b[P+a(y-y_t)]$　　D. $P=(1-b)EP+b[P+(y_t-y)]$

12. 表示价格不变而总供给可以增加的总供给曲线是（　　）。★★

A. 长期总供给曲线　　　　　　　　B. 古典总供给曲线

C. 凯恩斯主义总供给曲线　　　　　D. 短期总供给曲线

13. AD 曲线上任意一点表示（　　）。★

A. 劳动力市场和货币市场达到均衡

B. 产品市场和劳动力市场达到均衡

C. 产品市场和货币市场达到均衡

D. 产品市场、货币市场以及劳动力市场都达到均衡

14. 若政府购买支出增加，名义货币供给减少，则在常规总供给曲线中（　　）。★★

A. 总需求、国民收入以及物价水平都会上升

B. 总需求上升、国民收入上升、物价水平下降

C. 导致总需求曲线向右移动，总供给曲线向上移动

D. 导致利率上升，总需求和价格的变化不确定

15. 在宏观经济学中，物价水平变动，引起人们实际收入变动进而影响消费的情况称为（　　）。★

A. 利率效应　　　　　　　　　　　B. 投资效应

C. 实际余额效应　　　　　　　　　D. 净出口效应

16. 在宏观经济模型中，最可能被作为外生变量的是（　　）。★★
    A. 消费　　　　　　　　　　　　B. 进口
    C. 利率　　　　　　　　　　　　D. 出口

17. 总需求是经济社会对产品和劳务的需求总量，这一需求总量通常以（　　）来表示。★
    A. 企业总产出　　　　　　　　　B. 产出水平
    C. 社会投资总量　　　　　　　　D. 社会产品总量

18. 总需求函数被定义为以（　　）所表示的需求总量和价格水平之间的关系。★
    A. 国民收入　　　　　　　　　　B. 供给总量
    C. 社会产品总价值　　　　　　　D. 货币总量

19. 价格水平的变化对 IS 曲线的位置的影响是（　　）。★★
    A. 没有影响
    B. 价格水平上升，则 IS 曲线向右移动
    C. 价格水平上升，则 IS 曲线向左移动
    D. 不确定

20. 下列属于总需求曲线向右下方倾斜的原因的是（　　）。★★
    A. 物价水平下降使政府减少税收导致 LM 曲线下移，收入水平提高
    B. 物价水平下降，导致中央银行增加货币供给，从而国民收入水平提高
    C. 物价水平下降增加了实际余额，致使国民收入水平提高
    D. 以上都不正确

21. 若价格水平为 1.0 时，社会需要 1 000 亿元的货币来进行交易，如若价格水平增加至 1.2 时，这时为了维持同样规模的交易量，则社会需要的货币交易量为（　　）。★★
    A. 900　　　　　　　　　　　　　B. 950
    C. 1 000　　　　　　　　　　　　D. 1 200

22. 若技术进步，则下列说法正确的是（　　）。★★
    A. 短期总供给曲线向右移动，长期总供给曲线保持不变
    B. 长期总供给曲线向右移动，短期总供给曲线保持不变
    C. 短期总供给曲线和长期总供给曲线都向右移动
    D. 只有长期总供给曲线向右移动，短期总供给曲线不确定

23. 在长期总供给曲线区域，决定价格的力量是（　　）。★★★
    A. 货币政策　　　　　　　　　　B. 财政政策
    C. 技术　　　　　　　　　　　　D. 需求

24. 根据 IS—LM 模型，引起沿着总需求曲线向左移动的因素是（　　）。★
    A. 物价水平下降
    B. 物价水平上升
    C. 自然性灾害导致普遍的生产商家减产
    D. 技术进步

25. 若一个经济社会的总供给函数为 $Y=10\,000+1\,000P$，总需求函数为 $Y=7\,000+10\,000/P$，则该社会的均衡收入和均衡价格为（　　）。★
   A. 解得 $P=1$，$Y=11\,000$
   B. 解得 $P=2$，$Y=12\,000$
   C. 解得 $P=5$，$Y=9\,000$
   D. 解得 $P=-5$，$Y=5\,000$

26. 若政府减少税收，同时社会生产水平也提高了，则（　　）。★★
   A. 均衡产出一定增加
   B. 均衡产出一定减少
   C. 价格必然上升
   D. 价格必然下降

27. 在当前价格水平上，若总供给小于总需求，则（　　）。★
   A. 导致需求曲线向右移动
   B. 会出现价格上涨的情况
   C. 导致需求曲线向左移动
   D. 会致使企业缩小生产规模

28. 经济的充分就业产出水平为 $1\,000$，$C=200+0.8Y_d$，$I=100-0.8r$，$T=80$，$G=120$，则 IS 方程为（　　）。★★★
   A. $Y=1\,780-4r$
   B. $Y=1\,785-4r$
   C. $Y=1\,790-2r$
   D. $Y=1\,780-2r$

29. 经济的充分就业产出水平为 $1\,000$，已知在 $P=1$ 时，名义货币供给 $M=200$，货币需求 $L=0.2Y-8r$，则 LM 方程为（　　）。★★★
   A. $Y=890+30r$
   B. $Y=1\,500+10r$
   C. $Y=1\,000+40r$
   D. $Y=950+40r$

30. 若总供给曲线为 $AS=160$，总需求曲线 $AD=700-80P$，若总需求上涨 19%，则新的国民收入为（　　）。★
   A. 150
   B. 155
   C. 160
   D. 165

31. 社会总需求表示（　　）。★
   A. 社会对于产品、劳务、货币的需求总量
   B. 社会对于产品的需求总量
   C. 社会对于劳务的需求总量
   D. 社会对于产品和劳务的需求总量

32. 设 IS 曲线为 $0.5Y+240R=3\,500$，LM 曲线为 $0.5Y-260R=1\,000/P$，则总需求函数为（　　）。★★
   A. $P=3\,640+960/Y$
   B. $Y=3\,640+960/P$
   C. $Y=3\,640-960P$
   D. $P=3\,640-960Y$

33. 总需求曲线向右下方倾斜是由于（　　）。★
   A. 价格水平上升时，投资会减少
   B. 价格水平上升时，消费会减少
   C. 价格水平上升时，净出口会减少
   D. 以上几个因素都是

34. 在宏观经济学的基本假定中，投资支出是利率的函数，那么当投资支出对利率变化比较敏感时（　　）。★
   A. 总需求曲线更趋平缓
   B. 总需求曲线更趋陡峭
   C. 对总需求曲线无影响
   D. 总供给曲线更趋平缓

35. 总需求曲线（　　）。★
   A. 当其他条件不变时，政府支出减少时会右移
   B. 当其他条件不变时，价格水平上升时会左移
   C. 在其他条件不变时，税收减少会左移
   D. 在其他条件不变时，名义货币供给增加会右移

36. 根据 IS—LM 模型，总需求曲线向右上方移动可能的原因是（　　）。★★
   A. 名义货币量不变，物价水平上升
   B. 名义货币量不变，物价水平下降
   C. 名义货币量与物价水平都不变，政府购买增加
   D. 名义货币量与物价水平都不变，政府购买减少

37. 根据 IS—LM 模型，总需求曲线向右上方移动可能的原因是（　　）。★★
   A. 自发支出不变，名义货币量不变，物价水平上升
   B. 自发支出不变，名义货币量不变，物价水平下降
   C. 名义货币量与物价水平都不变，自发支出增加
   D. 名义货币量与物价水平都不变，自发支出减少

38. 宏观经济学上的长期中（　　）等因素会发生变化，而微观经济学中长期它们既定不变，但（　　）等要素会发生变化。★
   A. 人口与技术水平，资本和劳动　　B. 资本和劳动，人口与技术水平
   C. 人口与技术水平，储蓄和投资　　D. 资本和劳动，投资和储蓄

39. 凯恩斯曲线所具有的形状依赖的假设是（　　）。★★
（1）价格与工资刚性；（2）价格与工资短期没有充分时间调节；（3）价格与工资长期不能调节；（4）价格与工资短期可以迅速调节；（5）价格与工资长期可以调节。
   A.（1）或（2）　　　　　　　　B.（3）
   C.（4）和（5）　　　　　　　　D.（1）（2）（3）（4）

40. 当劳动力的边际产出函数是 800—2N（N 是使用劳动的数量），产品价格水平是 2，每单位劳动的成本是 4，劳动力的需求量是（　　）。★★★
   A. 20　　　　　　　　　　　　B. 399
   C. 800　　　　　　　　　　　 D. 80

41. 如果（　　），总供给与价格水平正相关。★
   A. 摩擦性失业与结构性失业存在
   B. 劳动力供给立即对劳动力需求的变化作出调整
   C. 劳动力需求立即对价格水平的变化作出调整，但劳动供给却不受影响
   D. 劳动力供给立即对价格水平的变化作出调整，但劳动需求却不受影响

42. 当（　　），古典总供给曲线存在。★
   A. 产出水平是由劳动力供给等于劳动力需求的就业水平决定时
   B. 劳动力市场的均衡不受劳动力供给曲线移动的影响时
   C. 劳动力需求和劳动力供给立即对价格水平的变化作出调整时
   D. 劳动力市场的均衡不受劳动力需求曲线移动的影响时

43. 下列哪些是古典总供给曲线垂直的假设和理由？（　　）★★
(1) 价格水平 P 和工资水平 W 即使在短期也可以迅速调节；(2) 价格水平 P 和工资水平 W 在长期具有充分的时间来进行调节；(3) 价格水平 P 和工资水平 W 在短期不能调节；(4) 价格水平 P 和工资水平 W 在长期不能调整。

A. (1)(2) B. (3)(4)
C. (1)(3) D. (2)(4)

44. 垂直总供给曲线被视作短期总供给曲线的极端情况依赖于假设（　　）。★
A. 价格水平 P 和工资水平 W 即使在短期也可以迅速调节
B. 价格水平 P 和工资水平 W 在长期具有充分的时间来进行调节
C. 价格水平 P 和工资水平 W 在短期不能调节
D. 价格水平 P 和工资水平 W 在长期不能调整

45. 凯恩斯总供给被视作（　　）总供给曲线的极端情况。★
A. 长期 B. 中期
C. 短期 D. 正常

46. 在下列选项中，可能造成总供给曲线向右上方倾斜的是（　　）。★★
A. 在所有产品提价时，工人认识到了自己生产的产品的相对价格没有发生变化
B. 政府实行投资津贴政策
C. 政府扩大基础设施建设
D. 工资黏性

47. 劳动工资具有黏性的原因是（　　）。★
A. 工人不愿意涨工资
B. 厂商不愿意涨工资
C. 长期劳动合同期间暂时不能变动工资
D. 政府最低工资法保障工人最低工资

48. 总供给曲线越是平缓，表明工资与价格调整速度（　　）。★
A. 越快 B. 越慢
C. 越不确定 D. 波动越大

49. 已知消费函数、投资函数、货币需求函数、总供给函数、税收、政府购买、转移支付、公众的通货储蓄率、基础货币数量、法定准备金比率、超额准备金比率，那么可以求出的内生变量是（　　）。★★
(1) 消费；(2) 储蓄；(3) 投资；(4) 利率；(5) 总产出；(6) 物价水平；(7) 货币供给量。

A. (5)(6) B. (4)(5)(6)
C. (1)(2)(3)(4)(5)(6) D. (1)(2)(3)(4)(5)(6)(7)

50. 假定古典总供给成立，改变总需求（　　）。★
A. 能够改变总产量和物价水平
B. 不能改变总产量，只能改变物价水平
C. 能够改变总产量，不能改变物价水平
D. 不能改变总产量，也不能改变物价水平

51. 货币中性说认为货币供给量对于实体经济的产出水平、就业水平等没有影响，而货币非中性说认为货币供给量对于实体经济的产出水平、就业水平等存在影响。凯恩斯主义的宏观经济学理论体系属于（　　）。★★

   A. 货币中性说

   B. 货币非中性说

   C. 既不是货币中性说，也不是货币非中性说

   D. 既是货币中性说，也是货币非中性说

52. 假设某国某年出现严重自然灾害，使当年所有农作物产量锐减，则会出现（　　）。★★

   A. 总供给减少、价格水平上升、国民收入减少的滞胀现象

   B. 总供给减少、价格水平下降、国民收入减少的经济衰退现象

   C. 总需求减少、价格水平上升、国民收入减少的滞胀现象

   D. 总需求减少、价格水平下降、国民收入减少的经济衰退现象

二、多项选择题

1. 推动总需求的因素有（　　）。★

   A. 价格水平　　　　　　　　　B. 人们的收入

   C. 对未来的预期　　　　　　　D. 政府购买

2. 向右下方倾斜的总需求曲线表示（　　）。★

   A. 价格水平越高，总需求量越少　　B. 价格水平越低，总需求量越大

   C. 价格水平越高，总需求量越大　　D. 价格水平越低，总需求量越少

3. 下列影响总需求曲线移动的因素有（　　）。★

   A. 价格水平下降　　　　　　　B. 减税

   C. 股市高涨　　　　　　　　　D. 对未来的乐观

4. 生产函数为 $y=f(N, K)$ 表明，经济社会的产出主要取决于（　　）。★★

   A. 社会的就业量　　　　　　　B. 资本存量

   C. 技术水平　　　　　　　　　D. 企业生产总量

5. 宏观经济学将总产出与价格水平之间的关系分为三种，即（　　）。★★

   A. 古典总供给曲线　　　　　　B. 凯恩斯总供给曲线

   C. 常规总供给曲线　　　　　　D. 新古典总供给曲线

6. 下列会导致短期总供给曲线移动的因素有（　　）。★★

   A. 名义工资变化　　　　　　　B. 投入品价格变化

   C. 劳动变动　　　　　　　　　D. 自然资源可获得性变动

7. 总需求曲线向右上方移动的原因有（　　）。★★

   A. 私人投资减少　　　　　　　B. 政府支出减少

   C. 货币供给量的增加　　　　　D. 扩张性的财政政策

8. 长期总供给曲线表示（　　）。★★★
  A. 经济中的资源没有得到充分利用
  B. 经济的就业水平或者产量随着价格的变动而变动
  C. 经济中已经实现了充分就业
  D. 经济中产量水平处于潜在产量水平之上
9. 总供给曲线是根据（　　）推导而来的。★★★
  A. 总量生产函数　　　　　　　　B. IS—LM 曲线
  C. 劳动供给函数　　　　　　　　D. 劳动需求函数
10. 扩张性财政政策包括（　　）。★
  A. 政府支出购买　　　　　　　　B. 增加货币供给
  C. 增加税收　　　　　　　　　　D. 减少税收
11. AD—AS 模型可以直接决定（　　）。★★
  A. 投资　　　　　　　　　　　　B. 价格水平
  C. 利率　　　　　　　　　　　　D. 国民收入
12. 短期内，一个国家或地区的经济增长主要取决于总需求的变化，总需求包括（　　）。★★
  A. 进出口需求　　　　　　　　　B. 消费需求
  C. 政府需求　　　　　　　　　　D. 投资需求
13. 下列与凯恩斯主义总供给模型假设条件不符合的有（　　）。★★★
  A. 工资有完全的伸缩性　　　　　B. 工人不存在货币幻觉
  C. 工人存在货币幻觉　　　　　　D. 工资没有伸缩性
14. 考虑一个具有定价权的典型企业的定价决策。该企业合意的价格 p 取决于哪两个宏观经济变量？（　　）★★★
  A. 总体价格水平　　　　　　　　B. 总收入水平
  C. 其他企业的定价　　　　　　　D. 预期物价水平
15. 常规总供给曲线所具备的性质有（　　）。★★
  A. 若产出低于充分就业水平，那么 AS 曲线将向右移动
  B. 若工资对失业率的变化不敏感，那么 AS 曲线将非常平坦
  C. AS 曲线的位置取决于预期的价格水平
  D. 若产出高于充分就业水平，那么 AS 曲线将向右移动
16. 下列关于短期总供给曲线的说法，正确的有（　　）。★★★
  A. 古典经济学中的短期总供给曲线与凯恩斯主义短期总供给曲线不同
  B. 新凯恩斯主义的短期总供给曲线是"┘"形
  C. 古典经济学中的短期供给曲线是一条始终位于潜在收入水平的垂线
  D. 古典经济学中的短期总供给曲线与凯恩斯主义短期总供给曲线类似
17. 下列不属于总需求曲线向右下方倾斜的原因的有（　　）。★★
  A. 物价水平下降迫使中央银行增加货币供给量，导致 LM 下移，收入水平提高
  B. 物价水平下降增加了实际余额，导致国民收入水平提高

C. 物价水平下降诱使政府减税，导致 LM 下移，收入水平提高
D. 物价水平下降使政府增加公共支出，刺激需求导致国民收入提高

18. 总需求曲线向右下方倾斜的原因有（　　）。★★
   A. 利率效应，当货币供给小于货币需求，导致利率上升，投资下降，总需求量减少
   B. 实际余额效应，当价格总水平上升时，人们消费水平下降
   C. 税收效应，当价格水平上升，名义收入水平增加，纳税等级提高，可支配收入减少，消费减少
   D. 净出口效应，国内物价上升，在汇率不变的条件下，进口商品价格下降，本国商品被购买量减少

19. 在西方经济学中，价格和产量是由供求曲线决定的，这一原理在微观经济学和宏观经济学中都适用，而二者不同的地方在于（　　）。★★
   A. 微观经济学中，供求所决定的是个别商品的价格和产量
   B. 微观经济学中，供求所决定的是整个社会的价格水平和产量
   C. 在宏观经济学中，供求所决定的是个别商品的价格和产量
   D. 在宏观经济学中，供求所决定的则是整个社会的价格水平和产量

20. 下列关于总需求函数的几何表示说法，正确的有（　　）。★
   A. 价格水平为横坐标　　　B. 价格水平为纵坐标
   C. 总需求量为横坐标　　　D. 总需求量为纵坐标

21. 在一个经济社会中，若价格水平降低了，则（　　）。★★
   A. 汇率降低　　　　　　　B. 货币需求量下降
   C. 利率下降　　　　　　　D. 企业会增加投资

22. 若技术进步，则下列说法不正确的有（　　）。★★★
   A. 短期总供给曲线向右移动，长期总供给曲线保持不变
   B. 长期总供给曲线向右移动，短期总供给曲线保持不变
   C. 短期总供给曲线和长期总供给曲线都向右移动
   D. 只有长期总供给曲线向右移动，短期总供给曲线不确定

23. 若企业减少企业和个人所得税，则（　　）。★★
   A. 会使实际产出增加　　　B. 会使消费增加
   C. 会使投资支出增加　　　D. 会使总需求曲线向右移动

三、判断题

1. 价格的变化对 IS 曲线的位置有影响。（　　）★★
2. 无论扩张性的财政政策还是扩张性的货币政策都会使总需求曲线向右移动。（　　）★★
3. 在一个既定的价格水平下，政府支出的增加也就意味着总需求的增加。（　　）★
4. 总需求曲线能决定使整个社会供求相等的价格水平和总产量。（　　）★★

5. 宏观生产函数可以被区分为短期和长期两种。（　）★
6. 在短期宏观生产函数中，资本存量和技术水平被认为是不变的常数。（　）★★
7. 如果劳动市场是竞争性的，企业能决定市场工资和其产品的市场价格。（　）★★
8. 劳动的需求函数是实际工资的增函数。（　）★
9. 在长期中，经济的就业水平或产量随着价格水平的变动而变动，而几乎不处在充分就业的状态上。（　）★★
10. 古典总供给曲线又代表长期总供给曲线。（　）★
11. 垂直的古典总供给曲线与水平的凯恩斯总供给曲线分别代表总供给曲线两种极端状态。（　）★★
12. 具有黏性价格的企业根据自己对其他企业收取价格的预期设定自己的价格。（　）★★★
13. 在宏观经济学中，通常用 AD 表示总供给曲线。（　）★
14. 若扩张总需求政策的价格效应最大，则说明总供给曲线是长期供给曲线。（　）★★
15. 当总需求不发生变化时，短期总供给增加会使国民收入增加、价格下降。（　）★★
16. 在短期中，总需求变动会引起国民收入和价格成反向变动状态。（　）★★
17. 假定扩展总需求的产出最大，则说明总供给曲线是水平的。（　）★★
18. 凡是能影响短期总供给曲线移动的因素也能影响长期总供给曲线移动。（　）★★★
19. 利率、股票都能影响总需求曲线。（　）★★★
20. 垂直的总供给曲线意味着在长期经济中，达到充分就业状态。（　）★★★
21. 若生产曲线向外移动，则总供给曲线向右移动。（　）★★★
22. 单位生产成本下降会使供给曲线向左移动。（　）★★
23. 增加企业税收会使供给曲线向右移动。（　）★★
24. 在 1929 年美国经济危机时，美国的经济是在水平供给曲线下运行的。（　）★★★
25. 总供给曲线同时也反映了货币市场和产品市场的均衡状态。（　）★★
26. 短期总供给曲线就是古典理论的总供给曲线。（　）★
27. 当名义货币供给不变时，价格水平变动将引起总需求变动。（　）★★
28. IS 曲线利率弹性越大，AD 曲线就会越陡峭。（　）★★
29. 货币需求的收入弹性越大，AD 曲线就越平坦。（　）★★
30. 财政政策通过影响 LM 曲线从而影响 AD 曲线。（　）★★
31. 货币政策通过影响 IS 曲线从而影响 AD 曲线。（　）★★
32. 长期总供给曲线所表示的总产出是经济中的潜在产出水平。（　）★★
33. 价格水平的非预期上涨会使得向右上方倾斜的总供给曲线移动，而价格水平预期中的上涨则会使均衡点沿原总供给曲线移动。（　）★★
34. 古典经济学假设劳动力市场中的工资具有灵活变动的性质，劳动力市场不能达到出清。（　）★★★

35. 总供给—总需求模型是将价格水平固定不变来研究的。（　　）★

36. 向右下方倾斜的总需求曲线表示，价格水平越高，需求总量越高；价格水平越低，需求总量越低。（　　）★

四、名词解释

1. 总需求★
2. 总需求函数★★
3. 财富效应★
4. 利率效应★
5. 总供给★
6. 宏观生产函数★★
7. 常规总供给曲线★★
8. 黏性价格模型★★
9. 滞胀★
10. 潜在产量★
11. 凯恩斯主义的总供给曲线★★★
12. 古典总供给曲线★★★

五、简答题

1. 根据西方经济学可知，价格和产量是由供求曲线决定的，这一原理在微观经济学和宏观经济学中适用的区别是什么？★★★
2. 西方宏观经济学假定宏观生产函数的两条重要的性质是什么？★★
3. 完全竞争要素市场的特征是什么？★★
4. 试说明劳动市场的均衡是怎样实现的。★★★
5. 凯恩斯总供给曲线的政策含义是什么？★★
6. 对企业来说，造成价格黏性的原因是什么？★★
7. 简要说明导致短期总供给曲线移动的因素。★★★
8. 宏观经济的短期目标是什么？★★
9. 总需求曲线的理论来源是什么？★★★
10. 总供给曲线的理论来源是什么？★★★

六、计算题

1. 假定一个经济社会中存在以下经济关系：★★

消费：$c = 1\,000 + 0.8Y_d$
投资：$i = 300 - 60r$
税收：$T = ty = 0.125y$
政府购买支出：$g = 200$
货币需求：$L = 0.5y - 200r$
名义货币供给：$M = 4\,000$

问：（1）总需求函数是什么？

（2）价格水平 $p=2$ 时的收入和利率分别是多少？

2. 假定短期供给函数是 $Y = 10N - 0.02N^2$，劳动需求 $N_d = 150 - 10\dfrac{w}{p}$，劳动供给 $N_S = 60 + 4W$，劳动者预期 $P=1$ 的价格水平会继续下去，若经济开始位于 800 的充分就业产出水平，价格水平 $P=1$，名义工资为 4 美元，实际工资为 4 美元，就业量为 80，则：★★★

（1）当政府刺激需求使总需求增加、总产出增加、价格水平上升到 1.2 的水平时，就业量、名义工资、实际工资会发生什么样的变化？

（2）若因为物价水平上涨了 10%，而工人要求增加 10% 的名义工资使总供给曲线左移，总产量下降，价格水平上升到 1.25 时的就业量、名义工资、实际工资会发生什么样的变化？

（3）试说明长期的实际产出、实际工资和就业量。

3. 经济的充分就业产出水平为 1 000，已知，在 $P=1$ 时，$C = 200 + 0.8Y_d$，$I = 100 - 0.8r$，$T = 80$，$G = 120$，名义货币供给 $M = 200$，货币需求 $L = 0.2Y - 8r$，则：★★★

（1）试求 IS 和 LM 方程。

（2）求价格水平作为内生变量时的总需求曲线。

4. 若总供给曲线为：$AS = 200$，总需求曲线 $AD = 800 - 80P$，求：★★

（1）供求均衡时的价格和国民收入。

（2）若总需求上涨 10%，求新的均衡。

5. 设总供给函数 AS 为 $Y_S = 1\,000 + P$，总需求函数 AD 为 $Y_d = 1\,200 - P$。则：★★

（1）若总需求曲线向左（平行）移动 10%，则均衡点为多少？

（2）若总需求曲线向右（平行）移动 10%，则均衡点为多少？

（3）若总供给曲线向左（平行）移动 10%，则均衡点为多少？

七、论述题

1. 试论述为什么需求曲线是向右下方倾斜的。★★
2. 总需求曲线是怎样通过公式推导出来的？★★★
3. 长期生产函数和短期生产函数有什么不同？★★★
4. 在竞争性劳动市场下，企业要怎样雇用劳动力才能实现利润最大化？★★

5. 在长期中，总供给曲线为什么是一条垂直线？★★
6. 为什么凯恩斯总需求曲线是一条水平线？★★★
7. 在短期，政府怎样进行宏观调控使国民收入达到充分就业的水平？★★
8. 为什么总供给曲线可以被区分为古典、凯恩斯和常规这三种类型？★★
9. 请比较 IS—LM 模型和 AD—AS 模型。★★★
10. 试比较在古典总供给曲线和凯恩斯主义总供给曲线模型中，货币供给量增加时，价格水平、总产出、名义 GNP、利率和就业量的变化情况。★★★

八、案例分析

案例一：

从供给和需求端看贵州经济的发展

2016 年，贵州省地区生产总值 11 734.43 亿元，比上年增长 10.5%，增速高于全国 3.8 个百分点，继续位居全国前列。贵州地区生产总值占全国经济总量的比重稳步提升，2016 年为 1.58%，比上年提高 0.05 个百分点。

分三次产业看，第一产业增加值 1 846.54 亿元，比上年增长 6.0%；第二产业增加值 4 636.74 亿元，增长 11.1%；第三产业增加值 5 251.15 亿元，增长 11.5%。人均地区生产总值达到 33 127 元，比上年增加 3 280 元。

"自 2003 年开始，贵州经济已经持续 14 年实现两位数增长了，而且良好的发展势头仍在继续。"省统计局局长任湘生说，"特别是 2011 年以来，在国内外经济形势复杂多变、经济下行压力持续加大的大背景下，经济增速连续 6 年位居全国前三位，非常不易，值得倍加珍惜。"

任湘生认为，贵州省经济实现快速增长主要得益于投资拉动、改革推动、创新驱动、开放带动以及中央给力、对外借力、领导有力、干群发力，促进了基础支撑扎实有力。2016 年贵州经济能实现两位数的增长，主要是供给、需求协同发力、共同推动的结果。

从供给端看，三次产业保持健康稳定增长。

一是农业经济在结构调整进程中呈现新活力。在全省粮食再获丰收的同时，蔬菜、水果、茶叶等农业特色产业实现较快发展，全年农业对全省经济增长的贡献率达到 9.2%，拉动经济增长 1 个百分点，比上年增加 0.3 个百分点。

二是工业经济在转型升级中培育新动力。全省规模以上工业增加值增速高出全国平均水平 3.9 个百分点。新增企业拉动增强、新产品不断丰富、新产业加快发展，其中最值得关注的是，随着供给侧结构性改革的深入推进，工业产业结构持续优化，"煤老大"退居第二位，白酒行业跃升为工业第一支柱产业，装备制造业占规模以上工业的比重比上年提高 1.9 个百分点。工业对全省经济增长的贡献率达到 29.3%，拉动经济增长 3.1 个百分点，仍是拉动经济增长的重要力量。

三是服务业在升级换代中释放新潜力。服务业七个行业中五个行业实现两位数增长,支撑服务业成为三次产业中增速最快的产业。其中,在旅游业"井喷式"发展的带动下,2016年全省批发和零售业、住宿和餐饮业增加值分别增长10.4%和10.9%;从资金流上看,金融机构人民币存款余额增长22.3%、贷款余额增长18.6%;从电流上看,全社会用电量增长5.8%;从物流上看,1~11月全省公路运输货物周转量增长11.4%。另外,2016年全省电信业务总量增长62.4%,邮政业务总量增长26.0%,均对服务业提速增长形成有效支撑。

从需求端看,投资消费协同发力拉动增长。

一是投资高位稳定持续发力,全省坚持把扩大投资作为主抓手,不断增强经济社会发展支撑能力。2016年,全省固定资产投资增长21.1%,高出全国平均水平13个百分点。其中,基础设施投资增长持续高速增长,2016年增速达到29.1%,高于全省投资8.0个百分点,占全省投资的比重达到41.3%。

二是消费提速增长不遗余力。全省深入推进"放管服"改革,促进市场活力不断增强,消费品市场呈现繁荣活跃的发展态势。2016年全省社会消费品零售总额增长13.0%,比上年提高1.2个百分点。

与此同时,经济发展的成效在效益端得到明显体现,主要是三个收入持续保持较快增长:一是企业效益不断提升。2016年1~11月,全省规模以上工业利润总额增长12.1%。二是财政收入平稳增长。2016年,全省一般公共预算收入增长8.1%。三是居民收入稳步增长,全省常住居民人均可支配收入增长10.4%。

根据上述案例结合所学经济学知识回答下列问题:

(1)影响贵州省总供给曲线和总需求曲线变动的因素有哪些?
(2)在需求和供给的相互平衡之下,描述市场达到均衡的过程。

注:此案例摘自http://www.gz.stats.gov.cn/xxgk/xxgkml/zcjd/201701/t20170122_1859989.html,有改动。

案例二:

材料一 大萧条发生的原因

1929年大萧条前夕,第二次工业革命浪潮还方兴未艾。在经历第一次世界大战后,资本主义经济总体上还在高速增长,特别是电力、电话和汽车三大战略新兴行业成为重要支柱产业。制造业和金融业的迅猛发展使得大多数人坚信资本主义正走在康庄大道上。在工业繁荣和金融业泡沫高涨的浮华表象下,很少有人意识到农业的停滞和衰败是整个经济体的定时炸弹,诱发大萧条的诸多关键事件在事前几乎没有任何征兆,定时炸弹的爆炸也更具杀伤力。几乎使资本主义覆灭的大萧条遍及全世界,对现代社会的冲击在历史上绝无仅有,直接影响了差不多所有资本主义国家。各国经济总量在短短几年中下降25%~30%,农业和制造业产出减少了一半甚至更多,国际贸易和投资急剧萎缩,金本位解体,通缩高达两位数,收入分配差距扩大,等等,不一而足。大萧条打击了近乎所有人的信心,自信化为绝望,企业大量减少生产和投资,无数亩农田撂荒,随之国民收入和就业骤减。一时间,成千上万的企业、银行破产,大宗商品价格暴跌,证券交易所的股票总市值跌至不到危机前的三分之一,工人、农民大范围失业,绝大多数人的工资都被严重削减。美国等国家花了将近10年的时间才使产出恢复到1929年的水平,整个10年的经济增长和发展成果都丧失殆尽。

对大萧条发生的原因,各学派和经济学家给出诸多解释,如明斯基时刻、货币政策失误(Friedman and Schwartz,1963)、劳动生产率(Bordo and Evans,1995)、太阳黑子说(Harrison and Wede,2006)、劳动法(Ohanian,2009)、甚至信心缺失(Chen and Chou,2016),等等。即便如此,当时并未发生大的自然灾害或疾病,自然资源仍如以前一样丰富,工厂的机器也未被损毁,有技术的工人和农民大量存在也愿意开工。人们对商品的需求和渴望仍像以前一样强烈。与此同时,许多工厂闲置,要么以远低于潜在生产能力的水平生产。但究竟是什么原因使商品和服务生产骤降?在诸多反思中,没有哪个学派否认这样一个事实,即资本主义经济中决定企业生产的主要因素是利润而非人的需求。

材料二 贵州省"加减乘除"四则运算促进经济发展

贵州为什么能连续7年、28个季度保持地区生产总值增速位居全国前3位?

2018年3月8日,党的十三届全国人大一次会议贵州代表团在驻地举行团组开放日活动,中外媒体记者带着好奇前来寻找贵州经济后发赶超的"密码"。

一个个精彩的故事,一组组翔实的数据,一次次会意的笑声,代表们的发言和回答记者提问生动实在,解开了中外记者心中的疑问,找到了贵州经济大踏步前进的答案——

"加"足动能,"减"轻负担,"乘"上快车,"除"掉包袱,贵州做好"加减乘除"四则运算,为经济转型升级持续注入强劲动能,取得令人刮目相看的发展成就,步履稳健地迈步新时代高质量发展征途。

做好加法——"双千工程"强动能

2016年开始,贵州坚持以供给侧结构性改革为主线,在全省实施以每年改造1 000户以上企业和引进1 000户以上企业为主要内容的"双千工程",作为推进高质量发展的突破口和关键点。

通过"一改一引",贵州实体经济改出了新天地、引进了新活力,实现蝶变式发展,形成传统产业加快转型、新兴产业迅速成长、现代制造业和现代服务业蓬勃发展的产业格局,经济运行的效益和质量稳步提升。

"缺什么、引什么",两年来贵州省通过"千企引进"工程,大力优化投资环境,着力拓展产业链、提升价值链,有力助推实体经济"强筋骨""长肌肉"——

引进苹果、高通、华为、富士康、腾讯、吉利、阿里巴巴等120多家500强企业,1 060家技术含量高、成长性好、引领性强的企业落户贵州;

培育货车帮、华芯通、朗玛、易鲸捷、白山云等一批主营业务突出、竞争力强、创新动力足的本土大数据企业;

全省市场主体从2012年的109.93万户(个)提高到249.56万户(个),新增规模以上工业企业514家,总数达到5 637家,比2012年净增3 100多家,5年翻了一番多。

"千企改造"全面施策,激活一户户工业企业脱胎换骨、提质增效,带动产业深刻创新变革,推进贵州传统产业转型升级,做大做强特色产业,培育壮大新兴产业——

以高端化、绿色化、集约化为目标，两年来贵州省 2 230 户企业实施技术改造，完成投资 2 000 亿元，一大批企业成功 "蝶变" 升级；

2017 年，全省规模以上工业增加值完成 4 304.8 亿元，同比增长 9.5%，增速排名全国第四位。实现规模以上工业企业利润总额 886.32 亿元，同比增长 20%；

民用无人机、风力发电机组等 31 种产品在贵州省实现零的突破，在统的主要工业产品种类提高到 341 种，占全国在统工业产品比重提高 1.3 个百分点；

"贵州制造" 阵营不断壮大，不仅有全球闻名的茅台酒和老干妈，无人机、智能手机、吉他等贵州制造新产品也进军全球市场。2017 年贵州智能手机产量居全国前列，贵州钢绳实现我国钢丝绳行业国际标准零突破，平坝生产的马桶盖每年销往欧美 200 多万套，正安吉他每天卖到全球 1 万多把，销往巴西等 30 多个国家和地区……

做好减法——降本减负惠企业

做好减法，贵州多管齐下，打出了降低实体经济用电、融资、物流、税费、制度性交易等成本的 "组合拳"，为企业降低各类成本 1 300 亿元。

大工业用电价格是影响实体企业成本控制的一大因素，为解决企业用电 "贵" 的问题，贵州省把降低大工业用电价格作为降低企业成本的 "牛鼻子"，启动输配电价改革。

得益于此，2016 年 3 月起，全省输配电价平均下降 1.66 分/千瓦时，其中大工业用电价格平均下降 3.06 分/千瓦时。开展电力直接交易，市场化交易电量比例居全国第一。为企业减少用电成本 50.66 亿元，贵州成为全国大工业用电价格最低的省份之一。

降物流成本也是贵州降低企业成本的一个重要抓手。2016 年以来，全省累计为企业降低物流成本 210 亿元以上。据第三方机构评估，2017 年贵州省物流总费用与 GDP 的比率，在 2016 年降低 1.5 个百分点的基础上再降 0.5 个百分点，达到 16.5% 左右。

在降低制度性交易成本方面，贵州省全面推行 "互联网＋政务服务"，建成全国第一个覆盖全省的省级电子政务网平台，打造统一的审批服务平台、信用信息共享平台和应急管理平台，实现 "进一张网办全省事"，提高服务便捷性，促进社会效率大幅提升。

推动 "放管服" 改革，全省编制公布了行政权力清单、责任清单和权力运行流程图，省直机关行政职权事项减少 78.7%，行政许可事项减少到 272 项，非行政许可审批彻底终结，有效提高了行政审批效能。

2018 年至 2020 年，贵州省将继续从用能、融资、税费、物流、制度性交易成本、人工成本、用地用房成本七个方面着力，进一步为实体经济企业减负，争取成为西部地区实体经济企业综合成本较低的省份之一。

做好乘法——创新驱动促升级

近两年，中央相继批准贵州建设首个国家大数据综合试验区、首批国家生态文明试验区和国家内陆开放型经济试验区，三大试验区创新驱动贵州发展的 "乘法" 效应逐步显现。

围绕建设国家大数据综合试验区，贵州省强力实施大数据战略行动，大数据发展风生水起，成为贵州后发赶超、弯道取直的战略引擎——

在全国率先出台数字经济发展规划和意见，率先建设首个大数据国家工程实验室,率先举办数博会并升格为国家级国际博览会,率先建成首个省级政府数据聚集共享开放平台——"云上贵州",率先成立首家大数据交易所,率先颁布首个大数据地方法规,率先打造"中国数谷",率先开展大数据与社会信用体系融合发展试点,建成开通贵阳·贵安国家级互联网骨干直联点,跻身全国十三大通信枢纽。

大数据加速与实体经济深度融合,"万企融合"大行动每年将打造100个融合标杆项目,实施1 000个融合示范项目,引导各领域各行业的实体经济企业融合升级,推动企业脱胎换骨、裂变发展。

围绕建设国家生态文明试验区,贵州省强力实施大生态战略行动,全力打造"多彩贵州公园省",促进百姓富与生态美有机统一——

在全国率先颁布实施生态文明建设促进条例,率先划定生态保护红线,率先设立生态法庭,率先编制自然资源资产负债表,率先开展领导干部自然资源资产离任审计、生态环境损害赔偿制度改革、省级空间规划编制和生态产品价值实现机制试点,率先启动实施磷石膏"以用定产",全面推行五级河长制,设立贵州生态日,连续多年成功举办生态文明贵阳国际论坛,持续发出中国生态文明好声音,初步形成了一批可复制、可推广的制度经验。

大力实施十大污染源治理、十大行业治污减排和十大生态修复、十大生态扶贫工程,天上、山上、水里、地里四条生态底线越守越牢,绿色经济占地区生产总值的比重达到37%,贵州生态文明建设公众满意度居全国第2位。

围绕建设国家内陆开放型经济试验区,贵州省积极参与"一带一路"建设和长江经济带发展,加快建设开放通道——

20世纪贵州花了30多年时间建成"十字"形铁路网,进入新世纪仅用9年多时间就建成新的"十字"形高铁网,贵阳正在加快建成全国十大高铁枢纽。"老十字""新十字",见证着贵州经济的快速崛起,昭示着新时代已扑面而来。

今天的贵州,既有以贵安新区为龙头的1+8国家级开放创新平台,又有数博会、生态文明贵阳国际论坛、酒博会等国家级国际性开放活动平台。

今天的贵州,大力推进投资贸易便利化、负面清单管理、内陆开放式扶贫等创新试验,扎实开展产业大招商活动,引进国内外500强企业122家,每年引进省外到位资金都在七八千亿元,搅活贵州高质量发展的一池春水。

同时,这几年选择到贵州就业的大学生人数名列全国前茅,高端人才数量比5年前翻了一番多,"贵漂"已成为贵州欣欣向荣的一道亮丽风景。

开放迎来活力,创新激发动力。贵州旅游业持续"井喷",绿色优质农产品持续"泉涌",全省进出货物比从2012年的70∶30变为2017年的53∶47。

做好除法——深化改革增活力

不但要会做"加减乘法",贵州还努力做好更难的"除法"。

严格执行国家关于化解产能严重过剩矛盾的指导意见有关规定,认真落实煤炭、钢铁等行业化解过剩产能脱困发展实施方案,不再审批过剩产能项目,对不符合国家产业政策要求的,坚决限期整改。

2016年全省压减粗钢产能220万吨,关闭煤矿121处。2017年又关闭煤矿120处,淘汰落后产能 1 749 万吨，9 万吨煤矿全部淘汰退出，167 万吨地条钢全部关停。

主动压减过剩产能，持续淘汰落后产能，引导退出低效产能，积极稳妥处置"僵尸企业"，全省供给结构进一步优化，供给质量和效益明显提升。

从产业结构调整看，贵州经济已呈现出"传统产业转型增长、新兴产业快速增长、新旧动能加快转换"的良好态势。2017 年，白酒、电力工业增加值分别增长 13.5%和 13%，大数据电子信息制造业、医药制造业增加值分别增长 86.3%和 21.3%，高技术产业、装备制造业增加值分别增长 39.9%和 26.6%。

做好除法，贵州省还大力推进国有企业战略性重组，加快释放改革红利。

2 月 13 日，贵州金融控股集团有限责任公司（贵州贵民投资集团有限责任公司）、云上贵州大数据（集团）有限公司、贵州航空投资控股集团有限责任公司正式成立，标志着贵州省新一轮国有企业战略性重组迈出关键步伐。

2018 年，全省将完成 10 户以上国有企业战略性重组，推进国有企业集团层面股权多元化、分层分类混合所有制改革，制定国有资产出资人监管权力和责任清单，推动国有资本做精做细做强做大，打造支撑贵州高质量发展的产业航母和"四梁八柱"。

根据上述材料回答以下问题：

（1）用总需求—总供给模型解释宏观经济中的萧条、高涨和滞胀状态。

（2）通过上述对贵州省经济发展的叙述，试说明地方政府在地方经济发展中所扮演的角色。

注：此案例摘自 blog.sina.com.cn/s/blog_413042b40102x49f.html；http://www.gz.xinhuanet.com/ 2018-01/21/c_1122290049.htm，有改动。

第十六章 失业与通货膨胀

【重难点分析】

本章考查的重点主要有：失业可分为摩擦性失业、结构性失业和周期性失业，自然失业率，奥肯定律，通货膨胀分类。

本章考查的难点主要有：菲利普斯曲线最初反映的是失业率与工资上涨率之间的关系，现代的菲利普斯曲线主要反映失业率与通货膨胀率之间的关系，根据菲利普斯曲线，控制总需求的决策者面临通货膨胀与失业之间的短期替换。

一、单项选择题

1. 通货膨胀是（　　）。★
A. 货币发行量过多引起物价水平的普遍的持续上涨
B. 货币发行量超过了流通中的货币量
C. 货币发行量超过了流通中商品的价值量
D. 以上都不是

2. 在下列引起通货膨胀的原因中，成本推动的通货膨胀的原因可能是（　　）。★
A. 银行贷款的扩张　　　　　　　B. 预算赤字
C. 进口商品价格上涨　　　　　　D. 投资增加

3. 通货膨胀（　　）。★
A. 会使国民收入提高到超过其正常水平
B. 会使国民收入下降到超过其正常水平
C. 会使国民收入提高或下降主要看产生这种通货膨胀的原因
D. 只有在经济处于潜在的产出水平时，才会促进国民收入增长

4. 需求拉动的通货膨胀（　　）。★
A. 通常用于描述某种供给因素所引起的价格波动
B. 通常用于描述某种总需求的增长引起的价格波动
C. 表示经济制度已调整过的预期通货膨胀率
D. 以上都不是

5. 成本推动型通货膨胀（　　）。★
   A. 通常用于描述某种供给因素所引起的价格波动
   B. 通常用于描述某种总需求的增长所引起的价格波动
   C. 表示经济制度已调整过的预期通货膨胀率
   D. 以上都不是

6. 通货膨胀的收入分配效应是指（　　）。★
   A. 收入普遍上升　　　　　　　　B. 收入普遍下降
   C. 收入结构变化　　　　　　　　D. 债权人收入上升

7. 从成本推动的角度分析，引起通货膨胀的原因有（　　）。★
   A. 原材料或能源价格上涨　　　　B. 银行贷款的扩张
   C. 工资率下降　　　　　　　　　D. 投资率下降

8. 为减少经济中存在的失业，应采取的财政政策工具是（　　）。★★
   A. 增加政府支出　　　　　　　　B. 提高个人所得税
   C. 增加失业保险金　　　　　　　D. 增加货币供给量

9. 面对通货膨胀，消费者合理的行为应该是（　　）。★★
   A. 保持原有的消费、储蓄比例　　B. 用掉全部储蓄以扩大消费支出
   C. 减少消费，扩大储蓄比例　　　D. 以上说法都不对

10. 工资水平上涨幅度与消费的价格指数上涨不一样时会出现（　　）。★★
    A. 预期的通货膨胀　　　　　　　B. 未预期的通货膨胀
    C. 平衡的通货膨胀　　　　　　　D. 不平衡的通货膨胀

11. 为了影响价格水平，政府所采取的限制工资增长和价格上升的政策是（　　）。★
    A. 货币政策　　　　　　　　　　B. 财政政策
    C. 收入政策　　　　　　　　　　D. 银行政策

12. 价格调整方程中，y^*表示（　　）。★
    A. 总需求量　　　　　　　　　　B. 总供给量
    C. 潜在的总产出量　　　　　　　D. 以上都不对

13. 在充分就业的情况下，下列（　　）最可能抑制通货膨胀。★
    A. 进口增加　　　　　　　　　　B. 工资不变但劳动生产率提高
    C. 出口减少　　　　　　　　　　D. 政府支出减少但税收增加

14. 菲利普斯曲线说明（　　）。★
    A. 通货膨胀导致失业　　　　　　B. 通货膨胀是由行业引起的
    C. 通货膨胀率与失业率呈负相关　D. 通货膨胀率与失业率呈正相关

15. 通常由总需求曲线的变动引起的通货膨胀称为（　　）通胀，通常由总供给曲线的变动引起的通货膨胀称为（　　）通胀。★★
    A. 成本推动型　非加速型　　　　B. 非加速型　需求拉动型
    C. 需求拉动型　成本推动型　　　D. 非加速型　成本推动型

16. 失业率是指（　　）。★
   A. 失业人口占劳动力的百分比　　B. 失业人数占人口总数的百分比
   C. 失业人数占就业人数的百分比　　D. 以上均正确
17. 充分就业的含义是（　　）。★
   A. 人人都有工作，没有失业者　　B. 消灭了周期性失业的就业状态
   C. 消灭了自然失业时的就业状态　　D. 消灭了自愿失业时的就业状态
18. 引起周期性失业的原因是（　　）。★★
   A. 工资刚性　　B. 总需求不足
   C. 经济中劳动力的正常流动　　D. 经济结构的调整
19. 在通货膨胀不能完全预期的情况下，通货膨胀将有利于（　　）。★★
   A. 债务人　　B. 债权人
   C. 在职工人　　D. 离退休人员
20. 根据菲利普斯曲线，降低通货膨胀率的办法是（　　）。★★
   A. 减少货币供给量　　B. 降低失业率
   C. 提高失业率　　D. 增加财政赤字
21. 一般用来衡量通货膨胀的物价指数是（　　）。★★
   A. 消费物价指数　　B. 生产物价指数
   C. GDP 平均指数　　D. 以上均正确
22. 货币主义认为，菲利普斯曲线所表示的失业与通货膨胀之间的交替关系（　　）。★★
   A. 只存在于长期　　B. 只存在于短期
   C. 长短期均存在　　D. 长短期均不存在
23. 由工资提高导致通货膨胀的原因是（　　）。★★
   A. 需求拉动　　B. 成本推动
   C. 结构性　　D. 其他
24. 由原材料价格提高导致通货膨胀的原因是（　　）。★★
   A. 需求拉动　　B. 成本推动
   C. 结构性　　D. 其他政府支出

二、多项选择题

1. 影响自然失业率的因素有（　　）。★
   A. 自愿失业　　B. 摩擦性失业
   C. 周期性失业　　D. 结构性失业
2. 下列关于摩擦性失业的说法，正确的有（　　）。★★
   A. 经济运行正常时此种失业也会存在
   B. 可以通过提高劳动市场的交易效率，部分降低此种失业

C. 可以通过货币政策降低此种失业
D. 凯恩斯的短期需求管理政策对此种失业无显著影响
3. 仅从收入再分配角度来讲,未预期到的通货膨胀对哪些主体不利?（　　）★★
A. 债权人　　　　　　　　　　B. 债务人
C. 领取固定收入者　　　　　　D. 政府
4. 短期菲利普斯曲线表明（　　）。★★
A. 通胀率和失业率存在反向变动关系　　B. 可以在通胀和失业间权衡决策
C. 通胀率和失业率同方向变化　　　　　D. 短期内凯恩斯的需求管理政策有效
5. 根据货币数量论的观点,能够降低通胀率的因素包括（　　）。★★★
A. 货币供给增长率下降　　　　B. 货币流动速度下降
C. 出口减少　　　　　　　　　D. 总产出增长率上升

三、判断题

1. 摩擦性失业是可以避免的。（　　）★
2. 结构性失业是指劳动力的供给和需求不匹配所造成的失业。（　　）★★
3. 对工资待遇不满意而不愿意就业属于自愿失业。（　　）★
4. 摩擦性失业是一种自愿失业。（　　）★
5. 扩张需求可以消除摩擦性失业。（　　）★
6. 某人因就业信息不灵而暂时找不到工作,这种失业是自愿失业。（　　）★
7. 需求不足的失业是一种自愿失业。（　　）★
8. 只要存在失业工人,就不可能有工作空位。（　　）★
9. 假如货币供给量不变,通货膨胀能长久地持续下去。（　　）★★
10. 消费价格指数、生产者价格指数和国民生产总值折算价格指数变化幅度是一致的。（　　）★★
11. 通货膨胀会引起收入再分配。（　　）★
12. 没有预期到的通货膨胀有利于债务人,不利于债权人。（　　）★★
13. 温和的通货膨胀对生产有一定的促进作用。（　　）★★
14. 当经济达到长期均衡时,总产出等于充分就业产出,失业率为自然失业率。（　　）★
15. 充分就业意味着失业率为零。（　　）★

四、名词解释

1. 失业率★
2. 摩擦性失业★
3. 结构性失业★

4. 周期性失业★
5. 自然失业率★★
6. 充分就业★
7. 潜在的GDP★
8. 奥肯定律★★★
9. 通货膨胀★
10. 通货紧缩★
11. 消费者价格指数★★
12. 通货膨胀率★
13. 温和的通货膨胀★
14. 奔腾的通货膨胀★
15. 超级通货膨胀★
16. 爬行式通货膨胀★
17. 非平衡的通货膨胀★
18. 未预期到的通货膨胀★
19. 需求拉动通货膨胀★★
20. 成本推动通货膨胀★★
21. 结构性通货膨胀★★
22. 菲利普斯曲线★★★

五、简答题

1. 简述摩擦性失业及其原因、解决措施。★★
2. 简述结构性失业及其原因。★★
3. 什么是通货膨胀？衡量的指标有哪些？★★
4. 根据通胀率大小，简述通货膨胀的分类。★★
5. 简述需求拉动型的通货膨胀理论。★★
6. 简述成本推动型的通货膨胀的定义与分类。★★
7. 简述通货膨胀对收入分配的影响。★★
8. 用凯恩斯的观点解释失业与通货膨胀不会并存。★★
9. 摩擦性失业与结构性失业相比，哪一种失业问题更严重些？★★★
10. 能否说有劳动能力的人都有工作才是充分就业？★★
11. 简述菲利普斯曲线的政策含义。★★★

六、计算题

假设菲利普斯曲线为：$\pi = \pi_1 - 0.5(u - 0.06)$。★★

（1）自然失业率是多少？

（2）请画出短期菲利普斯曲线和长期菲利普斯曲线的图形。
（3）为使通货膨胀率降低 5 个百分点，周期性失业率会提高几个百分点？政府采取什么政策？

七、论述题

1. 试述通货膨胀对经济的影响。★★★
2. 论述自然失业率及其理论和实际意义。★★★

八、案例分析

案例一：

材料 一

贵州劳动力培训就业信息系统核心业务系统和"贵州就业帮"手机 APP 上线试运行，标志着该省新一轮信息化建设取得新突破，将助推创业就业。

据介绍，贵州劳动力培训就业信息系统核心业务系统和"贵州就业帮"手机 APP 涵盖了基本信息管理、就业失业登记管理、就业扶贫管理、公益性岗位管理、职业介绍管理、创业服务管理、高校毕业生管理等十三大板块。

依托于该项新系统，贵州省探索将全省相关创业就业服务统一系统管理，逐渐实现相关创业就业业务经办模式和业务流程的统一，以及业务信息共享和协同处理，从而提升对全省创业就业的服务水平，实现信息投递精准化和服务精细化。

据了解，贵州此次就业信息化建设采取"平台＋应用"的模式，进一步夯实实名制基础，推进集中与共建融合、政策与市场融合，突出"互联网＋"人社平台、大数据应用、现代化治理，在建设开放性人社应用技术支撑平台基础上，接入就业创业核心业务系统、社会保障系统、劳动关系系统等多项人社领域业务应用系统，形成全省人社领域信息一体化运作模式。

目前，该就业信息化系统已覆盖了贵州 4 000 多万人口和 52 万单位基础信息，初步实现了各类业务经办和公共服务数据的全省大集中。2018 年，贵州完成了全省范围内劳动力就业信息数据采集和录入工作。实现劳动力就业信息采集工作常态化更新机制。通过建立全省集中的基础数据库，实现全省就业数据的共享，实现数据标准的统一和规范。

材料 二

记者从贵州省人力资源和社会保障厅获悉，2018 年贵州将进行贫困劳动力全员培训，利用公益性岗位安置就业困难人员 6 万人，进一步提高贫困人口社会保障水平。

据了解，贵州将在 2018 年完成贫困劳动力全员培训 34 万人，通过培训使每一个参与人员熟练掌握一门以上就业技能，从而实现"培训一人、就业一人、脱贫一户"的目标。同时，贵州还将打造高效的劳务输出工作体系，为每一个贫困劳动力推荐3个以上就业岗位。

此外，贵州将加大省级财政投入力度，合理开发公益性岗位，确保城乡就业困难人员、复退军人、就业困难高校毕业生、集中移民搬迁居住区就业困难人员有足够的就业岗位，实施就业兜底。

在提高贫困人口社会保障水平方面，贵州将进一步推进贫困人口参加城乡居民基本养老保险和落实贫困人口参加城乡居民基本医疗保险个人缴费资助政策。将建档立卡贫困人员、低保对象和特困群体，纳入政府代缴费用保障范畴，实现应保尽保。

根据上述材料结合所学经济学知识回答下列问题：
（1）简述关于失业的宏观经济政策原理。
（2）结合贵州的省情，谈一谈当前的就业和再就业压力。
（3）结合实际，提出解决贵州的就业和再就业问题的措施。

注：此案例摘自http://www.chinahightech.com/html/chuangye/cyfh/2017/1214/444667.html；http://wb.gywb.cn/epaper/gywb/html/2018-01/05/content_594.htm，有改动。

案例二：

我国通货膨胀的发展

1987～1988年是一个经济扩张的阶段，物价指数在前一期经济扩张的拉动下，持续走高，上升到改革开放以来的第一个历史高点。以1985年的物价指数为基点，1986年的物价指数上涨6.0%，1987年的物价指数上涨13.7%，1988年的物价指数上涨34.8%。此次通货膨胀的主要原因依然是政府为了满足社会固定资产的投资增长要求和解决企业的资金短缺问题，从1986年开始加大政府财政支出，不断扩大政府财政赤字，特别是1988年实行财政的"包干"体制以后，社会的需求进一步猛增。与此同时，为了解决政府赤字问题，货币连年超经济发行，到1988年第四季度，市场中的货币流通量为2 134亿元，比上年同期上涨46.7%。货币的超量发行，市场货币的流通量剧增，引发了物价的猛烈上涨，货币贬值。同年5月政府宣布物价补贴由暗补转为明补，6月政府一再表示要下决心克服价格改革的障碍，7月政府尝试开放了名牌烟酒的价格。这一系列措施加剧了居民的不确定性心理预期，引发了1988年8月中旬的抢购风潮和挤兑银行存款的现象。1988年第四季度末的零售总额比上年同期上涨20.3%，8月银行存款减少了26亿元，官方宣布的通货膨胀率达到18.5%。为了整顿严重的通货膨胀，中央对经济实行全面的"治理整顿"，其措施之严厉堪称改革开放以来之最。

到1993年上半年，通货膨胀压力又开始上升，金融业陷入无序状态。国内金融市场，大量资金集中于沿海地区的房地产市场，银行、金融机构和地方政府为了实现各自不同的利益，逃避央行的规定和监管，为房地产业大量融资，使得货币量超量投放，信贷规模一再突破计划。中央政府于1993年夏开始实行紧缩的货币政策，朱镕基亲自任人民银行的行长。采取的主要措施包括：加强金融纪律；使国有银行与其隶属的信托投资公司分离；所有专业银行必须立即取消计划外贷款；限制地区间贷款；派出工作组到各省检查执行情况，等等。与此同时外汇市场上，人民币大幅度贬值，人民币兑美元比率由 1∶5.64 骤然下降到 1∶8.27，国际收支恶化。由于国内巨大的需求压力，在高涨的投资需求下，财政赤字和货币供应超常增长，使得通货膨胀全面爆发。由于 1992～1993 年我国经济中出现的严重的泡沫现象（如海南发展银行被并购）和高通货膨胀率以及潜在的金融风险，中央从 1993 年夏开始实施"软着陆"的攻关调控，在货币政策方面出台了 13 条压缩银行信贷规模的措施，使新增货币供应量 M0 从 1993 年的 1 528.7 亿减少到 1994 年的 1 423.9 亿和 1995 年的 596.8 亿。由于这次调控吸取了以前货币紧缩过度造成经济过冷的教训，这次货币政策的实施中一直遵循着"适度从紧"的原则，最终于 1996 年成功地实现了经济的"软着陆"。但是实际上还是带来了一定的负面效应：信贷状况的收紧一定程度上损害了综合信贷的平衡；限制地区间的信贷大大降低了货币的流通速度；紧缩措施很大程度上损害了非国有企业，对国有企业影响不大；官方利率和市场利率之间出现巨大差额，1993 年夏沿海专业银行的贷款利率为 10%～16%，而市场利率却达到 20%～35%。

根据上述材料结合所学经济学知识回答下列问题：
（1）谈谈我国通货膨胀的原因。
（2）谈谈你对控制通货膨胀的对策。

注：此案例摘自 http://www.docin.com/p-1502048776.html，有改动。

第十七章 宏观经济政策

【重难点分析】

本章考查的重点主要有：宏观经济政策目标，财政政策基本概念，财政政策收支变动原理，自动稳定器，斟酌使用的财政政策，公债的含义、特点，财政政策的效力分析，货币政策基本概念，货币政策的工具，货币政策的效力分析。

本章考查的难点主要有：财政政策的效力分析，货币政策的效力分析。

一、单项选择题

1. 宏观经济政策的目标是（　　）。★
   A. 通货膨胀率为零，经济加速增长
   B. 稳定通货，减少失业，保持经济稳定地增长
   C. 充分就业，通货膨胀率为零
   D. 充分就业，实际工资的上升率等于或超过通货膨胀率

2. 政府的财政收入政策通过（　　）对国民收入产生影响。★★
   A. 政府转移支付　　　　　　　B. 政府购买
   C. 消费支出　　　　　　　　　D. 出口

3. 在经济衰退时期，如果政府不加干预的话，则（　　）。★★
   A. 税收减少，政府支出减少　　B. 税收减少，政府支出增加
   C. 税收增加，政府支出减少　　D. 税收增加，政府支出增加

4. 扩张性财政政策对经济的影响是（　　）。★
   A. 可缓和经济萧条但会增加政府债务　B. 可缓和萧条也会减轻政府债务
   C. 可加剧通货膨胀但会减轻政府债务　D. 可缓和通货膨胀但会增加政府债务

5. 下列财政政策将导致国民收入水平有最大增长的是（　　）。★★
   A. 政府增加购买 50 亿元商品和劳务
   B. 政府购买增加 50 亿元，同时增加税收 50 亿元
   C. 税收减少 50 亿元
   D. 政府支出增加 50 亿元，其中 30 亿元由增加的税收弥补

6. 政府支出增加使 IS 右移，若要使均衡收入变动接近于 IS 的移动量，则必须是（　　）。★★
   A. LM 平缓而 IS 陡峭　　　　　　B. LM 垂直而 IS 陡峭
   C. LM 和 IS 一样平缓　　　　　　D. LM 陡峭而 IS 平缓

7. 通常认为紧缩货币的政策是（　　）。★★
   A. 中央银行增加购买政府债券　　B. 增加货币供给
   C. 降低法定准备率　　　　　　　D. 提高贴现率

8. 财政部向（　　）出售政府债券时，基础货币会增加。★
   A. 居民　　　　　　　　　　　　B. 企业
   C. 商业银行　　　　　　　　　　D. 中央银行

9. 下列增加货币供给不会影响均衡收入的情况是（　　）。★★
   A. LM 陡峭而 IS 平缓　　　　　　B. LM 垂直而 IS 陡峭
   C. LM 平缓而 IS 垂直　　　　　　D. LM 和 IS 一样平缓

10. 假定政府没有实行财政政策，国民收入水平的提高可能导致（　　）。★★
    A. 政府支出增加　　　　　　　　B. 政府税收增加
    C. 政府税收减少　　　　　　　　D. 政府财政赤字增加

11. "挤出效应"发生于（　　）。★★
    A. 货币供给减少使利率提高，挤出了对利率敏感的私人部门支出
    B. 私人部门增税，减少了私人部门的可支配收入和支出
    C. 所得税的减少，提高了利率，挤出了对利率敏感的私人部门支出
    D. 政府支出增加所引起的私人消费或投资降低

12. 商业银行之所以会有超额储备，是因为（　　）。★
    A. 吸收的存款太多　　　　　　　B. 未找到那么多合适的贷款对象
    C. 向中央银行申请的贴现太多　　D. 以上几种情况都有可能

13. 商业银行的储备如果低于法定储备，它将（　　）。★
    A. 发行股票以筹措资金　　　　　B. 增加贷款以增加资产
    C. 提高利率以吸引存款　　　　　D. 收回部分贷款

14. 市场利率提高，银行的准备金会（　　）。★★
    A. 增加　　　　　　　　　　　　B. 减少
    C. 不变　　　　　　　　　　　　D. 以上几种情况都可能

15. 银行向中央银行申请再贴现的再贴现率提高，则（　　）。★★
    A. 银行要留的准备金会增加　　　B. 银行要留的准备金会减少
    C. 银行要留的准备金仍不变　　　D. 以上几种情况都有可能

16. 如果中央银行认为通货膨胀压力太大，其紧缩政策为（　　）。★
    A. 在公开市场购买政府债券　　　B. 迫使财政部购买更多的政府债券
    C. 在公开市场出售政府债券　　　D. 降低法定准备率

17. 中央银行在公开市场上买进政府债券的目的是（　　）。★
   A. 追求利润　　　　　　　　　　B. 进行投机
   C. 降低利率　　　　　　　　　　D. 提高利率

18. 商业银行的超额准备金等于（　　）。★★
   A. 实际准备金减去法定准备金
   B. 法定准备金减去商业银行从央行的借款
   C. 实际准备金减去自由准备金
   D. 实际准备金减去法定准备金减去商业银行从央行的借款

19. 中央银行最常用、最重要的政策工具是（　　）。★
   A. 法定准备率　　　　　　　　　B. 再贴现率
   C. 公开市场业务　　　　　　　　D. 贷款计划指标

20. 中央银行在公开市场上买进政府债券的结果将是（　　）。★★
   A. 市场利率上升　　　　　　　　B. 银行存款减少
   C. 公众手里的货币增加　　　　　D. 基础货币减少

21. 扩张性财政政策将使（　　）。★
   A. 总需求曲线向右移动　　　　　B. 总供给曲线向左移动
   C. 总需求曲线向左移动　　　　　D. 总供给曲线向右移动

22. 货币政策影响经济的渠道之一是（　　）。★★
   A. 直接影响收入　　　　　　　　B. 改变资金的周转率
   C. 直接影响价格　　　　　　　　D. 改变借贷成本

23. 如果政府增加税收 500 亿元，同时增加政府支出 500 亿元，将使国民收入（　　）。★★
   A. 下降 500 亿元　　　　　　　　B. 增加 500 亿元
   C. 增加 10 000 亿元　　　　　　　D. 保持不变

24. (上海财经大学考研) 假定政府有意识地在繁荣时期实施收缩性财政政策，而萧条时期实施扩张性财政政策，并利用繁荣期的财政盈余弥补萧条期的财政赤字，则上述方式的政策为（　　）。★★★
   A. 增长性的财政政策　　　　　　B. 平衡预算的财政政策
   C. 补偿性的财政政策　　　　　　D. 扩张性的财政政策

25. 自动稳定器的功能是（　　）。★
   A. 缓解周期性的经济波动　　　　B. 促进经济增长
   C. 增加财政收入　　　　　　　　D. 促进就业增加

26. (华东师范大学考研) 财政政策的自动稳定器一般不包括（　　）。★★★
   A. 企业增值税的变化　　　　　　B. 个人所得税的变化
   C. 个人遗产税的变化　　　　　　D. 农产品价格的变化

27. 如果存在通货膨胀缺口，应采取的财政政策是（　　）。★
   A. 增加税收　　　　　　　　　　B. 减少税收
   C. 增加政府支付　　　　　　　　D. 增加转移支付

28. 经济中存在失业时，应采取的财政政策工具是（　　）。*
   A. 增加政府支出　　　　　　　　　　B. 提高个人所得税
   C. 提高公司所得税　　　　　　　　　D. 增加货币发行量

29. 经济过热时，政府应该采取的财政政策是（　　）。*
   A. 减少财政支出　　　　　　　　　　B. 增加财政支出
   C. 增加货币发行量　　　　　　　　　D. 减少税收

30. 降低贴现率的作用是（　　）。**
   A. 将增加银行的贷款意愿　　　　　　B. 将制约经济活动
   C. 与提高法定准备金率的作用相同　　D. 通常导致债券价格下降

31. 紧缩性货币政策的运用会导致（　　）。*
   A. 减少货币供给量，降低利率　　　　B. 增加货币供给量，降低利率
   C. 减少货币供给量，提高利率　　　　D. 增加货币供给量，提高利率

32. 法定准备金率越高，则（　　）。**
   A. 银行越愿意贷款　　　　　　　　　B. 货币供给量越大
   C. 越可能引发通货膨胀　　　　　　　D. 商业银行存款创造越困难

33. 同时使用紧缩的财政政策和紧缩的货币政策，国民收入将（　　）。*
   A. 提高　　　　　　　　　　　　　　B. 下降
   C. 不变　　　　　　　　　　　　　　D. 不确定

34. 当货币供给量增加时，（　　）。**
   A. 货币流通速度会降低　　　　　　　B. 名义利息率会下降
   C. 货币流通速度会提高　　　　　　　D. 实际利息率会上升

35. 财政政策是指（　　）。*
   A. 政府管制价格的手段
   B. 周期性变化的预算
   C. 为使政府收支平衡的手段
   D. 利用税收、支出和债务管理等政策来实现国民收入的预期水平

36. 按照凯恩斯货币理论，货币供给增加将（　　）。*
   A. 降低利率，从而减少投资　　　　　B. 降低利率，从而增加投资
   C. 提高利率，从而减少投资　　　　　D. 提高利率，从而增加投资

37. 属于自动稳定器的项目是（　　）。*
   A. 政府购买　　　　　　　　　　　　B. 失业保障机制
   C. 房地产投资　　　　　　　　　　　D. 公开市场业务

38. 中央银行提高贴现率会导致货币供给量（　　）。*
   A. 增加和利率提高　　　　　　　　　B. 减少和利率提高
   C. 增加和利率降低　　　　　　　　　D. 减少和利率降低

39. 经济低于充分就业水平并且价格水平不变时，若没有货币政策的配合，财政扩张政策将使（　　）。*
   A. 利率上升、私人投资增加　　　　　B. 利率上升、私人投资减少

C. 利率下降、私人投资减少　　　　　D. 利率下降、私人投资增加

40. 反周期波动的财政政策为（　　）。★★
   A. 经济衰退时应增加政府开支削减税收
   B. 经济高涨时应增加政府开支削减税收
   C. 经济高涨时应增加政府开支提高税收
   D. 经济衰退时应减少政府开支削减税收

41. 松财政松货币的政策搭配可以使（　　）。★★
   A. 总需求曲线向左移动　　　　　　B. 产出不变
   C. 利率保持不变　　　　　　　　　D. 以上三者都难以确定

42. 下列会使财政政策效果较大的是（　　）★
   A. LM 曲线斜率较大，即 LM 曲线较陡
   B. LM 曲线斜率较小，即 LM 曲线较平缓
   C. 货币需求对利率反应较不灵敏
   D. 货币需求增加使利率上升较多，从而对私人部门投资产生较大的挤出效应

43. 在以下什么情况下货币供给增加?（　　）★
   A. 政府购买增加　　　　　　　　　B. 美联储从公众那里购买财政部的债券
   C. 市民购买通用公司的债券　　　　D. 一家新公司发行股票

44. 如果价格具有充分弹性，货币供给增加将（　　）。★★
   A. 使价格水平成比例地增加，因此实际货币存量不受影响
   B. 使价格水平增加得相对多些，因此实际货币存量上升
   C. 使价格水平增加得相对少些，因此实际货币存量下降
   D. 使价格水平增加得相对少些，因此实际货币存量上升

45. 当两个经济中 LM 曲线斜率相同时，IS 曲线越陡峭的经济中，财政政策效果（　　）。★★
   A. 越强　　　　　　　　　　　　　B. 越弱
   C. 可能较强也可能较弱　　　　　　D. 以上都不对

46. 当两个经济中 IS 曲线斜率相同时，LM 曲线越平坦的经济中，货币政策效果（　　）。★★
   A. 越强　　　　　　　　　　　　　B. 越弱
   C. 可能较强也可能较弱　　　　　　D. 以上都不对

47. 在下述何种情况下，挤出效应可能较大？（　　）★★★
   A. 货币需求对利率变动具有较强敏感性，投资支出对利率变动也具有较强的敏感性
   B. 货币需求对利率变动缺乏敏感性，投资支出对利率变动也缺乏敏感性
   C. 货币需求对利率变动具有较强敏感性，投资支出对利率变动缺乏敏感性
   D. 货币需求对利率变动缺乏敏感性，投资支出对利率变动具有很强敏感性

二、多项选择题

1. 下列属于中央银行扩大货币供给的手段有（　　）。★★
   A. 降低法定准备金率以变动货币乘数　　B. 降低再贴现率以变动基础货币
   C. 公开市场业务买入国债　　D. 向商业银行卖出国债

2. 下列会增加预算赤字的情况有（　　）。★★
   A. 政府债务的利息增加　　B. 政府购买的物品和劳务增加
   C. 政府转移支付增加　　D. 间接税增加

3. 下列属于政府的财政政策工具的有（　　）。★
   A. 央行降低利率　　B. 税收
   C. 直接支出　　D. 转移支付

4. 下列不属于财政制度的内在稳定器的作用的有（　　）。★
   A. 促进经济增长　　B. 减缓经济波动
   C. 保持财政预算平衡　　D. 防止经济波动

5. 中央银行变动货币供给可通过（　　）来达到。★★
   A. 变动法定准备金率以变动货币乘数　　B. 变动再贴现率以变动基础货币
   C. 公开市场业务以变动基础货币　　D. 增加政府支出

6. 增加货币供给会影响均衡收入的有（　　）。★★
   A. LM 曲线陡峭，而 IS 曲线平缓　　B. LM 曲线陡峭，IS 曲线也陡峭
   C. LM 曲线平缓，而 IS 曲线垂直　　D. LM 曲线和 IS 曲线一样平缓

7. 在下述何种情况下，不会产出挤出效应？（　　）★★
   A. 税率上升提高利率，从而挤出了对利率敏感的私人支出
   B. 对私人部门的增税引起私人部门可支配收入和支出的下降
   C. 政府支出增加使利率提高，从而挤出了私人部门的支出
   D. 政府支出的下降导致消费支出的下降

8. 下列（　　）是经济扩张的货币政策。★
   A. 降低贴现率　　B. 央行购买政府债券
   C. 降低法定准备金率　　D. 增加货币需求

9. 下列对财政政策的影响描述不正确的有（　　）。★★
   A. 增加政府支出使总支出增加；减少税收使可支配收入增加，并由此使消费增加
   B. 增加政府支出使总支出减少；增加税收使可支配收入增加，并由此使消费增加
   C. 增加政府支出使总支出增加；增加税收使可支配收入减少，并由此使消费减少
   D. 增加政府支出使总支出减少；增加税收使可支配收入减少，并由此使消费减少

10. 通常认为宽松货币的政策有（　　）。★
    A. 提高贴现率　　B. 增加货币供给
    C. 降低法定准备金率　　D. 央行增加购买政府债券

11. 不属于紧缩性财政工具的有（　　）。★
    A. 减少政府支出和减少税收　　　　B. 减少政府支出和增加税收
    C. 增加政府支出和减少税收　　　　D. 增加政府支出和增加税收
12. 下列不属于中央银行在公开市场上卖出政府债券所希望的结果有（　　）。★★
    A. 增长财政收入　　　　　　　　　B. 减少商业银行在中央银行的存款
    C. 减少流通中基础货币以紧缩货币供给　D. 通过买卖债券获取差价利益
13. 下列不属于公开市场业务的有（　　）。★
    A. 商业银行在公开市场上买进或卖出政府债券的活动
    B. 商业银行的信贷活动
    C. 中央银行在公开市场上买进或卖出政府债券的活动
    D. 中央银行增加或减少对商业银行贷款的活动
14. 下列（　　）不会导致货币需求的增加。★★
    A. 真实收入的增加　　　　　　　　B. 名义收入的增加
    C. 货币流通速度的提高　　　　　　D. 名义利率的提高
15. 下列措施中不属于紧缩性货币政策的有（　　）。★
    A. 降低法定准备金率　　　　　　　B. 降低再贴现率
    C. 从公开市场卖出有价证券　　　　D. 从公开市场买进有价证券
16. 不属于内在稳定器的项目有（　　）。★★
    A. 政府购买　　　　　　　　　　　B. 政府税收
    C. 政府转移支付　　　　　　　　　D. 政府公共工程支出

三、判断题

1. 累进的个人所得税可以发挥财政制度"内在稳定器"的功能。（　　）★★
2. 政府公债利息支出属于转移支付。（　　）★
3. 货币主义者的货币政策的运用原则是"相机抉择"。（　　）★
4. 中央银行可以通过减少税收来刺激总需求。（　　）★
5. 凯恩斯学派的货币政策传导机制是通过影响利率来影响经济的。（　　）★★
6. 政府购买支出属于注入量。（　　）★
7. 当实际 GDP 小于充分就业的 GDP 时，采取的货币政策应是紧缩的。（　　）★
8. 减少税收和增加政府支出都属于扩张性的财政政策。（　　）★
9. 当经济过热时，一国货币当局应降低再贴现率，在公开市场上买进政府债券，降低法定准备金率。（　　）★★
10. 货币政策工具主要有再贴现率政策、公开市场业务和法定准备金率。（　　）★
11. 当政府在公开市场上卖出政府债券时，引起货币供给量减少。（　　）★
12. 在经济波动时，政府转移支付的自动变化具有自动稳定经济的作用。（　　）★
13. 一般我们将凯恩斯理论体系的政策应用称为总需求管理。（　　）★

14. 在总需求量不足时，政府可采取扩张性的财政政策来抑制衰退。（　　）★
15. "挤出效应"使扩张性财政政策能够促进私人投资。（　　）★
16. 再贴现率提高属于扩张性货币政策。（　　）★
17. 中央银行在公开市场卖出债券属于紧缩性货币政策。（　　）★
18. 财政政策主要影响 LM 曲线。（　　）★
19. 财政政策通过 LM 曲线对总需求曲线的变动产生影响。（　　）★★
20. 财政政策和货币政策都影响总需求。（　　）★
21. 基础货币包括存款准备金与现金之和。（　　）★★
22. 一般来说，扩张性财政政策在增加国民收入的同时会降低利率水平。（　　）★
23. 一般来说，扩张性货币政策在增加国民收入的同时会降低利率水平，产生通货膨胀压力。（　　）★
24. 商业银行的准备金率越高，货币乘数越小。（　　）★★
25. 提高法定存款准备金的目的是增加银行的贷款总量。（　　）★
26. 中央银行在公开市场上购买政府证券就会减少货币供给量。（　　）★
27. 如果中央银行希望降低利息率，那么，它可以在公开市场上出售政府债券。（　　）★★
28. 当经济衰退时，一国货币当局应提高再贴现率，在公开市场上买进政府债券，降低法定准备金率。（　　）★
29. 政府债券既是财政政策工具，又是货币政策工具。（　　）★★
30. 内在稳定器是政府斟酌使用的财政政策之一。（　　）★
31. 对私人部门的税收增加引起私人部门可支配收入和支出的下降，通常会产出挤出效应。（　　）★
32. LM 曲线斜率较大，即 LM 曲线较陡时，财政政策效果较大。（　　）★
33. 货币需求对收入的变化越敏感，LM 曲线越陡峭。（　　）★

四、名词解释

1. 财政政策★
2. 扩张性财政政策★★
3. 紧缩性财政政策★★
4. 货币政策★
5. 扩张性货币政策★★
6. 紧缩性货币政策★★
7. 政府支出★
8. 税收★★
9. 公债★★
10. 自动稳定器★★★

11. 斟酌使用的财政政策★★
12. 挤出效应★★
13. 存款准备金★
14. 法定准备金率★
15. 法定准备金★
16. 再贴现率★
17. 公开市场业务★★
18. 政府债券★

五、简答题

1. 简述宏观财政政策的内容。（上海大学考研）★★
2. 什么是补偿性财政政策？（山东大学考研）★★★
3. 简述税收对需求的调节作用。（东南大学考研）★★
4. 什么是公开市场业务？有哪些优点？（山东大学考研）★★
5. 解释"挤出效应"的作用机制，并画图说明。（西南财经大学考研）★★

六、计算题

1. 假设货币需求 $L=0.2Y-500r$，货币供给为 100。（单位：美元）★★

（1）计算：①当消费 $C=40+0.8Y_d$，投资 $I=140-1\,000r$，税收 $T=50$，政府支出 $G=50$ 时的均衡收入、利率和投资；②当消费 $C=40+0.8Y_d$，投资 $I=110-500r$，税收 $T=50$，政府支出 $G=50$ 时的均衡收入、利率和投资。

（2）政府支出从 50 美元增加到 80 美元时，情况①和情况②中均衡收入和利率各为多少？

（3）解释两种情况的不同。

2. 假定 IS 为 $Y=1\,250-3\,000r$。（单位：美元）★★

（1）当货币供给为 150 美元时，试求：货币需求为 $L=0.2Y-400r$ 和货币需求为 $L=0.25Y-875r$ 时的均衡收入、利率。

（2）货币供给从 150 美元增加至 170 美元后，均衡收入、利率和投资变为多少？

（3）解释两种情况的不同。

七、论述题

1. 相机抉择的经济理论在理论上和实践中可能面临怎样的问题？★★★
2. 什么是"挤出效应"？试用 IS—LM 模型说明：边际消费倾向、投资的利率系

数、货币需求的收入系数、货币需求的利率系数是如何影响挤出效应大小的。★★★

3. 对有顺差的过热经济采取紧缩性货币政策是否合适？为什么？（南京大学考研）★★

八、案例分析

案例一：

货币政策工具助力贵州脱贫攻坚

近年来，贵州省财政金融工作紧紧围绕服务实体经济、防控金融风险、深化金融改革三项任务，紧紧围绕大扶贫、大数据、大生态三大战略行动，主动适应经济新常态，牢牢抓住供给侧改革这条主线，坚持以金融开放创新为动力、以服务实体经济为宗旨、以普惠金融和绿色金融为突破、以不发生系统性区域性金融风险为底线，不断提高财政金融服务效率和质量，贵州金融呈现出"速度较快、结构较优、贡献较大"的特点：一是主要指标较快增长。2017年，省财政厅共拨付超过20亿元财政资金引导金融机构支持实体经济。二是融资结构明细优化。2017年底，全省上市企业32家、新三板挂牌企业60家，2016年以来新增上市挂牌企业33家，实现上市工作历史性突破。三是金融贡献持续增加。2017年前三季度金融业实现增加值596.87亿元，同比增长12.7%，高于全省GDP增速2.6个百分点，占全省GDP比重达6.3%。

贵州省2017年出台金融支持深度贫困地区脱贫攻坚行动方案，为深度贫困地区提供"政策倾斜、资金优先、费率优惠、服务优良"的金融支撑。

从人民银行贵州中心支行了解到，方案聚焦贵州深度贫困地区，即14个深度贫困县、20个极贫乡（镇）和贫困发生率20%以上的2 760个深度贫困村，通过整合银行、证券、保险等资源，拓宽深度贫困地区脱贫攻坚资金支持渠道。

据了解，该方案将在贵州深度贫困地区开展金融支持农村公路建设、产业扶贫、易地扶贫搬迁、农村危房改造、医疗教育领域、金融知识宣传教育、提升金融服务水平7项重点行动。

从方案配套政策看，扶贫再贷款限额向深度贫困地区倾斜，每年保持适度增长，确保14个深度贫困县累计60亿元扶贫再贷款限额循环使用，力争每年深度贫困县扶贫再贷款占全省的比重高于上年同期水平。

深度贫困地区的保险服务水平将进一步得到提升，对建档立卡贫困人口的农业保险、农村小额人身保险等涉农产品以及提供给可带动农户脱贫、吸纳贫困农户就业的新型农业经营主体的保险产品，将逐步落实费率在全国普惠水平上下调10%~20%的特惠政策。

根据方案，各部门采取加大货币政策工具支持、确保扶贫信贷投放、发挥资本市场作用、提高保险服务水平等7项配套措施，助推贵州深度贫困地区和贫困群众如期脱贫。力争到2020年，全省14个深度贫困县各项贷款余额突破1 400亿元，金融精准扶贫贷款余额突破400亿元，直接融资规模达40亿元；20个极贫乡（镇）和2 760个深度贫困村实现助农取款服务全覆盖和建档立卡贫困户全部建立信用档案。

2017年末,贵州省本外币各项贷款余额20 965.3亿元,较年初增加3 004.3亿元,同比增长16.7%。其中,人民币各项贷款余额20 860.3亿元,比年初增加3 002.5亿元,同比增长16.8%,增速位列全国第3位。全省本外币各项存款余额26 194.1亿元,较年初增加2 362.9亿元,同比增长9.9%。其中,人民币各项存款余额26 088.9亿元,比年初增加2 318.1亿元,同比增长9.8%,增速位列全国第八位。

贵州省信贷结构持续优化,重点民生领域信贷支持力度不断增强。2017年末,全省地方法人金融机构各项贷款余额为6 663.8亿元,当年新增贷款1 180.1亿元,占全省新增贷款的39.3%;全年贷款同比增长21.5%,增速高于全省平均增速4.7个百分点,地方性金融机构信贷投放力度、增速均高于政策性银行、国有商业银行和股份制商业银行。

贵阳中心支行积极发挥货币政策工具调整结构和流动性补充功能,2017年全省金融机构累计获得735亿元央行资金,贵州省重点领域和薄弱环节的金融支持力度继续加大。其中,全年累计对120余家金融机构发放支农再贷款251.5亿元,支小再贷款22.5亿元,办理再贴现75.1亿元,有效引导金融机构加大"三农"、扶贫、小微等领域信贷投放。

在运用货币政策工具引导金融机构做好深度贫困地区金融支持工作方面,截至2017年末,全省扶贫再贷款限额244.2亿元,余额240.6亿元,均位居全国前列。其中,14个深度贫困县扶贫再贷款限额达63.6亿元,占全省扶贫再贷款限额的26%。在此基础上,人民银行贵阳中心支行指导贵州省农村信用联社创设了"一县一业"深扶贫产业扶贫信贷产品。

根据上述材料回答下列问题:

(1) 货币政策工具主要包括哪些?它们是如何起到调节经济的作用的?

(2) 贵州省2017年利用货币政策工具取得了哪些信贷领域的成就?

注:此案例摘自http://jrs.mof.gov.cn/zxzyzf/phjrfzzxzj/201802/t20180206_2806154.html,有改动。

案例二:

2018年中国继续实施积极的财政政策+稳健的货币政策

2018年中国宏观政策定调:积极的财政政策取向不变,稳健的货币政策要保持中性。在宏观政策取向上,中国已经是连续第八年采取"积极的财政政策+稳健的货币政策"这一组合。

积极的财政政策取向不变,调整优化财政支出结构,确保对重点领域和项目的支持力度,压缩一般性支出,切实加强地方政府债务管理。稳健的货币政策要保持中性,管住货币供给总闸门,保持货币信贷和社会融资规模合理增长,保持人民币汇率在合理均衡水平上的基本稳定,促进多层次资本市场健康发展,更好为实体经济服务,守住不发生系统性金融风险的底线。

兴业银行首席经济学家鲁政委表示,"积极""稳健"这两个词的含义很丰富,虽然这几年的提法一样,但是重点内容和含义不同。

鲁政委说,从积极的财政政策来讲,这一次强调了对经济调结构的支持,所以财政支出的重点应该会发生变化，更多地转向补短板的领域，如精准扶贫、污染防治，当然也包括重点项目后续资金的保障。

鲁政委指出，对稳健的货币政策，2018 年提出了更加明确的要求，控制宏观杠杆率，然后进一步提出了要管住货币信贷的闸门，不是调整，是管住，同时强调要保证货币信贷增速处于合理水平，货币信贷增速、社会融资的目标非常具体。

中国人民大学财政金融学院副院长赵锡军表示，中国经济所处的大环境、总目标没有根本性变化，所以总基调要保持定力。虽然说总的基调没变，但不同年份都有新内涵。

赵锡军认为，连续第八年采取"积极的财政政策+稳健的货币政策"，保持了宏观政策的连续性和稳定性，有利于市场主体形成稳定的预期，决策考虑更长远；同时每年政策内涵都具有针对性和灵活性，有助于有效应对外部冲击，保持经济稳定健康发展。

由国家金融与发展实验室联合第一创业证券股份有限公司主办，第一创业债券研究院承办的"2017 中国债券论坛"在中国北京大饭店举行，财政部副部长朱光耀出席会议并发表主题演讲，朱光耀表示，在宏观政策取向上，坚持积极的财政政策取向不变，稳健的货币政策保持中性。2017 年 M2 增速的指导目标是 12%左右，11 月末，M2 同比增速为 9.1%，货币政策总体稳健中性。结构政策，要大力支持实体经济的发展。从宏观政策方面，中央经济工作会议明确部署，未来三年的三大攻坚任务：防范风险，特别是防范系统性的金融风险；精准扶贫；污染防治，特别要打好"蓝天保卫战"。

根据 2018 年的《政府工作报告》可以看出，2018 年要继续创新和完善宏观调控。在部署财政政策和货币政策时明确，积极的财政政策取向不变，要聚力增效；稳健的货币政策保持中性，要松紧适度。

"过去几年，我国实施积极的财政政策，取得了显著成效。通过减税让利，大大减轻了企业负担，达到了增强经济发展后劲和发展动力的效果。"全国人大代表、天津市财政局局长苑广睿说，从财政支出看，坚持保障基本民生和重点项目，把钱花在刀刃上，解决了人民群众最关切的许多问题。

全国政协委员、南开大学经济研究所教授钟茂初认为，财政政策要更加注重对高质量发展、动能转换等方面的支持。同时，要把有限的资金投入到推动质量变革、效率变革、动力变革的方向，需要继续保持稳健的货币政策，而不是提供过量资金无所区分地促进增长。

"财政政策过去侧重在支出方面扩大政府投资，如今会更加注重在收入方面减税降费。"全国政协委员、西安交通大学经济与金融学院教授李香菊说，积极的财政政策的内涵相比以往有了较大变化，2018 年将继续减税降费，包括完善增值税，按照三档并两档方向调整税率水平，重点降低制造业、交通运输等行业税率，提高小规模纳税人年销售额标准。

"积极的财政政策和稳健的货币政策，对于防范系统性金融风险有积极意义。"全国政协委员、南京大学商学院经济学系主任杨德才认为，当前我国地方债务风险仍然较为突出。政府工作报告调低了赤字率，使其远低于国际公认的 3%的警戒线，实际上就是通过降低赤字率和地方政府负债率，来主动应对防范化解金融风险。

"政府工作报告在货币政策目标里没有设立 M2 的年度增长指标，也没有设立社会融资规模增长的具体指标。这是一个巨大进步，体现了国家对宏观经济的管理，从过去依靠数量型调控向依靠价格型调控、市场规律调控转变。"全国政协委员、中国进出口银行董事长胡晓炼建议，今后一段时间的宏观调控特别是财政政策、货币政策，要更加坚定地重视市场规律的作用，更加重视价格杠杆的作用。

根据上述材料回答以下问题：

（1）什么是扩张性财政政策和稳健的货币政策？2018 年积极的财政政策和稳健的货币政策相对以前年份有何不同之处？

（2）谈谈你对我国现阶段实施扩张性财政政策和稳健的货币政策的评价。

注：此案例摘自 http://www.cebnet.com.cn/20171221/102450974.html，有改动。

第十八章

开放经济下的短期经济模型

【重难点分析】

本章考查的重点主要有：汇率及其标价，汇率制度，浮动汇率下的财政政策和货币政策，固定汇率下的财政政策和货币政策，小型开放经济的总需求曲线。

本章考查的难点主要有：自由浮动制度下汇率的决定，固定汇率制度的运行，实际汇率，净出口函数，蒙代尔—弗莱明模型，开放经济的 IS 曲线，货币市场与 LM 曲线。

一、单项选择题

1. 蒙代尔—弗莱明模型的一个关键假设是（　　）。★★
  A. 开放经济中的居民绝不会以任何高于世界利率的利率借贷
  B. 国内利率在短时间内可能略有上升
  C. 资本完全流动的小型开放经济
  D. 国际资本流动之迅速足以使国内利率等于世界利率

2. 蒙代尔—弗莱明模型与 IS—LM 模型的区别是（　　）。★
  A. IS—LM 模型假设一个封闭经济，而蒙代尔—弗莱明模型假设一个开放经济
  B. 蒙代尔—弗莱明模型说明了是什么因素引起总产出的短期波动，而 IS—LM 曲线没有
  C. 蒙代尔—弗莱明模型强调了产品市场的作用，而 IS—LM 模型强调了货币市场的作用
  D. 蒙代尔—弗莱明模型假定物价水平是固定的，而 IS—LM 模型假设物价水平是变动的

3. 若人民币对美元的直接标价为 1 美元＝8 元，则人民币对美元的间接标价数值为（　　）。★★
  A. 8
  B. 8.27
  C. 0.125
  D. 0.12

4. IS*曲线向右下方倾斜，这是因为（　　）。★★
   A. 较高的汇率减少了净出口，这又减少了总收入
   B. 较高的汇率增加了净出口，这就增加了收入
   C. 较高的利率，减少了投资，这就减少了总收入
   D. 计划支出增加，使得总收入增加
5. LM*曲线是垂直的，是因为（　　）。★
   A. 不受利率影响　　　　　　　B. 不受汇率影响
   C. 物价水平是固定不变的　　　D. 不受通货膨胀影响
6. IS*曲线和LM*曲线的交点表示（　　）。★
   A. 产品市场达到均衡
   B. 货币市场达到均衡
   C. 经济处于长期均衡
   D. 产品市场与货币市场都均衡时的汇率与收入水平
7. 在浮动汇率制度下，汇率由（　　）决定。★★
   A. 通货膨胀率　　　　　　　　B. 市场供求力量
   C. 国民收入水平　　　　　　　D. 利率
8. 假定中央银行增加了货币供给，由于假定物价水平是固定的，货币供给的增加意味着（　　）。★
   A. 实际货币余额的增加　　　　B. 实际货币余额的减少
   C. 实际货币余额不变　　　　　D. 汇率下降
9. 在固定汇率的小型开放经济中，若中央银行向公众购买债券，则（　　）。★★
   A. 对汇率施加了向下的压力　　B. 使汇率上升
   C. 对汇率影响不变　　　　　　D. 对汇率影响不确定
10. 在固定汇率制度下，名义货币政策（　　）。★★
    A. 对收入的影响不确定　　　　B. 使收入减少
    C. 使收入增加　　　　　　　　D. 是无效的
11. 蒙代尔—弗莱明模型说明了财政政策和货币政策对小型开放经济的影响都取决于（　　）。★★
    A. 利率大小　　　　　　　　　B. 政府政策力度
    C. 汇率是浮动的还是固定的　　D. 国民总需求
12. 在浮动汇率下（　　）。★★
    A. 只有财政政策能影响收入
    B. 只有货币政策能影响收入
    C. 货币政策和财政政策都能影响收入
    D. 货币政策和财政政策对收入都没有影响
13. 在固定汇率下（　　）。★★
    A. 只有财政政策能影响收入
    B. 只有货币政策能影响收入

C. 货币政策和财政政策都能影响收入

D. 货币政策和财政政策对收入都没有影响

14. 净出口取决于（　　）。★★

A. 实际利率　　　　　　　　B. 名义利率

C. 实际汇率　　　　　　　　D. 名义汇率

15. 短期小型开放经济中，给定价格水平，增加收入的政策和事件使总需求曲线（　　）。★★★

A. 整条曲线向右移动

B. 整条曲线向左移动

C. 上的组合点沿着总需求曲线向右移动

D. 上的组合点沿着总需求曲线向左移动

16. 在固定汇率制下（　　）。★★

A. 一般地说，固定汇率的运行不影响一国货币的供给

B. 一国中央银行随时准备按事先承诺的价格从事本币与外币的买卖

C. 以美国为例，假定美联储宣布，它把汇率固定在每 1 美元兑换 100 日元。为了有效实行这种政策，美联储只要有美元储备就够了

D. 以美国为例，假定美联储宣布，它把汇率固定在每 1 美元兑换 100 日元。为了有效实行这种政策，美联储只要有日元储备就够了

17. 以美国为例，假定美联储宣布它将把汇率固定在 1 美元兑换 100 日元，但由于某种原因，外汇市场均衡汇率是 1 美元兑换 150 日元。在这种情况下（　　）★★

A. 外汇市场上的汇率在长期会保持在 1 美元兑换 150 日元的水平

B. 美联储会改变汇率

C. 市场上将不存在套利者

D. 市场上的套利者会发现有利可图

18. 下列关于实际汇率的计算，说法不正确的是（　　）。★★

A. 可以根据两个国家的名义汇率和物价水平来计算这两个国家之间的实际汇率

B. 实际汇率＝名义汇率×物价水平比率

C. 实际汇率＝名义汇率×国内产品价格/国外产品价格

D. 实际汇率＝名义汇率×国外产品价格/国内产品价格

19. 下列说法错误的是（　　）。★

A. 实际汇率越低，净出口越大　　　　B. 净出口必须大于等于零

C. 实际汇率越高，净出口越小　　　　D. 净出口与实际汇率反向相关

20. 小型开放经济中的居民绝不会以任何高于世界利率 r_w 的利率借贷，这是因为（　　）。★★

A. 利率和借贷关系呈反向关系

B. 他们没有这种借贷需求

C. 他们总可以以 r_w 的利率从国外得到贷款

D. 在未来，借贷利率将会降低

21. 在一个小型开放经济中，国内利率在短时间内可能略有上升，但一旦出现这种情况（   ）。★★

   A. 外国人就会注意到较高利率并开始向这个国家放贷
   B. 外国人会在这个国家出售债券
   C. 这个国家的利率会继续上升
   D. 这个国家的利率会保持不变

22. 若我国人民币升值，则我国会出现的经济情况是（   ）。★★

   A. 进口增加
   B. 出口增加
   C. 到中国旅游的游客增多
   D. 我国居民到国外旅游的人数将会减少

23. 在开放经济条件下，国内总需求的增加将引起的变化是（   ）。★★

   A. 国民收入增加，贸易收支状况改善
   B. 国民收入增加，贸易收支状况恶化
   C. 国民收入减少，贸易收支状况改善
   D. 国民收入减少，贸易收支状况恶化

24. 若美元贬值，则对美国的影响是（   ）。★★

   A. 美国出口减少
   B. 美国出口增加
   C. 美国国内利率上涨
   D. 美国国内利率下降

二、多项选择题

1. 汇率主要的标价方法有（   ）。★★

   A. 直接标价法
   B. 间接标价法
   C. 日元标价法
   D. 欧元标价法

2. 世界上的汇率制度主要有（   ）。★

   A. 直接汇率制
   B. 固定汇率制
   C. 浮动汇率制
   D. 以上都不正确

3. 在宏观经济学中，（   ）被认为是影响净出口的最重要的因素。★★

   A. 贸易壁垒
   B. 贸易协定
   C. 汇率
   D. 国内收入水平

4. 蒙代尔—弗莱明模型与 IS—LM 模型的相同点有（   ）。★★

   A. 都假设物价水平是固定的
   B. 都假设一个开放经济
   C. 都强调了产品市场和货币市场之间的相互作用
   D. 都说明了引起总产出短期波动的因素

5. 蒙代尔—弗莱明模型研究的经济体是（   ）。★★

   A. 开放经济
   B. 封闭经济
   C. 大国
   D. 小国

6. 小型开放经济是指（   ）。★★

   A. "小型"是指所考察的经济只是世界市场的一小部分，从而其本身对世界某些方

面，特别是利息率的影响微不足道
B. 劳动力可以自由流动
C. 资本完全流动，是指该国居民可以完全进入世界金融市场。特别是，该国政府并不阻止国际借贷
D. 小型开放经济中的利率必定和世界利率不相等

7. 在蒙代尔—弗莱明框架下，扩张性财政政策的结果有（　　）。★★★
   A. 增加了计划支出　　　　　　　　B. 使 IS 曲线向右移动
   C. 使汇率上升　　　　　　　　　　D. 不影响收入水平

8. 在一个小型开放经济中（　　）。★★★
   A. 货币政策通过改变汇率而不是改变利率来影响收入
   B. 货币政策通过改变利率而不是改变汇率来影响收入
   C. 只要利率上升到世界利率 r_w 以上，资本就迅速从国外流入以便从较高的回报中获益
   D. 财政政策不影响收入

9. 在小型开放经济中，固定汇率下货币政策（　　）。★★
   A. 通常是无效的　　　　　　　　　B. 往往是有效的
   C. 对收入来说几乎没有影响　　　　D. 对收入有影响

10. 在有着固定汇率的小型开放经济中，假定政府通过增加政府购买或减税刺激国内支出，则（　　）。★★★
    A. IS^* 曲线向右移动
    B. 对汇率产生向上的压力
    C. 导致货币供给增加使 LM^* 曲线向右移动
    D. 总收入增加

11. 在用经济模型分析南—北关系的过程中，说法正确的有（　　）。★★
    A. 可以把两个区域视为在同一个基本结构中按同一个模型运行，但两个区域的具体参数有区别
    B. 可以将两个区域视为各自具有根本性区别的结构
    C. 在选项 A 思路中，两个区域的经济是对称的，相应的分析称为对称方法（或模型）
    D. 选项 B 的思路被称为非对称的，相应的分析被称为非对称模型

12. 虽然宏观经济理论所涉及的变量、函数、关系、政策和问题等均限于经济领域，但在现实生活中，经济事物所涉及的因素却不限于经济领域。那么经济领域以外的因素有（　　）。★★
    A. 财政政策　　　　　　　　　　　B. 货币政策
    C. 信心因素　　　　　　　　　　　D. 意识形态因素

13. 下列关于汇率的说法，正确的有（　　）。★★★
    A. 是一个国家的货币折算成另一个国家货币的比率
    B. 它表示的是两个国家货币之间的互换关系
    C. 在实际生活中，当人们提到两个国家之间的"汇率"时，一般都指的是所谓名

义汇率

D. 汇率主要有两种标价方法，一种被称为直接标价法，另一种被称为间接标价法

14. 下列关于名义汇率的说法，正确的有（　　）。★★★

A. 在实际生活中，当人们提到两个国家之间的"汇率"时，一般都指的是所谓名义汇率

B. 名义汇率是指两个国家通货的相对价格

C. 名义汇率并没有考虑到两个国家价格水平的情况

D. 名义汇率考虑到了两个国家价格水平的情况

15. 假设一国实际汇率较低，在这种情况下（　　）。★★

A. 该国的净出口将增加

B. 国内产品相对便宜

C. 外国人想购买该国的许多产品，而国内居民减少购买进口产品

D. 该国的净出口将减少

16. 影响汇率变化的因素有（　　）。★★

A. 借贷　　　　　　　　　　B. 进出口

C. 投资　　　　　　　　　　D. 外汇投机

17. 若人民币升值，则有可能出现的经济现象有（　　）。★★

A. 出现国人去国外购物的热潮　　B. 更多的人选择去国外旅游

C. 在中国看到越来越多的外国游客　D. 大量的外国人来中国购物消费

18. 若英镑相对于美元来说升值了，则说明（　　）。★★

A. 对于英镑而言，美元增加了

B. 在其他条件不变的情况下，美国的英国商品的价格上升了

C. 对于美元而言，英镑增加了

D. 对于美元而言，英镑减少了

三、判断题

1. 直接标价的倒数就是间接标价。（　　）★

2. 在实际生活中，当人们提到两个国家之间的"汇率"时，一般都指的是所谓实际汇率。（　　）★

3. 实际汇率没有考虑到两国价格因素。（　　）★

4. 浮动汇率制中的管理浮动通过对外汇供求的影响来影响汇率。（　　）★★

5. 汇率既然是两种商品之间的兑换率，当然就是货币市场买卖双方交易的市场价格。（　　）★★★

6. 在固定汇率制下，一国中央银行随时准备按事先承诺的价格从事本币与外币的买卖。（　　）★

7. 名义汇率考虑到了两国价格因素。（　　）★

8. 可以根据两个国家的名义汇率和物价水平来计算这两个国家之间的实际汇率。（　　）★★

9. 如果实际汇率高，外国产品就相对昂贵，而国内产品相对便宜。（　　）★★

10. 净出口大于等于零。（　　）★★

11. 实际汇率越低，净出口越大；反之，则越小。（　　）★★

12. 蒙代尔—弗莱明模型对产品与服务市场的描述与 IS—LM 模型不一致。（　　）★★

13. 蒙代尔—弗莱明模型假设国内物价水平和国外物价水平都是固定的，因此，实际汇率与名义汇率是同比例的。（　　）★★★

14. 净出口正向地取决于汇率 e。（　　）★

15. 在其他因素不变时，政府购买增加时，IS^* 曲线向左方移动。（　　）★★

16. 实际货币的需求反向地取决于利率，正向地取决于收入 y。（　　）★

17. 蒙代尔—弗莱明模型旨在分析长期经济波动。（　　）★★

18. 给定世界利率，无论汇率如何，LM^* 方程式决定了总收入。（　　）★★★

19. 当货币供给量 M 增加时，LM^* 曲线向右移动，当 M 减少时，LM^* 曲线向左移动。（　　）★★

20. IS^* 曲线和 LM^* 曲线综合在一起就形成了蒙代尔—弗莱明模型。（　　）★★

21. 蒙代尔—弗莱明模型最重要的应用是，在该模型的假定之下，考察在不同的汇率制度下，经济的总收入和汇率会对不同的政策变动作出什么反应。（　　）★★

22. 税收减少时，IS 曲线向左移动。这降低了汇率，但对收入没有影响。（　　）★★★

23. 货币政策在开放经济中与在封闭经济中一样影响收入，它们的货币传递机制也相同。（　　）★

24. 在一个小型开放经济中，货币政策通过改变利率而不是改变汇率来影响收入。（　　）★★

25. 在固定汇率制度下，一国中央银行宣布一个汇率值，并随时准备买卖本币把汇率保持在所宣布的水平上。（　　）★★

26. 在小型开放经济中，固定汇率下货币政策往往是有效的。（　　）★★

27. 由于同意把汇率固定，中央银行放弃了它对货币供给的控制。但是，一个采用固定汇率的国家也可以运用一种货币政策：它可以决定改变所固定的汇率水平。（　　）★★

28. 在蒙代尔—弗莱明模型中，货币贬值使 LM^* 曲线向右移动，它起着类似于浮动汇率下货币供给增加的作用。（　　）★★★

29. 货币贬值扩大了净出口，并增加总收入。相反，货币升值使 LM^* 曲线向左移动，减少了净出口，并降低了总收入。（　　）★★

30. 蒙代尔—弗莱明模型说明了货币政策与财政政策影响总收入的效力取决于汇率制度。（　　）★

31. 在浮动汇率下，只有财政政策能影响收入。（　　）★★

32. 出于便于模型化的目的，南方一般被认为是工业化的、技术先进的、高收入的地区，并向北方出口工业制成品；北方则被认为是农业占统治地位、技术相对落后、

平均收入较低、向南方出口初级产品的地区。（　　）★★

33. 在南—北关系中，北方的出口是南方的进口，南方的出口是北方的进口，地区间便有了明确的相互依赖性。（　　）★

34. 当收入提高时，该国消费者用于购买本国产品和进口产品的支出都会增加。一般认为，出口不直接受一国实际收入的影响。因此，一国净出口反向地取决于一国的实际收入。（　　）★★

35. 边际进口倾向是指净出口变动与引起这种变动的收入变动的比率。（　　）★★

四、名词解释

1. 汇率★
2. 直接标价法★
3. 间接标价法★
4. 名义汇率★★
5. 固定汇率制★★
6. 浮动汇率制★★
7. 实际汇率★★
8. 贸易顺差★
9. 贸易逆差★
10. 蒙代尔—弗莱明模型★★
11. 外生变量★
12. 内生变量★
13. 套利★
14. 货币贬值★★
15. 货币升值★★
16. 南—北关系★★

五、简答题

1. 影响一国净出口的最重要的因素有哪些？★
2. 写出 IS^* 方程和 LM^* 方程，并分别指出这两个方程中的外生变量和内生变量。★★
3. 为什么说当政府增加支出或减税时，汇率的升值和净出口的减少必然会大到足以完全抵消政策对收入的扩张作用？★★
4. 在浮动汇率下货币政策怎样影响收入？★★
5. 在固定汇率下财政扩张如何影响总收入？★★★
6. 在固定汇率下货币政策对收入有什么影响？★★★

7. 请用表格的形式概括财政政策、货币政策对收入、汇率和贸易余额的短期影响。★★★

六、计算题

1. 刘某打算在市场上以不超过 400 美元的价格买一个豪华电冰箱，现在市场上的报价为 4 500 元人民币。问：★★
（1）若汇率是 1 美元＝9 元人民币，双方能成交吗？
（2）汇率为多少时他才能买到电冰箱？
2. 若固定汇率，1 英镑价格为 2 美元，1 马克的价格为 0.5 美元，问：★★
（1）英镑兑马克的价格是多少？
（2）若 1 英镑的市场价格为 5 马克，则英镑持有者如何在套汇中获利？
3. 假定美元对人民币的汇率是 1 美元兑换 8 元人民币。求：★
（1）用美元表示的人民币是多少？
（2）售价为 2 400 元人民币的一台电冰箱美元价格是多少？
（3）售价 800 美元的一把电子吉他的人民币价格是多少？

七、论述题

1. 请举例说明自由浮动制度下的汇率是怎样决定的。★★
2. 举例说明，在一般情况下，固定汇率的运行是如何导致一国货币供给增加的。★★
3. 试比较蒙代尔—弗莱明模型与 IS—LM 模型。★★★
4. 试说明，在小型开放经济中，国际资本流动之迅速足以使国内利率等于世界利率。★★
5. 试推导出 IS^* 曲线。★★★
6. 试比较财政政策在小型开放经济中与封闭经济中的不同影响，并说明导致这种不同影响的原因。★★★
7. 说明当物价水平变化时，蒙代尔—弗莱明模型是如何解释了小型开放经济的总需求曲线？★★★

八、案例分析

案例一：

材料一　年内人民币汇率总体升值幅度仍然超出预期

国际贸易形势风云变幻的当下，人民币汇率再现加速急涨，尤其离岸人民币对美元单日强势拉升近600点，难免令人浮想联翩。综合各方分析来看，此次人民币汇率大幅升值仍是市场自发行为，与此前数次一样，人民币跟随美元双向波动仍是其主要趋势，人民币随美元反弹而回调也验证了这一点。当然，2018年开年，中国经济超预期向好，也为年内人民币稳中趋升提供了基本面支持。总的来看，阶段性升值不会改变汇率总体持稳的趋势，伴随着人民币汇率弹性增大，人民币双向波动特征将更加明显。

"潜水"一月有余后，人民币汇率在3月末再起波澜。短短两个交易日内，在、离岸人民币对美元汇率最大涨幅均在800基点左右，无论上涨的速度还是幅度均明显超出市场预期。而此前一个多月，人民币汇率走势总体平稳，在岸价持续围绕6.33元上下波动。

尽管人民币汇率这波急涨出乎市场意料，但讲的仍是同一个故事。结合美元走势来看，2017年以来人民币对美元每一轮升值的背后，都能看到美元调整的身影，这一次也不例外。

数据显示，3月21日至26日，美元指数从90.43的区间高位下跌至89附近，累计跌幅约1.5%。但在26日之前的几日，人民币对美元汇率波动并不大，21日至25日的三个交易日里，在岸人民币对美元汇率累计涨幅仅61基点或0.1%，为随后人民币汇率的强劲反弹预留了空间。

人民币这一波升值，主要还是市场自然行为所致，美元指数走弱为其提供了外部条件，前期市场预期不足、季末流动性收紧等可能放大了汇价波动。

造成美元指数回落的主要原因有三点：首先，美联储加息靴子落地，2018年加息四次的预期落空，美元遭到投资者抛售；其次，国际贸易摩擦升级，引发市场对全球经济复苏势头减弱的担忧；最后，欧央行开始涉及对2019年加息可能性的讨论，英国脱欧谈判也取得进展，欧元、英镑走强，对美元形成掣肘。

值得注意的是，在市场对贸易摩擦忧虑减轻、美国经济数据好于预期等因素的影响下，美元指数的小幅回升，人民币对美元也出现了对应的小幅回落，这进一步验证了人民币仍在跟随美元双向波动。3月27日、28日，美元指数连续反弹0.31%、0.83%，也为人民币的回调埋下了伏笔。28日、29日，在岸人民币对美元汇率则分别收跌156基点、20基点。

当然，结合2018年以来的整体表现来看，年内人民币汇率总体升值幅度仍然超出预期，而这离不开中国经济超预期向好的支撑。今年1~2月工业增加值、固定资产投资、房地产投资数据表现显著高于预期，表明我国经济基本面仍有较强韧性，市场对经济的预期面临修正。截至3月29日，人民币对美元中间价、在岸即期汇价的年内涨幅均超过3.4%，而美元指数的年内跌幅约2.4%，这一表现即体现了中国经济基本面的支持。

从更长周期看，汇率走势终究要回归基本面，中国经济有韧性也有下行压力，相对稳定的基本面使得汇率仍面临向心力的牵制，人民币持续单边升值将难以为继，阶段性升值不会改变汇率持稳的大趋势。目前来看，主流机构普遍认为，尽管美元长期偏弱仍是大概率事件，但在各国央行货币政策跷跷板重心的移动中，美元仍有阶段性反弹机会；对人民币而言，短期继续跟随美元双向波动仍是其主要趋势，2018年则大概率小幅升值，预计保持双向波动的同时总体持稳。

材料二 银行间外汇市场人民币汇率中间价

来自中国外汇交易中心的数据显示，2018年2月27日人民币对美元汇率中间价报6.3146，较前一交易日上涨232个基点。

中国人民银行授权中国外汇交易中心公布，2018年2月27日银行间外汇市场人民币汇率中间价为：1美元对人民币6.3146元，1欧元对人民币7.7756元，100日元对人民币5.8963元，1港元对人民币0.80714元，1英镑对人民币8.8133元，1澳大利亚元对人民币4.9557元，1新西兰元对人民币4.6028元，1新加坡元对人民币4.7943元，1瑞士法郎对人民币6.7262元，1加拿大元对人民币4.9758元，人民币1元对0.61801马来西亚林吉特，人民币1元对8.8141俄罗斯卢布，人民币1元对1.8317南非兰特，人民币1元对169.76韩元，人民币1元对0.58180阿联酋迪拉姆，人民币1元对0.59406沙特里亚尔，人民币1元对40.3480匈牙利福林，人民币1元对0.53649波兰兹罗提，人民币1元对0.9581丹麦克朗，人民币1元对1.2921瑞典克朗，人民币1元对1.2394挪威克朗，人民币1元对0.59990土耳其里拉，人民币1元对2.9582墨西哥比索，人民币1元对4.9573泰铢。

前一交易日，人民币对美元汇率中间价报6.3378。

美元指数在隔夜市场震荡下跌，显示其缺乏进一步上涨动能。近期，市场对人民币汇率预期趋稳，人民币汇率双向浮动弹性进一步增强。

根据上述材料回答以下问题：
（1）说明汇率变动对国际经济的影响。
（2）说明制约汇率发生作用的条件。

注：此案例摘自 https://www.sohu.com/a/226734855_135869；https://www.xinhuanet.com/2018-02/27/c_112246007，有改动。

案例二：

开放经济条件下财政政策与货币政策的协调配合

20世纪50年代，Meade最早提出了开放经济下的政策搭配思想。他认为在固定汇率制度下，要运用财政政策和货币政策来达到内部和外部同时均衡。但当国际收支顺差与国内通货膨胀并存时，财政货币政策就会左右为难，即所谓的"米德冲突"。

Tinbergen是最早将政策目标和工具联系在一起而建立起正式模型的。他指出由于某些外生冲击（如国际贸易和利率等）的影响，经济常常偏离最佳目标，无法达到社会福利函数的最大化，因此政策制定者必须选择恰当的政策工具，使经济达到既定目标。

Mundell主张在内外失衡同时存在的情况下，将实现内部均衡目标的任务指派给财政政策，将实现外部均衡目标的任务指派给货币政策，这种有效分类原则被称为"蒙代尔指派"。

Mundell和Fleming提出在国际资本完全流动条件下将标准的IS—LM模型扩展到开放经济的系统分析的"蒙代尔—弗莱明模型（M—F模型）"，得出一个重要结论：对于开放经济体而言，在资本高度流动的情况下，如果采取固定汇率制度，那么货币政策是无效的；如果采取浮动汇率制度，则货币政策是有效的。

在 M—F 模型的基础上，Krugman 进一步提出了"三元冲突"理论，即在开放经济条件下，货币政策的独立性、汇率的稳定性和资本的自由流动 3 个目标不可能同时实现，各国只能选择其中对自己有利的两个目标。

从我国的情况来看，我国经济增长正处于经济政策有效期和政策干预的活跃期。目前主要研究进展和观点如下。

（1）我国的货币政策对经济影响效果已经开始大于财政政策的影响效果。因此，在财政和货币政策之间，要更多地发挥货币政策的作用。

（2）财政资金过多地进入一般竞争性的投资领域，使货币政策的调控难度加大，同时也破坏了财政政策与货币政策的协调性。

（3）国债作为联结两种政策的重要工具，在协调两种政策配合的过程当中起着重要作用。

（4）在关注财政政策期限结构的调整并侧重经济政策组合选取的同时，还要加强货币政策规则性成分并提高金融规模和效率。

根据上述材料，请为我国财政政策和货币政策在宏观调控的运用上提出政策性建议。

注：此案例摘自 http://opinion.hexun.com/2013-12-13/160557864.html，有改动。

第十九章 经济增长

【重难点分析】
本章考查的重点主要有：经济增长跟经济发展的区别，经济增长核算方程。
本章考查的难点主要有：新古典增长模型，加强对经济学相关方程的推导能力。

一、单项选择题

1. 经济增长的标志是（　　）。★
   A. 失业率的下降　　　　　　　　　B. 先进技术的广泛推广
   C. 社会生产力水平的不断提高　　　D. 城市化速度的加快

2. 我们通常用（　　）来研究人们生活水平的变化。★★
   A. 实际国民生产总值　　　　　　　B. 名义国民生产总值
   C. 人均实际消费额　　　　　　　　D. 人均实际国民生产总值

3. 在长期，最大可能实现的最大增长率为（　　）。★★
   A. 有保证的增长率　　　　　　　　B. 自然增长率
   C. 实际增长率　　　　　　　　　　D. 以上说法均不正确

4. 根据新古典增长模型，人口增长率的上升将（　　）。★★
   A. 提高人均资本的稳定状态水平
   B. 降低人均资本的稳定状态水平
   C. 对人均资本的稳定状态水平没有影响
   D. 如果 $\delta<n$ 则如选项 B 所述，如果 $\delta>n$ 则如选项 A 所述

5. 经济增长的程度可以用（　　）来描述。★★
   A. 人们收入的变化　　　　　　　　B. 失业率
   C. 增长率　　　　　　　　　　　　D. 以上说法均不正确

6. 下列有关经济增长和经济发展的说法，正确的是（　　）。★★
   A. 经济增长是一个量的概念　　　　B. 经济增长包括经济发展
   C. 经济发展是一个量的概念　　　　D. 经济增长就是经济发展

7. 下列不属于新古典增长模型的基本设定的是（　　）。★★
A. 经济由一个部门组成，该部门生产一种既可以用于投资、也可以用于消费的产品
B. 该经济不存在国际贸易的封闭经济，政府部门被忽略
C. 生产的规模报酬递增
D. 该经济的技术进步、人口增长及资本折旧的速度都由外生因素决定

8. 人均储蓄函数跟人均生产函数的曲线形状（　　）。★★
A. 斜率都为正　　　　　　　　　B. 斜率都为负
C. 斜率正负相反　　　　　　　　D. 以上答案均不正确

9. 对没有技术进步的新古典增长模型来说，稳态的条件是（　　）。★★
A. $sf(k)=(n+\delta)k$ 　　　　　B. $sf(k)=(n)k$
C. $sf(k)=(n+\delta+a)k$ 　　　D. 以上均不正确

10. 对有技术进步的新古典增长模型来说，稳态的条件是（　　）。★★
A. $sf(k)=(n+\delta)k$ 　　　　　B. $sf(k)=(n)k$
C. $sf(k)=(n+\delta+a)k$ 　　　D. 以上均不正确

11. 在新古典增长模型中，储蓄率的增加会导致（　　）。★★
A. 提高稳态的人均资本，提高稳态的人均产量
B. 降低稳态的人均资本，提高稳态的人均产量
C. 提高稳态的人均资本，降低稳态的人均产量
D. 以上均不正确

12. 在具有技术进步的新古典增长模型的稳态增长率方面，下列选项正确的是（　　）。★★
A. 人均资本的稳态增长率为零　　B. 人均产量的稳态增长率为零
C. 总资本的稳态增长率为 $n+a$ 　D. 以上均不正确

13. 在不考虑技术进步的新古典增长模型中，下列选项正确的是（　　）。★★
A. 人均资本的稳态增长率为零　　B. 人均产量的稳态增长率为 a
C. 总资本的稳态增长率为 $n+a$ 　D. 以上均不正确

14. 在经济增长的源泉模型 $Y=A \cdot f(K,L)$ 中，A 表示（　　）。★★
A. 资本　　　　　　　　　　　　B. 劳动
C. 创新　　　　　　　　　　　　D. 技术进步

15. 关于稳态的定义，下列选项正确的是（　　）。★★
A. 经济不再增长
B. 人口的增长率稳定
C. 包括资本存量和产出在内的有关内生变量将不会随时间的推移而变化的一种状态
D. 技术进步

16. 人口增长率的上升会导致总产量的稳态增长率（　　）。★★
A. 增加　　　　　　　　　　　　B. 减少
C. 不变　　　　　　　　　　　　D. 以上选项均不正确

17. 一个国家的初始人均资本，比其稳态水平低得越多，则经济增长得（　　）。★★
A. 更快　　　B. 更慢　　　C. 不变　　　D. 呈负增长

二、多项选择题

1. 在宏观经济学研究的范畴中,经济增长被定义为产量的增加,这里的产量可以表示为（　　）。★★
   A. 经济的总产量　　　　　　　　B. 人均产量
   C. 资本的产量　　　　　　　　　D. 价格水平

2. 对于经济增长跟经济发展的关系,下列说法正确的有（　　）。★★
   A. 经济增长是一个量的概念　　　B. 经济发展是一个质的概念
   C. 经济发展包括经济增长　　　　D. 经济增长包括经济发展

3. 下列影响经济增长的因素有（　　）。★★
   A. 劳动　　　　　　　　　　　　B. 资本存量的规模
   C. 知识进展　　　　　　　　　　D. 物价指数

4. 关于经济增长,下列说法正确的有（　　）。★★
   A. 知识进展是发达资本主义国家最重要的增长因素
   B. 资源配置对生产率的增加的贡献是不可或缺的
   C. 资源配置的重要性比知识进展的重要性多
   D. 技术知识和管理知识进步的重要性是相同的

5. 下列关于索洛余量的说法,正确的有（　　）。★★
   A. 索洛余量即在经济增长率中扣除劳动增加与资本增加所引起的增长的余量
   B. $\Delta Y/Y = a\Delta L + b\Delta K + \Delta A/A$,$\Delta A/A$ 就是索洛余量
   C. 索洛余量可以直接测出来
   D. 索洛余量是劳动增加与资本增加之和

6. 新古典增长模型的基本设定,正确的有（　　）。★★
   A. 社会储蓄函数为 $S = sY$,s 为储蓄率
   B. 经济由一个部门组成,该部门生产一种既可用于投资也可用于消费的商品
   C. 生产的规模报酬逐渐递增
   D. 该经济为不存在国际贸易的封闭经济,且政府部门被忽略

7. 在索洛模型中,属于外生变量的有（　　）。★★
   A. 技术进步速率　　　　　　　　B. 储蓄率
   C. 人口增长率　　　　　　　　　D. 资本劳动比率

8. 假如贵州人民逐渐受到了十九大的影响,逐步变得非常节俭。从长期来看,下列说法正确的有（　　）。★★★
   A. 人均生活水平将增加　　　　　B. 人均资本占有将增加
   C. 人均产出将增加　　　　　　　D. 总资本存量将增加

9. 经济必须维持一定的投资水平以使 k 不下降的原因有（　　）。★★★
   A. 现有的资本存量不断磨损,需要有新投资以使资本存量不减少
   B. 由于劳动和知识的增长,有效劳动的数量是不断增加的,因此,需要足够的投

资以使每单位有效劳动拥有的资本存量保持不变
C. 需要保持劳动增长率不变
D. 维持稳态

三、判断题

1. 经济增长可以看作产量的提高。（　　）★
2. 经济增长的程度可以用增长的数量多少来描述。（　　）★
3. 经济增长就是经济发展。（　　）★
4. 全要素生产率可以直接测量。（　　）★
5. 经济增长因素可分为生产要素投入量和生产要素生产率。（　　）★★
6. 知识进展是发达资本主义国家最重要的增长因素。（　　）★
7. 技术知识进步比管理知识的进步更重要。（　　）★★
8. 新古典增长模型的基本假定，其中一条是生产的规模报酬不变。（　　）★★
9. 资本深化＝人均储蓄（投资）＋资本广化。（　　）★
10. 稳态是指包括资本存量和产出在内的有关内生变量将不会随时间的推移而变化的一种状态。（　　）★★
11. 新古典增长模型中，经济达到稳态的条件是 $\dot{k}$ 等于常数。（　　）★★
12. 一旦经济达到稳态，人均产出的增长率就只取决于技术进步的速率。（　　）★★
13. 储蓄率的增加提高了稳态的人均资本和人均产量。（　　）★★

四、名词解释

1. 经济增长★
2. 经济发展★
3. 稳态分析★★
4. 资本的黄金分割律★★
5. 国内生产总值★★
6. 资本深化★★
7. 增长核算★★
8. 全要素生产率★★
9. 索洛余量★★
10. 资源配置★
11. 规模经济★
12. 规模报酬不变★
13. 折旧★
14. 投资★

15. 资本广化★★

16. 生产函数★

17. 稳态★

五、简答题

1. 简述经济增长跟经济发展的定义以及二者的关系。★★
2. 简述经济增长的定义以及经济增长的源泉。★★
3. 决定经济增长的因素是什么？★★
4. 新古典增长模型的基本假定有哪些？★★
5. 对新古典增长模型来说，该模型稳态的条件有哪些？★★
6. 在新古典增长模型中，储蓄率的变动对经济有哪些影响？★★
7. 在新古典增长模型中，人口增长对经济有哪些影响？★★★
8. 政府应该作出哪些决策来促进经济增长？★★★

六、计算题

1. 在新古典增长模型中，人均生产函数为 $y=f(k)=2k-0.5k^2$，人均储蓄率为 0.3，人口增长率为 0.03，求：★★

（1）使经济均衡增长的 k 值。

（2）与黄金律相对应的稳态的人均资本量。

2. 设一个经济的人均生产函数为 $y=\sqrt{k}$。如果储蓄率为 28%，人口增长率为 1%，技术进步速度为 2%，折旧率为 4%，那么，该经济的稳态产出为多少？如果储蓄率下降到 10%，而人口增长率上升到 4%，这时该经济的稳态产出为多少？★★

3. 已知资本增长率 $g_k=2\%$，劳动增长率 $g_l=0.8\%$，产出增长率 $g_y=3.1\%$，资本的国民收入份额 $\alpha=0.25$，在这些条件下，技术进步对经济增长的贡献为多少？★★

4. 在新古典增长模型中，已知生产函数为 $y=2k-0.5k^2$，y 为人均产出，k 为人均资本，储蓄率 $s=0.1$，人口增长率 $n=0.05$，资本折旧率 $\delta=0.05$。试求：★★★

（1）稳态时的人均资本和人均产出。

（2）稳态时的人均储蓄和人均消费。

七、论述题

在既定的储蓄率下，储蓄对经济的长期增长趋势没有影响。那么，储蓄率的变动对经济增长有影响吗？具体来说，储蓄率变动对人均产出有影响吗？★★★

八、案例分析

案例一：

贵州省 2017 年主要经济数据解读

贵州省发展改革委主任陈少波说，2017 年，贵州经济发展呈现出稳中有进、转型加快、质量提升、民生改善的良好态势，圆满完成各项目标任务，呈现出一些新特点和新亮点。

一是脱贫攻坚再战告捷。全年减少贫困人口 120 万，赤水市成为全省首个脱贫摘帽县[①]，90 个贫困乡镇脱贫、2 300 个贫困村退出，贫困发生率下降到 8% 左右。组组通公路大决战建成 2.5 万公里，实施易地扶贫搬迁 76.3 万人，实施产业扶贫项目 1.5 万个，产业扶贫子基金通过银行审批 678.2 亿元、投放 267.7 亿元，带动农村建档立卡贫困户 10.5 万户、33.3 万人；资助贫困家庭学生 83 万人，200 万人次享受"四重医疗保障"，完成 20 万户农村危房改造并同步实施改厨、改厕、改圈"三改"。

二是发展和生态两条底线越守越牢。全年地区生产总值增长 10.2%，连续 7 年、28 个季度居全国前 3 位，总量达到 1.35 万亿元、人均达到 3.8 万元；固定资产投资增长 20.1%、居全国第 2 位，总量达到 1.53 万亿元，对经济增长的贡献率达 67.5%；社会消费品零售总额增长 12%；城镇新增就业 76.9 万人，连续 3 年保持在 70 万人以上；金融机构存款和贷款余额分别达到 2.6 万亿元和 2.1 万亿元。

三是大数据发展渐入佳境。华芯通 ARM 服务器芯片开始流片[②]，国家大数据工程实验室、云上贵州（班加罗尔）大数据协同创新中心挂牌运行，贵安超算中心和贵安生物医学大数据中心正式成立，贵阳和贵安大数据清洗加工基地建成，贵阳大数据交易所会员超过 2 000 家。

四是涌现出一批标志性企业、标志性项目、标志性产品和标志性事件。企业方面，苹果中国云服务数据中心、华为数据中心、腾讯数据中心等标志性企业和项目落地贵州，引进 500 强企业 23 家，货车帮入选全球"独角兽"企业榜单。项目方面，建成贵阳至重庆高速铁路，加上之前已建成的贵阳至广州、昆明、长沙高铁，标志着以贵阳为中心的新"十"字形高铁网已经形成，贵阳作为全国十大高铁枢纽的建设目标正在加快实现。这条高铁的建成也标志着西部乌鲁木齐—兰州—重庆—贵阳—广州的南北向高铁大通道全面打通。金融机构贷款余额首次突破 2 万亿元，三个指标增速均居全国前 3 位，表明贵州经济发展的动力非常强劲。

根据上述材料，从经济增长的源泉及要素，分析贵州经济飞速增长的原因。

注：此案例摘自 http://www.gzgov.gov.cn/xxgk/jdhy/zcjd_8115/zjjd/201801/t20180125_1092101.html，有改动。

[①] 赤水市是县级市，因此，赤水市摘的是"国家级贫困县"的帽。新闻上也是如此报道的。
[②] 华芯通 ARM 服务器芯片开始流片指像流水线一样通过一系列工艺步骤制造芯片。

案例二：

正确认识中国经济减速

2015年9月25日《经济参考报》刊文称，21日英国《每日电讯报》发表题为"全球金融灾难的10个警示征兆"的文章，把"中国经济减速"列为"十大警示征兆"的首位。其实，在中国8月经济数据出炉之后，这种过度担心中国经济"失速"的论调已经成为全球经济界的一种"时髦"。2015年以来一直看空中国经济的高盛、巴克莱等国际金融机构更是顺势下调了中国经济增长的预期。

必须承认，中国经济的确在减速，2015年8月各项指标的确创下了金融危机以来的最差表现。但是，对于中国经济的减速，无论是中国的经济学界还是管理层，都有非常淡定的认识。一方面我们承认中国经济下行的压力很大；另一方面我们也多次强调，中国经济当下的减速是趋势性的，是中国经济新常态下速度回归的正常表现。判断中国经济增长速度是否合理的关键不是速度本身，而是这种速度是否导致大规模的失业，这种速度是否反映了中国经济现阶段能够达到较好的速度。前8个月，新增就业接近1 000万，几乎完成了全年任务，所谓经济增速低于8%就会出现大规模失业本身就是一个伪命题。经济增速下滑不是灾难，人为渲染下滑并把下滑本身看成灾难行为才是真正的灾难。国际机构"忧虑"中国经济减速，在基本逻辑上，它们总是刻意地把"促改革"与"稳增长"对立起来。基于此逻辑，它们把上半年中国的宏观政策归纳为"稳增长优于促改革"，改革目标让位于稳增长的短期需要等。这是对宏观政策极大的逻辑误导。

中国经济目前的问题，无论是产能过剩、创新匮乏、中小企业困难、实体经济低迷、债务风险还是房地产泡沫，刺激良药不仅无法解决，反而会让问题更为严重。刺激主义已经不是中国宏观政策组合中的选项。如果真要稳增长，强力推动改革是最好的稳增长；如果真要讲所谓的刺激，强力改革是最好的刺激。如果再次陷入刺激主义经济学的误区，鼠目寸光，贪图经济数据漂亮带来的暂时快感，不排除刺激本身会引发新一轮危机。经济下滑给了中国修正过去政策负面效应的机会，这种机会并不总是出现，历史不会给中国再一次犯错的机会。中国经济最大的危险不是经济下滑，而是人为地阻止经济下滑，稳增长要立足当前，但更重要的是为中国经济未来的10年、20年夯实一个非常好的基础，这比任何东西都要重要。当前，中国经济增速正运行在7%~7.5%的增长区间，这种增长尽管远比2000~2008年平均10.2%的增长降低一个台阶，但也正在经历一个"提质增效，挤出水分"的新阶段。

2014年5月，习近平总书记在河南考察时首次提出"新常态"的概念。11月9日，习主席在APEC工商领导人峰会开幕式主旨演讲中，对中国经济新常态进行了全面阐述和解读。我国经济发展进入新常态，这是中央全年总结发展经验，科学分析当前形势和未来走势，作出的重大战略判断。新常态下的中国经济发展面临新机遇与新挑战。全面正确认识中国经济发展的新常态对我国谋求新发展具有重大意义。

根据上述材料回答，我国经济的新常态是由哪些因素造成的？

注：此案例摘自 http://www.360doc.com/content/14/0925/08/5333684_412162391.shtml，有改动。

第二十章 宏观经济学的微观基础

【重难点分析】

本章考查的重点主要有：跨期消费决策、相对收入消费理论、生命周期的消费理论、永久收入的消费理论、企业固定投资、住房投资、存货投资、货币需求模型、货币需求的交易理论。

本章考查的难点主要有：跨期消费决策、相对收入消费理论、生命周期的消费理论、永久收入的消费理论。

一、单项选择题

1. 国民收入与产出分析中的"投资"和"消费"的共同特征是（　　）。★★
   A. 两种活动，尽管不总是由同一理由导致的，但都是由同一群人完成的
   B. 两者都是可支配收入的组成部分
   C. 两者都是对经济的生产性投入的当前需要使用的
   D. 决定它们的唯一因素是国民生产水平或可支配收入水平

2. 假设消费者在 T 年（退休前）时预计到退休后每年可得额外的退休金 10 000 元，则根据生命周期假说，该消费者与原来相比较，将（　　）。★★
   A. 在退休前不改变，退休后每年增加 10 000 元的消费
   B. 在退休前增加 10 000 元的消费，退休后不增加消费
   C. 以 T 年起至生命结束时每年增加消费 10 000 元
   D. 将退休后可得的退休金总额均匀地用于增加 T 年以后的消费中

3. 根据生命周期假说，消费者的消费对积累的财富的比率的变化情况是（　　）。★★
   A. 在退休前，这比率是下降的；退休后，则上升
   B. 在退休前后，这个比率都保持不变
   C. 在退休前后，这个比率都下降
   D. 在退休前，这个比率是上升的；退休后，则下降

4. 实际利率与储蓄之间的关系为（   ）。★
   A. 实际利率上升，将导致储蓄上升
   B. 实际利率上升，将导致储蓄下降
   C. 实际利率上升，既可能导致储蓄上升，也可能导致储蓄下降，两者之间的关系难以确定
   D. 实际利率上升，不会导致储蓄有任何改变，两者没有任何关系
5. 当市场对某种产品的需求在某一年突然增加时，预期这将导致（   ）。★
   A. 厂商马上增加固定资产投资，扩大生产规模，以适应市场需求
   B. 厂商保持生产规模不变
   C. 厂商增加对原材料和劳动力的投入，其增加的产出就是市场需求的增加量
   D. 厂商增加对原材料和劳动力的投入，其增加的产出一般小于市场需求的增加量
6. 经验表明长期消费函数是一条过原点的直线，所以（   ）。★
   A. 边际消费倾向小于平均消费倾向
   B. 边际消费倾向等于平均消费倾向，且为常数
   C. 边际消费倾向大于平均消费倾向
   D. 平均储蓄倾向等于 1
7. 相对收入假说使短期和长期消费函数一致起来，因为它指出了（   ）。★★
   A. 短期消费函数在长期将上移
   B. 持久消费是持久收入的函数
   C. 当消费函数变化时，人们变得越来越富有
   D. 消费决定于个人已有的最高收入及相对的收入水平
8. 如果资本的生产率降低的话，我们可以预期（   ）。★
   A. 资本需求将上升   B. 资本产出将上升
   C. 预期净收入流的现值将上升 D. 最优资本存量将下降
9. 投资理论中的租金率（   ）。★
   A. 是拥有资本的机会成本   B. 是借钱购买资本品时支付的利率
   C. 是资本的折旧率   D. 以上说法均不准确
10. 根据托宾的 Q 理论，企业在下列哪一情况下会增加投资？（   ）★★★
    A. 企业资产的市场价值超过企业资产的重置价值
    B. 企业资产的重置价值超过企业资产的市场价值
    C. 企业资产的市场价值超过企业金融资产的面值
    D. 企业金融资产的面值超过企业资产的市场价值
11. 消费者的消费支出不由他的现期收入决定，而是由他的永久收入决定的。这是（   ）的主要观点。★
    A. 生命周期消费理论   B. 相对收入消费理论
    C. 永久收入消费理论   D. 绝对收入消费理论

12. 某国的实际利率有所增加，但是与此同时总投资也有所增加。原因可能是（　　）。★★

   A. 合意总投资曲线向上移动　　B. 合意总投资曲线向下移动
   C. 合意总储蓄曲线向上移动　　D. 合意总储蓄曲线向下移动

13. 在跨期消费且第一期储蓄的条件下，下列说法正确的是（　　）。★★

   A. 利率下降时，消费者应该在第一期减少消费而在第二期增加消费
   B. 利率上升时，消费者应该在第一期减少消费而在第二期增加消费
   C. 利率上升时，消费者应该在第一期增加消费而在第二期减少消费
   D. 利率上升时，消费者应该使第一期和第二期的消费保持不变

14. 根据生命周期消费理论，如果社会上年轻人和老年人比例增大，则消费倾向会（　　）。★

   A. 下降　　　　　　　　　　　B. 提高
   C. 可能下降可能提高　　　　　D. 不变

15. 根据生命周期消费理论，如果社会上中年人比例增大，则消费倾向会（　　）。★

   A. 下降　　　　　　　　　　　B. 提高
   C. 可能下降可能提高　　　　　D. 不变

16. 下列关于生命周期理论和永久收入理论共同点的说法，正确的是（　　）。★★

   A. 消费不只同现期收入相关
   B. 来自永久收入变动的边际消费倾向很小，甚至接近于零
   C. 来自一次性暂时变化收入的边际消费倾向很大，甚至接近于1
   D. 暂时性税收变动的政策效果很明显

17. 下列关于实际租赁价格的说法，正确的是（　　）。★★

   A. 资本存量越低，资本的实际租赁价格越低
   B. 劳动投入量越高，资本的实际租赁价格越低
   C. 技术水平越高，资本的实际租赁价格越高
   D. 以上说法都不对

18. 假设调整过程是逐期实现的，则有资本存量与最优资本存量之间的缺口越大，（　　）。★★

   A. 企业的调整幅度越小，即投资率越快
   B. 企业的调整幅度越大，即投资率越慢
   C. 企业的调整幅度越大，即投资率越快
   D. 以上说法都不正确

19. 现实中，下列不属于人们购买住房的目的的是（　　）。★

   A. 为了自己居住
   B. 为了向他人出租以收取租金
   C. 为了获取其由于价值增加而产生的利润
   D. 为了慈善或公益

20. 下列关于存货投资的说法中错误的是（   ）。★★
   A. 在经济周期的繁荣与萧条之间，存货投资会逐步减少
   B. 在经济衰退时期，企业将大量削减存货
   C. 存货投资有可能成为负值
   D. 存货的变动不是经济周期波动的重要标志

二、多项选择题

1. 假定现在政府有一公告，表明两年以后将有一个投资减免1年的政策，这将不会导致的投资变化有（   ）。★★
   A. 意愿资本存量增大，新增投资均匀分布
   B. 意愿资本存量不变，两年内投资量减少，到投资减免那一年投资量大增
   C. 意愿资本存量稍有增加，两年内投资量减少，到投资减免那一年投资量大增
   D. 意愿资本存量稍有增大，两年内及投资减免以后的几年中的投资变为 0，全部集中于投资减免的那一年
2. 根据相对收入假说，消费倾向在下述哪些情况之外较高？（   ）。★
   A. 教育程度较低　　　　　　B. 社会地位较低
   C. 拥有较多流动资产　　　　D. 周围人群消费水平较高
3. 投资往往是易变的，下列不是影响投资的主要原因的有（   ）。★★
   A. 投资很大程度上取决于企业家的预期
   B. 消费需求变化反复无常以至于影响投资
   C. 政府开支代替投资，而政府开支波动剧烈
   D. 利率水平波动相当剧烈
4. 下列选项中错误的有（   ）。★★
   A. 当重置投资固定不变时，总投资比净投资更平稳
   B. 当重置投资固定不变时，净投资比总投资更平稳
   C. 重置投资等于 $v \cdot \Delta Y$
   D. 当资本—产出比减少时，净投资比 $v \cdot \Delta Y$ 增大
5. 消费者跨期消费的最优决策行为必须满足的条件有（   ）。★
   A. 最优的消费决策不一定是消费者最偏好的两期消费组合
   B. 最优的消费决策必须是消费者最偏好的两期消费组合
   C. 最优的消费决策必须位于给定的预算约束线外
   D. 最优的消费决策必须位于给定的预算约束线上
6. 下列说法正确的有（   ）。★
   A. 现期收入增加会使得预算约束线向外移动
   B. 现期收入增加会使得预算约束线向内移动
   C. 未来收入增加会使得预算约束线向外移动
   D. 未来收入增加不会影响预算约束线

7. 关于生命周期理论与永久收入理论的共同点，下列说法错误的有（　　）。★★
   A. 消费只同现期收入相关
   B. 来自永久收入变动的边际消费倾向很小，甚至接近于零
   C. 来自一次性暂时变化收入的边际消费倾向很大，甚至接近于 1
   D. 永久性税收变动的政策效果很明显

8. 下列属于决定实际租赁价格因素的有（　　）。★
   A. 资本存量　　　　　　　　　　B. 劳动投入量
   C. 技术水平　　　　　　　　　　D. 以上都不是

9. 每出租一单位资本，租赁企业需要承担的成本有（　　）。★
   A. 实物成本　　　　　　　　　　B. 利息成本
   C. 价格波动成本　　　　　　　　D. 资本折旧成本

10. 下列属于影响住房需求曲线位置的因素有（　　）。★
    A. 人们的财富　　　　　　　　　B. 房屋的供给量
    C. 拥有住房的真实净收益　　　　D. 其他资产的真实净收益

11. 企业持有存货的原因有（　　）。★
    A. 保证生产平稳化　　　　　　　B. 避免脱销
    C. 提高经营效率　　　　　　　　D. 在产品

12. 下列关于自愿存货与非自愿存货的说法不正确的有（　　）。★★
    A. 经济繁荣时期，企业存货投资是非自愿增加的
    B. 经济衰退时期，企业存货投资是自愿增加的
    C. 经济繁荣时期，企业存货投资是自愿增加的
    D. 经济衰退时期，企业存货投资是非自愿增加的

13. 下列属于对货币需求具有影响的宏观经济变量有（　　）。★★
    A. 价格水平　　　　　　　　　　B. 实际收入
    C. 利率　　　　　　　　　　　　D. 预期股票收益

三、判断题

1. 相对收入假说认为，消费习惯形成之后具有不可逆性，从而消费本身也具有不可逆性，这种不可逆性就是"棘轮效应"。（　　）★
2. 根据托宾的 Q 理论，当 Q 大于 1 时，投资需求会较大。（　　）★★
3. 技术进步导致资本存量增加。（　　）★
4. 存货投资的增加反映了总投资的增加。（　　）★★
5. 实际利率降低导致最优资本存量增加。（　　）★★
6. 在跨期消费下，利率的上升会刺激储蓄。（　　）★
7. 在现实中，现期消费可以大于现期收入。（　　）★★

8. 如果消费者遵循持久收入假说，而且能够进行理性预期，那么，只有未预期到的政策变动才会影响消费。（ ）★

9. 根据相对收入消费理论，收入增加时低收入者的消费会赶上高收入者的消费，收入减少时，消费水平也会迅速降低。（ ）★★

10. 相对收入消费理论认为消费者易于随收入的提高增加消费，但不易随收入的降低而减少消费，这叫作"示范效应"。（ ）★

11. 永久收入消费理论认为距现在的时间越近的收入在永久收入加权平均计算中所占的权数越大。（ ）★★

12. 生命周期理论和永久收入理论都体现了一个基本思想：单个消费者是事后决策者。（ ）★

13. 投资和消费的不同之处在于，投资可以转化为未来的供给。（ ）★

14. 最优资本存量由资本的边际收益和租赁价格的交点决定。（ ）★★

15. 通货膨胀率较高时，人们会增加对货币的需求。（ ）★★

四、名词解释

1. 消费★
2. 跨期消费决策★★
3. 跨期消费的无差异曲线★★
4. 实际利率上升对消费影响的收入效应★
5. 实际利率上升对消费影响的替代效应★
6. 借贷约束或流动性约束★
7. 随机游走★
8. 相对收入消费理论★★
9. 棘轮效应★
10. 示范效应★
11. 生命周期消费理论★★
12. 永久收入消费理论★★
13. 投资★
14. 企业固定投资★★
15. 住房投资★★
16. 存货投资★★
17. 货币需求★
18. 货币需求的交易理论★★
19. 新古典投资模型★

五、简答题

1. 企业持有存货的原因是什么？★
2. 影响货币需求的因素有哪些？★
3. 租赁企业每出租一单位资本需要承担的成本有哪些？★
4. 影响住房需求曲线的因素有哪些？★★
5. 简述生命周期理论与永久收入理论的区别和联系。★

六、计算题

1. （中山大学考研）某人25岁开始工作，65岁退休，估计可以活到85岁，假定生命由25岁算起，则按照生命周期理论：★★

（1）不考虑财富因素，写出此人工作期间的消费函数。

（2）如果人口增长率为零，人口构成是均匀的，那么国家的总储蓄率是多少？

2. 消费者的效用函数是 $U=(c_1,c_2)=c_0^{0.4}c_2^{0.6}$，在第一期和第二期的收入分别为 $m_1=100$ 元和 $m_2=180$ 元，利率为 r，求：★★

（1）第一期和第二期的最优消费分别为多少？

（2）r 分别取什么值时，该消费者在第1期将借入、借出，或者既不借入也不借出？

（3）利率 r 变化会对第1期和第2期消费有何影响？

3. （上海财经大学考研）假定在完全竞争市场中，某企业的生产函数 $Q=AK^{\alpha}L^{1-\alpha}$，产量 $Q=100$，$\alpha=0.3$，资本的租金率 $R=0.1$，企业产品价格 $P=1$。★★

（1）计算最优资本存量。

（2）假设 Q 预期上升到120，最优资本存量是多少？

（3）假定最优资本存量在5年内保持不变，现有的资本存量为100，企业会逐步调整资本存量使其接近于最优值，设 $\lambda=0.3$。第1年的投资量是多少？第2年的资本存量是多少？

4. （中央财经大学考研）一个人的生命周期分为工作期和退休期，工作期内此人的收入为 Y，退休期无任何收入，利率为 r，其他条件不变，工作期消费是退休期的两倍。★★★

（1）假设此人工作期收入为100万元，利率为50%，请问个人储蓄是多少？工作期的消费和退休期的消费分别是多少？

（2）假如退休后社会保障系统给此人支付25%收入的转移支付，请问个人储蓄是多少？工作期的消费和退休期的消费分别是多少？

（3）假如工作收入 Y 上升到200万元，请问个人储蓄和每期消费是多少？

（4）假如利率 r 上升，请问个人储蓄如何变化？

七、论述题

1. 简述鲍莫尔—托宾交易性货币需求模型。（对外经济贸易大学考研）★★
2. 试用消费和储蓄的生命周期—恒常收入理论解释当前中国居民的消费和储蓄行为。（浙江大学考研）★★★

八、案例分析

案例一：

贵州省 2017 年固定资产投资完成 1.53 万亿元，增长 20.1%

2017 年，贵州省固定资产投资 15 288.01 亿元，比上年增长 20.1%，增速高于全国水平 12.9 个百分点。其中，第一产业投资比上年增长 29.9%；第二产业投资增长 5.8%；第三产业投资增长 23.3%。全省基础设施投资 6 757.29 亿元，比上年增长 25.5%，增速高于全省固定资产投资增速 5.4 个百分点；工业投资 2 537.49 亿元，增长 5.2%；房地产开发投资 2 201.00 亿元，增长 2.4%，增速由上年的负增长转为正增长。

2017 年，贵州省各地各部门坚持以供给侧结构性改革为主线，狠抓大扶贫、大数据、大生态三大战略行动项目化落实，加快推进重大工程项目建设，着力扩大有效投资，千方百计激发民间投资活力，投资结构持续优化，投资质量不断提升，为促进全省经济持续快速健康发展发挥了关键作用。全年固定资产投资完成 1.53 万亿元、增长 20.1%，增速居全国第 2 位，对经济增长的贡献率达到 67.5%，全年投资增速持续保持在 20%以上。

重大工程项目强力推进。发布重大工程包项目 1 377 个、总投资 2.2 万亿元，举办四次重大项目集中开工和两次项目现场观摩活动，集中开工重大项目 1 840 个、总投资 1.1 万亿元。推动建成贵阳至重庆高速铁路、遵义至贵阳高速公路复线、茅台机场、清镇中铝退城进园电解铝等一批重大项目，中型水库建成投运的县达 70 个，县县有中型水库项目全部开工。全年建成省重大工程项目 400 多个，省重大工程项目完成投资 8 800 多亿元，其中"三长三短"项目投资占 84%左右。建立项目投资目标与责任、考核与奖惩"双挂钩"制度，2017 年以项目方式安排省预算内投资 5 000 万元，对 2016 年投资完成较好的 5 个地区予以奖励。派出 150 余人次对 1 217 个、总投资 3 474.6 亿元的项目开展现场稽查，对 4 435 个中央预算内投资项目按月监测调度。

重点领域投资不断扩大。加快实施 1 万公里高速公路网加密规划项目，厦蓉高速公路全线贯通，建成道真至南川、毕节至镇雄高速公路贵州段，贵阳至成都、贵阳至南宁高速铁路加快建设，完成交通投资 2 150.3 亿元。马岭、黄家湾等大型水利工程加快建设，夹岩水利枢纽工程成功截流，完成水利投资 278.5 亿元。加快城镇地上地下基础设施建设，完成城建投资 1 900.3 亿元、房地产开发投资 2 201 亿元。完成信息基础设施投资 180.9 亿元，电网投资 87.5 亿元。建成贵州长江汽车新能源客车等产业转型升级项目，完成工业投资 2 537.5 亿元、能源投资 600 亿元。"5 个 100 工程"完成投资 3 900 亿元，"1+7"民生工程和十件民生实事分别完成投资 1 992 亿元和 1 432 亿元。

民间投资扎实推进。千方百计扩大民间投资，大力推广 PPP 模式，出台实施扩大民间投资三年攻坚行动计划和推广 PPP 三年行动计划，狠抓"三级一千"民间投资重点项目建设，公布基础设施领域 10 个 PPP 样板工程。脱贫攻坚投资基金、铁路发展基金、创业投资引导基金等加快投放，扩大民间投资暨 PPP 项目建设推进大会签约项目总投资超过 300 亿元，新经济重大项目银企对接会项目贷款规模 600 亿元，黔中城市群部分重大项目融资签约会现场签约项目金额 920 亿元。

项目资金保障能力不断增强。固定资产投资到位资金增长 19.1%。争取到中央各项转移支付 2 770 亿元，同比增加 188.2 亿元，其中争取中央预算内投资 277 亿元，增加 78 亿元，首次突破 200 亿元，为历年最多。争取国家发改委核准企业债券 34 只、总规模 432.6 亿元，只数创历史最高，规模居全国前列。获批设立 300 亿元贵州民航产业发展基金。争取国家发改委国外优惠贷款 7.5 亿美元，规模约占国家总盘子十分之一，居全国前列。争取国家发改委、世行养老服务体系建设项目长期低息贷款 5 亿美元，为世行支持我国单个省份贷款规模最大的项目。社会融资规模增量达到 4 011.4 亿元。

据了解，2018 年全省将充分发挥投资对优化供给结构的关键性作用，紧紧围绕推动质量变革、效率变革、动力变革，建设现代化经济体系，实现高质量发展，狠抓三大战略行动项目化落实，更加聚焦成网、强链、惠民优化投资结构，持续加大基础设施、特色产业、民生工程、"双千工程"、"5 个 100 工程"等领域投资力度，更加注重抓好数字经济、绿色经济、智能经济、共享经济等新兴产业项目建设，加快培育扶贫等领域投资增长点，持续扩大有效投资和增加有效供给，力争全年重大工程项目完成投资 9 000 亿元以上，固定资产投资增长 17%左右。

根据上述材料回答以下问题：
（1）什么是固定资产投资？它对推动经济发展有什么作用？
（2）贵州省固定资产投资 2017 年的规模和状况如何？

注：此案例摘自 https://baike.baidu.com/item/新凯恩斯主义/6098866，有改动。

案例二：

如何看待住房市场的投资性需求

在快速城镇化的大背景下，强劲的购房需求成为支撑房价持续高速上涨的重要原因；尽管其间中央政府频频出台调控政策抑制房价和高涨的市场预期，但是效果不甚理想，老百姓的购房需求逆价而上。可以说房价绑架了中国经济，同时也绑架了中国的老百姓。

一直以来，政策制定者都希望将住房需求划分为"刚需"和"投资性需求"，并且在政策制定时能够区分对待，试图将两者区分开来已经越来越不可能，而且住房的投资品属性将会被进一步放大。

从购房者的角度来说，一方面，首付款和月供占据了人们大量的资金储备与现金流，这极大限制了流动资金数量。考虑到市场上越来越多的投资渠道，以及越来越高的投资回报率，将如此巨大的资金投入到住房中，购房者将不得不承担高昂的机会成本。因此，让人们不去考虑住房的投资品属性——保值增值潜力，这显然是不现实的，也是不合理的。另一方面是极度不合理的房价租金比。据测算，2014年中国90个重点城市的平均房价租金比（总房价除以月租金）为350，其中深圳、上海、北京等城市这一指标都高于500，远远超过了国际上用来衡量一个区域房地产运行状况良好的标准水平（200~300）。如果我们将住房看成一个简单的消费品，那么住房的租金应该可以用来弥补购房支出产生的资金成本，但实际相差甚远，而这个较大的成本鸿沟很大程度上解释了住房的资产价值。所以说，在人们购房过程中，住房的投资品属性是一直存在的，并且正在逐渐占据更为重要的地位。

受"父母买房，孩子养老"这种思想的影响，很多父母都会在能力允许的范围内尽可能地为孩子购房提供资助。

中国的住房市场起步较晚，20世纪步入工作的一代人中有相当一部分受到福利分房政策的影响而不需要为住房奔波，因此他们会相对容易地积累财富，并将这部分财富传递给下一代。这种代际之间的财富转移在很大程度上解释了"高房价下毫不退缩的购房需求"这一现象，很多缺乏财富积累但是收入较高的年轻人因此可以提前进入住房买卖市场。

可以看出，在传统观念下的初始财富转移加之年轻一代的投资观念，确实形成了当下大量的购房需求，从中短期看，必然会给住房投资市场带来不小的冲击。从长期看，随着房价的继续上涨，这部分初始财富的作用会被逐渐稀释，如从最初能支付全款会逐渐转变成只能支付首付款，加上年轻一代住房自有观念的淡化，可能会使得购房需求在未来有所下降。

2013年以来，北京开始实施的自住房政策似乎有"异曲同工之效"。这类住房的价格比周边商品住房低30%左右，要求购买之后5年内不得上市，5年后上市收益的30%上交财政。表面上来看，这一政策让一些原来买不起房子的家庭有了新的选择，朝着"居者有其屋"的民生目标更近一步。

但仔细想来，自住房与商品房市场并无太大差异，对于购房者来说，只是增加了一个合伙出资人，政府和个人共享住房增值带来的收益且三七分成。这就使得一些原本无力购房的家庭可以进入住房市场，让这部分投资需求得以释放；而那些原本就有能力投资商品房市场的家庭却不会受到太大影响。如果考虑到城市土地供应的限制，自住房的引入将会增加住房市场的需求，对房价的影响可能会与预期值背道而驰。

现实中，政府、开发商和消费者多关注新房市场的价量走势，而忽视了二手房市场。这与中国城市的住房市场起步较晚而二手房市场发展不成熟的现实是紧密关联的。但是随着一些大城市二手房市场的快速发展，二手房市场值得引起我们更多的关注。

从投资者角度看，不管最初购买的是新房或是二手房，未来的增值交易都要在二手房市场上来实现，因此，二手房市场的走势，实际上决定了当下住房市场投资者的预期收益。相比之下，新房价格走势反倒更多地影响着刚需家庭的购房需求，这主要是因为房价的增长速度明显超过了家庭收入，而且市场上大多数理财产品都难以与房价的高增长相媲美，所以作为购房者如果今年不买房那么明年就更买不起房了。换句话说，如果我们用住房作为基础商品来构造 CPI，那么人们收入水平就会表现出负增长，即使考虑到存款、基金以及其他投资渠道带来的收益。

在中国城市的住房市场从新房市场逐渐向二手房市场转变的过程中，投资性购房需求可能会进一步增加。根据"中国典型城市住房同质价格指数"最新的报告可以看出，北京和上海二手房价格的增长速度已经超过了新房，环比增长率达到了 8.3%和 7.3%。所以单纯从市场的角度出发来看，房价上涨的趋势可能会持续下去。

根据上述材料回答以下问题：

（1）中国住房的投资品属性为什么越来越被放大？

（2）谈谈你对许多城市实行的住房限购限贷政策的认识。

注：此案例摘自 http://www.gywb.cn/content/2017-03/16/content_5471194.htm，有改动。

第二十一章

新古典宏观经济学和新凯恩斯主义经济学

【重难点分析】

本章考查的重点主要有:新古典宏观经济学的理论渊源、新古典宏观经济学的基本假设、实际经济周期理论、新古典宏观经济学的 AD—AS 模型。

本章考查的难点主要有:新古典宏观经济模型的政策含义、名义黏性、新凯恩斯主义的 AD—AS 模型。

一、单项选择题

1. 新古典宏观经济学和新凯恩斯主义经济学的争论与分歧主要在于(　　)。★
   A. 对短期经济波动的解释和对政策干预的主张
   B. 对长期经济波动的解释和对政策干预的主张
   C. 汇率对进出口的作用
   D. 利息率对货币量的作用

2. 新古典宏观经济学的理论渊源是(　　)。★
   A. 萨缪尔森经济学　　　　　　　B. 新剑桥学派
   C. 新古典综合学派　　　　　　　D. 货币主义

3. 美国经济学家(　　)被公认为货币主义的创始者和领袖。★
   A. 埃得蒙德·菲尔普斯　　　　　B. 格里高利·曼昆
   C. 米尔顿·弗里德曼　　　　　　D. 保罗·克鲁格曼

4. 在交易方程 $Py=MV$ 中,V 和 y 被视为(　　)。★★
   A. 变量,变化速度非常快　　　　B. 常量
   C. 变量,变化速度比较慢　　　　D. 视情况而定

5. 下列表示剑桥方程的是(　　)。★
   A. $M=Vpy$　　　　　　　　　　B. $M=Py$
   C. $M=kPy$　　　　　　　　　　D. $M=\beta kPy$

6. 凯恩斯货币需求方程的提出以(　　)为基础。★★
   A. 物价水平　　B. 消费　　C. 货币供给　　D. 灵活偏好

7. 在长期中，一个社会的经济总是（　　）自然失业率。★

　　A. 等于　　　　　　　　　　　　B. 小于

　　C. 大于　　　　　　　　　　　　D. 趋向于

8. 理性预期学派也被称为（　　）。★

　　A. 新古典宏观经济学派　　　　　B. 现代货币学派

　　C. 伦敦学派　　　　　　　　　　D. 供给学派

9. 卢卡斯总供给函数表明，经济的总产出与未被预期到的价格上升之间具有（　　）关系。★★

　　A. 负相关　　　　　　　　　　　B. 正相关

　　C. 不相关　　　　　　　　　　　D. 不确定

10. 卢卡斯总供给函数的含义是：预期价格与实际价格的偏离会导致（　　）。★★★

　　A. 实际产出与经济正常产出的偏离　　B. 供给和需求不一致

　　C. 需求骤然下降或者上升　　　　　　D. 供给骤然下降或者上升

11. 根据新古典宏观经济模型，货币冲击首先影响到（　　）。★★

　　A. 社会供给　　　　　　　　　　B. 财政政策

　　C. 一般价格水平　　　　　　　　D. 社会需求

12. 理性预期的总供给函数认为，只要中央银行公开宣布降低货币增长率，则（　　）。★★

　　A. 失业率会上升，通货膨胀率会下降

　　B. 失业率和通货膨胀率都会下降

　　C. 失业率会下降，通货膨胀率不一定下降

　　D. 失业率不变，通货膨胀率会下降

13. 实际经济周期理论认为（　　）。★★

　　A. 实际国民生产总值的任何减少都是生产能力的减少

　　B. 劳动市场不均衡导致经济波动

　　C. 净出口波动影响实际国民生产总值

　　D. 总需求的波动改变着充分就业的实际国民生产总值水平

14. 货币主义提出，在（　　）的情况下，按平均国民收入的增长率再加上人口增长率来规定并公开宣布一个长期不变的货币增长率，是货币政策唯一的最佳选择。★★★

　　A. 有通货膨胀　　　　　　　　　B. 没有通货膨胀

　　C. 供给大于需求　　　　　　　　D. 供给小于需求

15. 新凯恩斯主义与新古典综合派的关键区别在于（　　）。★

　　A. 前者属于凯恩斯主义阵营，后者不属于

　　B. 后者属于凯恩斯主义阵营，前者不属于

　　C. 新古典综合派的理论倾向于假定一个固定的名义工资，而新凯恩斯主义则试图为解释工资和价格黏性现象提供一个可以接受的微观基础

　　D. 以上说法均不正确

16. 新凯恩斯主义的假设条件是（　　）。★★

A. 非市场出清

B. 实际产出等于居民和企业实际消费和投资之和

C. 国民收入等于国民实际消费和投资之和

D. 名义产出等于居民和企业实际想要有的消费和投资

17. 对于凯恩斯主义非市场出清模型假定的说法中，正确的是（　　）。★★

A. 原凯恩斯主义非市场出清模型假定名义工资刚性，而新凯恩斯主义非市场出清模型假定工资和价格有黏性

B. 新凯恩斯主义非市场出清模型假定名义工资刚性，而原凯恩斯主义非市场出清模型假定工资和价格有黏性

C. 新凯恩斯主义跟原凯恩斯主义非市场出清模型都假定名义工资刚性

D. 以上说法均不正确

18. 新凯恩斯主义模型增添了原凯恩斯主义模型所忽略的假设，以下哪个选项是新添的？（　　）

A. 经济当事人最大化原则，即厂商追逐利润最大化和家庭追求效用最大化

B. 工资刚性

C. 工资黏性

D. 非理性预期

19. 货币非中性，来自（　　）。★

A. 政府干预　　　　　　　　B. 资本家决定

C. 消费预期　　　　　　　　D. 黏性价格

20. 新凯恩斯主义认为，（　　）会导致产量和就业量等实际变量的波动。★★

A. 工资　　　　　　　　　　B. 投资数量

C. 货币等名义变量的变动　　D. 储蓄率

21. 市场是非出清的原因是（　　）。★★★

A. 人们具有不理性的消费行为

B. 社会制度不完善

C. 市场的不完全性，加上不对称信息等因素，使工资和价格具有不易变动的黏性

D. 无法确定

22. 名义黏性是指（　　）。★★

A. 名义价格不变

B. 名义价格增加

C. 在出现名义需求扰动时某种因素使得名义价格水平变动的比例不同于名义需求变动的比例

D. 某种因素阻止了实际工资的调整或存在一种工资相对于另一种工资或一种价格相对于另一种价格的黏性

23. 实际黏性是指（   ）。★★
A. 名义价格不变
B. 名义价格增加
C. 在出现名义需求扰动时某种因素使得名义价格水平变动的比例不同于名义需求变动的比例
D. 某种因素阻止了实际工资的调整或存在一种工资相对于另一种工资或一种价格相对于另一种价格的黏性

24. 菜单成本是指（   ）。★★
A. 把成本做成菜单
B. 把成本做成列表
C. 研究和确定新价格、重新编印价目表、将新价目表通知销售点、更换价格标签等所支付的成本
D. 以上说法均不正确

25. 劳动通常取决于（   ）。★★
A. 工人的意愿   B. 工资
C. 典型企业想要雇用多少劳动量   D. 社会的生产力

26. 名义工资的提高让总供给曲线（   ）。★★★
A. 向右移动   B. 保持不变
C. 向左移动   D. 无法确定

二、多项选择题

1. 目前，参与宏观经济学争论的观点和主张大体上被区分为（   ）。★★
A. 新古典宏观经济学   B. 新古典综合学派
C. 新凯恩斯主义经济学   D. 货币主义

2. 货币主义的基本理论有（   ）。★★
A. 劳动价值理论   B. 剩余价值理论
C. 新货币数量论   D. 自然率假说

3. 在交易方程 $Py=MV$ 中，"V"是由什么因素决定的？（   ）★★
A. 公众的支付习惯   B. 使用信用范围的大小
C. 交通方便与否   D. 通信方便与否

4. 在剑桥方程 $M=kPy$ 中，关于 k 的说法正确的有（   ）。★★★
A. k 显然为货币流通速度的倒数
B. k 的大小取决于社会的商业习惯和制度等因素
C. k 在短期内固定不变，可视为常数
D. k 表示为经常持有的货币量

5. 关于剑桥方程的说法，正确的有（　　）。★★★
   A. 剑桥方程强调货币作为储藏手段的职能
   B. 剑桥方程强调货币作为流通手段的职能
   C. 剑桥方程说明了货币数量与价格水平之间存在直接的因果数量关系
   D. 剑桥方程暗含着利息率对货币需求的影响

6. 下列关于对凯恩斯的货币需求方程 $M/P=L(y, r)=L_1(y)+L_2(r)$ 中的 L_1、L_2 描述正确的有（　　）。★
   A. L_1 为对货币的交易需求　　　B. L_2 为对货币的交易需求
   C. L_1 为对货币的投机需求　　　D. L_2 为对货币的投机需求

7. 货币主义认为，凯恩斯的货币数量论（　　）。★★
   A. 注意到利息率和收入对货币需求的影响
   B. 忽略了利息率和收入对货币需求的影响
   C. 注意到了人们对财富的持有量是决定货币需求的重要因素
   D. 忽略了人们对财富的持有量是决定货币需求的重要因素

8. 影响自然失业率的因素有（　　）。★★
   A. 社会人口总数　　　　　B. 社会的技术水平
   C. 资源数量　　　　　　　D. 文化传统

9. 下列关于自然失业率的说法正确的有（　　）。★★
   A. 自然失业率的大小取决于该社会的技术水平、资源数量和文化传统
   B. 任何一个资本主义社会都存在一个自然失业率
   C. 摩擦性失业和自愿失业二者之和在全部劳动力中所占有的比例就是自然失业率
   D. 人为的经济政策的作用可以暂时或在短期中使实际失业率大于或小于自然率，但是，在长期中，不可能做到这一点

10. 以弗里德曼为首的货币主义者根据其理论和对经验资料所做的分析，提出了自己的政策主张，主要包括（　　）。★★
    A. 反对凯恩斯主义的财政政策　　B. 反对"斟酌使用"的货币政策
    C. 力主单一政策规则　　　　　　D. 央行控制货币供给的政策

11. 弗里德曼认为，货币政策能够胜任两项任务：（　　）★★
    A. 促使经济不断增长
    B. 防止货币本身成为经济混乱的一个主要根源
    C. 防止经济衰退
    D. 给经济提供一个稳定的环境

12. 理性预期学派代表人物有（　　）。★
    A. 卢卡斯　　　　　　B. 萨金特
    C. 华莱士　　　　　　D. 凯恩斯

13. 新古典宏观经济学派相信并且依赖的假设条件有（　　）。★★
    A. 个体利益最大化　　B. 理性预期
    C. 市场出清　　　　　D. 自然率假说

14. 新古典宏观经济学的实际经济周期理论认为，宏观经济经常受到一些实际因素的冲击，这些实际因素包括（　　）。★★
   A. 人口增减　　　　　　　　B. 农业歉收
   C. 石油危机　　　　　　　　D. 战争

15. 货币主义的理论观点包括（　　）。★★★
   A. 货币供给对名义收入变动具有决定性作用
   B. 货币数量在长期能影响价格，但不能影响就业量和实际国民收入
   C. 货币数量在短期可以影响就业量和实际国民收入
   D. 国家经济政策会破坏私人经济自身内在的稳定性

16. 下列表述正确的有（　　）。★★
   A. 新古典综合派的理论倾向于假定一个固定的名义工资
   B. 新凯恩斯主义则试图为解释工资和价格黏性现象提供一个可以接受的微观基础。
   C. 新古典综合派的理论倾向于假定一个固定的实际工资
   D. 以上说法均不正确

17. 下列说法正确的有（　　）。★★
   A. 非市场出清假设是新凯恩斯主义最重要的假设
   B. 非市场出假设使新凯恩斯主义和原凯恩斯主义具有相同的基础
   C. 非市场出清的基本含义是，在出现需求冲击或供给冲击后，工资和价格不能迅速调整到使市场出清的状态
   D. 缓慢的工资和价格调整使经济回到实际产量等于正常产量的状态需要一个很长的过程

18. 新凯恩斯主义认为，工资的黏性来源于（　　）。★★
   A. 个别非理性和武断的行为
   B. 有利于工人和厂商利益的长期的工资合同
   C. 消费、投资和政府购买
   D. 消费、储蓄和总税收

19. 下列哪些选项的变动会使总供给曲线左移？（　　）★★★
   A. 名义工资 W 的提高　　　　B. 工人数量的增加
   C. 投资增加　　　　　　　　D. 全要素生产率 A 的下降

三、判断题

1. 目前，参与宏观经济学争论的观点和主张大体上被区分为新古典宏观经济学和新凯恩斯主义经济学两大派别。（　　）★

2. 新古典宏观经济学和新凯恩斯主义经济学的争论与分歧主要在于对长期经济波动的解释和对政策干预的主张。（　　）★★

3. 新古典宏观经济学的理论渊源是货币主义。（　　）★

4. 美国经济学家格里高利·曼昆被公认为货币主义的创始者和领袖。（　　）★
5. 货币主义的基本理论是新货币数量论和自然率假说。（　　）★★
6. 新货币数量论货币主义认为，货币数量是解释价格水平涨落的基本因素。（　　）★
7. 费雪方程又叫交易方程。（　　）★
8. 在交易方程 $Py=MV$ 中，在短期内 V 变化迅速。（　　）★★
9. 在费雪方程中，价格 P 随着货币数量 M 正比例地发生变化。（　　）★★
10. 在剑桥方程 $M=kPy$ 中，k 为经常持有的货币量，即货币需求总量和实际国民生产总值的比例。（　　）★★★
11. 在剑桥方程 $M=kPy$ 中，k 显然为货币流通速度的倒数。（　　）★
12. 交易方程和剑桥方程在实质上是相同的公式，但是它们所企图说明的内容是不同的。（　　）★★★
13. 货币主义认为，凯恩斯的货币数量论的缺点主要是它只注意到利息率和收入对货币需求的影响，而忽略了人们对财富的持有量也是决定货币需求的重要因素。（　　）★★
14. 西方学者认为，凯恩斯把财富的构成看得过于简单，好像在现实的社会中，只有货币和债券两种资产可供人们选择，这些很显然都是有待于改进的。（　　）★★
15. 弗里德曼强调，如果用于表示价格及货币收入的单位发生了变化，那么所需要的货币数量应同比例地变动。（　　）★★★
16. 在短期中，人为的经济政策的作用可以使实际失业率大于或小于自然率，在长期中，效果也一样。（　　）★★
17. 凯恩斯以前的传统经济学承认，资本主义存在两种失业，即摩擦性失业和自愿失业。（　　）★★
18. 资本主义在长期中存在非自愿失业的现象。（　　）★★
19. 货币主义提出，在没有通货膨胀的情况下，按平均国民收入的增长率再加上人口增长率来规定并公开宣布一个长期不变的货币增长率，是货币政策唯一的最佳选择。（　　）★★★
20. 理性预期的意思是：在长期中，人们会准确地或趋向于预期到经济变量所应有的数值。（　　）★★
21. 实际周期理论假定经济当中的每个人具有不同的偏好。（　　）★★★
22. 从宏观经济理论的角度看，新古典宏观经济学的理论影响主要表现在经济波动理论方面。（　　）★★
23. 新古典宏观经济学的 AD—AS 模型，即是卢卡斯模型。（　　）★★
24. 卢卡斯总供给函数的含义是：预期价格与实际价格的偏离会导致实际产出与经济正常产出的偏离。（　　）★★★
25. 由新古典宏观经济学的 AD—AS 模型引申出的政策含义是，系统的货币政策无效，随机的货币政策有害。（　　）★★
26. 按照新古典宏观经济模型，波动的根源是货币冲击，而这种冲击一般是由财政政策引起的。（　　）★★

27. 按照新古典宏观经济学的说法，具有理性预期的当事人不会在长期中系统地和持续地犯认识上的错误，因此，宏观经济政策的有效性毋庸置疑。（　　）★★★

28. 新凯恩斯主义与新古典综合派不都属凯恩斯主义阵营。（　　）★

29. 缓慢的工资和价格调整使经济回到实际产量等于正常产量的状态需要一个急促的过程。（　　）★★

30. 原凯恩斯主义非市场出清模型假定名义工资黏性，而新凯恩斯主义非市场出清模型假定工资和价格有刚性。（　　）★★

31. 名义工资 W 的提高会使总供给曲线向右移动。（　　）★★

32. 全要素生产率 A 的下降会使总供给曲线向左移动。（　　）★★

四、名词解释

1. 自然率★
2. 单一政策规则★★
3. 理性预期★★★
4. 市场出清★★
5. 货币中性★★
6. 货币非中性★★
7. 永久性收入★
8. 非市场出清★★
9. 名义黏性★★
10. 实际黏性★
11. 菜单成本★★

五、简答题

1. 根据货币需求函数式 $M/P=f(r_b, r_e, r_p, w, Y, u)$ 可以看出，货币需求量主要取决于哪些方面的因素？★★
2. 货币主义的基本观点有哪些？★
3. 简要概括货币主义的政策主张。★
4. 简述什么是理性预期？★★
5. 请解释函数 $y_t^s = y_n + \gamma(p_t - p_t^e)$，$\gamma > 0$。★★
6. 请简述新古典宏观经济学的观点。★★
7. 简要说明实际经济周期理论。★★★
8. 简述新凯恩斯主义的假设条件。★★
9. 新凯恩斯主义和原凯恩斯主义都坚持非市场出清的假设，二者的区别是什么？★★★
10. 简述新凯恩斯主义的特征。★★

六、论述题

1. 试比较剑桥方程和费雪方程。★★★
2. 试论述新古典宏观经济模型的政策含义。★★
3. 比较分析凯恩斯学派、新古典学派以及实际经济周期学派对经济周期的解释及政策建议。（厦门大学考研）★★★
4. 新古典宏观经济学与新凯恩斯主义经济学有哪些区别？★★
5. 名义工资黏性的相关理论。★★

七、案例分析

宏观经济学中的争论

经济学也是一门科学，科学研究，从来都是一个无限接近真理的过程，绝大部分情况下我们所谓的真理都是有局限性的。从古至今、从国内到国外，经济学家之间的争论就没有停歇，从而形成了各个经济学流派。经济学各个流派之间存在争论，经济学家个人之间也存在争论。

新古典宏观经济学，又称作"新古典主义""货币主义Ⅱ"，是由货币主义和理性预期学派发展演化而来的一个经济学流派。新古典宏观经济学遵循古典经济学的传统，相信市场力量的有效性；认为如果让市场机制自发地发挥作用，就可以解决失业、衰退等一系列宏观经济问题。具体来说，新古典宏观经济学一般都接受以下四个命题：第一，私人经济是可以自身稳定的；第二，货币在长期是中性的；第三，货币在短期也是中性的；第四，凯恩斯主义积极干预的经济政策是有害的。

新凯恩斯主义是指20世纪70年代以后在凯恩斯主义基础上吸取非凯恩斯主义某些观点与方法形成的理论。

新凯恩斯主义继承了原凯恩斯主义的基本信条，在三个命题上保持一致：①劳动市场上经常存在超额劳动供给；②经济中存在显著的周期性波动；③经济政策在绝大多数年份是重要的。但是新凯恩斯主义并不是对原凯恩斯主义的简单因袭，而是认真对待各学派对原凯恩斯主义的批判，对原凯恩斯主义的理论进行深刻的反省，同时吸收并融合各学派的精华和有用的概念、论点，批判地继承发展了凯恩斯主义。

曼奎和罗默明确表示："新凯恩斯主义经济学"意味着对如下两个问题作出解答：①这个理论违背古典派的两分法吗？它断定名义变量（如货币供应）的波动影响实际变量（如产出量和就业）的波动吗？即是，货币非中性论吗？②这个理论假定经济中的实际市场不完善性是理解经济波动的关键吗？如不完全竞争、不完全信息和相对价格黏性这些思考是理论的核心吗？对于以上两个问题，新凯恩斯主义经济学是作出肯定回答的。因为价格是黏性的，所以古典派的两分法便破产了。因为不完全竞争和相对价格的黏性是理解价格为何呈黏性的主要原因，所以实际的不完善性是具有决定性的。

在宏观经济学的重要研究方法中，只有新凯恩斯主义经济学才对以上两个问题的回答是肯定的。实际经济周期理论强调技术上的扰动和完善的市场，所以它对以上两个问题作出否定回答。许多较早期宏观经济理论抛弃了古典派的两分法，但是它们通常并不强调实际的不完善性是真相叙述的主要部分。例如，20世纪70年代大多数的凯恩斯主义经济学（包括非均衡的凯恩斯主义模型）都把工资和价格黏性塞进另外的瓦尔拉斯式经济或硬充作瓦尔拉斯体系。因此，名义的和实际的不完善性的相互作用是新凯恩斯主义经济学的显著特点。

在我国，近几年，林毅夫和张维迎，两位国内最知名的经济学家，也是一对"冤家"，他们对中国经济问题截然不同的解读背后，既有朝野之分，也有流派之争。2016年，张维迎和林毅夫又"争论"起来，那次"争论"的焦点是一直备受争议的"产业政策"，张维迎抨击"产业政策从无知走上无耻"，而林毅夫则辩护称"经济发展有产业政策才能成功"。这不仅是两位经济学家的观点碰撞，更是对中国未来经济走向的深刻思考。

那么作为一门科学，经济学家之间为什么会存在这么多分歧和争论呢？难道不能像自然科学一样，有一个客观的标准来评判和处理学科上的争论吗？这是一个无论从理论还是从现实上讲都非常重要的问题。尤其是今日的中国，正处在一个社会转型、经济迅速发展的时期，如何理解经济学以及其他社会学科里不断出现的争论和分歧，如何透过这些争论看清其背后的视角、科学基础和价值取向，就具有非常重要的现实意义。

根据上述材料回答以下问题：

（1）说明宏观经济学目前的主要共识。

（2）新古典宏观经济学和新凯恩斯主义经济学是目前西方宏观经济学中两个较有影响的理论流派，试问，两者的主要分歧是什么？

（3）应该如何看待经济学家之间的争论？

注：此案例摘自 https://baike.baidu.com/item/新凯恩斯主义/6098866，有改动。

第二十二章 西方经济学与中国

【重难点分析】

本章节属于较为开放性话题的章节，读者可以粗略阅读，大致了解国内外经济发展情况。

一、单项选择题

1. 下列对于西方经济学的说法正确的是（　　）。★
   A. 西方经济学不符合科学要求的范畴
   B. 西方经济学整体理论体系或者整体倾向性属于不完全符合科学要求的范畴
   C. 西方经济学完全符合科学要求的范畴
   D. 以上说法均不对

2. 有关科学主义，说法正确的是（　　）。★
   A. 科学主义被学术界认为是臆造出来的概念
   B. 西方经济学中存在的科学主义导致误解了西方经济学
   C. 只要数学公式成立，推导步骤正确，就是科学
   D. 数学对于经济学的研究是很有用的，起了决定性作用

3. 对于我国的国情，下列说法错误的是（　　）。★
   A. 我国是一个发展中国家
   B. 我国人口众多，人口压力会使我国市场经济作用的程度和范围受到限制
   C. 我国拥有特有的传统文化
   D. 我国只适合计划经济模式

二、论述题

1. 西方经济学理论体系是否是科学的？请回答并说出你的理由。★★
2. 西方经济学对于我国经济的发展有什么指导作用？★★

3. 什么是金融危机？金融危机的根源是什么？对全球及我国经济有何影响？我国应当如何应对？★★★

4. 实体经济跟虚拟经济有何关系？联系一下日本泡沫经济，论述我们应当如何应对资本泡沫？★★★

5. 中国经济的新常态是什么？如何应对新常态？★★★

6. 为何我国要"去产能"？如何看待我国"供给侧结构性改革"？★★★

三、案例分析

贵州省列出 2017 年环境保护的十大污染源治理清单

据悉，十大污染源分别是：贵阳市小寨坝片区开磷集团污染源治理工程、贵阳市开阳县洋水河磷矿开采及磷化工企业污染源连片治理工程、老干妈遵义分公司污染源治理工程、六盘水市水城河环境污染源治理工程、草海生活污染源治理工程、铜仁市大龙片区电解锰污染源治理工程、黔南州福泉马场坪片区瓮福集团及川恒公司等磷肥废水污染源治理工程、万峰湖污染源治理工程、安顺市贯城河河道污染源治理工程、贵州其亚铝业有限公司 120 万吨氧化铝项目赤泥尾矿库污染源治理工程。

这十大污染源的主要治理要素为废气、废水、固体废物等。目前，贵州省已制订治理目标及具体工作措施，并明确时间节点和每季度的任务。

例如针对老干妈遵义分公司污染源治理工程，是解决企业大气污染物排放对龙泉厂址周边环境的影响，解决其污染问题的具体工作措施是对其进行厂址搬迁。同时要求 2017 年第一季度项目完成新厂区选址，第二季度办理新厂区建设前期手续，第三季度进行新厂区建设，第四季度新厂区建设完成，企业进驻新厂区，龙泉厂区停产。

此外，十大污染源治理清单还明确责任单位、责任人及监管单位，确保治理落实到位。

（1）贵阳市小寨坝片区开磷集团污染源治理工程。

①废水：34 号泉眼治理设施不能稳定运行，高浓度含磷废水进入乌江造成乌江中下游水体中总磷浓度长期超标，导致铜仁市思南县、沿河县饮用水水源总磷超标，影响国家对贵州省水十条考核；贾家堰磷石膏渣场未做防渗处理，渗漏废水进入息烽河，导致息烽河总磷超标。

②废气：小寨坝磷煤化工精细园区处于低谷地带，在风速较低、气压低、逆温天气等情况下，极易造成小寨坝片区局部空气扩散不畅，致使大气污染物集聚，产生刺激性异味。

（2）贵阳市开阳县洋水河磷矿开采及磷化工企业污染源连片治理工程。废水：洋水河 8 家磷矿开采企业矿井废水治理设施不能稳定运行，外排废水未能稳定达标，高浓度含磷废水进入乌江；开磷集团矿肥公司河段总磷指标长期超标。

（3）老干妈遵义分公司污染源治理工程。废气：企业距离播州区的中心城区较近，周边居民较多，生产以来环保投诉较多。虽经治理后投诉减少，但未彻底解决其油烟影响问题。

（4）六盘水市水城河环境污染源治理工程。废水：由于历史原因造成的市中心城区污水收集管网建设不完善，大量未经收集的生活污水由水城河沿岸排污管沟直接排入水城河，造成水城河河道淤积、黑臭严重，影响下游三岔河水环境质量，对黔中水利枢纽构成环境安全隐患。

（5）草海生活污染源治理工程。废水：环草海有18个行政村99个自然村寨9万余人，所有村寨没有排污收集及处理系统，每天约6 100吨生活污水直接排放进入草海，对草海水体造成严重污染，不能满足国家良好湖泊规划要求，影响国家良好湖泊资金支持。

（6）铜仁市大龙片区电解锰污染源治理工程。固废：永盛锰业和金利锰业老渣库未按照技术规范要求建设，渗漏液对潕阳河造成影响，导致潕阳河水体时有锰污染超标现象；贵州红星发展大龙锰业有限公司、贵州建强锰业有限公司在日常生产运行过程中可能出现污水外排，对潕阳河水体造成污染隐患；潕阳河水体中锰时有超标，导致跨省界污染纠纷。

（7）黔南州福泉马场坪片区瓮福集团及川恒公司等磷肥废水污染源治理工程废水：瓮福集团厂区渗漏废水对重安江造成总磷污染；磷石膏大量堆存，造成渗漏液对重安江水体造成污染隐患；川恒公司龙井湾废水丰水期不能全面回收处理，造成重安江水体污染；清水江水体总磷长期超标，致下游三板溪等湖库富营养化，大量浮游植物生长，生态破坏严重。

（8）万峰湖污染源治理工程。废水：万峰湖湖面及周边网箱养殖、水上餐饮、钓鱼棚（休闲棚）较多，湖面及周边环境脏、乱、差问题严重；万峰湖沿岸及马岭河流域两岸城镇生活污水处理设施建设推进缓慢，城镇生活污水存在直排现象；马岭河流域内工矿企业污水治理力度不够，工业污水时有超标排放现象；万峰湖不能稳定达标，不能满足国家良好湖泊规划要求，影响国家良好湖泊资金支持。

（9）安顺市贯城河河道污染源治理工程。废水：部分河段截污管道老旧破损，河床局部存在淤积，部分河道周边景观遭破坏，导致贯城河水体未持续改善，影响周边百姓生活环境。

（10）贵州其亚铝业有限公司120万吨氧化铝项目赤泥尾矿库污染源治理工程。固废：企业原有渣场库容即将满库，新增赤泥将无库堆存，影响企业正常生产。

建设生态文明是中华民族永续发展的千年大计。党的十八大以来，习近平总书记多次强调绿水青山就是金山银山的理念，党的十九大报告强调"要牢固树立社会主义生态文明观"，"必须树立和践行绿水青山就是金山银山的理念"。党章修正案吸收习近平总书记关于推进生态文明建设的重要思想观点，增写增强绿水青山就是金山银山的意识等内容。中央经济工作会议专门部署加快推进生态文明建设，强调"只有恢复绿水青山，才能使绿水青山变成金山银山"，就是认识到良好的生态环境基础对促进经济社会持续健康发展的重要性。绿水青山如何变成金山银山？亟待研究和破解。

绿水青山的修复和维护是需要成本的，如果绿水青山变不成金山银山，老百姓就难免会照旧毁林毁草填湖，企业就难免会照旧污染环境、破坏资源，地方政府也难以真心支持投入巨大的环境保护工作。在中央要求下,各地通过改革,建立短期和长期相结合的机制,纷纷思考探索如何让绿水青山变成金山银山,但尚未形成广泛共识和可复制、可推广的经验。

从实践来看,一些有地域优势的经济发达地区和有特色资源的风景名胜区,绿水青山通过民宿经济、旅游经济、产业经济等已经变成了金山银山。如一些沿海地区,不仅有山有水有林有田有湖,生态本底好,经济基础好,环境与发展已经进入良性循环,立足于资源和环境的绿色经济得以长足发展,环境保护措施也得以长久地实施。但在一些西部地区,受制于交通不便、经济基础弱等因素,除了少数地方外,旅游产业和工业经济、服务经济等整体还不发达,绿水青山还没有变成金山银山。培养把绿水青山转化成财富的能力,让老百姓过上小康生活,改善地方政府的财政状况,这些地区还需要作出艰巨的努力。下一步,欠发达地区当寻找工作抓手,把绿水青山变成金山银山的实践和全面脱贫攻坚的实践有机地结合起来。只有这样,生态文明的理念才能在实践中不断地深入,生态文明的道路才能得到社会各界持久的拥护。

根据上述材料,谈谈贵州经济发展跟贵州环境保护之间的关系。

注:此案例摘自 http://www.gywb.cn/content/2017-03/16/content_5471194.htm,有改动。

参考答案及解析

第十二章 宏观经济的基本指标及其衡量

一、单项选择题

1. D【解析】本题考查支出法的概念。国内生产总值包括投资、消费、政府购买、净出口。因此，答案选 D。

2. C【解析】本题考查国民生产总值与国内生产总值的区别。国民生产总值＝国内生产总值＋本国公民从国外得到的要素收入－外国公民从本国得到的要素收入。国内生产总值小于国民生产总值，说明本国公民从国外得到的要素收入大于外国公民从本国得到的要素收入。因此，答案选 C。

3. B【解析】本题考查宏观经济学和微观经济学的区别与联系。宏观经济学系相对微观经济学而言。微观经济学研究的是经济活动个体决策者的行为及后果，而宏观经济学研究的是社会总体的经济行为及其后果。两者都是研究一国的国民经济，只是研究角度不同。因此，答案选 B。

4. C【解析】本题考查收入法的概念。用收入法核算的国内生产总值应包括以下一些项目：工资、利息和租金等这些生产要素的报酬；非公司企业主收入；公司税前利润；企业转移支付及企业间接税；资本折旧。

5. B【解析】本题考查 GDP 的核算范围。二手货的价值在计算 GDP 时不包括在内。

6. A【解析】本题考查 GDP 的核算范围。政府给贫困家庭的补助是转移支付，不计入 GDP。

7. B【解析】本题考查国民收入的概念。国民收入即总和意义上的一国生产要素在一定时期内提供生产性服务所得报酬即工资、利息、租金和利润。

8. C【解析】本题考查 GDP 的概念。国内生产总值是指经济社会（一国或一地区）在一定时期内运用生产要素所生产的全部最终产品（物品和劳务）的市场价值。这一定义含有如下几方面意思。

（1）GDP 是一个市场价值的概念。各种最终产品的价值都是用货币加以衡量的。

（2）GDP 测度的是最终产品的价值，中间产品价值不计入 GDP，否则会造成重复计算。

（3）GDP 是一定时期内（往往为 1 年）所生产而不是所售卖掉的最终产品价值。

（4）GDP 是计算期内（如 2010 年）生产的最终产品价值，因而是流量而不是存量。

（5）GDP 是一国范围内生产的最终产品的市场价值，它是一个地域概念。

9. C【解析】本题考查国民收入核算的几个概念之间的关系。从国民收入中减去公司未分配利润、公司所得税及社会保险税（费），加上政府给个人的转移支付，大体上就得到个人收入，不用减去公债利息。

10. D【解析】本题考查国民生产总值与国民生产净值的关系。国民生产净值通过国民生产总值减去折旧得到，而排除折旧却不是一件容易的事。折旧表示资本的真实消耗。真实消耗不仅包括使用损耗，而且包括自然损耗，不仅包括有形损耗（使用和自然损耗），而且包括无形损耗。估计真实损耗大小的精确性依赖于对两个方面因素的了解程度：资本的寿命及其损耗速度。不幸的是，无论对资本的寿命还是对其损耗速度，通常都知之甚少。

11. D【解析】本题考查名义GDP与实际GDP的换算。2016年的实际GDP＝4 000×（1＋30%）＝5 200（亿元），所以名义GDP＝3×5 200＝15 600（亿元）。

12. A【解析】本题考查个人可支配收入的计算。个人可支配收入DPI＝PI－个人所得税。题目中个人收入为100美元，个人所得税为12美元，因此个人可支配收入为88美元。至于题目中给出的利息支付总额、消费支出和个人储蓄额对个人可支配收入均没有影响。

13. D【解析】本题考查国内生产总值、国民生产总值、国内生产净值、国民生产净值的概念。GDP＝C＋I＋G＋NX＝80＋20＋25＋5＝130（亿元）。GNP＝GDP＋NFP（国外支付净额），题干中未提供NFP数据，所以GNP无法确定。此外，题目没有给出经济的资本折旧，因此国民生产净值也是无法确定的。选项B错误，应该是GDP＝130亿元。

14. B【解析】本题考查政府支出的概念。宏观经济中，政府支出分为对物品和劳务的购买与转移支付两部分。政府支出并不等于政府购买，政府支出除了政府购买外还包括转移支付。其中政府购买计入GDP，而政府转移支付表示的是收入的转移，不计入GDP。

15. A【解析】本题考查总投资额和净投资额的核算。总投资额是没有剔除折旧的投资总额，而净投资额则是剔除折旧部分的投资。本题中，总投资为年度生产的250亿元，净投资减去折旧部分200亿元为50亿元。

16. A【解析】本题考查个人收入的核算。从国民收入中减去公司未分配利润、公司所得税及社会保险税（费），加上政府给个人的转移支付，大体上就得到个人收入，而股东红利不能从国民收入中减去。

17. D【解析】本题考查投资的概念。经济学上的投资是指资本的形成。简单地说就是社会实际资本的增加，如企业存货的增加、新建的厂房、购买的机器设备等。

18. D【解析】本题考查政府购买的概念。政府给贫困家庭的生活补贴属于政府转移支付而不是政府购买。

19. B【解析】本题考查流量的概念。流量是指一定时期内发生的某种经济变量变动的数值，它是在一定的时期内测度的，其大小有时间维度；存量是在某一时点上测度的，其大小没有时间维度。

20. D【解析】参考第19题解析。

21. B【解析】本题考查净出口的计算。净出口＝出口额－进口额。

22. A【解析】本题考查政府转移支付的概念。转移支付是指政府或企业的一种不以购买本年的商品和劳务而作的支付，只有选项 A 符合。

23. D【解析】本题考查名义 GDP 与实际 GDP 的核算。名义 GDP＝实际 GDP × GDP 折算指数，此题中没有告诉 GDP 折算指数，所以无法比较两年的所有实际产量水平。

24. B【解析】本题考查收入法的概念。收入法是从生产过程创造收入的角度，根据生产要素在生产过程中应得的收入份额反映最终成果的一种核算方法；支出法是从最终使用的角度衡量核算期内产品和服务的最终去向。

25. C【解析】本题考查宏观经济政策的目标。宏观经济政策的四大目标是指充分就业、价格水平稳定、经济增长和国际收支平衡。

26. B【解析】本题考查《就业、利息和货币通论》在现代宏观经济学中的地位，《就业、利息和货币通论》，作者是约翰·梅纳德·凯恩斯。本书着重总量分析，是现代宏观经济学的开山之作。

27. B【解析】本题考查宏观经济学对消费问题的研究。宏观经济学家在研究消费问题时所关心的是消费者的各种支出进行加总而得到一个总量。

28. C【解析】本题考查经济学中"投资"的概念。投资指增加或更换资本资产（包括厂房、住宅、机械设备及存货）的支出（用字母 I 表示）。

29. D【解析】本题考查计入国内生产总值的具体项目。GDP 包括由经济中住房存量提供的住房服务的市场价值。就租赁住房而言，这种价值很容易计算——租金既等于房客的支出，又等于房东的收入。但许多人对自己所住的房子有所有权，因此并不付租金。政府通过估算租金价值而把这种自有房产包括在 GDP 中。实际上，GDP 是基于这样一个假设：所有者将房屋出租给自己，隐含的租金既包括在房东的支出中，又包括在其收入中，因此，它计入 GDP。

30. A【解析】本题考查 GDP 的概念。国内生产总值是指一个国家（或地区）在一定时期内所有常住单位生产经营活动的全部最终成果。就算一个国家某一时期的经济再怎样萧条，全部最终成果都不会为负的。

31. A【解析】本题考查投资和消费、储蓄之间的关系。投资支出减少，人们的收入也会减少，因而人们的消费不得不减少。投资支出减少，由投资＝储蓄恒等式可知储蓄必然减少。

32. A【解析】本题考查存货的概念。存货是处于生产过程中的产品和待出售的成品的存量，包括原材料在制品和企业暂时持有的待售产品。

33. C【解析】本题考查总收入的构成。从支出的角度看国内生产总值总等于消费加投资，国内生产总值又等于总收入，即 $Y=C+I$。而为什么不用 $Y=C+S$ 呢？事实上，厂商生产，从产品和服务市场得到的回报是 GDP，但是这些 GDP 并不是作为工资、利润、利息、租金等全部转移到了消费者手中，还会有一部分剩余作为厂商在产品市场的直接投资。所以消费者的消费加储蓄会小于实际的 GDP，因此不选择 A。

34. B【解析】本题考查实际 GDP 的计算。实际 GDP＝名义 GDP÷GDP 平减指数。

35. C【解析】本题考查个人收入的计算。个人收入＝国民收入－公司未分配利润－

公司所得税－社会保险税（费），所以，社会保险税的增加对个人收入有直接影响。

36. B【解析】本题考查要素收入的内容。通常的要素收入包括工资、利息、租金、利润等。养老金虽然被个人收到了但是它属于福利收入而不是要素收入。

37. D【解析】本题考查影响GDP测量的因素。其中，政府转移支付不计入GDP，因为转移支付只是简单地把收入从一些人或一些组织转移到另一些人或另一些组织，没有相应的物品或劳务的交换发生。

38. D【解析】本题考查实际GDP的作用。实际GDP是名义GDP剔除了价格水平变化后得到的，故通常用实际GDP来衡量经济增长。

39. A【解析】本题考查国民生产总值的定义。国民生产总值是指表示一国国民在一定时期内生产的所有最终产品和劳务的市场价值的总量。

40. C【解析】本题考查国民生产净值、国民收入、个人收入、个人可支配收入的核算。其中个人可支配收入一般是国民收入核算体系中数值最小的。

41. C【解析】本题考查名义GDP的计算。名义GDP＝实际GDP×GDP平减指数＝175×1.6＝280（亿元）。

42. A【解析】名义GDP和实际GDP的主要区别是：实际GDP按价格变化做了调整，而名义GDP则没有。

43. B【解析】计算GDP时不减折旧，所以是总投资；对外贸易考虑的是净出口，即出口－进口。

44. D【解析】生产法通过核算各行各业在一定时期中生产的价值增值来求GDP。

45. B【解析】GDP只计算最终产品的价值。

46. D【解析】考虑计算国内生产总值的三种方法：①生产法：增加值＝总产出－中间投入；②收入法：增加值＝劳动者报酬＋生产税净额＋固定资产折旧＋营业盈余；③支出法：国内生产总值＝最终消费＋资本形成总额＋货物和服务净出口。可见，此题答案应该为D。

47. B【解析】计量GDP时使用增值法（价值增加法）才可以扣除中间产品的价值。

48. C【解析】GDP等于工资、利息、租金、利润以及间接税支付的总和，也可以表述为总产出＝总收入。

49. C【解析】家庭主妇购买的面粉是最终产品，计入GDP。

50. B【解析】用收入法计算的GDP等于工资＋利息＋地租＋利润＋间接税。

51. B【解析】收入法核算GDP计算公式为：GDP＝劳动者报酬＋生产税净额＋固定资产折旧＋营业盈余。

52. A【解析】由现期国内生产要素报酬加总得到的是国内生产总值。

53. A【解析】GDP是一个市场价值的概念。各种最终产品的价值都是用货币加以衡量的。

54. D【解析】GDP衡量一年内一个经济社会中生产的所有最终产品和劳务的市场价值。

55. C【解析】中间产品和最终商品都是相对而言的，只有用于最终的消费才能确定为最终产品。

56. D【解析】GDP 测量的是最终产品和劳务的市场价值。

57. A【解析】负的总投资不可能出现，负的净投资有可能出现。

58. B【解析】一个国家的总产出必然等于总收入，而最终产品的销售收入就是最终产品购买者的支出。所以总产出等于总支出。

59. A【解析】政府支出属于注入量。

60. C【解析】进口属于漏出量。

61. A【解析】在计算国民生产净值时已经扣除了折旧，所以在通过国民生产净值计算个人可支配收入的时候不能再重复扣除。

62. B【解析】国民生产总值是国民概念，表示一国国民在一定时期内生产的所有最终产品和劳务的市场价值；而国内生产总值是地域概念，表示一个国家领土上居民在一定时期内生产的所有最终产品和劳务的市场价值。

63. B【解析】个人可支配收入＝个人收入－税收收入＝570－90＝480（美元）。

64. D【解析】NI＝NNP－企业间接税。

65. B【解析】选项 B 属于政府转移支付，不计入 GDP。

66. B【解析】GDP 只测算市场活动的价值而不能测算非市场活动的价值。

二、多项选择题

1. ABCD【解析】本题考查宏观经济政策的目标。宏观经济政策指国家或政府有意识有计划运用一定的政策工具，调节宏观经济的运行，以达到一定的政策目标。宏观经济政策的四大目标是指充分就业、价格水平稳定、经济增长和国际收支平衡。

2. ACD【解析】本题考查宏观经济学中市场的分类。宏观经济学把各种市场活动归结为三大类：产品市场、货币市场和劳动市场。

3. AC【解析】本题考查 GDP 的概念。GDP 是一个市场价值的概念；GDP 测度的是最终产品的价值，中间产品价值不计入 GDP；GDP 是一定时期内（往往为一年）所生产而不是所售卖掉的最终产品价值。

4. CD【解析】本题考查名义 GDP 与实际 GDP 的核算。名义 GDP＝实际 GDP×GDP 折算指数，在不清楚物价水平是否变动的情况下无法比较两年的所有实际产量水平，选项 C 正确。若给定物价水平不变，则表明今年的实物产量水平比去年提高了，选项 D 正确。

5. BC【解析】本题考查 GDP 的具体核算范围。打赏和生活补贴所得不是新生产出来的产品价值，而是属于价值的转移，所以不计入 GDP。

6. ABD【解析】本题考查要素收入的范围。工资、红利和利息以及租金是最典型的要素收入，而选项 C 中公司对希望工程捐款属于企业的转移支付，虽然在收入法计算GDP 时予以统计，但并非要素收入。

7. BC【解析】本题考查国民收入核算的几个概念之间的换算关系。选项 A，GDP＝NDP＋折旧；选项 D，NI＝NDP－企业间接税－企业转移支付＋政府补助金。

8. ABC【解析】本题考查政府购买的概念。选项 D，政府给低收入者的住房补贴属于政府转移支付，而不是政府购买。

9. BC【解析】本题考查最终产品的概念。选项 B 作为化工原料和选项 C 作为供应暖气的煤炭都还不属于煤炭的最终用途,不是最终产品。

10. ABC【解析】本题要求对劳动力、就业人数、失业人数、就业率、失业率、劳动力参与率的概念十分熟悉。劳动力=就业人数+失业人数;失业率=失业人数/劳动力数量×100%;就业率=就业人数/劳动力数量×100%;劳动力参与率=劳动力数量/成年人口总数×100%。

11. ACD【解析】本题考查最终产品法的核算范围。最终产品法是将消费、投资、政府购买以及净出口加总起来的核算方法。

12. BD【解析】本题考查个人收入的计算公式。PI=NI-(公司所得税+社会保险税+公司未分配利润)+政府给个人的转移支付。

13. BCD【解析】本题考查国民收入核算的部门。国民收入核算中最基本的是两部门经济,国民收入的构成是:$Y=C+I$;三部门经济国民收入的构成是:$Y=C+I+S$;四部门经济国民收入的构成是:$Y=C+I+S+(X-M)$。

14. BCD【解析】本题考查国民收入核算的几个概念。国民收入可以指五个相互联系而又有所不同的数字,它们是:国内生产总值(GDP)或目前已经较少使用的国民生产总值(GNP)、国民生产净值(NNP)、国民收入(NI)、个人收入(PI)以及个人可支配收入(DPI)。

15. AB【解析】本题考查国民收入核算的几个概念之间的关系。选项 A,NI=NDP-间接税-企业转移支付+政府补助金;选项 B,GDP=GNP+折旧。

16. BCD【解析】本题考查国内生产总值、国内生产净值、净出口的计算。GDP=$C+I+G+(X-M)$=3 000+800+960+(200-160)=4 800(亿元);NDP=GDP-折旧=4 800-400=4 400(亿元);净出口=$X-M$=200-160=40(亿元)。

17. ACD【解析】本题考查计入 GDP 的政府支出的内容。政府支出包括政府购买和政府转移支付。其中政府购买包括对全部商品和劳务的支出,计入 GDP;而政府转移支付是不计入 GDP 的。

三、判断题

1. 对【解析】本题考查国内生产总值的定义。在西方经济学中,国内生产总值是指经济社会(一国或一地区)在一定时期内运用生产要素所生产的全部最终产品(物品和劳务)的市场价值。

2. 错【解析】本题考查国内生产总值的定义。国内生产总值是指在一定时期内生产出来而不是销售出去的最终产品。在今年生产出来并销售出去的汽车的价值应该计入今年的 GDP,而去年生产出来在今年销售出去的汽车的价值应该计入去年的 GDP。

3. 错【解析】本题考查国内生产总值的定义。国内生产总值只计算最终产品的价值。纺织厂为制作棉服而购买的棉花并没有直接进入到最终使用者的手中,只能算中间产品,不计入 GDP。而居民购买的棉服直接进入到最终使用者的手中,所以应该算最终产品,计入 GDP。

4. 对【解析】本题考查国内生产净值的计算。国内生产总值中的最终产品价值并未扣去资本设备消耗的价值，如把消耗的资本设备价值扣除了，就得到净增加值，即从 GDP 中扣除资本折旧，就得到 NDP。

5. 错【解析】本题考查国内生产总值的定义。国内生产总值是指一定时期生产的最终产品而不是售出的最终产品的价值。当年销售出去的汽车有可能不是当年生产出来的，所以其销售额应该计入生产该汽车那年的国内生产总值中。

6. 错【解析】本题考查名义 GDP 和实际 GDP 的作用。名义 GDP 并没有扣除物价上涨、通货膨胀的因素，所以不能准确衡量一国的实际生活水平，应该用实际 GDP 作为一国生活水平的衡量指标。

7. 对【解析】本题考查 GDP 增速和人口数量增速的关系。一国的人口数量与人均 GDP 相关，人口数量增加时，该国的人均 GDP 降低。若要维持该国人民的生活水平，则 GDP 增长的速度要和人口数量增加的速度保持一致。

8. 错【解析】本题考查出口和进口对 GDP 的贡献。用支出法计算的国内生产总值＝消费＋投资＋政府购买＋净出口。而净出口＝出口－进口，出口意味着资金流入，而进口意味着资金流出。所以，一般而言，出口创造国民收入而进口减少国民收入。

9. 对【解析】本题考查国民收入核算的三种方法，一般认为三种方法核算的结果会不同，但其实生产法、支出法、收入法都是对同一堆最终经济成果的衡量，只不过是分别从生产、流通和分配三个不同的环节来计算。如果不考虑统计误差因素，三种方法核算的 GDP 必然是相等的。

10. 错【解析】本题考查企业转移支付的变动对国民收入的影响。国民收入＝国内生产净值－间接税－企业转移支付＋政府补助金，企业转移支付的增加会造成国民收入的减少。

11. 错【解析】本题考查政府购买和政府转移支付的区别。政府支出包括政府购买和转移支付。政府购买是通过雇用公务人员、教师，建立公共设施，建造舰队等为社会提供了服务；而转移支付只是简单地把收入从一些人或一些组织转移到另一些人或另一些组织，没有相应的物品或劳务的交换发生。故政府为某公司修建专用机场而进行的支出属于政府购买而不是转移支付。

12. 对【解析】本题考查个人收入的核算及用途。个人收入不能全归个人支配，因为要缴纳个人所得税，税后的个人收入才是个人可支配收入，即人们可用来消费或储蓄的收入。

13. 对【解析】本题考查国民收入核算的储蓄—投资恒等式。从国民收入会计角度看，储蓄与投资是恒等的，这种恒等是"事后的、实际的"恒等。在实际经济生活中，储蓄和投资的主体及动机都不一样，这就会引起计划投资和计划储蓄的不一致，形成总需求和总供给的不平衡，引起经济扩张和收缩。分析宏观经济均衡时所讲的投资要等于储蓄，是指只有计划投资等于计划储蓄时，才能形成经济的均衡状态。这和国民收入核算中的实际发生的投资总等于实际发生的储蓄这种恒等关系并不是一回事。

14. 错【解析】本题考查实际 GDP 的核算。实际 GDP＝名义 GDP/GDP 折算指数，即实际 GDP 是指将名义 GDP 根据价格变动进行调整后得到的。

15. 错【解析】本题考查失业率的核算。失业率＝失业人数/劳动力数量×100%。

16. 错【解析】本题考查流量的概念。流量是一定时期内发生的变量，存量是一定时点上存在的变量。所以当我们测度一个特定时期所发生的事时，我们涉及的是一个存量。

17. 对【解析】本题考查折旧是否按要素收入计入 GDP。资本折旧虽不是要素收入，但包括在应回收的投资成本中，故也应计入 GDP。

18. 错【解析】本题考查住宅建筑属于投资还是消费。住宅建筑属投资而不属消费，因为住宅像别的固定资产一样是长期使用、慢慢地被消耗的。

19. 错【解析】本题考查资本存量、净投资、资本折旧之间的关系。净投资＝投资－资本折旧。投资是一定时期内增加到资本存量中的资本流量，而资本存量则是经济社会在某一时点上的资本总量。假定某国家在2007年投资900亿美元，该国2007年末资本存量可能是 5 000 亿美元。所以净投资与资本消耗折旧相等，不一定意味着资本品存量保持不变。

20. 错【解析】只有商品数量的变化会引起实际国内生产总值的变化。实际国内生产总值是以具有不变购买力的货币单位衡量的国内生产总值，通常是以现行货币单位来表现一国在一定时期（通常为1年）内的全部社会最终产品和劳务的总和。但由于通货膨胀和通货紧缩会抬高或降低物价，因而会使货币的购买力随物价的波动而发生变化。为了消除价格变动的影响，一般是以某一年为基期，以该年的价格为不变价格，然后用物价指数来矫正按当年价格计算的国内生产总值，而计算出实际国内生产总值。实际国内生产总值能准确地反映产量的变动情况。一般来说，在通货膨胀的情况下，实际国内生产总值小于按当年价格计算的国内生产总值；在通货紧缩的情况下，实际国内生产总值大于按当年价格计算的国内生产总值。

21. 错【解析】GDP 是在一定时间内（通常是1年）经济社会所生产的所有最终产品的市场价值，而不是所销售的最终产品的价值。所以只要产量是一样的，无论卖多卖少 GDP 都是一样的。

22. 错【解析】个人收入减去个人所得税才是个人可支配收入。

23. 错【解析】付费就说明产生了商品或劳务，会影响 GDP。

24. 对【解析】GDP 是地域概念，GNP 是国民概念。

25. 错【解析】计算 GDP 应该看生产时间而不是销售时间。

26. 对【解析】GDP 是一定时期内生产的最终产品和劳务的市场价值总和。

27. 对【解析】总投资分重置投资和净投资，净投资可能为负。因此，资本存量可能减少。

28. 错【解析】政府转移支付不应计入国内生产总值。

29. 错【解析】住房属于投资品，不计入消费支出。

30. 错【解析】还要看物价水平等其他因素。

31. 错【解析】三者的口径并不一样。

32. 对【解析】题干表述正确。

33. 对【解析】资本品存量＝15 000＋3 000－2 000＝16 000（亿美元）。

34. 对【解析】题干表述正确。

35. 错【解析】家庭主妇提供的劳务并不是一种市场价值，不计入 GDP。

36. 对【解析】GDP 就是衡量的一国在一定时期内生产出来的产品或劳务的市场价值。

37. 对【解析】题干表述正确。

38. 对【解析】实际 GDP＝名义 GDP÷GDP 折算指数，而 GDP 折算指数衡量了价格水平的变动。

四、名词解释

1. 最终产品：在一定时期内生产的并由其最后使用者购买的产品和劳务。

2. 国内生产总值（GDP）：在西方经济学中，国内生产总值是指经济社会（一国或一地区）在一定时期内运用生产要素所生产的全部最终产品（物品和劳务）的市场价值。

3. 流量：在一定时期内发生的变量。例如，投资是一个流量，它表示在一年内新增的投资，是资本存量的变化量。

4. 存量：在一定时点上存在的变量。例如，资本存量，它表示在某一时间点上有多少资本存在。

5. 折旧：资本物品由于损耗造成的价值减少称为折旧。折旧不仅包括生产中资本物品的物质磨损，还包括资本变化带来的精神磨损。

6. 国内生产净值（NDP）：国内生产总值扣除资本折旧的部分。

7. 国民收入（NI）：国内生产净值扣除间接税和企业转移支付，再加政府补助金。国民收入也是一国生产要素在一定时期内提供的生产性服务所得到的报酬，等于工资＋利息＋租金＋利润。

8. 储蓄—投资恒等式：储蓄—投资恒等式是根据储蓄和投资的定义得出的。根据定义，国内生产总值等于消费加投资，国民总收入等于消费加储蓄。国内生产总值又等于总收入。这样，才有了储蓄—投资的恒等关系。

9. 名义 GDP：是用生产物品和劳务的当年价格计算的全部最终产品的市场价值。

10. 实际 GDP：用以前某一年作为基期价格计算出来的全部最终产品的市场价值。

11. GDP 折算指数：也称 GDP 缩减指数，它等于一国名义 GDP 与实际 GDP 的比值。

12. 中间产品：是指用于再出售而供生产别种产品用的产品。

13. 个人收入（PI）：从国民收入中减去公司未分配利润、公司所得税及社会保险税（费），加上政府给个人的转移支付，大体上就得到个人收入。

14. 个人可支配收入（DPI）：税后的个人收入就是个人可支配收入，即人们可用来消费或储蓄的收入。

15. 消费价格指数（CPI）：又称生活费用价格指数，指通过计算城市居民日常消费的生活用品和劳务的价格水平变动而得到的指数。

16. 生产价格指数（PPI）：指通过计算生产者在生产过程中所有阶段上所获得的产品的价格水平变动而得到的指数。

17. 支出法：用支出法核算 GDP，就是通过核算在一定时期内整个社会购买最终产品的总支出即最终产品的总卖价来计量 GDP。

18. 收入法：即用要素收入亦即企业生产成本核算国内生产总值。

19. 生产法：通过核算各行各业在一定时期中生产的价值增值来计算 GDP 的方法。

20. 价格指数：即物价总水平或者说一般物价水平，它是所有商品和劳务交易价格总额的加权平均数值。这个加权平均值就是价格指数。

21. 通货膨胀率：指货币超发部分与实际需要的货币量之比，用以反映通货膨胀、货币贬值的程度。通货膨胀率不是价格指数而是价格指数的上升率。

五、简答题

1. 国内生产总值是指经济社会（一国或一地区）在一定时期内运用生产要素所生产的全部最终产品（物品和劳务）的市场价值。这一定义含有如下几方面意思。

（1）GDP 是一个市场价值的概念。各种最终产品的价值都是用货币加以衡量的。

（2）GDP 测度的是最终产品的价值，中间产品价值不计入 GDP，否则会造成重复计算。

（3）GDP 是一定时期内（往往为 1 年）所生产而不是所售卖掉的最终产品价值。

（4）GDP 是计算期内（如 2010 年）生产的最终产品价值，因而是流量而不是存量。流量是一定时期内发生的变量，存量是一定时点上存在的变量。

（5）GDP 是一国范围内生产的最终产品的市场价值，从而是一个地域概念。

（6）GDP 一般仅指市场活动导致的价值。家务劳动、自给自足生产等非市场活动不计入 GDP 中。

2. 国内生产总值（GDP）是指一个国家或地区领土范围内，本国或地区的居民和外国居民在一定时期内所生产和提供的最终使用的产品和劳务的市场价值，是一国范围内生产的最终产品的市场价值，因此是一个地域概念。国民生产总值（GNP）是指某国国民所拥有的全部生产要素所生产的最终产品和市场价值。它是本国国民生产的最终产品市场价值的总和，是一个国民概念，即无论劳动力和其他生产要素处于国内还是国外，只要是本国国民生产的产品和劳务的价值都记入国民生产总值。二者的关系如下：

GDP＝GNP－（本国生产要素在国外获得的收入－外国生产要素在本国获得的收入）
　　　＝GNP－国外要素支付净额（NFP）

3. 在西方国民收入核算体系中，国民收入可以指五个相互联系而又有所不同的数字，它们是：国内生产总值（GDP）或目前已经较少使用的国民生产总值（GNP）、国内生产净值（NDP）、国民收入（NI）、个人收入（PI）以及个人可支配收入（DPI）。其相互关系如下：

NDP＝GDP－折旧
NI＝NDP－企业间接税
PI＝NDP－（公司所得税＋社会保险税＋公司未分配利润）＋政府给个人的转移支付＋政府补助金
DPI＝PI－个人所得税

4. 用支出法核算 GDP，就是核算经济社会（指一个国家或一个地区）在一定时期内消费、投资、政府购买以及净出口这几方面支出的总和。

（1）消费（指居民个人消费）支出（用字母 C 表示）包括购买耐用消费品（如小汽车、电视机、洗衣机等）、非耐用消费品（如食物、衣服等）和劳务（如医疗、旅游、理发等）的支出。

（2）投资指增加或更换资本资产（包括厂房、住宅、机械设备及存货）的支出（用字母 I 表示）。

（3）政府对物品和劳务的购买（G）是指各级政府购买物品和劳务的支出，如政府花钱设立法院、提供国防、建筑道路、开办学校等方面的支出。

（4）净出口指进出口的差额。用 X 表示出口，用 M 表示进口，则（$X-M$）就是净出口。

5. 三部门经济把政府部门加入由消费者和厂商构成的两部门经济中。从支出（总需求）角度看，国内生产总值等于消费、投资和政府购买的总和，可用公式表示为：$Y=C+I+G$；从收入（总供给）角度看，国内生产总值仍旧是所有生产要素获得的收入总和，即 $Y=C+S+T$，其中 T 表示剔除政府转移支付的政府净收入。根据总需求＝总供给，可以将三部门经济中的国民收入构成的基本公式概括成为：$C+I+G=Y=C+S+T$。公式两边消去 C，得 $I+G=S+T$，或 $I=S+(T-G)$。在这里，S 代表私人储蓄，$(T-G)$ 可看作政府储蓄。

6. 名义 GDP 是指运用当期市场价格计算的最终产品的市场价值。实际 GDP 是指运用某一基期市场价格计算的最终产品的市场价值。二者之间的关系如下：

名义 GDP＝实际 GDP×GDP 折算指数

一般情况下，我们都用剔除了物价变动水平的实际 GDP 衡量经济发展水平。

7. GNP 不是反映一国福利水平的理想指标的原因如下：

（1）它包括资本消耗的补偿，而这部分与消费和闲暇数量水平无关。

（2）GNP 包括净投资，而净投资的增加只会增加生产能力从而增加未来的消费，不仅不会增加本期消费反而会减少本期消费。

（3）GNP 中的政府支出与本期消费没有明确关系，如果政府支出的增加用于社会治安这是社会治安恶化的反映，从而很难认为政府支出的增加提高了人们的福利水平。

（4）计算 GNP 时是加上出口减去进口，而出口与国内消费无关，进口与国内消费有关。

（5）GNP 也没有反映人们闲暇的数量。

（6）GNP 没有考虑地下经济与福利水平是否有着直接关系。

综上所述，GNP 不能很好地反映一国的福利水平。

8. 失业率的计算并不是失业人数和总人口的比率，而是劳动人口中失业人数和劳动力总数的比率，即

劳动力＝就业人数＋失业人数

失业率＝失业人数/劳动力数量×100%

与失业率相关的一个统计数字是劳动力参与率，这是指成年人口中属于劳动人口的百分比，即

$$劳动力参与率 = 劳动力数量/成年人口总数 \times 100\%$$

9. 消费者价格指数（CPI），又称生活费用价格指数，指通过计算城市居民日常消费的生活用品和劳务的价格水平变动而得到的指数，计算的公式为

$$CPI = \frac{现期价格指数}{基期价格指数} \times 100\%$$

CPI 的构造：

（1）选定"篮子"：固定篮子中各种消费品与服务的项目和各个项目的数量。

（2）计算当期购买该篮子商品和服务所需要的总费用。

（3）选定基期（基期的选择是任意的），并计算基期购买该篮子商品和服务所需要的总费用。

（4）用（2）的结果除以（3）的结果再乘以 100%，就可得到 CPI。

CPI 的缺陷：

（1）不能准确地反映通货膨胀，只是全部产品服务中的一部分。

（2）篮子在一定时期内相对固定，不能反映消费品结构的变化。

（3）不能观察到产品服务质量的变化。

（4）不能反映消费品、服务的创新。

10. 生产者价格指数（PPI），指通过计算生产者在生产过程中所有阶段上所获得的产品的价格水平变动而得到的指数。这些产品包括制成品和原材料。

PPI 与 CPI 的关系：

（1）联系：计算方法基本一样，即计算各种商品的价格变化程度的加权平均。

（2）区别：

①CPI 是同步经济指标，按一篮子消费品和服务零售价格计算。PPI 是现行经济指标，按一篮子生产资料批发价格计算。

②PPI 反映生产环节价格水平，CPI 反映消费环节价格水平。

根据价格传导规律，PPI 对 CPI 有一定的影响。整体价格水平的波动一般首先出现在生产领域，然后通过产业链向下游产业扩散，最后波及消费品。但是由于 CPI 与 PPI 在统计口径上并非严格的对应关系，因此两者变化可能出现不一致。

11. GDP 折算指数，又称 GDP 平减指数和 GDP 求实指数，是名义 GDP 和实际 GDP 的比率。

$$GDP 折算指数 = 名义 GDP/实际 GDP$$

GDP 折算指数与 CPI 的关系：

（1）联系：计算方法基本一样，即计算各种商品价格变化程度的加权平均。

（2）区别：

①CPI 反映消费者购买的消费品和服务的价格水平，GDP 折算指数反映国内生产的所有商品和服务的价格水平，因此，GDP 折算指数测量的商品和服务的数量要广泛得多。

②CPI 的篮子中各种商品和服务项目以及各项目的数量都是固定的；GDP 折算指数的篮子中包括全部计入 GDP 的产品和服务，各项目的数量则随每年的产出而改变，不是固定不变的。

③CPI 包括进口商品价格的变动，而 GDP 折算指数只反映本国商品服务价格的变动。

由于存在上述种种差别，所以两种指数对通货膨胀的反映也存在较大的差别，它们各自从不同方面符合实际地反映每年的通货膨胀，都有它的实用价值。GDP 折算指数测量的商品及服务的范围最广泛，CPI 更确切地反映了通货膨胀对城市居民生活费用的影响。

六、计算题

1. （1）折旧＝总投资－净投资＝1 500－1 000＝500（亿元）
    国内生产净值＝国内生产总值－折旧＝9 000－500＝8 500（亿元）
（2）由 GDP＝$C+I+G+NX$
则净出口 NX＝GDP－$C-I-G$＝9 000－5 000－1 500－1 200＝1 300（亿元）
（3）用 BS 代表政府预算盈余，T 代表净收入即政府税收减去政府转移支付后的收入，则 BS＝$T-G$，T＝BS＋G＝500＋1 200＝1 700（亿元）
（4）个人可支配收入本来是从个人收入中减去个人所得税后的收入，本题中没有提供间接税、公司未分配利润、社会保险税等信息，所以可从国内生产净值中直接得到个人可支配收入，即 Y_D＝NDP－T＝8 500－1 700＝6 800（亿元）
（5）个人储蓄 S＝Y_D-C＝6 800－5 000＝1 800（亿元）

2. （1）国民收入＝雇员酬金＋企业支付的利息＋个人租金收入＋公司利润＋非公司企业主收入＝2 000＋200＋50＋180＋130＝2 560（亿元）
（2）国内生产净值＝国民收入＋间接税＝2 560＋310＝2 870（亿元）
（3）国内生产总值＝国内生产净值＋资本消耗补偿＝2 870＋400＝3 270（亿元）
（4）个人收入＝国民收入－（公司利润＋社会保险税）＋政府支付的利息＋政府转移支付＋红利＝2 560－（180＋170）＋110＋360＋80＝2 760（亿元）
（5）个人可支配收入＝个人收入－个人所得税＝2 760－420＝2 340（亿元）
（6）个人储蓄＝个人可支配收入－消费者支付的利息－个人消费支出＝2 340－70－2 000＝270（亿元）

3. （1）2015 年的 GDP＝300×20＋400×3＋800×2＝8 800（亿元）
    2016 年的 GDP＝300×21＋400×4＋800×3＝10 300（亿元）
    2016 年的 GDP 增长率＝$\frac{10\ 300-8\ 800}{8\ 800}\times 100\% \approx 17\%$

（2）CPI＝$\frac{现期价格指数}{基期价格指数}\times 100\%$

CPI＝$\frac{300\times 21+400\times 4+800\times 3}{300\times 20+400\times 3+800\times 2}\times 100\% \approx 117\%$

通货膨胀率＝$\frac{117-100}{100}\times 100\%=17\%$

4.（1）把 2014 年作为基年时，2014 年的名义 GDP 是 200 美元，2014 年的实际 GDP 是 200 美元，GDP 平减指数是 1。

2015 年的名义 GDP 是 400 美元，2015 年的实际 GDP 是 400 美元，GDP 平减指数是 1。

2016 年的名义 GDP 是 800 美元，2016 年的实际 GDP 是 400 美元，GDP 平减指数是 2。

（2）从 2014 年到 2015 年，名义 GDP 增加了 100%，实际 GDP 增加了 100%，GDP 平减指数没有变化。

从 2015 年到 2016 年，名义 GDP 增加了 100%，实际 GDP 没有变化，因而 GDP 平减指数增加了 1。

（3）在 2016 年，经济福利没有增加，因为实际 GDP 没有发生变化，而是物价上升了 100%使名义 GDP 增加了 100%。

5.（1）根据已知的统计资料，填充表 12-4 的最后一栏可得答表 12-1。

答表 12-1   单位：元

生产过程	经济活动	价格	增值额
第一阶段	农民出售小麦	10	10
第二阶段	面粉厂出售面粉	12	2
第三阶段	面包厂出售面包	15	3
第四阶段	零售商出售面包	18	3

（2）每个阶段的增值额等于各阶段产品的价格减去投入品的价格在乘上小麦的数量。在上面的生产过程中，增值的总量为

（10+2+3+3）×3 000＝18×3 000＝54 000（元）

消费者对面包的支出为 3 000×18＝54 000（元）

6.（1）甲的价值增加：8 000－4 500＝3 500

乙的价值增加：1 000－500＝500

丙的价值增加：9 000－5 000＝4 000

总共的价值增加：3 500＋500＋4 000＝8 000

（2）国内生产总值为最终产品价值，上问中的 3 500、500、4 000 分别为甲、乙、丙三个厂商卖给消费者的最终产品。所以国内生产总值为：3 500＋500＋4 000＝8 000。

（3）国民收入：8 000－1 000＝7 000。

七、论述题

1.（1）国民收入核算是宏观经济分析的基础：

①国民收入核算理论与方法经过了不断修改、补充和完善，以适应经济全球化、国际化的趋势，广泛地应用于复杂的经济分析、政策制度和比较研究。

②国民收入核算包括国民经济的各个部门、上层建筑、各个部门的收入和支出状

况，因此，能够比较全面地反映一个国家国民经济各部门的发展水平和速度，进而能够比较综合地反映一个国家在一定时期的经济活动水平。

（2）国民收入核算的局限性：

①GDP 和 GNP 都不能反映实际产量水平和真实生活水平。GDP 和 GNP 都只核算市场活动的产出价值，而不经市场交易的活动如家务劳动、自给性的生产活动等没有反映出来。

②地下经济活动包括非法活动与违法经济活动，如贩毒走私、偷税逃税等难以得到反映。

③GDP 和 GNP 都不能反映产品和劳务的结构以及技术进步状况。在社会经济中生产的技术进步能够降低产品与劳务市场价格，在 GDP 与 GNP 中则体现不了劳动生产率的提高。

④社会上人们往往只注重 GDP 和 GNP 的增长水平，而忽视产业结构、产品质量、环境污染、生态破坏、资源耗竭等对人类生活质量与环境空间的严重影响，还忽视了收入分配不公平带来的严重社会问题。GDP 与 GNP 是反映经济增长已发展成果的总量，而没有反映一个社会为此付出的所有代价与经济效率。总之，国民收入核算是研究和分析宏观经济的前提与基础。

2. 四部门指私人、企业、政府和国外部门。四部门中，国民收入的构成从支出角度看就等于消费、投资、政府购买和净出口的总和，用公式表示是：$Y=C+I+G+(X-M)$；从收入角度看，国民收入构成的公式可写成：$Y=C+S+T+Kr$，Kr 则代表本国居民对外国人的转移支付。这样，四部门经济中国民收入构成的基本公式就是：$C+I+G+(X-M)=Y=C+S+T+Kr$，公式两边消去 C，则得到：$I+G+(X-M)=S+T+Kr$。这一等式，也可以看成是四部门经济中的储蓄—投资恒等式，这一等式可以转化为以下式子：$I=S+(T-G)+(M-X+Kr)$。这里，S 代表居民私人储蓄，$(T-G)$ 代表政府储蓄，而 $(M-X+Kr)$ 则可代表外国对本国的储蓄，因为从本国的立场看，进口代表其他国家出口商品，从而这些国家获得收入，出口代表其他国家从本国购买商品和劳务，从而这些国家需要支出，Kr 代表其他国家从本国得到收入，可见，当 $(M+Kr)>X$ 时，外国对本国的收入大于支出，于是就有了储蓄，反之，则有负储蓄。这样，$I=S+(T-G)+(M-X+Kr)$ 的公式就代表四部门经济中总储蓄（私人、政府和国外）-投资的恒等关系。

3. （1）用支出法计算 GDP 是将一国在一定时期内所有的经济单位用于最终产品和劳务的支出加总起来。在四部门经济中，支出主要有四种：家庭消费支出、企业投资支出、政府购买支出和净出口（出口与进口额之差）。

①家庭消费支出包括购买商品和劳务的支出以及其他支出，其中包括购买耐用消费品的支出，如汽车、洗衣机、电视机等；购买非耐用消费品的支出，如食品、衣服等；服务支出，如理发、医疗和教育等。消费支出用 C 表示。

②企业投资支出是指企业用于机器设备、厂房和存货方面的支出。投资支出用 I 表示。投资包括固定资产投资和存货投资两大类。固定资产投资指新厂房、新设备、新商业用房以及新住宅的增加。存货投资是企业掌握的存货价值的增加（或减少）。存货

投资可能是正值，也可能是负值，因为年末存货价值可能大于也可能小于年初存货价值。用支出法计算 GDP 时的投资，指的是总投资。

③政府购买支出是指各级政府购买商品和劳务的总和。例如修建道路桥梁、添置军事设备和支付警察的工资。政府购买用 G 表示。政府购买只是政府支出的一部分，政府支出的另一部分如转移支付、公债利息等都不计入 GDP。理由是政府购买时通过雇用公务人员、教师，建立公共设施，建造舰队等为社会提供了服务，而转移支付只是简单地把收入从一些人或一些组织转移到另一些人或另一些组织，没有相应的物品或劳务的交换发生。如政府给残疾人发放救济金，不是因为这些人提供了服务，创造了价值，而是因为他们丧失了劳动能力，要靠救济生活。

④净出口定义为出口额减进口额，以 X 表示出口，M 表示进口，NX 表示净出口，则有：NX$=X-M$。进口应从本国总购买量中减去，因为进口表示收入流到国外，不是用于购买本国产品的支出；出口则应加进本国总购买量之中，因为出口表示收入从外国流入，是用于购买本国产品的支出。因此，只有净出口才应计入总支出，它可能是正值，也可能是负值。

（2）根据支出法有：国内生产总值＝消费支出＋投资支出＋政府购买＋净出口，即 GDP$=C+I+G+$NX。

（3）利用支出法计算国内生产总值，在实际应用中应注意以下两个问题：

①有些支出项目不应计入 GDP，这些项目包括对过去时期生产的产品的支出（如购买旧设备），非产品和劳务的支出（如购买股票、债券的支出）以及对进口产品和劳务的支出等。并且，政府的转移支付也不应该计入国内生产总值中，因为领取者并未向政府或社会提供任何相应的产品和劳务。

②避免重复计算。最终产品和中间产品并无明显区别，因而在计算过程中容易造成重复计算。在实际计算中，如果最终产品的价值全部计入 GDP 中，那么中间产品就不应计入 GDP 中，即使这种产品是生产最终产品的企业购买来的也是如此。如果中间产品在此之前已计入 GDP 中，那么该产品生产的最终产品价值只能扣除中间产品价值后，方可计入 GDP 中。

4.（1）在国民收入核算体系中，存在的储蓄—投资恒等式完全是根据储蓄和投资的定义得出的。根据定义，国内生产总值总等于消费加投资，国民总收入则等于消费加储蓄，国内生产总值又总等于国民总收入，这样才有了储蓄恒等于投资的关系。这种恒等关系就是两部门经济的总供给（$C+S$）和总需求（$C+I$）的恒等关系。只要遵循储蓄和投资的这些定义，储蓄和投资一定相等，而不管经济是否充分就业或通货膨胀，即是否均衡。

（2）但这一恒等式并不意味着人们意愿的或者说事前计划的储蓄总会等于企业想要有的投资。在实际经济生活中，储蓄和投资的主体及动机都不一样，这就会引起计划投资和计划储蓄的不一致，形成总需求和总供给不平衡，引起经济扩张和收缩。分析宏观经济均衡时所讲的投资要等于储蓄，是指只有计划投资等于计划储蓄时，才能形成经济的均衡状态。它和国民收入核算中的实际发生的投资总等于实际发生的储蓄这种恒等关系并不是一回事。

5. 收入法即用要素收入亦即企业生产成本核算国内生产总值。严格说来，最终产品市场价值除了生产要素收入构成的成本，还有间接税、折旧、公司未分配利润等内容，因此用收入法核算的国内生产总值应包括以下一些项目。

（1）工资、利息和租金等这些生产要素的报酬。工资包括所有对工作的酬金、津贴和福利费，也包括工资收入者必须缴纳的所得税及社会保险税。利息在这里指人们给企业提供的货币资金所得的利息收入如银行存款利息、企业债券利息等，但政府公债利息及消费信贷利息不包括在内。租金包括出租土地、房屋等租赁收入及专利、版权等收入。

（2）非公司企业主收入，如医生、律师、农民和小店铺主的收入。他们使用自己的资金，自我雇用，其工资、利息、利润、租金常混在一起作为非公司企业主收入。

（3）公司税前利润，包括公司所得税、社会保险税、股东红利及公司未分配利润等。

（4）企业转移支付及企业间接税。这些虽然不是生产要素创造的收入，但要通过产品价格转嫁给购买者，故也应视为成本。企业转移支付包括对非营利组织的社会慈善捐款和消费者呆账，企业间接税包括货物税或销售税、周转税。

（5）资本折旧。它虽不是要素收入，但包括在应回收的投资成本中，故也应计入GDP。

这样，按收入法计得的国民总收入＝工资＋利息＋利润＋租金＋间接税和企业转移支付＋折旧。它和支出法计得的国内生产总值从理论上说是相等的。但实际核算中常有误差，因而还要加上一个统计误差。

6. $GNP=C+I+G+(X-M)$ 是用支出法核算四部门经济的国民生产总值的计算公式。它表示四部门经济的国民生产总值等于经济社会（一国或一地区）在一定时期内消费、投资、政府购买以及净出口的总和。

（1）国民生产总值（GNP）指某国国民所拥有的全部生产要素在一定时期内所生产的最终产品的市场价值。这项综合经济指标未扣除生产过程资本损耗的折旧费用，所以称为"总值"。国民生产总值包含的只是最终产品和劳务，不计算生产中耗费掉的中间产品的价值。

（2）消费 C 包括耐用消费品（如家电、家具等）、非耐用消费品（如食物、衣服等）和劳务（如理发、旅游等），但不包括个人建筑住宅的支付。

（3）投资 I 是指增加或更换资本资产（厂房、设备、住宅和存货）的支出。资本产品和中间产品虽然都用于生产别的产品，但不一样的是前者在生产别的物品的过程中是部分消耗的，而后者则是完全转化。在资本产品的消耗中，一方面包括实际的物质损耗，另一方面还包括精神损耗（指由于技术进步或者出现了更高效的新设备而导致原设备贬值）。存货投资指存货价值的增加（或减少），可为正值也可为负值，即期末存货可能小于期初存货。公式中的 I 为总投资，而净投资＝I－重置投资。重置投资即资本的折旧损耗。

（4）政府购买 G 为各级政府购买物品和劳务的支出，如政府花钱设立法院、提供国防、修建道路、开办学校等方面支出。政府购买只是政府支出的一部分，政府支出的另一部分如转移支付、公债利息等都不计入 GNP。

（5）净出口（$X-M$）指进出口的差额。用 X 表示出口，用 M 表示进口。进口应从本国总购买量中减去，因为进口表示收入流到国外，同时，也不是用于购买本国产品的支出；出口应加进本国总购买量之中，因为出口表示收入从外国流入，是用于购买本国产品的支出，因此，净出口应计入总支出，它可能是正值、可能是负值。

八、案例分析

案例一：

（1）围绕事关全省发展大局的重大问题和深层难题，一年来，省委、省政府采取了一系列开创性、突破性的重大创新举措，有力促进经济社会发展。

①强力推进脱贫攻坚产业扶贫子基金加速落地，坚持上规模、强龙头、创品牌、带农户，贵州产业扶贫打开新篇章。

②大力解决长期制约能源工业发展的深层次体制机制问题，出台一系列文件，下定决心淘汰落后产能，能源工业转型升级成效显现。

③全力发展实体经济，千企引进、千企改造"双千工程"和大数据＋产业深度融合行动强力推进，效果喜人。

④抢抓交通、流通、网通条件加快改善的有利时机，大力发展旅游经济，旅游业持续"井喷"，旅游发展提档升级。

⑤坚持生态产业化、产业生态化，强力实施十大污染源治理和十大行业治污减排"双十"工程，生态优先、绿色发展正在成为多彩贵州的主旋律！

⑥着力提高金融服务保障能力，创新地方金融体系，有效解决了农村"组组通"公路三大决战筹资等融资难题。

一组组实打实的行动，绘就贵州砥砺奋进的崭新画卷。全省上下戮力同心，苦干实干出实绩。

（2）GDP 是衡量一国或一个地区经济发展水平的重要指标：

①GDP 反映的是一个地区各部门经济的增加值的总额。首先，GDP 增长率是描述经济增长情况的最重要的宏观经济指标。各国政府的统计部门都把 GDP 增长率作为描述经济增长情况最重要的综合性宏观经济指标。其次，GDP 是描述经济规模的最重要的宏观经济指标。一个国家的经济规模是其经济实力和国际地位的重要标志之一。

②GDP 是制定经济发展战略目标和宏观经济政策的重要工具与重要依据。首先，GDP 是制定经济发展战略和规划目标的重要工具。其次，GDP 是制定宏观经济政策的重要依据。GDP 描述的经济增长率是宏观经济决策的重要依据。GDP 不仅是制定宏观经济政策的重要依据，而且是检验宏观经济政策科学性和有效性的重要手段。例如，在经济衰退的时候，国家往往采取刺激性经济政策，这些刺激性政策有效地抑制了衰退，促进了经济的复苏。

但是 GDP 不能作为衡量一国或一个地区经济发展的唯一指标：

①GDP 作为一个经济指标，它无法涵盖所有的社会发展，如不计入产品和服务的家庭劳动。

②GDP 无法有效地表明因为技术进步带来的社会进步，如生产一项商品的技术有

重大突破，那么生产同等质量的该商品的社会必要劳动时间就下降，反映在商品价格上说明价格下降，当总的 GDP 变动不大的时候，我们无法看出其技术的变化，而实际上生产的该产品数量却变多了（因为生产时间减少）。

③如果将 GDP 作为衡量社会经济发展的唯一指标，那么可能会导致牺牲资源或者环境的粗放型经济增长，通过大量资源的消耗，来换取 GDP 的增加，造成一系列的资源短缺，环境污染，显然这也不能说明经济社会的增长。

所以，综上所述，GDP 是衡量经济社会发展的重要标准，但不是唯一标准，因为 GDP 无法涵盖所有的社会发展的表现，同时过分地追求 GDP 而忽略环境的保护，也不是科学的真正的经济社会的发展。所以，贵州省在发展经济时要注意，既要重视 GDP 的发展，但也不能盲目迷信 GDP 的增长而给经济社会发展带来不好的影响。

（3）①重视基础设施建设，大力发展交通通信设施。道路交通运输长期以来都被视为经济发展的重要保障前提。通过道路交通运输功能的发挥实现区域生产资料的合理配置，整合区域内的各种资源，促进区域内和区域间的物资、信息、人才和资金等的流动，促使区域内产业结构的调整，交通运输的发展最终将推动区域经济的发展。

②突出优势产业，大力发展旅游业。随着贵州交通运输业的日益发达、基础设施的逐步完善，原来闭塞的贵州也逐渐地向世人敞开了观光之门。旅游业相对来说有投入少、经济效益好、环境污染小的特点。因此，大力发展旅游业无疑成了贵州经济发展的必然选择。

③加大对教育的投资力度，大力发展基础教育和高等教育。教育始终是一个地区经济发展的基石，而贵州省的基础教育和高等教育一直以来都比较薄弱，因此，要加大对教育的投资力度，使贵州省的教育水平迈上一个新的台阶，为贵州省的经济发展提供强劲的后备支撑人才。同时，可以加大人才引进力度，吸引人才、留住人才应该是目前的重大人才战略。

④加快建立能源工业运行新机制，加快推进农业结构转型升级，优化产业结构。大力解决长期制约能源工业发展的深层次体制机制问题，淘汰落后产能。调整玉米种植面积，扩大特色经济作物种植面积，加快"一县一业"产业发展。

案例二：

（1）①与品牌推广有关：茅台的历史可以追溯到汉朝时期，距扬名于巴拿马万国博览会也已近百年；茅台酒拥有独特的品质，而且产出数量有限；周恩来总理把茅台酒当作一生至爱，使茅台酒的品牌气质彰显无遗。

②在品牌推广的同时还有自己的商标战略：中国贵州茅台酒厂（集团）有限责任公司不但申请了"茅台"商标，还申请了"茅台尚品""茅台酒庄""茅台庄园"等一系列的商标。而 2016 年茅台对当时的系列酒策略作了进一步调整，继续一个世界级茅台的品牌战略，同时大力发展茅台王子酒、茅台迎宾酒和赖茅三个系列酒。在主品牌上，茅台一直在控制产量，市面上甚至一酒难求，高昂的价格很好地保证了品牌的高端性，三个面向大众的子系列则贡献了主要销量。

（2）贵州白酒并非只有茅台，但如何让普通消费者能叫出第二个贵州白酒品牌，成为地方酒业思考的重要问题。作为白酒大省，贵州省除坐拥茅台这棵"大树"外，还聚集了大量中小酒企。经历"阵痛"后,如何让这些中小酒企实现抱团发展,成为贵州省白酒产业发展的重要问题。

茅台集团一枝独秀是远远不够的,贵州各大酒企需携起手来、齐头并进。"抱团发展,共建贵州白酒产业品牌"是有益于贵州白酒业发展的大计。

现阶段,一线白酒纷纷下沉,区域酒企市场份额被挤压是必然。在此背景下,不同于过去往往是以政府牵头的行业抱团路径,而由"老大哥"茅台出面讨论行业发展,对同行业企业能起到更好的示范与交流作用。这样在实现地区白酒产业协调发展的同时也能实现贵州省经济的增长。

第十三章　国民收入的决定:收入—支出模型

一、单项选择题

1. A【解析】本题考查两部门经济均衡条件。均衡产出或收入的条件为 $i=s$,因为这里的计划支出等于计划消费加投资,即 $E=c+i$,而生产创造的收入等于计划消费加储蓄,即 $y=c+s$,因为 $E=y$,也就是 $c+i=c+s$,等式两边消去 c,则得:$i=s$,这里的投资等于储蓄,是指经济要达到均衡,计划投资必须等于计划储蓄。

2. B【解析】本题考查两部门经济中均衡产出条件。和总需求相等的产出称为均衡产出或收入。两部门经济中,总需求只由居民消费和企业投资构成,公式表示为:$y=c+i$,y、c、i 分别为剔除了价格变动的实际产出或收入、实际消费和实际投资,而不是大写字母表示的名义产出、消费和投资。

3. D【解析】本题考查均衡产出概念。在简单经济关系假定条件下,经济社会的产量或者说国民收入就取决于总需求。和总需求相等的产出称为均衡产出或收入。

4. B【解析】本题考查投资乘数公式。由国民收入决定公式 $Y=\dfrac{a+I+G-bT}{1-b}$ 可以看出,投资乘数 $k_i=\dfrac{1}{1-b}$,政府购买支出乘数 $k_g=\dfrac{1}{1-b}$,税收乘数 $k_t=-\dfrac{b}{1-b}$,均与 b 有关,所以可以说乘数的重要性取决于边际消费倾向 b,即消费函数的斜率。

5. C【解析】投资乘数 $k_i=\dfrac{1}{1-0.8}=5$,GDP 增加值为 $5\times40=200$(万元)。

6. C【解析】本题考查政府购买支出乘数。政府购买支出乘数等于投资乘数。

7. B【解析】本题考查平均消费倾向和边际消费倾向之间的关系。$\text{APC}=\dfrac{c}{y}=\dfrac{a+by}{y}=\dfrac{a}{y}+\text{MPC}>\text{MPC}$。

8. A【解析】本题考查的是凯恩斯消费函数中对消费影响的主要因素。在现实生活中,影响各个家户消费的因素很多,如收入水平、商品价格水平、利率水平、收入分配状况、消费者偏好、家庭财产状况、消费信贷状况、消费者年龄构成、社会保障制度、风俗习惯等。凯恩斯认为,这些因素中有决定意义的是家户收入。

9. D【解析】本题考查对凯恩斯储蓄函数的理解。虽然储蓄受很多种因素的影响,但是凯恩斯认为最主要的因素是收入的增加。

10. D【解析】本题考查的是投资乘数公式。因为投资乘数=1/（1-MPC），所以，边际消费越大，投资乘数越大，而MPS=1-MPC，所以，边际储蓄越小，投资乘数越大。所以选择D。

11. A【解析】本题考查的是投资乘数公式。根据公式：投资带来的国民收入增加量=投资增加数/1-边际消费倾向，所以，计算出边际消费倾向为0.9。

12. C【解析】本题考查对消费曲线图的理解。B点是消费曲线和45°线的交点，表示这时候消费支出和收入相等。B点左边消费大于收入，B点右边消费小于收入。随着消费曲线向右延伸，这条曲线和45°线的距离越来越大，表示消费随收入增加而增加，但增加的幅度越来越小于收入增加的幅度。

13. A【解析】本题考查的是对储蓄曲线图的理解。B点是储蓄曲线和横轴交点，表示这时消费和收入相等即收支平衡，B点以右有正储蓄，B点以左有负储蓄。随着储蓄曲线向右延伸，它和横轴的距离越来越大，表示储蓄随收入而增加，且增加的幅度越来越大。

14. B【解析】本题考查消费函数。消费曲线上任一点与原点相连而成射线的斜率，则是平均消费倾向，若平均消费倾向为一常数，则消费函数必定是通过原点的一条直线。

15. C【解析】本题考查消费函数。消费函数由自发消费和引致消费组成，若自发消费为正数，则显然平均消费倾向大于边际消费倾向。

16. D【解析】本题考查两部门经济中国民收入均衡公式。均衡收入$Y=C+I$，由于题目假设总需求只包括消费，所以投资为零，解得均衡收入$Y=700$。

17. B【解析】本题考查四部门经济中国民收入均衡公式。由四部门收入支出模型可知，$Y=C+I+G+NX$，将等式两端同时减去税收T，可以得到$Y-T=C+I+(G-T)+NX$，其中，$Y=6\,000$，$C=4\,700$，$NX=-100$，$G-T=200$，可支配收入$Y-T$为5 000，代入可得$I=200$。

18. C【解析】本题考查四部门经济中国民收入均衡公式。经济均衡条件为$Y=C+I+G+NX$，整理得$(Y-C-T)+(T-G)=I+NX$，其中国内居民储蓄$Y-C-T=2\,000$，预算赤字$T-G=-100$，代入均衡条件可得投资$I=1\,950$，把有关参数带到均衡条件$Y=C+I+G+NX$，可得国民收入$Y=9\,400$。

19. D【解析】本题考查消费函数。如答图 13-1 所示，当消费和收入之间呈线性关系时，消费函数就是一条向右上方倾斜的直线，消费函数上每一点的斜率都相等，所以边际消费倾向不变。再则，平均消费倾向是由消费直线上的点到原点所成射线的斜率，由答图 13-1 可知，斜率是递减的，因此选 D。

20. B【解析】本题考查国民收入决定中投资和储蓄的概念。在国民收入决定中，当国民收入达到均衡时，就有$i=s$，i为计划投资，s为计划储蓄。

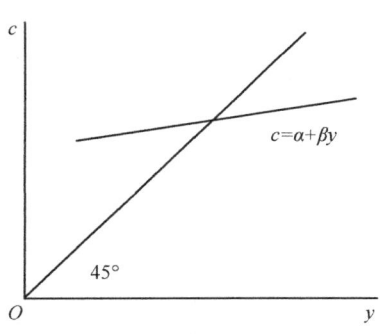

答图 13-1 线性消费函数

21. C【解析】本题考查各种乘数公式。税收乘数为负，所以，$k_t<0$，根据各个乘数公式，得知，选项 C 为正确答案。

22. C【解析】当实际收入水平等于均衡收入水平，即总供给等于总需求；当实际收入水平高于均衡收入水平，即总供给大于总需求，这样必然产品积压，导致非计划存货投资。其他几项正好说反了。

23. A【解析】本题考查平均储蓄倾向和平均消费倾向之间的关系。因为 APC＋APS＝1，若 APS（平均储蓄倾向）小于 0，则 APC 大于 1。

24. D【解析】本题考查平衡预算乘数公式。平衡预算乘数＝政府支出购买乘数＋税收乘数＝1，政府支出购买乘数为9，所以税收乘数为－8。

25. C【解析】本题考查税收乘数和政府转移支付乘数的区别。税收乘数为负数，而政府转移支付乘数为正数。

26. A【解析】本题考查对凯恩斯理论的了解。凯恩斯认为，收入是影响消费的最主要因素，其他三个都不是最主要的因素。

27. B【解析】本题考查非计划存货投资。因为总供给是 600 亿元，消费 470 亿元，而投资是 100 亿元，存货超过了生产经营所需要的量。

28. B【解析】本题考查对外贸易乘数公式。根据高鸿业《西方经济学》（宏观部分·第六版）第十三章四部门经济相关内容可知，对外贸易乘数为$1/(1-\beta+\gamma)$。

29. D【解析】本题考查的是边际储蓄倾向公式，MPS＝100/1 000×100%＝10%。

30. B【解析】本题考查税收乘数公式。税收乘数公式＝$-\beta/(1-\beta)$＝－0.8/（1－0.8）＝－4。

31. D【解析】本题考查经济政策对收入水平的影响。政府购买支出与政府转移支付与国民收入正相关，税收与国民收入负相关，增税越多，国民收入在理论上会减少。

32. A【解析】本题考查三部门经济和四部门经济中的税收乘数。在封闭经济中，投资、政府支出增加，国民收入增加的倍数是 $1/(1-\beta)$，而现在成了 $1/(1-\beta+\gamma)$，乘数变小了。这主要是由于增加的收入的一部分现在要用到进口商品上去了。

33. B【解析】本题考查平衡预算乘数。在定量税情况下，平衡预算乘数为1，证明过程见《西方经济学》（宏观部分·第六版）第十三章平衡预算部分内容。

34. A【解析】本题考查均衡国民收入公式。$y=c+s+t$；$y=c+i+g+x-m$；得 $i=s+(t-g)+(m-x)=2-1+1=2$，赤字是出口小于进口，这里是进口减出口，所以是正值。

35. C【解析】本题考查均衡国民收入的影响因素。政府购买、政府转移支付以及投资都与国民收入呈相同方向变化，而与税收呈反方向变化。

36. A【解析】本题考查对凯恩斯学说主要理论的了解。现代西方宏观经济学的奠基人凯恩斯的学说的中心内容就是国民收入决定理论。

37. C【解析】本题考查国民收入决定理论概念。仅包括产品市场的国民收入决定理论称为简单的国民收入决定理论，也就是国民收入决定的收入—支出模型。

38. C【解析】本题考查乘数发挥作用的条件。投资乘数原理成立的条件是：社会存在过剩生产能力；投资和储蓄的决定是相互独立的；货币供给量的增加要能适应支出增加的需要；在此条件下，首先，自发投资支出增加会等量增加国民收入；其次，国民收入增加，在一定程度上会增加消费需求；再则，消费需求增加会再次增加国民收入，如此循环往复，会使经济重新达到均衡。所以本题选择 C。

39. A【解析】本题考查影响投资的因素。若企业存在大量库存，消费增加只会消费库存，当消费增加能完全消耗完库存时，企业才可能会扩大生产规模。

40. B【解析】本题考查国民收入决定模型中的简单计算。三部门经济中，国民收入决定模型为 $y=c+i+g=200+0.8(y-t)+i+g$，简化可得 $y=1\,000-4t+5i+5g$，若投资和税收同时增加 10 亿元，则均衡收入也会增加 10 亿元。

41. D【解析】本题考查投资乘数与税收之间的关系。若征收定量税，对投资乘数无影响，若是比例税，会使投资乘数变小。

42. C【解析】本题考查消费函数的图形。收入和消费两个经济变量之间的这种关系叫作消费函数或消费倾向，收入和消费呈现正相关关系，所以消费函数一般情况下应该是上凸函数和增函数。

43. A【解析】本题考查消费函数公式。因为 $C=\alpha+\beta Y$，不管收入怎么变化，边际消费倾向为 β，而平均消费倾向 $C/Y=\alpha/Y+\beta$，当收入 Y 增加时，平均消费倾向减少。所以 A 为正确答案。

44. C【解析】因为一般来说，在收入偏低时，平均储蓄倾向 APS 可以为负值；随着收入增加，平均储蓄倾向 APS 递增。而边际储蓄倾向 MPS 一般为正数值。

45. B【解析】本题考查均衡国民收入的计算。国民收入均衡条件 $Y=C+I$，把题目中的条件代入公式，可得到均衡收入 Y 为 8 000。

46. A【解析】本题考查均衡国民收入的计算。根据均衡条件 $Y=C+I$ 来计算可得出答案。

47. B【解析】根据投资乘数$=1/$（1－边际消费倾向）算出边际消费倾向为 0.8，均衡收入$=(1\,000+500)/(1-0.8)=7\,500$，消费$=1\,000+0.8\times7\,500=7\,000$，储蓄$=7\,500-7\,000=500$。

48. C【解析】本题考查政府购买支出乘数和税收乘数公式。因为 MPC=0.8，所以政府购买支出乘数为 5，则政府减少 100 亿元的支出，带来的收入减少为 $5\times100=500$（亿元），税收乘数为 4，则税收减少 100 亿元，则带来收入增加为 $4\times100=400$（亿元），所以总的来说收入减少 100 亿元。

49. B【解析】本题考查国民收入公式以及可支配收入的定义。国民收入公式为 $Y=C+I+G$，又知 $Y_d=Y-T-Tr$，所以算得国民收入 $Y=8\,000$，又知可支配收入等于国民收入减去税收加上转移支付，所以为 7 900。

50. A【解析】如果一项投资无风险，一项投资的内部报酬率或资本边际效率大于市场利率，则这项投资值得进行。

51. C【解析】边际消费倾向是指每增加 1 元收入所增加的消费，它在一般情况下应该是随着收入增加而递减。

52. D【解析】本题考查储蓄函数的图形。储蓄函数又可定义为储蓄与收入之间的依存关系。一般说来，在其他条件不变的情况下，储蓄随收入的变化而同方向变化。

53. A【解析】本题考查国民收入计算公式和边际储蓄倾向以及边际消费倾向之间的关系。根据 $Y=C+T+G$ 算出 $b=0.75$，即能够算出边际储蓄倾向为 0.25。

54. B【解析】本题考查投资乘数的作用需要的条件。其条件为：资源大量闲置，且完全信息、自由交易。

55. B【解析】本题考查国民收入和政府支出乘数的公式。根据公式可算得政府支出应该增加 50 亿元。

56. D【解析】本题考查收入和消费之间的关系。收入导致曲线上的移动，收入以外的因素导致曲线的移动，消费函数上移，意味着储蓄减少。

57. B【解析】已知均衡收入，则根据消费函数，把均衡收入代进去计算，则可以得到均衡消费，均衡储蓄等于均衡收入和均衡消费之差。

58. D【解析】在凯恩斯 45°线图中，消费函数与 45°线相交点的产出水平在投资 I 恰好为零时才具有意义。

59. D【解析】本题考查投资乘数。根据投资乘数公式可以算出均衡 GDP 的增长。

60. B【解析】本题考查收入乘数。均衡 GDP 是指经济处于均衡时的 GDP，即总需求等于总供给。根据三部门经济中的国民收入公式以及投资乘数可以算出减少的均衡 GDP。

61. B【解析】本题考查投资乘数。无论在几部门的经济中，投资乘数是不变的。

62. D【解析】本题考查均衡 GDP，如果 GDP 是均衡水平，则要求所得收入总额必须正好等于全体消费者从收入中来的计划支出加上计划投资总额。

63. A【解析】在两部门经济中不存在政府，又因为如果存在政府，则 $Y_d=Y-$ 税收 + 转移支付。所以 $Y=Y_d$，线性消费函数为 $C=a+bY$。

64. B【解析】本题考查消费、储蓄和收入之间的关系。收入等于消费加储蓄，所以答案选择 B。

65. C【解析】本题考查社会消费函数。消费和价格以及贫富差距呈反向关系，收入虽然在提高，但是消费倾向是下降的，贫富差距过大，导致消费减少，所以曲线下移。

66. C【解析】在凯恩斯两部门经济模型中，均衡收入、均衡消费、均衡储蓄是内生变量。

67. C【解析】本题考查国民收入公式以及税收乘数公式。根据公式计算可得到正确答案。

二、多项选择题

1. AD【解析】本题考查平均储蓄、边际储蓄、平均消费、边际消费。APC 和 APS 之和恒等于 1，MPC 和 MPS 之和也恒等于 1。

可证明如下：

$$\because y=c+s \quad \therefore \frac{y}{y}=\frac{c}{y}+\frac{s}{y}$$

所以 APC+APS=1

所以，1-APC=APS，1-APS=APC

再看 MPC 和 MPS 的情况：

∵ Δy=Δc+Δs

∴ $\frac{\Delta y}{\Delta y}=\frac{\Delta c}{\Delta y}+\frac{\Delta s}{\Delta y}$

所以 MPC+MPS=1

2. ABCD【解析】本题考查消费的影响因素。影响消费的因素很多，如收入、利率、国家制度、物价水平以及收入分配等。

3. AC【解析】本题考查国民收入和乘数概念。在三部门经济中政府购买支出乘数与投资乘数都是 1/（1-MPC），所以，这两个是相等的；在三部门经济中国民收入从总支出角度看，包括消费、投资和政府购买；从总收入角度看，则包括消费、储蓄和税收，这里的税收，是指总税收减去政府转移支付以后所得的净纳税额。

4. AD【解析】选项 A 错误，不是指总税收而是指净税收；选项 B 正确；选项 C 正确，因为边际消费倾向是 0.8；选项 D 错误，投资变动引起的国民收入变动具有乘数效应。

5. ABCD【解析】本题考查的是最简单经济关系的假设条件。ABCD 四个假设是属于简单经济关系中的基本假设的内容。这在高鸿业《西方经济学》（宏观部分·第六版）第十三章第一节中有具体说明。

6. ABCD【解析】本题考查平均消费倾向、平均储蓄倾向、边际消费倾向、边际储蓄倾向的计算。平均消费倾向=800/1 200=0.67；平均储蓄倾向=1-0.67=0.33；边际消费倾向=（1 000-800）/（1 600-1 200）=0.5；边际储蓄倾向=1-0.5=0.5。

7. ABCD【解析】本题考查开放经济下国民收入的决定因素。当今世界各国的经济都是不同程度的开放经济，即与外国有贸易往来或其他经济往来的经济。在开放经济中，一国均衡的国民收入不仅取决于国内消费、投资和政府支出，还取决于净出口，即 $Y=C+I+G+NX$。

8. ACD【解析】本题考查影响乘数作用的限制条件。在现实生活中，乘数作用的大小要受到一系列条件的限制：一是社会中过剩生产能力的大小。二是投资和储蓄决定的相互独立性。三是货币供给量增加能否适应支出增加的需要。选项 B 说法不正确，并且跟题目也没关系。

9. ACD【解析】本题考查对乘数这一概念的掌握。边际消费倾向越大，乘数作用越大，所以正相关；乘数作用是双向的，既有积极的一面，同时也存在抵消作用；乘数是反映收入随投资变化的变化程度，它的实现是需要条件的。

10. AD【解析】本题考查两部门经济中经济处于非均衡时的经济情况。当计划储蓄小于计划投资时，$s<i$，此时出现不均衡现象，企业供不应求，就会扩大生产，计划产量小于均衡收入水平。

11. AC【解析】本题考查消费函数。当消费和收入之间呈线性关系时，消费函数就是一条向右上方倾斜的直线，消费函数上每一点的斜率都相等，并且大于 0 而小于 1。

当消费函数为线性时，APC>MPC，因为消费函数上任一点与原点相连所成射线的斜率都大于消费曲线（这里是直线）的斜率。

12. BD【解析】本题考查均衡国民收入概念。国民收入达到均衡状态时，是趋于稳定的，是可以持续下去的，但均衡国民收入不一定就是理想或者充分就业时的收入。当计划支出等于计划产出时，国民收入达到均衡水平。

13. AB【解析】本题考查影响国民收入的因素。四部门经济中国民均衡收入公式为 $Y=C+I+G+NX$，式中，NX 指净出口，为出口与进口之差额：$NX=X-M$。由公式可知，答案为 AB。

14. ABCD【解析】本题考查凯恩斯理论的主要内容。凯恩斯主义的全部理论涉及四个市场：产品市场、货币市场、劳动市场和国际市场。

15. ABCD【解析】本题考查短期经济均衡。在短期，若经济处于均衡，则计划产量与计划支出相等，但是这个均衡产量未必就是实现充分就业的产量。若存在全部劳动力都被雇用，那也只是一个巧合，所以在短期可能实现充分就业但也可能没有。如果在均衡产量水平上，就业高于充分就业水平，就存在通货膨胀缺口；反之，则存在通货紧缩缺口。

16. ABCD【解析】本题考查家户消费函数求取社会消费函数需要考虑的限制条件。选项 ABCD 都正确。

17. ABCD【解析】本题考查消费函数这一概念。家庭消费函数影响社会消费函数，总人口变动会影响社会消费函数；家庭收入水平对家庭消费具有绝对影响；新资源的发现和流动资产价值的变化会改变家庭消费函数的常量部分，从而会引起社会消费函数变化。

三、判断题

1. 错【解析】本题考查国民收入核算。符合生产经营所需要的存货变动是意愿存货投资或计划存货投资，超过生产经营所需要的存货变动就是非意愿或非计划存货投资。这部分存货投资在国民收入核算中是投资支出的一部分，但不是计划投资的部分。

2. 错【解析】本题考查均衡产出概念。在国民收入决定理论中，均衡产出指与计划需求相一致的产出。

3. 错【解析】本题考查边际消费倾向。据边际消费倾向递减规律，随着收入的增加其消费也会增加，但是增加的幅度是逐渐小于收入增加幅度，因此，高收入人群的边际消费倾向往往低于低收入人群。

4. 错【解析】本题考查市场均衡状态。当产品市场处于均衡状态时，总需求与总供给相等。

5. 错【解析】本题考查市场均衡状态。当产出处于均衡状态时，总支出等于总产出，则计划储蓄等于计划投资，而实际投资等于实际储蓄，这是国民收入会计角度的恒等式，是"事后的、实际的"储蓄和投资的恒等关系。

6. 对【解析】本题考查边际消费倾向。若收入和消费之间存在确定的线性函数，如

$y=a+bx$，则边际消费倾向为固定的 b。

7. 错【解析】本题考查平均消费倾向。在极低收入情况下，平均消费倾向可能大于1。

8. 对【解析】本题考查均衡产出概念。从均衡产出概念可见，要增加均衡产出，关键是要增加总需求，因为均衡产出水平决定于总需求或者说总支出水平。

9. 错【解析】本题考查经济均衡状态。均衡产出或收入的条件是 $i=s$，需再次说明，这里的投资等于储蓄，是指经济要达到均衡，计划投资必须等于计划储蓄。

10. 对【解析】本题考查收入和消费之间的关系。关于收入和消费的关系，凯恩斯认为，存在一条基本心理规律：随着收入的增加，消费也会增加，但是消费的增加不及收入增加多，消费和收入的这种关系称作消费函数或消费倾向。

11. 错【解析】本题考查线性消费函数。当消费函数为线性时，APC>MPC 这一点更易看清，因为消费函数上任一点与原点相连所成射线的斜率都大于消费曲线（这里是直线）的斜率，而且从公式看，$APC=\dfrac{c}{y}=\dfrac{a+by}{y}=\dfrac{a}{y}+MPC>MPC$。所以，APC>MPC。

12. 对【解析】本题考查平均消费倾向。消费增量只是收入增量的一部分，因此边际消费倾向总大于0小于1，但平均消费倾向则可能大于、等于或小于1，这是因为消费可能大于、等于或者小于收入。

13. 错【解析】本题考查消费、储蓄和收入之间的关系。消费随收入增加而增加的比率呈现出递减的趋势，则可知储蓄随收入增加而增加的比率是递增的。

14. 对【解析】本题考查平均储蓄倾向。储蓄曲线上任一点与原点相连而成射线的斜率，则是平均储蓄倾向（APS）。平均储蓄倾向是指任一收入水平上储蓄在收入中所占的比率。

15. 对【解析】本题考查储蓄和收入的关系函数。储蓄和收入的关系函数可以有多种变幻形式，既可以是线性的也可以是非线性的。

16. 错【解析】本题考查边际消费和边际储蓄的公式。边际消费函数比边际储蓄函数陡。

17. 对【解析】本题考查政府购买支出乘数和投资乘数。在三部门经济中，政府购买支出乘数和投资乘数相等。

18. 对【解析】本题考查政府转移支付乘数。政府转移支付乘数也等于可支配收入的边际消费倾向与1减可支配收入的边际消费倾向之比，或可支配收入的边际消费倾向与可支配收入的边际储蓄倾向之比，其绝对值和税收乘数相同，但符号相反。

19. 错【解析】本题考查边际消费倾向与国民收入之间的关系。假设一个简单的两部门模型，$Y=C+I=a+bY+I$，则 $Y=(a+I)/(1-b)$，b 为边际消费倾向，当 b 增加时，显然国民收入增加。

20. 错【解析】本题考查的几个乘数公式。政府购买支出乘数=$1/(1-MPC)$，税收乘数=$-MPC/(1-MPC)$，政府转移支付乘数=$MPC/(1-MPC)$，MPC 的范围为 0~1，所以政府购买支出乘数大于税收乘数以及政府转移支付乘数。

21. 对【解析】本题考查均衡产出。当产出达到均衡，则有计划产出等于计划支出。

22. 错【解析】均衡收入条件 $i=s$，表示投资等于储蓄，是指经济要达到均衡，计划投资必须等于计划储蓄。而国民收入核算中的 $i=s$，则是指实际发生的投资（包括计划和非计划存货投资在内）始终等于储蓄。

23. 对【解析】本题考查边际消费倾向与投资乘数的关系。根据投资乘数公式可知，边际消费倾向越大，投资乘数越大，反之则越小。

24. 对【解析】根据政府购买支出乘数、政府转移支付乘数以及税收乘数的公式，可知，政府购买支出乘数更大，所以政府购买支出乘数相对来说对经济活动影响更大。

25. 错【解析】本题考查平衡预算理论。政府预算 BS＝税收 tY－政府购买 G，平衡预算即税收和政府支出等量增加，以保持预算不变。

26. 错【解析】本题考查萨伊定律和凯恩斯理论。萨伊定律的最简单的表达方式是"供给自动创造需求"，即是说社会上的一切产品都能被卖掉，从而不会出现生产过剩的现象。与萨伊定律相反，凯恩斯提出生产和收入决定于总需求的理论。

27. 对【解析】本题考查均衡这一概念。教材的微观部分已经说明均衡的意义，均衡是指一种不再变动的情况。当产出水平等于总需求水平时，企业生产就会稳定下来。

28. 错【解析】本题考查税收乘数概念。税收乘数有两种：一种是税率变动对总收入的影响，另一种是税收绝对量变动对总收入的影响，即定量税对总收入的影响。

29. 错【解析】税收乘数为负值，这表示收入随税收增加而减少，随税收减少而增加。

30. 对【解析】本题考查税收乘数公式。税收乘数的绝对值等于可支配收入边际消费倾向对 1 减可支配收入边际消费倾向之比，或可支配收入边际消费倾向对可支配收入边际储蓄倾向之比。

31. 错【解析】本题考查家户消费和社会消费的区别。从家户消费函数求取社会消费函数时，还要考虑一系列限制条件。因此，社会消费曲线并非家庭消费曲线的简单加总，但在考虑了种种限制条件后，社会消费曲线的基本形状仍和家庭消费曲线有很大的相似之处。

32. 对【解析】本题考查萨伊定律。"萨伊定律"简单讲就是"供给总是会创造出它自身的需求"。

33. 对【解析】如果消费函数为 $C=bY$，则其平均消费倾向等于边际消费倾向。

34. 错【解析】消费和储蓄谁大谁小视情况而定。

35. 错【解析】政府转移支付不是政府购买支出中的一部分。

36. 对【解析】本题考查政府购买支出乘数和政府转移支付乘数的公式。

四、名词解释

1. 非计划存货投资：符合生产经营所需要的存货变动是意愿存货投资或计划存货投资，超过生产经营所需要的存货变动就是非意愿或非计划存货投资。这部分存货投资在国民收入核算中是投资支出的一部分，但不是计划投资的部分。

2. 均衡产出：和总需求相等的产出称为均衡产出或收入，均衡是指一种不再变动的情况。当产出水平等于总需求水平时，企业生产就会稳定下来。由于两部门经济中没有政府和对外贸易，总需求就只由居民消费和企业投资构成。于是，均衡产出可用公式表示为：$y=c+i$（y、c、i 分别为剔除了价格变动的实际产出或收入、实际消费和实际投资）。

3. 收入引致的消费：如果消费和收入之间存在线性关系，则边际消费倾向为一常数，这时消费函数可用下列方程表示：$c=\alpha+\beta y$，式中，α 为必不可少的自发消费部分，即收入为 0 时举债或动用过去的储蓄也必须要有的基本生活消费；β 为边际消费倾向；β 和 y 的乘积表示收入引致的消费。

4. 政府购买支出乘数：是指收入变动对引起这种变动的政府购买支出变动的比率。以 Δg 表示政府购买支出变动，Δy 表示收入变动，k_G 表示政府（购买）支出乘数，则公式表示为 $k_G=\Delta y/\Delta g=1/(1-MPC)$。

5. 平衡预算乘数：是指政府收入和支出同时以相等数量增加或减小时国民收入变动对政府收支变动的比率。它描述的是当同时增加或者减少政府的收入和支出，政府的预算保持不变的时候，国民收入的变化情况。

6. 政府转移支付乘数：是指收入变动与引起这种变动的政府转移支付变动的比率。政府转移支付增加，增加了人们可支配收入，因而消费会增加，总支出和国民收入增加，因而政府转移支付乘数为正值。用 k_{tr} 表示政府转移支付乘数。

7. 边际消费倾向：是消费曲线的斜率，它的数值通常是大于 0 而小于 1 的正数，这表明，消费是随收入增加而相应增加的，但消费增加的幅度低于收入增加的幅度，即边际消费倾向是随收入的增加而递减的。

8. 平均储蓄倾向：在宏观经济学，平均储蓄倾向 APS 就是单位收入内储蓄所占的比例。

9. 引致消费：在收入—支出模型中，引致消费是指由于国民收入的变动，所引起的消费。影响消费水平的因素是多种多样的，既有社会因素，也有经济因素，其中收入水平的变动对消费的变动有着重要的影响。总消费中由国民收入变动而引起的一部分消费就是引致消费。

10. 自发性投资和引致投资：根据投资形成原因的不同，可以划为自发性投资和引致投资。自发性投资是指由于人口、技术、资源等外生因素的变动所引起的投资；引致投资是指由于国民收入的变动所引起的投资。这时，自发性投资和引致投资之和就是总投资。

11. 税收乘数：指收入变动与引起这种变动的税收变动的比率。税收乘数有两种：一种是税率变动对总收入的影响，另一种是税收绝对量变动对总收入的影响，即定量税对总收入的影响。

五、简答题

1. 消费函数和储蓄函数的关系由于储蓄被定义为收入和消费之差。

（1）消费函数和储蓄函数互为补数，从公式看：

$\because s=y-c$

而 $c=\alpha+\beta y$

$$\therefore s = y - c = y - \alpha - \beta y = -\alpha + (1-\beta)y$$

（2）若 APC 和 MPC 都随收入增加而递减，但 APC＞MPC，则 APS 和 MPS 都随收入增加而递增，但 APS＜MPS，表现在图形上，在 y_0 的右方，储蓄曲线上任一点与原点连成的射线的斜率总小于储蓄曲线上该点的斜率。

（3）APC 和 APS 之和恒等于 1，MPC 和 MPS 之和也恒等于 1。

（4）根据以上性质，消费函数和储蓄函数中只要有一个确立，另一个就随之确立。当消费函数已知时，就可求得储蓄函数；当储蓄函数已知时，就可求得消费函数。

2. $y = \dfrac{\alpha + i + g - \beta t}{1-\beta}$ 的公式中，若其他条件不变，只有政府购买支出 g 变动，则政府购买支出为 g_0 和 g_1 时的收入分别为：$y_0 = \dfrac{\alpha_0 + i_0 + g_0 - \beta t_0}{1-\beta}$，$y_1 = \dfrac{\alpha_0 + i_0 + g_1 - \beta t_0}{1-\beta}$，$y_1 - y_0 = \Delta y = \dfrac{g_1 - g_0}{1-\beta} = \dfrac{\Delta g}{1-\beta}$，所以，政府购买支出函数 $\dfrac{\Delta y}{\Delta g} = k_G = \dfrac{1}{1-\beta}$。

凯恩斯的投资乘数理论是：在一定的边际消费倾向下，新增加的一定量的投资经过一定时间后，可导致收入与就业量数倍的增加，或导致数倍于投资量的 GDP。投资乘数 $k = 1/(1 - \Delta c/\Delta y) = 1/(1-\text{MPC})$，所以，投资乘数等于政府购买支出乘数。

3. 西方经济学家认为，社会消费函数并不是家户消费函数的简单加总。从家户消费函数求取社会消费函数时，还要考虑一系列限制条件。

（1）国民收入的分配。不同收入阶层的边际消费倾向不同。因此，国民收入分配越不均等，社会消费曲线就越会向下移动，反之亦然。

（2）政府税收政策。如果实行累进个人所得税，将富有者的收入转移给穷人消费，那么社会总消费将会增加，则社会消费曲线就会向上移动。

（3）公司未分配利润在利润中所占比例。公司未分配利润在利润中所占比例大，消费就少，储蓄就多。反之，则消费就多，储蓄就少，即社会消费曲线就会向上移动。

4. 平衡预算指政府增加开支的同时，相应增加同量的税收。即政府税收增加量等于政府购买增加量时称预算平衡。

平衡预算乘数指政府购买和税收以相同数量增减时，国民收入变动量与政府购买或税收变动量的比率。宏观经济学指出，平衡预算乘数指政府收入与支出同时以相等数量增加或减少时国民收入对政府收支变动的比率。

增加政府购买 ΔG 引致国民收入增加量。

增加税收 ΔT 引致国民收入减少量。

平衡预算乘数 $K_B = K_G + K_T = 1$。（其中 K_G 为政府购买乘数，K_T 为税收乘数）在一个主导约束机制为需求约束的经济系统中，最终需求（投资、消费、净出口）变动除直接影响产出外，还通过乘数作用机理间接影响产出，使之倍减。乘数效应的本质是对总需求刺激效应的连锁反应。其作用机理是：初始性（自发性）需求注入经济系统后，通过经济系统中投入产出的技术联系以及其他关联机制，产生引致性需求，经过分配和再分配渠道在经济运行中形成一个不断收敛并且不断累加的结果，使总产出倍增。乘数作用机理能否发挥作用，取决于经济系统是否具备适合其发挥作用的条件和基础。

5.（1）利率。一般来说，利率越高，人们消费就会减少。因为高利率往往会诱使更多的人倾向储蓄而减少消费。

（2）价格水平。货币收入（名义收入）不变时，若物价上升，实际收入下降，若消费者要保持原有生活消费水平，则消费倾向（平均消费倾向）就会提高；反之，物价下跌时，平均消费倾向就会下降。

（3）收入分配。高收入家庭消费倾向较小，低收入家庭消费倾向较大，因此，国民收入分配越是平均，全国性的平均消费倾向就会比较大，而收入分配越是不平均，全国性平均消费倾向就会较小。

（4）社会保障制度。社会保障制度越是完善，居民越是敢于消费，否则储蓄意愿会增强。

6.（1）假设所分析的经济中不存在政府，也不存在对外贸易，只有家户部门（居民户）和企业部门（厂商）。

（2）假设不论需求量为多少，经济社会均能以不变的价格提供相应的供给量。

（3）假定折旧和公司未分配利润为零。这样，GDP、NDP、NI 和 PI 就都相等。

7. 在现实生活中，乘数作用的大小要受到一系列条件的限制。

（1）社会中过剩生产能力的大小。如果没有过剩生产能力，没有闲置资源，则投资增加及由此造成的消费支出增加，并不会引起生产增加，只会刺激物价水平上升。

（2）投资和储蓄决定的相互独立性。要假定它们相互独立，否则，乘数作用要小得多。

（3）货币供给量增加能否适应支出增加的需要。假使货币供给受到限制，则投资和消费支出增加时，货币需求的增加就得不到货币供给相应增加的支持，利率会上升，不但会抑制消费，还抑制投资，使总需求降低。

（4）增加的收入不能用于购买进口货物，否则 GDP 增加会受到限制。

六、计算题

1.（1）$APC = C/Y = 1\,500/2\,000 = 0.75$

（2）$APS = S/Y = (2\,000-1\,500)/2\,000 = 0.25$

（3）$MPC = \Delta C/\Delta Y = (2\,000-1\,500)/(3\,000-2\,000) = 0.5$

（4）$MPS = \Delta S/\Delta Y = (2\,000-1\,500)/(3\,000-2\,000) = 0.5$

2.（1）$\Delta Y_1 = \Delta I/(1-MPC) = 100/0.5 = 200$（亿元）

（2）$\Delta Y_2 = \Delta I/(1-MPC) = \Delta I/MPS = 50/0.5 = 100$（亿元）

3.（1）投资乘数 $K = \Delta Y/\Delta I = 150/50 = 3$

（2）边际消费倾向 $MPC = 1-1/K = 0.67$

（3）边际储蓄倾向 $MPS = 1-0.67 \approx 0.33$

4.（1）根据凯恩斯消费函数，边际消费倾向为 0.75。

（2）国民收入均衡条件为 $Y = AD$，其中需求由消费、投资、政府支出三部分组成，所以，$AD = C+I+G = 20+0.6Y+380+400 = 800+0.6Y$，如答图 13-2 所示，其中，纵坐标为总需求 $AD = C+I+G$，总需求曲线斜率为 0.6。

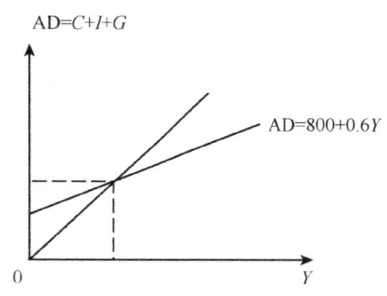

答图 13-2 三部门国民收入决定

（3）经济均衡时，总需求等于总支出 AD=Y，即 $Y=800+0.6Y$，求解得到 $Y=2\,000$。

（4）政府税收收入 $T=0.2Y=400$，政府支出 $G=400=T$，所以均衡时政府预算盈余为 0。

（5）把 $G=410$ 代入经济均衡条件可得 $Y=C+I+G=810+0.6Y$，求解得到 $Y=2\,015$，政府支出乘数为 $\Delta Y/\Delta G=25/10=2.5$，而 $1/(1-\text{MPC})=1/(1-0.8)=5$，可见两者并不相等。这是由于税收的存在使得人们的可支配收入减少了，因此当政府支出增加 ΔG 时，税收造成的漏出使得国民收入增加量少于没有税收时的 $5\Delta G$，只有 $2.5\Delta G$。

5.（1）由方程组 $C=210+0.7Y$；$Y=y-t+\text{tr}$；均衡收入 $y=c+i+g$

可解得 $y=210+0.7(y-t+\text{tr})+i+g=210+0.7(y-200+60)+40+100$，解得 $y=840$。所以均衡收入水平为 840 亿元。

（2）我们可以直接通过三部门经济里面的乘数公式，得到乘数值。

投资乘数：$k_i=1/(1-\text{MPC})=1/(1-0.7)\approx 3.33$

政府支出乘数：$k_g\approx 3.33$（与投资乘数相等）

税收乘数：$k_t=-\text{MPC}/(1-\text{MPC})=-0.7/(1-0.7)\approx -2.33$

转移支付乘数 $k_{\text{tr}}=\text{MPC}/(1-\text{MPC})\approx 2.33$

平衡预算乘数等于政府支出（购买）乘数和税收乘数之和，即 $k_b=k_i+k_g=3.33-2.33=1$

6. 本题显然要利用到各种乘数，原来均衡收入为 840 亿元，现在要求达到 1 200 亿元的水平，则中间缺口 $\Delta y=360$ 亿元。

（1）增加政府购买 $\Delta g=\Delta y/k_g=360/3.33\approx 108.11$（亿元）

（2）减少税收 $\Delta t=360/|k_t|=360/2.33=154.51$（亿元）

（3）从平衡预算等于 1 可知，同时增加政府购买 360 亿元和税收 360 亿元就能实现充分就业。

7.（1）可支配收入 $Y_d=y-t_n=y-40$；消费 $c=40+0.7(y-40)$

均衡条件：$y=c+i+g+\text{nx}=40+0.7(y-40)+50+60+40-0.06y$；$y=450$，即均衡收入为 450。

（2）净出口余额：$\text{nx}=40-0.06y=40-0.06\times 450=13$

（3）投资乘数 $k_i=1/(1-0.7)+0.06=3.39$

（4）投资从 50 增至 60 时，有 $y=c+i+g+\text{nx}=40+0.7(y-40)+60+60+40-0.06y$，解得均衡收入 $y=477.78$；

净出口余额：$\text{nx}=40-0.06y=40-0.06\times 477.78\approx 11.33$

（5）净出口函数从 $\text{nx}=40-0.06y$ 变成 $\text{nx}=30-0.06y$ 时的均衡收入：

$y=c+i+g+\text{nx}=40+0.7(y-40)+50+60+30-0.06y$；

解得均衡收入 $y=422.22$

8.（1）联立方程组：
$C=100+0.8Y$；$Y_d=Y-tY+TR$；$Y=C+I+G$
解得 $Y=(100+0.8TR+I+G)/(0.2+0.8t)=1\,000$，因此，均衡收入为 $1\,000$。
（2）利用三部门的表达式计算乘数，也可根据乘数原理进行推导。
$Y=C+I+G$；$C=\alpha+\beta Y_d$；$Y_d=Y+TR-T$；$T=T_0+tY$，$\beta=0.8$
$t=0.25$；$Y=1\,000$
解得 $Y=(\alpha+\beta TR-\beta T_0+I+G)/[1-\beta(1-t)]$
边际税率的乘数 $k_t=\dfrac{\mathrm{d}Y}{\mathrm{d}t}=\dfrac{-(\alpha+\beta TR-\beta T_0+I+G)\beta}{[1-\beta(1-t)]^2}=\dfrac{-\beta Y}{1-\beta(1-t)}$

解得 $k_t=-(0.8\times1\,000)/[1-0.8(1-0.25)]=-2\,000$
（3）政府购买乘数 $k_G=\dfrac{1}{1-\beta(1-t)}$

解得 $k_G=1/[1-0.8(1-0.25)]=2.5$
（4）平衡预算乘数在任何情况下都等于1。
（5）当实际收入 $Y=800$ 时，$C=100+0.8(800+62.5-0.25\times800)=630$
社会总需求 $Y=C+I+G=630+50+200=880$
非意愿投资 $=800-880=-80$

9.【解析】本题考查三部门经济中均衡收入公式的计算与应用。
三部门经济中，均衡收入公式为 $y=c+i+g$
又因为 $y_d=y-T=-T_0+(1-t)y$
所以，$y=\alpha+\beta y_d+i+g=\alpha+i+g-\beta T_0+(1-t)\beta y$
化简得：$y=\dfrac{\alpha+i+g-\beta T_0}{1+\beta(1-t)}$

七、论述题

1. 在两部门经济中，均衡国民收入可由以下两种方式来决定。
（1）总支出等于总收入决定均衡国民收入。以横轴表示总收入，纵轴表示总支出，则在坐标平面内的线上，总收入等于总支出，经济处于均衡状态，从而决定均衡的国民收入。消费随着收入的增加而增加，而投资与收入无关，因而作为总支出的消费加投资与消费曲线平行。总支出曲线与总收入曲线的交点 e 决定均衡国民收入。总支出等于总收入决定均衡国民收入。显然，如果消费和（或）投资增加，经济的总支出增加，从而均衡的国民收入增加；反之，消费和（或）投资减少，均衡国民收入减少。假定消费函数由 $c=a+by$ 表示，则经济处于均衡时，从中可以得到均衡的国民收入。
（2）投资等于储蓄决定均衡国民收入。以横轴表示总收入，纵轴表示投资和储蓄。储蓄随着收入的增加而增加，而投资与收入无关，是一条平行于横轴的直线。当投资与储蓄曲线相交时，经济处于均衡状态。二者的交点 e 决定均衡国民收入。

2. 与古典理论将储蓄视为利率的函数有所不同，凯恩斯主义认为，直接决定储蓄的是收入。消费是收入的函数，然而储蓄是收入扣去消费之后剩余的部分，所以，储蓄也是收入的函数，而且具有增函数的性质。凯恩斯主义认为，储蓄增加将会使得均衡收入减少。这是由于决定产出和收入水平的是有效需求，若储蓄增加，则意味着消费减少，在其他条件不变的情况下，总的有效需求将会减少，那么均衡产出和收入也会减少。

3. 对外贸易乘数是$1/(1-\beta+\gamma)$，表示出口增加1单位引起的国民收入变动。由于公式中 $1>r>0$，因此，有$1/(1-\beta)>1/(1-\beta+\gamma)$。由此可以看出，在加入对外贸易之后，不仅出口的变动，而且投资、政府支出、税收的变动对国民收入变动的影响，与封闭经济相比，也发生了变化。在封闭经济中，投资、政府支出增加，国民收入增加的倍数是$1/(1-\beta)$，而加入对外贸易后成了$1/(1-\beta+\gamma)$，乘数小了。这主要是由于增加的收入的一部分现在要用到进口商品上去了。

4. 政府增加转移支付，虽然对总需求也有影响，但这种影响是通过增加人们的可支配收入进而增加消费支出实现的。如果把转移支付也计入总需求，就会形成总需求计算中的重复计算。例如，政府增加10亿元的转移支付，假定边际消费倾向为0.8，则会使消费增加8亿元，在此，首轮总需求增加是8亿元，而不是18亿元。但是如果把10亿元转移支付也看作增加的总需求，那么就是重复计算，即一次是10亿元，一次是8亿元。

5. 因为政府购买支出乘数$=1/(1-MPC)=$投资乘数，政府税收乘数$=-MPC/(1-MPC)$，政府转移性乘数$=MPC/(1-MPC)$，即分母相同，分子越大，绝对值也越大，而MPC是小于1的。MPC代表边际消费倾向。

边际消费倾向（MPC）是消费曲线的斜率，它的数值通常是大于0而小于1的正数，这表明，消费是随收入增加而相应增加的，但消费增加的幅度低于收入增加的幅度，即边际消费倾向是随着收入的增加而递减的。

八、案例分析

案例一：

（1）根据相关经济学理论可知，随着收入的增加，边际消费倾向具有递减的趋势。贵州省政府出台相关"扶贫"政策一定程度上调节了收入分配，因为贫者的边际消费率更高，换句话说就是因为贫者的收入大部分用来消费，而富者的收入大部分都用来储蓄了，贫者得到钱更倾向于消费，这样就能增加社会总需求，从而使社会总产出增加，也就是提高了社会总收入水平。

（2）①由于消费需求不足而造成的总需求不足，主要靠投资来弥补；在私人投资不足的情况下，尤其要靠政府增加公共工程投资支出来解决。增加公共性工程的支出可以拉动经济增长，一定程度上有利于刺激需求。

②但是一些西方学者也指出，政府增加的公共工程支出，也可能存在一些抵消作用。例如，如果政府为增加公共工程方面支出而提高税收，则在公共工程方面那些就业者已增加的开支就将由于纳税人在不同程度上减少支出而被抵消。又如，假使政府的支出是靠借钱而不是靠提高税收得到，则可能影响私人投资。因为政府借钱，一方面会使私人部门的货币减少；另一方面支出增加使收入增加时，消费者和工商企业通常

都要增加货币储备,从而增加货币需求,这就会提高利率,进而排挤私人投资。

案例二:

(1)简单国民收入决定是指在假定只有产品市场时均衡国民收入的决定。均衡国民收入是经济中总支出与总收入相等时所决定的国民收入。

在总收入既定的条件下,均衡国民收入决定于总支出或总需求。在经济社会实现充分就业以前,总需求的增加会导致国民收入的增加;相反,总需求的减少会导致均衡国民收入的减少。

假定一个经济社会只有家庭和企业两个部门,总支出或总需求就由消费(C)和投资(I)构成,总收入由消费(C)和储蓄(S)构成,这时的总支出与总收入相等条件下的总产出,就是均衡国民收入。用公式表示为 $C+I=Y=C+S$,即 $I=S$。由此可见,投资等于储蓄是简单国民收入决定的基本均衡条件。

国民收入的变动机制是指当经济处于非均衡状态时,企业通过调整其存货进而调整其产量以适应总需求的机制。具体来说,当社会总收入或总供给大于总需求时,厂商的非正常存货就会增加,这时厂商就会减少产量以适应总需求,从而使经济达到新的均衡状态;反之,当社会总收入或总供给小于总需求时,厂商的正常存货会减少,在此情况下,厂商会增加产量以适应市场,这时,经济又会在新的状态下实现均衡。

(2)投资是指企业购买机器设备、新建厂房等。企业投资的目的之一是补偿损耗、维持简单再生产。这部分投资称为更新投资,或者称为折旧。总投资大于更新投资的部分称为净投资,其目的是扩大再生产。可见企业投资是经济增长的基础。从宏观经济的角度看,一国资源不是用来生产投资品,就是用来生产消费品。一国消费率太高,会引导一国大量资源用于生产消费品,从而使投资品的生产受到限制。这样就制约一国的经济增长。这里的问题是企业有足够的投资需求,但由于储蓄率太低、投资品供给不足,企业的投资需求不能完全实现,结果影响了一国的经济增长。因此,储蓄率太低是一个消极因素。注意这里分析问题的前提是充分就业,不是储蓄率不能转化为投资,而是储蓄太低限制了投资。

而简单凯恩斯模型的基本问题是有效需求不足,导致经济萧条。在这一情况下,一方面,储蓄率提高导致消费需求下降,使总需求不足的矛盾更加尖锐;另一方面,由于企业投资需求不足,由储蓄率提高带来的投资品供给增加,只能导致产品积压增加。在这里,储蓄不能顺利转化为投资。

因此,题中的两个命题都是正确的。只是由于前提条件不同,储蓄率提高在前一情形中是积极因素,在后一情形中是消极因素。

(3)站在美国角度来看:如果一个国家经常出现贸易赤字现象,为了要偿还进口债务,必须在市场上卖出本币以购买他国的货币来做支付。这样,国民收入便会流出国外,使国家经济表现转弱。政府若要改善这种状况,就必须把国家的货币贬值,因为币值下降,即变相把出口商品价格降低,可以提高出口产品的竞争能力。因此,当该国外贸赤字扩大时,就会利空该国货币,令该国货币下跌。目前美国,正在采取加息、缩表、减税等手段,可是美元指数还在持续疲软,影响美元指数强弱的核心因素是全球主要国家经济差异导致资金在不同区域和不同资产之间的流动。美元指数疲软说明目前美元还是持续流出美国本土，弱势美元对现在资产价格在高位的美国是十分不利的。假如美国发生金融危机，在高度全球化的今天，一定殃及中国及其他国家。所以，美国采取动作来避免过大的贸易逆差是合情合理的。

站在中国的角度来看：新一轮的中美贸易战再次显现出中美之间你中有我、我中有你，利益交织的紧密关系。中国的实力已经逐渐强大到可以成为美国的正式对手，尽管国家与国家之间的舆论很多时候都像极了抢糖吃的小孩，任性又浮夸，但实际上高级的对手从来不会因为争一时之输赢而失去理智，它们知道扩大冲突把糖罐打翻对全世界都没好处。

中美打贸易战对双方都没有好处，没有赢家。而且如果用"打仗"这个词来形容贸易的话，也有悖于贸易的原则。因为贸易，总是要通过协商、谈判、对话来解决争端。

中国有巨额的外汇储备。运用外汇储备进行投资，我们从来都是按照市场规律进行多元化、市场化操作，而且中国是长期负责任的投资者。中美关系是最大的发展中国家和最大的发达国家之间的关系，两国经济有很强的互补性。中美关系稳定发展对两国、对世界都是好事。

第十四章 国民收入的决定：IS—LM 模型

一、单项选择题

1. A【解析】本题考查 IS 曲线的定义。IS 曲线是产品市场均衡状态的一幅简单图像，它表示的是：与任一给定的利率相对应的国民收入水平，在这样的水平上，投资恰好等于储蓄，因此这条曲线称 IS 曲线。

2. B【解析】本题考查储蓄和投资的均衡。以纵轴代表利率，以横轴代表收入，则可得到一条反映利率和收入间相互关系的曲线。这条曲线上任何一点都代表一定的利率和收入的组合，在这些组合下，投资和储蓄都是相等的，即 $I=S$。

3. C【解析】本题考查位于 IS 曲线不同区域的点的含义。如果某一点位处于 IS 曲线的左边，表示 $I>S$，即现行的利率水平过低，从而导致投资规模大于储蓄规模，意味着当期的产出未能满足需求，产品市场供小于求。

4. D【解析】本题考查 IS 曲线方程的计算。两部门经济中总需求等于总供给是指 $C+I=C+S$，均衡的条件是 $I=S$。

本题中，即 $-100+0.25Y=200-4R$，解得：$Y=1\,200-16R$。

5. C【解析】本题考查 IS 曲线方程的代数计算。而部门经济中，有 $Y=C+I$，即 $Y=\alpha+\beta Y+e-dR$，化简得

$$R=\frac{\alpha+e}{d}-\frac{1-\beta}{d}Y$$

6. B【解析】本题考查 IS 曲线斜率的变化。两部门的经济中，均衡收入的代数表达式为

$$y=\frac{\alpha+e}{1-\beta}-\frac{d}{1-\beta}R$$

上式可以化为：$R=\dfrac{\alpha+e}{d}-\dfrac{1-\beta}{d}y$。其中 d 是投资需求对于利率变动的反应程度，它表示利率变动一定幅度时投资变动的程度，如果 d 的值较大，即投资对于利率变化比较敏感，IS 曲线斜率的绝对值就较小，即 IS 曲线较平缓。

7. A【解析】本题考查 IS 曲线的水平移动。增加政府购买性支出，在自发支出量变动的作用中等于增加投资支出，因此，会使 IS 曲线向右平行移动。

8. B【解析】本题考查古典经济学流派对于利率决定的因素。投资是对资金的需求，随利率上升而减少；储蓄是对资金的供给，随利率上升而增加，利率就是资金需求和供给相等时的价格。一般情况下，利率越高，储蓄量越多，储蓄是利率的递增函数；利率越低，投资越大，投资是利率的递减函数。储蓄和投资都是利率的函数，而利率的变化则取决于投资与储蓄的均衡。

9. B【解析】本题考查货币需求的定义。对货币的需求，又称"流动性偏好"（也译为"灵活偏好"或"流动偏好"）。所谓"流动性偏好"，是指由于货币具有使用上的灵活性，人们宁肯以牺牲利息收入而储存不生息的货币来保持财富的心理倾向。

10. D【解析】本题考查凯恩斯流动偏好的动机。凯恩斯认为货币具有灵活性，随时可满足以下三类不同的动机：第一，交易动机，指个人和企业需要货币是为了进行正常的交易活动。第二，谨慎动机或称预防性动机，指为预防意外支出而持有一部分货币的动机。第三，投机动机，指人们为了抓住有利的购买有价证券的机会而持有一部分货币的动机。

11. B【解析】本题考查利率与证券价格的关系。利率越低，有价证券价格越高，人们若认为这一价格已涨到正常水平以上，则预计证券价格就要回跌。

12. D【解析】本题考查利率与证券价格的关系。利率越高，即有价证券价格越低，人们若认为这一价格已降低到正常水平以下，预计很快会回升，就会抓住机会及时买进有价证券，于是，人们手中出于投机动机而持有的货币量就会减少。

13. A【解析】本题考查流动性偏好陷阱产生的原因。当利率极低时，人们会认为这时利率不大可能再下降，或者说有价证券市场价格不大可能再上升而只会跌落，因而会将所持有的有价证券全部换成货币。人们有了货币也决不肯再去买有价证券，以免证券价格下跌时遭受损失，人们不管有多少货币都愿意持在手中，这种情况称为"凯恩斯陷阱"或"流动偏好陷阱"。

14. C【解析】本题考查极端情形下投机动机的货币需求。当利率极低时，人们手中无论增加多少货币，都不会再去购买有价证券，都要留在手中，因而流动偏好趋向于无限大。这时候即使银行增加货币供给，也不会再使利率下降，投机动机的货币需求将趋于无穷大。

15. A【解析】本题考查货币需求函数的一般图像。货币需求量与利率的反向变动关系是通过每一条需求曲线都是向右下方倾斜来表示的。

16. C【解析】本题考查凯恩斯主义的利率决定理论。凯恩斯认为利率是纯粹的货币现象。因为货币最富有流动性，它在任何时候都能转化为任何资产。利息就是在一定时期内放弃流动性的报酬。利率因此为货币的供给和货币需求所决定。

17. A【解析】本题考查 LM 曲线的定义。LM 曲线是表示收入 y 和利率 r 之间关系的一条直线，此线上任一点都代表一定利率和收入的组合，在这样的组合下，货币需求与供给都是相等的，亦即货币市场是均衡的。

18．C【解析】本题考查 LM 曲线垂直区域的含义。在 LM 曲线为垂线的这一区域如实行扩张性财政政策使 IS 曲线向右上方移动，只会提高利率而不会使收入增加，但如果实行使 LM 曲线右移的扩张性货币政策，则不但会降低利率，还会提高收入水平。因此这时候财政政策无效而货币政策有效，这符合"古典学派"以及基本上以"古典学派"理论为基础的货币主义者的观点。因而 LM 曲线呈垂直状态的这一区域被称为"古典区域"。

19．C【解析】本题考查 LM 曲线方程的代数形式。$L=m=M/P=kY-hR$，得：$R=\dfrac{k}{h}Y-\dfrac{M}{hP}$ 或 $Y=\dfrac{h}{k}R+\dfrac{M}{kP}$ 或 $R=\dfrac{k}{h}Y-\dfrac{m}{h}$，故选项 C 错误。

20．B【解析】本题考查 LM 曲线方程的计算。由 $L=L_1(y)+L_2(r)=m=M/P$ 有：$0.2Y+1\,250-500R=1\,500$，解得：$R=0.000\,4Y-0.5$，故选项 B 正确。

21．B【解析】本题考查 LM 曲线的斜率。由于货币市场均衡时 $M=ky-hR$，因此：

$$Y=\dfrac{h}{k}R+\dfrac{M}{k} \text{ 或 } R=\dfrac{k}{h}Y-\dfrac{M}{h}$$

这两个公式都可以表示 LM 曲线的代数表达式，在纵坐标为利率 R，横坐标为收入 y 的坐标系中 LM 曲线的表达式用后者来表示，则其斜率为 $\dfrac{k}{h}$。

22．A【解析】本题考查 LM 曲线的凯恩斯区域。货币的交易需求函数一般比较稳定，因此，LM 曲线的斜率主要取决于货币的投机需求函数。投机动机的货币需求是利率的减函数。当利率降得很低时，货币的投机需求趋于无限大，这就是"凯恩斯陷阱"或"流动偏好陷阱"，在这一极低的利率水平上货币投机需求量已趋于无限大，因此货币的投机需求曲线成为一条水平线，这会使 LM 曲线也成为水平的。

23．C【解析】本题考查 LM 曲线的水平移动。在 LM 曲线的代数表达式 $r=\dfrac{ky}{h}-\dfrac{m}{h}$ 中，k/h 是 LM 曲线的斜率，而 m/h 是 LM 曲线的截距的绝对值，因此，只有 m/h 的数值发生变动，LM 曲线才会移动。在价格水平不变时，M 增加，LM 曲线向右方移动。

24．D【解析】本题考查 LM 曲线的水平移动。在价格水平不变时，M 减少，LM 曲线向左下方移动。又因为 $M=L=kY-hR$，$y=\dfrac{M}{k}-\dfrac{hR}{k}$，$\Delta Y=\dfrac{\Delta M}{k}$，在此题中 $\Delta M=15$，故 LM 曲线左移 15 亿美元除以 k（$15/k$）。

25．C【解析】本题考查 IS 曲线与 LM 曲线交点的含义。在 IS 曲线上，有一系列利率与相应收入的组合可使产品市场均衡；在 LM 曲线上，又有一系列利率和相应收入的组合可使货币市场均衡。但能够使产品市场和货币市场同时达到均衡的利率和收入组合却只有一个。这一均衡的利率和收入可以在 IS 曲线和 LM 曲线的交点上求得，其数值可通过求解 IS 曲线和 LM 曲线的联立方程得到。

26．D【解析】本题考查产品市场与货币市场同时均衡时的利率和收入的计算。产品市场均衡时 $Y=C+I=100+0.8Y+150-6R$，则有：$0.2Y=250-6R$（1）；货币市场均

衡时 $L=0.2Y-4R=m=M/P=150$，则有：$0.2Y=150+4R$（2）。联立方程（1）和方程（2），解得 $R=10$，$Y=950$。

27. B【解析】本题考查产品市场与货币市场同时均衡时的利率和收入的变化。价格水平 P 上升，实际货币供给量 m 就变小，LM 曲线就向左上方移动。如答图 14-1 所示，最开始产品市场和货币市场的均衡点为 E，当物价水平上升时，LM 曲线向左上方移动，而 IS 曲线不发生变化，所以新的均衡点为 E'，在新的均衡点上可以看出，利率水平 r 上升而收入水平 y 减少。

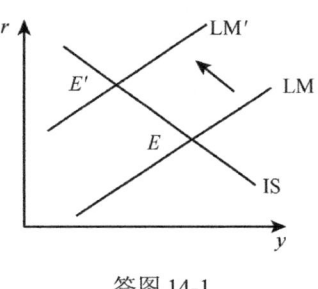
答图 14-1

28. C【解析】本题考查 IS 曲线和 LM 曲线同时移动时利率和收入的变化。IS 曲线和 LM 曲线同时向右移动，收入一定会增加，而利率上升还是下降则取决于 IS 曲线和 LM 曲线的斜率。如答图 14-2 所示，利率是上升的，而答图 14-3 的利率则是下降的。

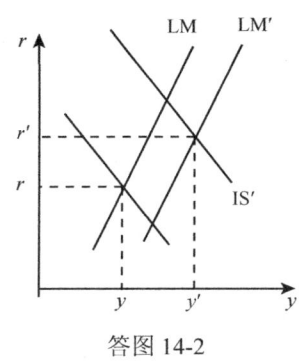
答图 14-2

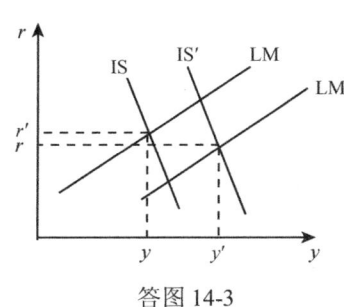
答图 14-3

29. A【解析】本题考查极端古典主义情形下货币政策和财政政策的效果。在极端古典主义情形下，LM 曲线是一条垂线，这时候如实行扩张性财政政策使 IS 曲线向右上方移动，只会提高利率而不会使收入增加，因此这时候财政政策完全无效。

30. A【解析】本题考查经济处于流动性陷阱时财政政策的作用。当经济处于流动性陷阱状态时，货币政策无效，因此选项 C、D 不适合。所以刺激需求应该采取合适的财政政策。增加财政支出能刺激总需求，带来国民收入增加，因此选项 A 正确。选项 B 增加财政税收，会降低投资需求和消费需求，导致经济需求萎缩，因此选项 B 错误。

31. C【解析】本题考查 IS 曲线与 LM 曲线不同区域的点的经济学含义。IS 曲线左下方的点表示投资大于储蓄，LM 曲线左下方的点表示货币供给小于货币需求。

32. D【解析】因为 LM 曲线的表达式为 $r=\dfrac{ky}{h}-\dfrac{m}{h}$。$h$ 表示货币需求对利率的敏感程度。当 h 降低时，LM 曲线的斜率会变大，从而变得陡峭。

33. C【解析】本题考查 LM 曲线的移动。LM 曲线为 $r=\dfrac{k}{h}y-\dfrac{M}{Ph}$，当名义货币供给量不变，而价格总水平下降时将导致 LM 曲线向右移。

34. B【解析】本题考查 IS 曲线的移动。自发性消费减少、自发性投资减少、政府支出减少、政府转移支付减少、政府税收增加等将减少总支出的行为，均会导致 IS 曲线向左平移；反之则会导致 IS 曲线向右平移，价格水平影响的是 LM 曲线。

35. A【解析】本题考查利率水平和债券价格的关系。当利率水平变得很高时，债券的价格很低，预期债券价格不会再降低，购买债券的风险将会变小。

36. A【解析】本题考查位于 IS 曲线不同区域的点的经济学含义。IS 曲线左下方的任意一点，假定国民收入不变，那么该点表示的利率低于对应于此国民收入的均衡利率。由于投资与利率成反比，因此该点表示的投资高于均衡投资，即实际投资大于储蓄，存在超额产品需求。

37. C【解析】本题考查 IS—LM 模型均衡点的利率和国民收入。在 A 点，利率高于均衡利率，国民收入低于均衡国民收入，因此 A 点向均衡点调整的过程中，利率将下降，收入将上升。

38. A【解析】一般来说 IS 曲线是向右下方倾斜的斜率为负的一条直线，表示利率和国民收入之间反向变动的关系。

39. C【解析】当利率极低时，人们手中无论增加多少货币，都不会再去购买有价证券，都要留在手中，因而流动偏好趋向于无限大；这时候即使银行增加货币供给，也不会再使利率下降。此时货币政策完全无效。

40. C【解析】利率上升时，人们贷款的积极性降低，投资减少；而储蓄的积极性较高，从而导致对货币的需求下降。

41. B【解析】当利率极低时，人们会认为这时利率不大可能再下降，或者说有价证券市场价格不大可能再上升而只会跌落，购买债券的风险将会变得很大。

42. A【解析】这里的"货币需求"是特指纸币的需求。也就是平时人们口袋里、家里留着的钱及银行里为了保证顾客取钱等需要所准备的纸币的总和。名义利率＝实际利率＋通胀率，通胀率越高，名义利率越高，通胀率越高人们的实际货币需求越低，因为货币在贬值。所以，名义利率与实际货币需求成反比。

43. C【解析】当整个社会的有效需求严重不足时，即使利率甚低，企业投资意愿也较差，这也会使较低的收入和较低利率相结合达到产品市场的均衡，当这样的 IS 曲线和 LM 曲线相交时，交点上的收入往往就是充分就业的均衡收入。

44. A【解析】LM 曲线不变，政府支出增加导致 IS 曲线向右移动，与 LM 曲线相交于右上方的一个更高点，故会导致收入增加、利率上升。

45. C【解析】IS 曲线不变时，货币供给减少会导致 LM 曲线左移，与 IS 曲线相交于左上方的一个更高点，故会导致收入减少、利率上升。

46. C【解析】货币学派的观点认为货币供给量增加直接使总需求增加。

47. B【解析】凯恩斯货币理论认为货币供给影响利率，进而影响投资和总需求。

48. B【解析】其他条件不变，价格水平上升时，货币购买力下降，实际货币供给减少，使得 LM 曲线向左移动。

49. B【解析】货币需求超过货币供给，债券价格下降，利率上升。

50. D【解析】LM 曲线的表达式为：$r = \dfrac{ky}{h} - \dfrac{m}{h}$，$y = \dfrac{hr}{k} + \dfrac{m}{k}$，货币需求的变化对收入变化的反应程度就是货币需求的收入弹性，也就是说货币需求对利率是否敏感，利率很小的变动能引起货币需求的显著变动就是敏感，也就是弹性大；货币需求对利率变动的敏感程度即货币需求函数中 h 的大小，h 越小，货币需求稍有所变动，就会引起利率的大幅度变动，因此当政府支出增加引起货币需求增加所导致的利率上升就越多，因而挤占效应越多。

51. C【解析】LM 曲线平缓，而 IS 曲线垂直时增加货币供给对均衡收入影响较小。

52. B【解析】货币市场和产品市场同时均衡，即 LM 曲线、IS 曲线相交，此时的交点出现在一种收入水平和一种利率上。

53. A【解析】LM 曲线向上倾斜，并且是在收入水平给定的条件下画出的。

54. C【解析】实际收入提高，货币需求增加。一般情况下政府支出增加会使得利率上升。题目中政府支出增加而利率下降，说明美联储必定同时增加了货币供给来使得利率下降。

55. B【解析】在每个利率水平增加货币持有，则货币需求减少，LM 曲线向左上方移动。

56. B【解析】经济衰退时利率极低，债券价格极高，人们对货币需求要求大，不会做投资，货币需求相对有弹性，投资相对无弹性，货币政策提高货币供给也不会刺激投资，货币政策无效。

57. D【解析】对于选项 A 来说，一旦利率增加，预期实现，人们不会再将货币储存起来，有可能会进行投资。选项 B、C 和流动性陷阱没有关系，不管是不是流动性陷阱，公开市场活动都会引起货币增减，投资的变动肯定会影响计划总支出的。

58. B【解析】投资增加，即 IS 曲线向右移动，在 LM 曲线保持不变的情况下，国民收入增加，利率上升；货币供给量增加，即 LM 曲线向右移动，在 IS 曲线保持不变的情况下，国民收入减少，利率上升。

59. C【解析】按照凯恩斯货币需求理论，利率上升导致债券需求提高，货币需求减少。

60. A【解析】如答图 14-4 所示，IS 与 LM 曲线相交形成四个区域 Ⅰ、Ⅱ、Ⅲ、Ⅳ，这四个区域中的非均衡关系见答表 14-1。

答图 14-4 IS 与 LM 曲线相交的四个区域

答表 14-1 四个区域的非均衡关系

区域	产品市场	货币市场
Ⅰ	$I<S$ 有超额产品供给	$L<M$ 有超额货币供给
Ⅱ	$I<S$ 有超额产品供给	$L>M$ 有超额货币需求
Ⅲ	$I>S$ 有超额产品需求	$L>M$ 有超额货币需求
Ⅳ	$I>S$ 有超额产品需求	$L<M$ 有超额货币供给

61. A【解析】出于投机动机的投机性货币需求量与利率相关，与利率成反向变动关系。当利率上升，债券价格会降低，此时人们会把货币用于购买有价债券以便以后在有价债券价格上升时售出获利，因此投机性货币需求量会减少。

62. A【解析】选项 B、C 是预防性动机，选项 D 是投机性动机。

63. A【解析】货币的交易需求与收入成正比。

64. B【解析】在凯恩斯区域，利率极低，有价证券价格极高，预期不可能再上升只会跌落，因而会将所持有的有价证券全部换成货币。人们有了货币也决不肯再去买有价证券，以免证券价格下跌时遭受损失，投机性货币需求趋于无穷。

65. A【解析】此时要想经济移动到 IS 曲线上，则当前经济状态对应的点需要向右上方移动，即实际国民生产总值增加，利率上升。

二、多项选择题

1. BC【解析】本题考查 LM 曲线的经济学含义。LM 曲线上任一点都代表一定利率和收入的组合，在这样的组合下，货币需求与供给都是相等的，亦即货币市场是均衡的。此外，LM 曲线是一条向右上方倾斜的曲线，且横坐标表示国民收入，纵坐标表示利率。

2. AD【解析】本题考查 IS 曲线的经济学含义。IS 曲线是产品市场均衡状态的一幅简单图像，它表示的是：与任一给定的利率相对应的国民收入水平。此外 IS 曲线是一条向右下方倾斜的曲线，且横坐标表示国民收入，纵坐标表示利率。

3. ACD【解析】本题考查货币需求的三个动机。凯恩斯认为货币具有使用上的灵活性，随时可满足以下三类不同的动机：第一，交易动机，指个人和企业需要货币是为了进行正常的交易活动。第二，谨慎动机或称预防性动机，指为预防意外支出而持有一部分货币的动机。第三，投机动机，指人们为了抓住有利的购买有价证券的机会而持有一部分货币的动机。

4. BD【解析】本题考查投资和储蓄变动对 IS 曲线的影响。IS 曲线与投资曲线同方向变动，投资增加，IS 曲线向右移动，反之则向左移动。IS 曲线与储蓄曲线反方向变动，储蓄增加，IS 曲线向左移动，反之则向右移动。

5. AD【解析】本题考查货币投机需求和交易需求对 LM 曲线的影响。LM 曲线与货币投机需求曲线反方向移动，货币投机需求增加，LM 曲线向左移动，反之则向右移动。LM 曲线与货币交易需求曲线同方向移动，货币交易需求增加，LM 曲线向右移动，反之则向左移动。

6. AC【解析】本题考查影响 IS 曲线水平移动的因素。投资需求曲线向右上方移动 IS 曲线会向右上方移动。当储蓄意愿增强时，储蓄曲线向左移动，如果投资需求不变，则同样的投资水平现在要求的均衡收入水平就要下降，因为同样的储蓄，现在只要有较低的收入就可以提供出来了，因此 IS 曲线就会向左移动。增加政府购买性支出，在自发支出量变动的作用中等于增加投资支出，因此，会使 IS 曲线向右平行移动。政府增加一笔税收，则会使 IS 曲线向左移动。

7. AB【解析】本题考查影响 LM 曲线水平移动的因素。在价格水平不变时，M 增加，LM 曲线向右下方移动，反之，LM 曲线向左上方移动。价格水平 P 下降，实际货币供给量 m 就变大，LM 曲线就向右上方移动；反之，LM 曲线就向左下方移动。

8. CD【解析】本题考查影响投资决策的基本因素。影响投资决策的基本因素是利率和预期收益率，贴现率和股票价格也是影响投资决策的因素但不是基本因素。

9. BCD【解析】本题考查 IS 曲线和 LM 曲线交点的经济学意义。IS 曲线和 LM 曲线的交点表示货币市场与产品市场同时处于均衡状态，从而产品供给等于产品需求，并且实际货币供给等于实际货币需求。

10. AD【解析】本题考查位于 IS、LM 曲线不同区域的点的经济学含义。位于 IS 曲线的上方，$I<S$，有超额产品供给。位于 LM 曲线下方，$L>M$，有超额货币需求。

11. AC【解析】本题考查 LM 曲线不同区域的形状。如答图 14-5 所示，对于 LM 曲线，凯恩斯区域是水平的、中间区域是向右上方倾斜的、古典区域是垂直的。

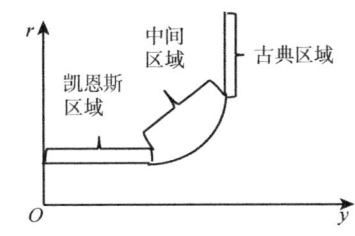

答图 14-5 LM 曲线的不同区域

12. BD【解析】本题考查收入、利率和货币需求量的关系。由货币需求曲线可知在一定收入水平上货币需求量和利率的关系是反向变化的：利率上升时，货币需求量减少；利率下降时，货币需求量增加。而收入水平和货币需求量的关系是正向变化的。

13. BC【解析】本题考查货币供给量与收入、利率的关系。货币供给量减少会引起国民收入的减少。利率是货币供求的价格，货币供不应求，利率就上升，货币供应增加，利率则会下降，货币供给与利率成反比。

14. BD【解析】IS 曲线的代数表达式为：$r=\dfrac{a+e}{d}-\dfrac{1-\beta}{d}y$，其中 d 是投资需求对于利率变动的反应程度，它表示利率变动一定幅度时投资变动的程度，如果 d 的值较大，即投资对于利率变化比较敏感，IS 曲线斜率的绝对值就较小，即 IS 曲线较平缓。β 是边际消费倾向，如果 β 较大，IS 曲线斜率的绝对值也会较小，这是因为，β 较大，意味着支出乘数较大，从而当利率变动引起投资变动时，收入会以较大幅度变动，因而 IS 曲线就较平缓。

15. AC【解析】LM 曲线的代数表达式为：$r=\left(\dfrac{k}{h}\right)y-\dfrac{m}{h}$，$k/h$ 是 LM 曲线的斜率，一方面，当 k 为定值时，h 越大，即货币需求对利率的敏感度越高，则 k/h 就越小，于是 LM 曲线越平缓；另一方面，当 h 为定值时，k 越大，即货币需求对收入变动的敏感度越高，则 k/h 就越大，于是 LM 曲线越陡峭。

三、判断题

1. 对【解析】IS 曲线是产品市场均衡状态的一幅简单图像，它表示的是：与任一给定的利率相对应的国民收入水平，在这样的水平上，投资恰好等于储蓄。

2. 对【解析】IS 曲线表示国民收入与利率之间的反向变动关系。

3. 对【解析】LM 曲线描述的是实际利率与国民收入同方向变动的曲线。

4. 错【解析】在价格水平不变时，名义货币供给量的减少会使得 LM 曲线向左下方平移。

5. 对【解析】LM曲线的代数表达式为 $r=\dfrac{k}{h}y-\dfrac{m}{h}$，当 h 为定值时，k 越大，即货币需求对收入变动的敏感度越高，则 k/h 就越大，于是LM曲线越陡峭。

6. 错【解析】货币供给的减少会使LM曲线向左方移动。

7. 对【解析】出于交易动机的货币需求量主要决定于收入，收入越高，交易数量越大。交易数量越大，所交换的商品和劳务的价格越高，从而为应付日常开支所需的货币量就越大。

8. 对【解析】IS曲线是描述产品市场均衡的曲线，在这一曲线上每一点都表示产品市场达到均衡。

9. 错【解析】政府支出与IS曲线同向变动。给定总产出不变，当政府支出增加时，IS曲线将向右下方移动。

10. 对【解析】当利率极低时，人们会认为这时利率不大可能再下降，或者说有价证券市场价格不大可能再上升而只会跌落，因而会将所持有的有价证券全部换成货币。人们有了货币也决不肯再去买有价证券，以免证券价格下跌时遭受损失，人们不管有多少货币都愿意持在手中，这种情况称为"凯恩斯陷阱"或"流动偏好陷阱"。

11. 错【解析】投资由利率和资本边际效率决定，投资与利率成反方向变动关系，与资本边际效率成正方向变动关系。

12. 对【解析】MEI曲线（投资边际效率曲线）和MEC曲线（资本边际效率曲线）都能表示利率和投资量之间存在的反方向变动的关系，在使用投资边际效率曲线情况下，利率变动对投资量变动的影响较小。西方经济学著作一般都用MEI曲线来表示利率与投资量的关系，投资需求曲线指的是MEI曲线，这条曲线即投资需求函数。

13. 对【解析】IS曲线是描述货币市场均衡的曲线，在这一曲线上每一点都表示货币市场达到均衡。

14. 错【解析】政府减少一笔税收，会使IS曲线向右移动，这是因为，一笔税收的减少，如果是较少了企业的负担，则会使投资相应增加，于是这笔减税无疑会增加投资需求，从而会使IS曲线向右移动。同样，一笔税收的减少，如果是减少了居民个人的负担，则会使他们的可支配收入增加，从而使他们的消费支出相应增加，也会使IS曲线向右移动。

15. 错【解析】LM曲线呈水平形状的区域称为"凯恩斯区域"。

16. 对【解析】IS曲线的代数表达式为：$r=\dfrac{a+e}{d}-\dfrac{1-\beta}{d}y$，$d$ 是投资需求对于利率变动的反应程度，它表示利率变动一定幅度时投资变动的程度，如果投资对利率变动的敏感程度发生变化，则IS曲线的斜率也会变化。

17. 对【解析】由于利率下降意味着一个较高的投资水平，从而得到一个较高的储蓄和收入水平，因此，IS曲线的斜率是负值。

18. 错【解析】由 $L=M/P$，有 $L=kY-hR=M/P$，得：$R=kY/h-M/Ph$。

19. 对【解析】在流动性陷阱中，利率处于极低水平，债券价格处于极高水平，购买债券的风险处于极高水平。无论货币供给增加多少，人们都会持有现金，而不会购买债券，即利率不会降低，从而不能增加国民收入。由于利率处于极低水平，财政政策不会导致利率上升，从而挤出效应很小，所以财政政策最有效。

20. 对【解析】存在流动性陷阱时，货币需求对利率很敏感；或是货币需求对产出水平极不敏感。这种时候财政政策完全起作用，几乎没有挤出效应。

21. 对【解析】货币主义者认为货币需求函数是一个稳定的函数，即人们平均经常自愿在身边储存的货币数量与决定它的为数不多的几个自变量（如人们的财富或收入、债券、股票等的预期收益率和预期通货膨胀率等）之间，存在一种稳定的而且可以估量的函数关系。因而货币主义在理论上是不相信流动性陷阱的存在的，在政策上认为财政政策是无效的。

22. 错【解析】IS 曲线和 LM 曲线的交点表示产品市场和货币市场同时达到了均衡，由于有效需求不足，此处均衡未必达到了充分就业水平。

23. 错【解析】$m=\dfrac{M}{P}$，实际货币供给与价格水平成反比，与名义货币供给成正比。

24. 对【解析】货币交易需求是收入的函数。

25. 对【解析】题干表述正确。

26. 对【解析】题干表述正确。

27. 错【解析】当利率降得很低时，预期债券价格不会再提高，人们购买债券的风险将会变得很大。

28. 对【解析】债券价格趋于下降的时候，银行利率提高，同量货币存银行的利率收益提高，人们愿意把钱存入银行，因此手持货币会减少。

29. 对【解析】当市场利率较低时，人们未来的收益更低，人们更愿意持有流动性货币，从而用于投机的货币更多。

30. 对【解析】此时只有财政政策才有效。

31. 错【解析】凯恩斯区域货币政策无效，财政政策有效。

32. 对【解析】位于 IS 曲线右边的收入和利率的组合表示投资小于储蓄。

33. 对【解析】LM 曲线向右上方倾斜，斜率为正。

34. 对【解析】产品市场决定收入，货币市场决定利率。

35. 对【解析】IS—LM 模型是整个宏观经济学的核心。

36. 对【解析】货币量的增加导致 LM 曲线向右移动，IS 曲线不变的情况下，国内生产总值增加，利率下降。

37. 错【解析】在 IS 曲线和 LM 曲线的交点上，投资等于储蓄，货币需求量等于货币供给量，而不是四个变量间相互相等。

38. 错【解析】LM 曲线反映的是货币市场均衡时国民收入 y 和利率 r 之间的正向变化的关系。

39. 对【解析】LM 曲线完全垂直的区域是"古典区域"，此时若实施积极的财政政策使得 IS 曲线向右移动，只会让利率上升而不会增加国民收入和就业。

40. 错【解析】国民收入增加会使得货币总需求曲线沿着横轴向右移动。

41. 错【解析】其他条件不变的前提条件下，利率上升会使得货币总需求曲线沿着横轴向左移动。

四、名词解释

1. 资本边际效率：是凯恩斯提出的一个概念。按照他的定义，资本边际效率（MEC）是一种贴现率，这种贴现率正好使一项资本物品在使用期内各预期收益的现值之和等于这项资本品的供给价格或者重置成本。

2. 投资边际效率：由于 R（资本品供给价格）上升而被缩小了的 r 的数值被称为投资的边际效率。西方学者认为，更精确地表示投资和利率间关系的曲线，是投资的边际效率曲线。因此，西方经济学著作一般都用 MEI 曲线来表示利率与投资量的关系，投资需求曲线指的是 MEI 曲线。

3. IS 曲线：是产品市场均衡状态的一幅简单图像，它表示的是：与任一给定的利率相对应的国民收入水平，在这样的水平上，投资恰好等于储蓄，因此这条曲线称 IS 曲线。

4. 流动性偏好：对货币的需求，又称"流动性偏好"（也译为"灵活偏好"或"流动偏好"）。所谓"流动性偏好"是指，由于货币具有使用上的灵活性，人们宁肯以牺牲利息收入而储存不生息的货币来保持财富的心理倾向。

5. 交易动机：指个人和企业需要货币是为了进行正常的交易活动。由于收入和支出在时间上不是同步的，因而个人和企业必须有足够的货币资金来支付日常需要的开支。

6. 预防性动机：指为预防意外支出而持有一部分货币的动机，如个人或企业为应付事故、失业、疾病等意外事件而需要事先持有一定数量货币。

7. 投机动机：指人们为了抓住有利的购买有价证券的机会而持有一部分货币的动机。

8. 流动偏好陷阱：当利率极低时，人们会认为这时利率不大可能再下降，或者说有价证券市场价格不大可能再上升而只会跌落，因而会将所持有的有价证券全部换成货币。人们有了货币也决不肯再去买有价证券，以免证券价格下跌时遭受损失，人们不管有多少货币都愿意持在手中，这种情况称为"凯恩斯陷阱"或"流动偏好陷阱"。

9. 货币需求函数：对货币的总需求是人们对货币的交易需求、预防需求和投机需求的总和。货币的交易需求和预防需求决定于收入，而货币的投机需求决定于利率。因此，对货币的总需求函数可描述为：$L=L_1+L_2=L_1(y)+L_2(r)=ky-hr$。

10. 货币供给：是一个存量概念，它是一个国家在某一时点上所持有的不属于政府和银行所有的硬币、纸币和银行存款的总和。西方经济学家认为，货币供给量是由国家用货币政策来调节的，因而是一个外生变量，其大小与利率高低无关，因此货币供给曲线是一条垂直于横轴的直线。

11. LM 曲线：是一条向右上方倾斜的曲线，此线上任一点都代表一定利率和收入的组合，在这样的组合下，货币需求与供给都是相等的，亦即货币市场是均衡的。

12. LM 曲线的凯恩斯区域：当利率降得很低时，货币的投机需求趋于无限大，这就是"凯恩斯陷阱"或"流动偏好陷阱"，由于在这一极低的利率水平上货币投机需求量已趋于无限大，因此货币的投机需求曲线成为一条水平线，LM 曲线上也相应有一段水平状态的区域，这一区域称为"凯恩斯区域"，也称"萧条区域"。

13. LM 曲线的古典区域：是垂直于 X 轴的一段。在这一区域如实行扩张性财政政策使 IS 曲线向右上方移动，只会提高利率而不会使收入增加，但如果实行使 LM 曲线右移的扩张性的货币政策，则不但会降低利率，还会提高收入水平。因此这时候财政政策无效而货币政策有效，这符合"古典学派"以及基本上以"古典学派"理论为基础的货币主义者的观点。因而 LM 曲线呈垂直状态的这一区域被称为"古典区域"。

14. LM 曲线的中间区域：古典区域和凯恩斯区域之间这段 LM 曲线是中间区域，LM 曲线的斜率在古典区域为无穷大，在凯恩斯区域为零，在中间区域则为正值。

15. 挤出效应：政府支出增加，导致私人消费和投资的下降，这就是挤出效应。

五、简答题

1. 对利率的预期是人们调节货币和债券配置比例的重要依据，利率越高，货币需求量越小。当利率极高时，这一需求量等于零，因为人们认为这时利率不大可能再上升，或者说有价证券价格不大可能再下降，因而将所持有的货币全部换成有价证券。反之，当利率极低时，比方说 2%，人们会认为这时利率不大可能再下降，或者说有价证券市场价格不大可能再上升而只会跌落，因而会将所持有的有价证券全部换成货币。人们有了货币也决不肯再去买有价证券，以免证券价格下跌时遭受损失，人们不管有多少货币都愿意持在手中，这种情况称为"凯恩斯陷阱"或"流动偏好陷阱"。

2. 对货币的需求，又称"流动性偏好"。所谓"流动性偏好"，是指由于货币具有使用上的灵活性，人们宁肯以牺牲利息收入而储存不生息的货币来保持财富的心理倾向。为什么人们愿意持有不生利息或其他形式收入的货币呢？凯恩斯认为，就是因为货币具有这种使用上的灵活性，随时可满足以下三类不同的动机：第一，交易动机，指个人和企业需要货币是为了进行正常的交易活动。由于收入和支出在时间上不是同步的，因而个人和企业必须有足够的货币资金来支付日常需要的开支。第二，谨慎动机或称预防性动机，指为预防意外支出而持有一部分货币的动机，如个人或企业为应付事故、失业、疾病等意外事件而需要事先持有一定数量货币。第三，投机动机，指人们为了抓住有利的购买有价证券的机会而持有一部分货币的动机。

3. （1）产品市场均衡。IS 曲线是一条描述产品市场达到均衡即 $I=S$ 时，总产出与利率之间关系的曲线，由于这条曲线上任何一点都代表一定的利率和收入的组合，在这样的组合下 $I=S$，从而产品市场是均衡的。

（2）产品市场失衡。偏离 IS 曲线的任何点都表示 $I \neq S$，即产品市场不均衡。

如果某点位于 IS 曲线的右边，表示 $I<S$，即现行的利率水平过高，从而导致投资规模小于储蓄规模。

如果某点位于 IS 曲线的左边，表示 $I>S$，即现行的利率水平过低，从而导致投资规模大于储蓄规模。

（3）IS 曲线中的 y 与 r 成反向变动关系。在产品市场上，总产出与利率之间存在反向变化的关系，即利率提高时总产出水平趋于减少，利率降低时总产出水平趋于增加。

4. IS 曲线水平右移一般是在利率不变时由外生经济变量冲击导致了总产出的增加。常见的影响因素有如下几种。

（1）出现新的技术引起的投资需求上升，投资需求曲线向右平移，最终使得 IS 曲线右移。

（2）人们的储蓄意愿减弱，更加愿意消费，储蓄曲线右移，使得 IS 曲线右移。

（3）在三部门经济中，政府增加购买支出或是减少税收，最终也会使 IS 曲线右移。

5. 对货币的总需求是人们对货币的交易需求、预防需求和投机需求的总和。货币的交易需求和预防需求决定于收入，而货币的投机需求决定于利率，因此，对货币的总需求函数可描述为：$L=L_1+L_2=L_1(y)+L_2(r)=ky-hr$。

货币需求函数可用答图 14-6 来表示。答图 14-6（a）中垂线 L_1 表示为满足交易动机和谨慎动机的货币需求曲线，它和利率无关，因而垂直于横轴。L_2 线表示满足投机动机的货币需求曲线，它起初向右下方倾斜，表示货币的投机需求量随利率下降而增加，最后为水平状，表示"流动偏好陷阱"。答图 14-6（b）中的 L 线则是包括 L_1 和 L_2 在内的全部货币需求曲线，其纵轴表示利率，横轴表示货币需求量，由于具有不变购买力的实际货币一般用 m 表示，因此横轴也可用 m 表示。这条货币需求曲线表示在一定收入水平上货币需求量和利率的关系，利率上升时，货币需求量减少，利率下降时，货币需求量增加。

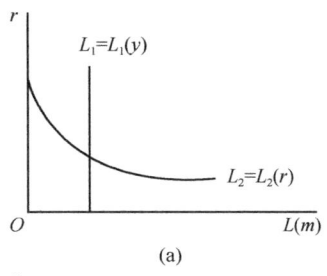
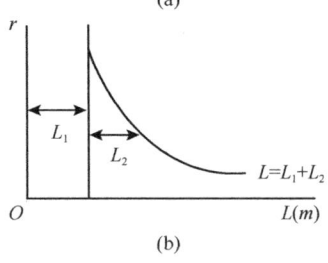

答图 14-6 货币需求函数

6. 在凯恩斯的收入决定论中，收入水平是由需求决定的，当不考虑政府部门和对外部门时，需求由投资需求和消费需求组成，由于投资需求被假定为是外生决定的，因此，利息率的变动对需求没有影响；而消费需求与利息率也无关，因而利息率的变动对国民收入没有影响。

六、计算题

1.（1）由 $Y=C+i=100+0.6Y+520-2r$，解得：$Y=1550-5r$，此即为 IS 曲线方程。

（2）令 $m=L$，即 $120=0.2Y-4r$，解得：$Y=600+20r$，此即为 LM 曲线方程。

（3）IS—LM 模型的方程组为 $\begin{cases} Y=1550-5r \\ Y=600+20r \end{cases}$，解得：$Y_0=1360$；$r_0=38$，这就是均衡的利率和国民收入。

2.（1）$L=\dfrac{M}{P}$，由于假定 $P=1$，因此，LM 曲线代数表达式为 $kY-hr=M$

即 LM 曲线代数表达式为 $r=\left(-\dfrac{M}{h}\right)+\dfrac{k}{h}Y$，其斜率代数表达式为 $\dfrac{k}{h}$。

（2）当 $k=0.2$，$h=10$ 时，LM 曲线斜率为：$\dfrac{k}{h}=\dfrac{0.2}{10}=0.02$

当 $k=0.2$，$h=20$ 时，LM 曲线斜率为：$\dfrac{k}{h}=\dfrac{0.2}{20}=0.01$

当 $k=0.1$，$h=10$ 时，LM 曲线斜率为：$\dfrac{k}{h}=\dfrac{0.1}{10}=0.01$

（3）由于 LM 曲线斜率为 $\dfrac{k}{h}$，因此当 k 越小时，LM 曲线斜率越小，其曲线越平坦；当 h 越大时，LM 曲线斜率也越小，其曲线也越平坦。

（4）若 $k=0.2$，$h=0$，则 LM 曲线为 $0.2Y=M$，即 $Y=5M$

此时，LM 曲线为一垂直于横轴 Y 的直线，$h=0$ 表明货币与利率的大小无关，这正好是 LM 曲线的古典区域情况。

3．（1）IS 曲线：$y=1\,150$，LM 曲线：$y=1\,000+50r$

（2）均衡收入 $y=1\,150$，利息率 $r=3\%$，$I=150$

（3）均衡收入 $y=1\,250$，利息率 $r=5\%$，$I=150$

（4）由（2）和（3）投资 I 的对比可知不存在挤出效应。

4．如答图 14-7 所示。

（1）政府减税，会使 IS 曲线向右移动至 IS′曲线，这使得利率上升至 r_1，国民收入增加至 y_1，为了使利率维持在 r_0 水平，政府应采取扩张性货币政策使 LM 曲线右移至 LM′曲线处，从而利率仍旧为 r_0，国民收入增至 y_2，均衡点为 LM′曲线与 IS′曲线的交点 E_2。

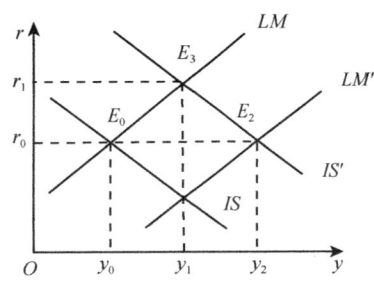

答图 14-7　IS 曲线、LM 曲线的移动

（2）货币存量不变，表示 LM 曲线不变，这些减税使 IS 曲线向右移至 IS′曲线的效果使利率上升至 r_1，国民收入增至 y_1，均衡点为 LM 曲线与 IS′曲线的交点 E_3。

（3）两种情况下减税的经济后果的区别如下。

在（1）情况下，在减税的同时由于采取了扩张性货币政策，使得利率不变，国民收入增至 y_2，而在（2）情况下，在减税的同时保持货币存量不变，这使得利率上升，从而会使私人部门的投资被挤出一部分，因此，国民收入虽然也增加了，但只增至 y_1（$y_1<y_2$）。

七、论述题

1．（1）凯恩斯主义认为人们持有货币的动机包括交易动机、预防性动机和投机动机。交易动机，指个人和企业需要货币是为了进行正常的交易活动，出于交易动机的货币需求量主要决定于收入，收入越高，交易数量越大。预防性动机，指为预防意外支出而持有一部分货币的动机，这一货币需求量大体上也和收入成正比，是收入的函数。投机动机，指人们为了抓住有利的购买有价证券的机会而持有一部分货币的动机。

交易性货币需求为 $L_1=L_1(y)=k\cdot y$。货币的投机需求用 L_2 表示，则 $L_2=L_2(r)=-h\cdot r$。将以上两种货币需求加总，得到总的货币需求函数，即

$$L=L_1+L_2=k \cdot y - h \cdot r$$

(2) LM 曲线是一条描述货币市场达到宏观均衡即 $L=M$ 时，总产出与利率之间关系的曲线。

公式推导：由 $\begin{cases} 货币市场均衡：M_S=M_D \\ 货币供给：M_S=m=\dfrac{M}{P} \\ 货币需求：M_D=L=k \cdot y - h \cdot r \end{cases}$

得 $y=\dfrac{h}{k}r+\dfrac{m}{k}$，或 $r=\dfrac{k}{h}y-\dfrac{m}{h}$，即 LM 曲线。

(3) LM 曲线包括凯恩斯区域、古典区域和中间区域。

①凯恩斯区域（萧条区域）政策含义：使用扩张性的货币政策来增加货币供给，也无法降低利率、增加收入，货币政策无效；采取扩张性的财政政策却可以在不引起利率变动的情况下，提高收入，财政政策完全有效。

②古典区域政策含义：用扩张性的货币政策来增加货币供给，可以降低利率，同时增加收入，货币政策有效；扩张性的财政政策却只会提高利率，不会提高收入，财政政策完全无效。

③中间区域（LM 曲线的有效区间）政策含义：货币政策和财政政策均部分有效。

2. (1) 投资的边际效率亦称"内在收益率"，是指一笔投资的未来收益折算成现值时的贴现率。

(2) 投资边际效率递减的主要原因有以下几个。

第一，实际利率的提高会减少企业的实物投资数量。因为利率升高，投资者发现实物投资的回报不如购买国库券或在股市里投机，他们就会增加对金融资产的投资，而减少实物投资；利率下降，实际投资的收益率确实对投资者有利时，他们就会减少对金融资产的投资，而增加对实物的投资。

第二，投资的边际收益存在递减的趋势。无论是投资的边际效率还是资本的边际效率都呈现出向右下方倾斜的特征，这在本质上都反映了资本边际收益的递减。因为对企业家来说，在不考虑其他变量的情况下，资本的边际效益是投资的边际收益，市场的利率是投资的边际成本，为了获得投资利润的最大化，他们必须保持投资的边际收益等于投资的边际成本，也就是随着利率的下降而扩大投资规模，利率下降的轨迹因此也就是资本边际效益递减的轨迹。

第三，投资的边际效益递减是由多方面的原因决定的：一是边际产出递减规律的作用，投资规模的扩大导致生产规模的扩大，生产规模的扩大又导致产出的增长速度越来越慢了。二是商品销售竞争的结果。投资规模的扩大导致产出的增加，企业之间销售的竞争必然导致商品价格的下降，从而造成产出的边际销售收入减少。三是生产要素的竞争推动投资成本的提高。这些原因决定投资边际收益的递减，而递减的程度和速度则在不同的经济条件下有不同的表现。

3. 在国民收入中，总支出由消费支出和投资支出构成。E 表示总支出，那么 $E=C+I$。总收入 Y 有两个用途：消费 C 和储蓄 S，所以 $Y=C+S$。产品市场均衡条件是总支出等于总收入。于是有 $C+I=C+S$，那么投资等于消费，即 $I=S$。只要这个均衡条件得到满足，产品市场的实现问题就能解决，社会总产品的流通就能顺利进行。

这一均衡条件并没有真正触及社会总资本再生产和流通的关键问题。资本主义再生产的关键是第一部类和第二部类的生产成比例。同时，产品市场的均衡条件混淆了储蓄和资本积累。资本积累是剩余价值的资本化，它发生在企业内部而不是发生在家庭部门。信用制度固然打破了企业货币资本量的限制，然而即使在信贷关系相当发达的现代资本主义条件下，投资仍然主要源于资本积累。至于家庭储蓄不过是补充。此外，产品市场均衡条件中的投资和储蓄，是经济主体依据自己的心理规律进行决策的结果，因而它们都是捉摸不定的东西，很难对二者真正加以讨论。

八、案例分析

案例一：

（1）①无论是税收政策还是财政支出结构，财政政策将更多向高新科技产业、精准扶贫、乡村振兴等领域倾斜；②着力加快建设实体经济、科技创新、现代金融和人力资源协同发展的产业体系；③着力解决实体经济供需失衡、金融部门和实体经济失衡、房地产和实体经济失衡；④提高供给体系质量，促进商品和服务质量持续提高；⑤让绿色发展成为普遍形态，形成人和自然和谐发展的现代化建设新格局；⑥加强知识产权保护，让创新成为发展的第一动力；⑦完善社会主义市场经济体制，完善产权制度，更好发挥政府作用，坚持深化改革开放，推动形成全面开放新格局；⑧实施乡村振兴战略和区域协调发展战略。

（2）①贵州要实现"十三五""大扶贫"战略目标，关键是要树立精准扶贫理念，把扶贫对象搞精准、把扶贫主体搞精准、把扶贫路径搞精准、把扶贫措施搞精准，真正扶到点子上、扶到关键处。将国家的财政性补助真正用到点上来。

②继续大力发展大数据产业。贵州在发展大数据上相对其他省份已具备三个优势：第一，先天优势。如气候宜人、地质稳定、能源富足等，已经被业界认可并熟识。第二，先发优势。大家普遍认为2013年是全球大数据元年，这一年贵州就开始谋划大数据，三大运营商南方数据中心落户贵安。2014年3月，贵州在北京举办招商推介会，拉开了全省大数据发展的大幕，相较国内其他地区，贵州在大数据领域的全面探索，比别人"早醒"了一步。第三，先行优势。先发声并且快赶路，在先行先试中我们在很多方面走在了国内的前列。十个"率先"，涵盖了理论研究、平台搭建、基础设施建设、产业链构架、立法保障、专业国际峰会及赛事等多个维度。其涉及面之广、覆盖面之宽、贯穿程度之深，可以说在全国甚至全球，都是极其少见的。贵州在结合国家对高新技术产业的支持以及自身发展优势的基础上一定能实现更好的发展。

③大力发展生态旅游产业。贵州省应该借力财政政策对生态旅游的支持，大力引进和培养旅游高端人才，实现旅游产业跨越式发展；加快基础设施建设，为旅游经济发展蓄力；重视生态环境建设，从景点旅游转向全域旅游；完善旅游基础设施建设，大力引进民营资本进入旅游业。

案例二：

（1）①根据货币需求理论，居民、企业等持有货币是出于不同的动机，它包括交易性动机、预防性动机和投机性动机等。与此相对应，货币需求也可以分为交易性货币需求、预防性货币需求和投机性货币需求等。

根据凯恩斯的定义，当经济处于流动性陷阱时，利率下降到一个非常低的水平以至于储蓄者认为持有现金和债券之间没有差别。出于投机性需求，公众会选择持有现金，此时现金需求是无穷大弹性的（LM 为水平线），任何超额的流动性注入将会被作为现金持有，因此无法达到降低利率刺激经济的效果。

②传统凯恩斯理论认为，货币政策通过增加货币供应量来降低利率扩大总需求，但当利率下降到一定程度之后，现金和债券是完全替代的，出于投机性需求，储户会选择持有现金，此时无论怎样增加货币供给，利率都不再下降，货币政策失去对总需求的影响，此时经济便进入流动性陷阱。

③经济落入流动性陷阱的第一个特征是经济增长停滞。20 世纪 90 年代至今的日本和欧元区都进入流动性陷阱，GDP 增速降低，经济增长都几乎停滞。第二个特征是利率水平降无可降。CPI 低位徘徊，经济陷入通缩状况，名义利率在零附近，面临零利率下限的约束。第三个特征就是货币流通速度下降。当经济落入流动性陷阱时，传统货币政策无法影响总需求，对产出 Y、物价 P 几无影响，从货币数量方程 $MV=PY$ 看，此时货币的流通速度 V 必然下降。

（2）流动性陷阱已蔓延至全球，日本、欧元区深陷其中。

①日本仍处于流动性陷阱当中。短期利率在零附近，传统的货币政策难以实施。2001 年 3 月日本开始实施 QE 计划，直到 2006 年初结束，但这期间日本的经济增长并未好转，CPI 徘徊在 0 附近，倒是在退出 QE 之后，通货膨胀有所回升。

2016 年 1 月 29 日，日本央行推出负利率政策，虽使长期贷款利率下降，但是日本信贷增速下降，GDP 增速下降，CPI 降到 0 以下。可见，日本一系列摆脱流动性陷阱的货币政策并未取得显著的成果。

②欧元区落入流动性陷阱。2008 年金融危机之后，欧元区也掉入流动性陷阱的泥沼。为了治理通缩，推动经济的增长，2014 年 6 月，欧洲央行将隔夜存款利率降至 -0.1%，启动了负利率。负利率后欧元区商业银行增加超额储备金，与负利率实施后超额准备金下降的传导机制预计相左。2016 年 7 月，欧元区季调后的 CPI 为 0.05%，低于 2014 年 6 月的 0.66%，2016 年第二季度，欧元区的经济同比增长 1.6%，可见并未达到治理通缩、推动经济增长的目的。

（3）①中国目前的经济现状：

流动性陷阱的内涵随时代而变，当前中国面临结构性的流动性陷阱。在凯恩斯的流动性陷阱下，数量型货币调控手段面临的挑战是增加货币供给并不能降低利率，后来引入价格型的货币调控手段克服了这一缺陷，但 20 世纪 90 年代和 2008 年全球金融危机后，日本和欧元区以及美国面临的挑战是，政策利率水平很快降至接近于 0，因"零利率下限"的约束，政策利率降无可降，价格型的货币调控手段也失灵，这即当前主流的流动性陷阱定义。虽然当前中国的基准利率离 0 尚有一定的距离，但是货币政策已经难以达到提高总需求、刺激经济、降低融资成本、提振民间投资的效果，可看作结构性的流动性陷阱。

②原因：实业投资回报率下降，企业持币观望。从工业企业的销售成本利润率来看，中国企业的利润率一直在下降，从2007年的11%下降至现在的5%。而中国的贷款利率也基本在5%的附近。因此企业基本处于不赚钱的境地。从微观层面来看，2008年至今，上市公司的留存现金已从2万亿上升到7万亿。从宏观层面来看，2016年7月固定资产累计同比增速降至8.1%，而民间投资累计投资增速为2.1%，当月同比甚至为负。另外，"硬"资产受到追捧，十年期国债收益率更是降至2.7%。

信贷市场长期存在结构性问题，投放很不均衡，造成结构性的流动性陷阱。由于国内银行放贷个人责任制和市场参与者国营、民营二元结构，银行偏向于国有背景和传统行业的借贷者。在很多领域，民营企业的效率明显高于国有企业，但国有企业有政府隐性担保，导致国有企业实际融资能力明显强于民营企业。即使流动性宽松，"三农"、中小企业、新兴产业，这些真正需要资金的领域依然无法拿到银行信贷。

国有投资扩张挤出民间投资。房地产行业央企拼地王，民企被逼退；制造业地方政府为国企站台信用背书，民企被迫退出；而服务业国有垄断行政管制，民间投资遭遇"玻璃门"和"弹簧门"。

③落入流动性陷阱之后，传统货币政策已经很难再起作用，需要财政政策或非传统货币政策来刺激总需求，通过供给端政策与改革来提高经济增长潜力。

扩大政府支出。中国总需求下降的原因既有老龄化、产业结构转型等中长期因素，又有实体经济去杠杆、外部冲击等短期因素，应当采取不同的财政刺激措施，做到有的放矢。考虑到政府支出结构的扭曲性，对于持续性冲击，政策刺激应当持续、量大，而对暂时性冲击，政策手段应当及时、短暂、量小，以最大化总体社会福利。

调整税收。走出流动性陷阱的要点在于使用其他政策来顶替货币政策的作用——拉动总需求。政府可以在促进企业的投资、技术创新方面出台一些减税或补贴政策，以提振投资需求。对于国内消费需求，政府可以推动个税改革，提高居民可支配收入和消费意愿；还可以加大转移支付力度，以提高低收入群体消费能力。

供给侧改革。做好供给侧改革，是摆脱流动性陷阱、经济恢复长期平衡增长路径的根本之策。从长期来看，影响经济潜在产出水平的因素无外乎技术进步、资本、劳动力三个。

实施大规模的减税，让利于民，提高资源配置效率。美国、英国、日本、新加坡等供给侧改革时期，大规模降低企业所得税、个人所得税等，并简化征收环节，虽然短期效果不明显，但效果长远持久，明显改善企业对未来的预期。

保持货币政策中性。过度宽松，将增加长期供给侧改革困难。

第十五章　国民收入的决定：总需求—总供给模型

一、单项选择题

1. C【解析】本题考查供给曲线。在西方经济学中，价格和产量是由供给曲线决定的，这一原理在微观经济学和宏观经济学中都适用。

2. A【解析】本题考查总需求曲线。总需求曲线通常向右下方倾斜，这意味着，在其他条件相同的情况下，经济中的价格水平下降，会增加物品与劳务的需求量，反之，价格水平上升会减少物品与劳务的总需求量。

3. D【解析】本题考查均衡收入的确定。选项A与题目无关；选项B，虽然总产出被完全消费，但是不能说明就刚好与总需求相等；选项C不正确，IS曲线和LM曲线的交点就是均衡的收入水平。

4. B【解析】本题考查影响总需求曲线移动的因素。增加净出口，如国外经济繁荣、引起汇率下降的投机，当这些因素的一种发生变动时，在每一种价格下的物品与劳务的需求量变动了，就会引起总需求曲线向右移动。

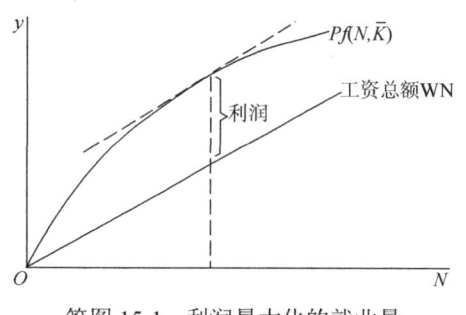

答图15-1 利润最大化的就业量

5. B【解析】本题考查企业利润最大化条件。选项A、C、D都不是利润最大化条件，企业可以以工资W雇用一个工人，该工人按劳动的边际产品所给定的量生产更多的产品。企业将这些产品以价格P出售，便可从中获利。企业将不断利用这一获利的机会，直到增雇的工人将劳动的边际产品降低到和实际工资相等时为止，企业达到利润最大化。如答图15-1所示。

6. A【解析】本题考查劳动需求函数。实际工资与劳动需求量成反方向变动关系。实际工资低时，劳动的需求量大；实际工资高时，劳动的需求量小。

7. A【解析】本题考查劳动供给函数。实际工资低时，劳动的供给量小；实际工资高时，劳动的供给量大。

8. D【解析】本题考查劳动市场均衡条件。$N_S(W/P)=N_d(W/P)$是劳动市场均衡条件，证明见教材。

9. C【解析】本题考查劳动市场均衡。劳动市场处于均衡的状态，在宏观经济学中被称为充分就业的状态，当劳动力市场达到均衡，劳动者的工资不是最大的，市场也存在剩余劳动力，企业产量是否最大与劳动市场均衡无关系。

10. D【解析】本题考查长期总供给曲线。在长期中，经济的就业水平或产量并不随着价格水平的变动而变动，而始终处在充分就业的状态上。根据教材第十五章可知，经济的产量水平也将位于潜在产量或充分就业的水平上，不受价格变动的影响。因此，古典学派认为，总供给曲线是一条位于经济的潜在产量或充分就业产量水平上的垂直线。

11. A【解析】本题考查价格水平确定的公式。选项A为正确的计算公式，推导可见教材第十五章。

12. C【解析】本题考查凯恩斯主义总供给曲线。凯恩斯主义总供给模型即AD—AS模型，当经济小于充分就业均衡时，增加需求的宏观经济政策可以提高产量和就业水平，而价格水平不变。

13. C【解析】本题考查总需求曲线。总需求曲线是由IS—LM曲线推导出来的，IS—LM曲线交点表示货币市场与产品市场都达到均衡。

14. D【解析】本题考查常规总供给曲线。政府支出增加使得IS曲线向右移动，名义货币供给减少使得LM曲线向左移动，在这种情况下，利率会上升，但是总需求以及价格水平和收入都是不确定的。

15. C【解析】本题考查实际余额效应这一概念。可知选项C正确。

16. D【解析】本题考查经济模型中的外生变量和内生变量的问题。宏观经济学中的经济模型的外生变量和内生变量不是固定的，其变量是被"假设"的。如国民收入方程$Y=C+I+G+X-M$，凯恩斯假设消费C和进口M是内生变量，出口X为外生变量。利率在投资模型中，是内生变量。

17. B【解析】本题考查总需求的含义。总需求是经济社会对产品和劳务的需求总量，这一需求总量通常以产出水平来表示。

18. A【解析】本题考查总需求函数的定义。总需求函数被定义为以产量（国民收入）所表示的需求总量和价格水平之间的关系。

19. A【解析】本题考查IS曲线的移动。价格水平的变化对IS曲线的位置没有影响。这是因为，决定IS曲线的变量被假定为实际量，而不是随价格变化而变动的名义量。

20. C【解析】本题考查总需求曲线。选项A、B两种说法错误，当物价水平降低，人们的实际货币余额或增加，所以人们的需求会增加，这时会出现大量购买，国民收入提高。政府这时应该采取紧缩的财政政策，而中央银行也应该采取紧缩的货币政策，所以，选项A、B错误。

21. D【解析】本题考查物价水平和货币交易量的关系。从通常的意义上看，价格水平越高，商品和劳务越贵，所需交易的现金就越多，支付的金额就越大，可见货币的名义需求是价格水平的增函数。用排除法，选项D正确。

22. C【解析】本题考查技术进步和总需求曲线的影响。若技术进步，则社会生产力普遍提高，会使得生产成本下降，由于竞争，物价水平会下降，则此时人们的需求会提高，所以会在长期或者短期中引起整个需求曲线的向右移动。

23. D【解析】本题考查长期总供给曲线。在长期总供给曲线区域，决定价格的力量是需求。

24. B【解析】本题考查引起总需求曲线上的移动的因素。只有价格才会引起曲线上的移动，当价格上升，引起沿着曲线向左移动；反之，沿着曲线向右移动。

25. B【解析】本题考查均衡收入和均衡价格的计算。根据总需求等于总供给可以算出均衡收入和均衡价格。

26. A【解析】本题考查供给曲线和需求曲线移动对经济的影响。减少税收的政策会使需求曲线向右移动，社会生产水平提高会使供给曲线向右移动，其结果必然导致均衡产出的增加。

27. B【解析】本题考查总需求曲线和总供给曲线。当供小于求时，处于卖方市场，物价水平会上升。

28. A【解析】本题考查IS方程的计算。

IS 方程：$Y=C+I+G=200+0.8Y_d+100-0.8r+120=200+0.8(Y-80)+100-0.8r+120$

解得：$Y=1780-4r$

29. C【解析】本题考查 LM 方程的计算。

LM 方程：$0.2Y-8r=200$，解得：$Y=1000+40r$

30. C【解析】本题考查总供给和总需求相等时的均衡点。本题干扰信息比较多，因为供给是固定不变的，所以总需求上涨，只会引起价格上升，而不会影响国民收入。所以均衡国民收入还是 160。

31. D【解析】社会总需求表示社会对于产品和劳务的需求总量。

32. B【解析】把 IS 方程和 LM 方程联立方程组，消除 R 便能得到总需求函数。

33. D【解析】本题考查总需求曲线向右下方倾斜的原因。价格水平和投资、消费、净出口呈现反向关系。

34. A【解析】当投资支出对利率变化比较敏感时，一点的价格波动就会引起投资总额的极大变化。所以此时总需求曲线更趋平缓。

35. D【解析】本题考查总需求曲线的移动。价格引起曲线上的移动，价格以外的其他影响因素导致整条曲线的移动，在其他条件不变时，名义货币供给增加会右移。

36. C【解析】本题考查在 IS—LM 模型中需求曲线的移动。名义货币量与物价水平都不变，政府购买增加可能导致总需求曲线向右上方移动。

37. C【解析】本题考查在 IS—LM 模型中需求曲线的移动。名义货币量与物价水平都不变，自发支出增加可能导致总需求曲线向右上方移动。

38. A【解析】本题考查宏观经济中的要素。宏观经济学上的长期中人口与技术水平等因素会发生变化，而微观经济学中长期它们既定不变，但资本和劳动等要素会发生变化。

39. A【解析】本题考查凯恩斯曲线所依赖的假设。凯恩斯的假设是价格与工资刚性和价格与工资短期没有充分时间调节。

40. B【解析】根据 MR＝MC（边际收益＝边际成本）的准则求解，MC＝MPL×W（MPL 是劳动的边际产出，W 是工人工资，即单位劳动成本。完全竞争市场有 MR＝P，P 是产品价格。则有 $2=(800-2N)\times 4$，可求出 N。

41. C【解析】如果劳动力需求立即对价格水平的变化作出调整，但劳动供给却不受影响，总供给与价格水平正相关。

42. C【解析】本题考查古典总供给曲线。当劳动力需求和劳动力供给立即对价格水平的变化作出调整时，古典总供给曲线存在。

43. A【解析】本题考查古典总供给曲线垂直假设。古典总供给曲线垂直的假设是价格水平 P 和工资水平 W 即使在短期也可以迅速调节，价格水平 P 和工资水平 W 在长期具有充分的时间来进行调节。

44. A【解析】垂直总供给曲线被视作短期总供给曲线的极端情况依赖于假设价格水平 P 和工资水平 W 即使在短期也可以迅速调节。

45. C【解析】凯恩斯总供给被视作短期总供给曲线的极端情况。

参考答案及解析   195

46. D【解析】本题考查总供给曲线。工资黏性可能造成总供给曲线向右上方倾斜。

47. C【解析】工资具有黏性的其中一个原因是长期劳动合同期间暂时不能变动工资。选项A、B、D的说法不成立。

48. B【解析】本题考查总供给曲线。总供给曲线向右上方倾斜取决于货币的工资和价格水平之间的调整速度。

古典学派认为调整速度很快，在能够立即调整的假设下，总供给曲线为一条垂直线，构成总供给曲线的古典学派的极端。古典总供给曲线倾向于研究长期状态，所以又叫长期总供给曲线。

凯恩斯认为货币工资的价格水平之间的调整速度很慢。甚至根本不能调整。在根本不能调整的假设下，总供给曲线为一条水平线，构成总供给曲线的凯恩斯学派的极端。它主要研究短期状态，所以又叫短期总供给曲线。而常规总供给曲线则介于这两者之间。

49. D【解析】如果知道消费函数、投资函数、货币需求函数、总供给函数、税收、政府购买、转移支付、公众的通货储蓄率、基础货币数量、法定准备金比率、超额准备金比率，消费、储蓄、投资、利率、总产出、物价水平、货币供给量都可以求出来。

50. B【解析】本题考查古典总供给曲线。假定古典总供给成立，则总供给曲线是垂直的。总需求的变化不会影响产出只会影响价格。

51. B【解析】本题考查凯恩斯宏观经济学理论。凯恩斯主义的宏观经济学理论体系属于货币非中性说。

52. A【解析】本题考查总供给冲击。农作物产量锐减会导致总供给减少、价格水平上升、国民收入减少的滞胀现象。

二、多项选择题

1. ABCD【解析】本题考查影响价格的因素。一般来说物价水平低，人们愿意购买更多的东西，推动总需求；收入增加，购买能力增强，总需求也就增加了；如果人们预期未来收入较为可观，则人们愿意在当前消费更多；另外，如果政府增加购买支出，变相地刺激了消费需求。

2. AB【解析】本题考查总需求曲线。总需求曲线表示社会的需求总量和价格水平之间反方向的关系，所以选项A、B描述正确。

3. BCD【解析】本题考查影响总需求曲线移动的因素。价格变化引起需求曲线上的移动，税收、股市以及对未来的预期使需求曲线移动。

4. ABC【解析】本题考查生产函数。$y=f(N, K)$式中，y为总产出；N为整个社会的就业水平或就业量；K为整个社会的资本存量，为了避免复杂，技术水平没有被明确地表示出来。

5. ABC【解析】本题考查宏观经济学常识。宏观经济学将总产出与价格水平之间的关系分为三种，即古典总供给曲线、凯恩斯总供给曲线和常规总供给曲线。

6. ABCD【解析】本题考查短期总供给曲线的移动。短期内四个选项都能引起供给曲线的移动，名义工资高则向右移动，反之则向左；投入品价格高向左移动，反之向右；劳动增加向左移动，反之则向右移动；自然资源可获得性增加向右移动，反之向左移动。

7. CD【解析】本题考查总需求曲线的移动。选项 A、B 使总需求曲线向左移动，而选项 C、D 使总供给曲线向右上移动。

8. CD【解析】本题考查长期总供给曲线。长期总供给曲线是一条垂直线，假定资源得到充分利用，在长期中，经济的就业水平或产量并不随着价格水平的变动而变动，而始终处在充分就业的状态上；经济的产量水平也将位于潜在产量或充分就业的水平上，不受价格变动的影响。

9. ACD【解析】本题考查总供给曲线的推导。劳动供给函数的几何表示，即劳动供给曲线；劳动需求函数的几何表示，即劳动需求曲线；总量生产函数是指经济社会的产出与总就业量、资本之间的函数关系。IS—LM 模型是描述产品市场和货币市场之间相互关系的理论结构。总供给曲线是根据供给函数和需求函数以及总量生产函数推导的。

10. AD【解析】本题考查扩张性财政政策。增加货币供给是货币政策，增税是紧缩性货币政策，减税是扩张性货币政策，增加政府支出是扩张性货币政策。

11. BD【解析】本题考查 AD—AS 模型。AD—AS 模型的交点，决定国民收入和价格水平，利率和投资可以影响 AD—AS 模型。

12. ABCD【解析】本题考查总需求的概念。在宏观经济中，总需求主要包括这四部门的需求。

13. AB【解析】本题考查凯恩斯主义总供给模型的假设条件。凯恩斯主义总供给模型假设条件是货币工资具有"刚性"，当产量增加时，价格和货币工资均不会发生变化，工人存在货币幻觉。

14. AB【解析】本题考查企业的定价决策。考虑一个具有定价权的典型企业的定价决策。该企业合意的价格 P 取决于两个宏观经济变量：第一，更高的价格意味着更高的企业成本，因此价格水平 P 越高，企业对自己产品收取的价格也越高。第二，总收入水平 y。更高的收入提高了对企业产品的需求。由于在更高的生产水平上边际成本增加，因此，需求越大，企业收取的价格也越高。

15. ABC【解析】本题考查常规总供给曲线。当产出低于充分就业水平时，在总需求曲线不变的条件下，随着时间推移，物价水平会下降，预期价格水平减少，AS 曲线向右移动直到达到充分就业的水平，所以选项 A 正确、选项 D 错误；根据黏性工资理论，工资对失业变化不敏感，从而价格对收入的变化不敏感，因此 AS 曲线较平坦，所以选项 B 正确；AS 曲线位置取决于预期价格水平，只有预期价格水平变动时，AS 曲线才会移动，所以选项 C 正确。

16. ABC【解析】本题考查短期总供给曲线。古典经济学假设劳动力市场中的工资具有灵活变动的性质，劳动力市场经常可以达到出清，因此古典短期总供给曲线是一条始终等于潜在收入水平的垂线。

17. ACD【解析】本题考查总需求曲线。当物价水平下降时，会出现实际余额效应，资产实际价值上升，人们实际拥有的财富增加，人们的消费水平上升。

18. ABCD【解析】本题考查总需求曲线。四个选项都是总需求曲线向右下方倾斜的原因。

19. AD【解析】本题考查价格和产量是由供求曲线决定的这个原理。在西方经济学中，价格和产量是由供求曲线决定的，这一原理在微观经济学和宏观经济学中都适用，而二者不同的地方在于：在微观经济学中，供求所决定的是个别商品的价格和产量；在宏观经济学中，供求所决定的则是整个社会的价格水平和产量，也就是国民收入。

20. BC【解析】本题考查总需求曲线。在价格水平为纵坐标、总需求量为横坐标的坐标系中，总需求函数的几何表示被称为总需求曲线。

21. BCD【解析】本题考查价格水平对投资的影响。价格水平是货币需求量的一个决定因素。价格水平越低，人们为了购买他们想要的物品与劳务需要持有的货币量就越少，根据货币市场的理论，货币需求量下降会使利率下降，进一步地，利率的下降会鼓励企业增加投资，进而使总需求增加。

22. ABD【解析】本题考查技术进步和总需求曲线的影响。若技术进步，则社会生产力普遍提高，会使得生产成本下降，由于竞争，物价水平会下降，则此时人们的需求会提高，所以会在长期或者短期中引起整个需求曲线的向右移动。

23. ABCD【解析】本题考查减少税收对经济的影响。当税收减少，可以刺激需求，拉动消费和投资，所以选项 A、B、C、D 都正确。

三、判断题

1. 错【解析】本题考查影响 IS 曲线移动的因素。决定 IS 曲线的变量被假定是实际量，而不是随价格变化而变动的名义量。

2. 对【解析】本题考查总需求曲线的移动。财政政策和货币政策变化对总需求曲线有影响，无论扩张性的财政政策还是扩张性的货币政策都会使总需求曲线向右移动，无论紧缩性的财政政策还是紧缩性的货币政策都会使总需求曲线向左移动。

3. 对【解析】本题考查影响总需求的因素。现在增加政府支出，其结果是IS曲线向右移动到IS′。在原来的价格水平下，新的均衡点为 E'，此时，利率提高，收入增加。在答图15-2中，也画出对应的 E' 点，E' 点是新的总需求曲线 AD′ 上的一点，AD′ 曲线反映了增加政府支出对经济的影响。可见，在一个既定的价格水平下，政府支出的增加也就意味着总需求的增加。

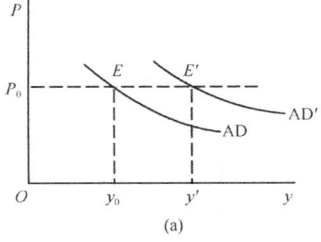
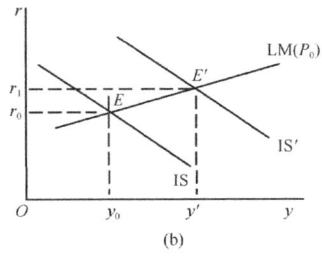

答图 15-2　扩张性财政政策对总需求曲线的影响

4. 错【解析】本题考查总需求曲线。总需求曲线只是给出了价格水平和以收入水平来表达的总需求水平之间的关系，并不能决定使整个社会供求相等的价格水平和总产量,是与供给曲线联合决定的。

5. 对【解析】本题考查宏观生产函数。宏观生产函数可以被区分为短期和长期两种。

6. 对【解析】本题考查短期宏观生产函数。在短期宏观生产函数中,由于资本存量和技术水平在短期内不可能有较大的改变,所以二者被认为是不变的常数。

7. 错【解析】本题考查劳动市场。如果劳动市场是竞争性的,企业只能接受既定的市场工资和其产品的市场价格。

8. 错【解析】本题考查劳动的需求函数。由于劳动的边际产品随劳动投入的增加而降低,劳动的需求函数是实际工资的减函数。

9. 错【解析】本题考查长期中的就业。在长期中,经济的就业水平或产量并不随着价格水平的变动而变动,而始终处在充分就业的状态上。

10. 对【解析】本题考查古典总供给曲线。古典学派一般研究经济事物的长期状态,在长期中,即使不采用货币工资和价格水平能够迅速或立即调整的假设,货币工资和价格水平也被认为具有充分的时间来进行调整,使得实际工资处于充分就业时的水平,因此,总供给曲线也是一条垂直线。以此而论,古典总供给曲线又代表长期总供给曲线。

11. 对【解析】本题考查古典总供给曲线和凯恩斯总供给曲线。垂直的古典总供给曲线与水平的凯恩斯总供给曲线分别代表总供给曲线两种极端状态。前者来自货币工资和价格水平能够立即进行调整的假设;后者则来自货币工资和价格水平完全不能进行调整的假设。

12. 对【解析】本题考查企业定价。具有黏性价格企业定价为: $p=EP+a(Ey-Ey_t)$, E 为变量预期值。假定这类企业的预期产出居于其自然水平,因此上式最后一项为零,所以,这些企业设定的价格为 $p=EP$,因此,具有黏性价格的企业根据自己对其他企业收取价格的预期设定自己的价格。

13. 错【解析】本题考查总供给曲线。在宏观经济学中,通常用 AS 表示总供给曲线。

14. 对【解析】本题考查长期总供给曲线。若扩张总需求政策价格效应最大,此时的供给曲线是垂直的,所以是长期总供给曲线。

15. 对【解析】本题考查短期总供给。因为短期总供给曲线是向右上方倾斜的。

16. 错【解析】本题考查总需求的变动对经济的影响。在短期中,当总需求变动,会引起国民收入与价格同向变动。

17. 对【解析】本题考查总供给曲线。这就是凯恩斯总供给曲线。

18. 错【解析】本题考查总供给曲线的移动。影响短期总供给曲线移动,不一定就会使长期总供给曲线移动。

19. 对【解析】本题考查影响总需求曲线的因素。股票和利率越高,人们总需求变小,反之变大。

20. 对【解析】本题考查总供给曲线。对于长期(垂直)总供给曲线而言,货币工资和价格水平能自行调整到充分就业时的状态。

21. 对【解析】本题考查总供给曲线的移动。因为生产线向外移动会使总供给增加。

22. 错【解析】本题考查供给曲线的移动。单位成本下降企业会增加供给,所以会使供给曲线向右移动。

23. 错【解析】本题考查供给曲线的移动。增加税收，企业成本增加，企业会减产，并使供给曲线向左移动。

24. 对【解析】本题考查经济学常识。1929年的大危机实质是供大于求、生产相对过剩、资源闲置，政府采取增加总需求的政策，增加了产品和劳务产出使得价格水平稳定，说明总供给曲线处于水平状态。

25. 错【解析】本题考查总供给曲线。总供给曲线反映了价格水平和产量水平关系，总需求曲线同时反映了货币市场和产品市场的状态。

26. 错【解析】本题考查短期总供给曲线。古典理论的总供给曲线一般称为长期总供给曲线，凯恩斯主义需求曲线反映短期的供给关系。

27. 对【解析】本题考查引起总需求变动的因素。当名义货币供给不变时，价格水平变动会引起货币市场非均衡，影响投资，进而影响总需求。

28. 错【解析】本题考查总供给曲线的性质。IS 曲线利率弹性越大，AD 曲线就会越平坦。

29. 错【解析】本题考查总供给曲线的性质。货币需求的收入弹性越大，AD 曲线就越陡峭。

30. 错【解析】本题考查财政政策如何影响总供给曲线。财政政策通过对 IS 曲线的影响而影响 AD 曲线。

31. 对【解析】本题考查货币政策如何影响总供给曲线。财政政策通过影响 IS 曲线从而影响 AD 曲线。

32. 对【解析】本题考查长期总供给曲线。长期总供给曲线的几何表示是一条垂直于横轴的垂直线，其所表示的产出水平是经济中的潜在产出水平。

33. 对【解析】本题考查总供给曲线的移动。实际物价水平 P 是内生变量，预期物价水平 P^e 是外生变量，内生变量的变化会导致曲线上的点沿原曲线移动，而外生变量的变化会使曲线的位置发生改变，因此，此题正确。

34. 错【解析】本题考查劳动市场。古典经济学假设劳动力市场中的工资具有灵活变动的性质，劳动力市场经常可以达到出清，因此古典短期总供给曲线是一条始终等于潜在收入水平的垂线。

35. 错【解析】本题考查总需求—总供给模型。总需求—总供给模型取消了价格水平固定不变的假定。

36. 错【解析】本题考查总需求曲线。向右下方倾斜的总需求曲线表示，价格水平越高，需求总量越小；价格水平越低，需求总量越大。

四、名词解释

1. 总需求：是指经济社会对产品和劳务的需求总量，需求总量一般以产出水平来表示。总需求由政府需求、消费需求、投资需求和国外需求构成。在不考虑国外需求的情形之下，经济社会的总需求主要是指价格、收入和其他经济变量在既定条件下，政府、家庭部门、企业部门将要支出的数额。

2. 总需求函数：以产量（国民收入）所表示的需求总量和价格水平之间的关系。它表示在某个特定的价格水平下，经济社会需要多高水平的产量。在价格水平为纵坐标、总需求量为横坐标的坐标系中，总需求函数的几何表示被称为总需求曲线。

3. 财富效应：是现代社会发展过程中提出的新理念，指某种财富的累积存量达到一定规模后，必然产生对相关领域的传导效应或者是控制效应。

4. 利率效应：在宏观经济学中，将价格水平变动引起利率同方向变动，进而使投资和产出水平反方向变动的情况，称为利率效应或利息效应。

5. 总供给：经济社会所提供的总产量（或国民收入），即经济社会投入的基本资源所生产的产量。

6. 宏观生产函数：又称总量生产函数，是指整个国民经济的生产函数，它表示总投入和总产出之间的关系。

7. 常规总供给曲线：西方学者认为，大多数情况下，经济短期供给曲线位于两个极端之间（垂直和水平）的常规供给曲线如像右上方延伸的 CC 线（答图 15-3），则价格水平越高，经济中的企业提供的总产出就越多。

8. 黏性价格模型：该模型强调了企业不能针对需求变动即刻调整其索取的价格。

9. 滞胀：在经济学特别是宏观经济学中，特指经济停滞、失业及通货膨胀同时持续高涨的经济现象。

10. 潜在产量：指充分就业时的产量，也指经济中现有资源被充分利用时所能生产的产量。

11. 凯恩斯主义的总供给曲线：即 AD—AS 模型，当经济小于充分就业时，总供给曲线是如答图 15-4 所示的水平线，当达到充分就业时，总供给曲线是一条垂直线。

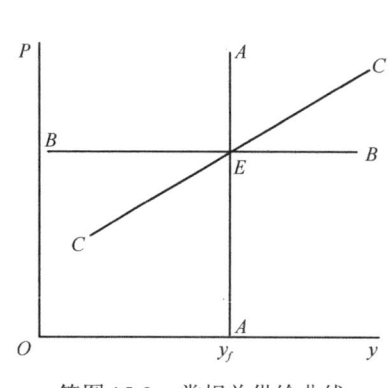

答图 15-3　常规总供给曲线

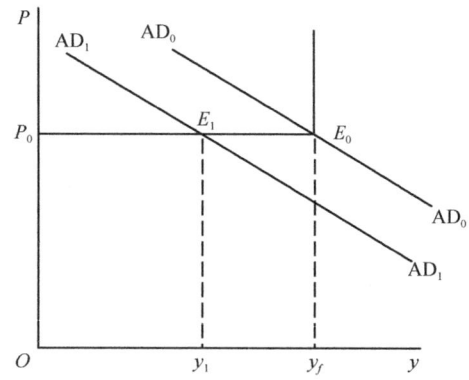

答图 15-4　凯恩斯总供给曲线的政策含义

12. 古典总供给曲线：如果说凯恩斯主义总供给曲线显示的是一种极端情形，那么古典总供给曲线则是另外一种极端情形。古典总供给曲线是一条位于充分就业产量水平上的垂线。这表明，无论价格水平如何变动，总供给量都是固定不变的。

五、简答题

1. 在微观经济学中，供求所决定的是个别商品的价格和产量，而在宏观经济学中,供求所决定的则是整个社会的价格水平和产量,也就是国民收入。

2. 一是总产出随总就业量的增加而增加;二是在技术不变和 K 为常数的假设条件下,由于"边际报酬递减规律"的作用,随着总就业量的增加,总产出按递减的比率增加。

3. 完全竞争要素市场的特征可以描述为,要素的供求双方人数都很多,要素之间没有任何区别,要素供求双方都具有完全的信息,以及要素可以充分自由地流动。

4. 在实际工资水平上,企业所选择的劳动数量恰好等于公众所提供的劳动数量,当劳动供过于求时,表明经济不能为所有愿意工作者提供足够的职位,在价格和工资具有完全伸缩性的情况下,实际工资就会降低,从而刺激企业的劳动需求,抑制劳动者的劳动供给。随着实际工资的不断调整,劳动的供求数量也不断进行调整,直到使劳动市场达到供求相等的均衡状态时为止。

5. 凯恩斯总供给曲线的政策含义是:只要国民收入或产量处在小于充分就业的水平,那么,国家就可以使用增加需求的政策来使经济达到充分就业状态。

6. 造成价格黏性的原因有两个。

第一,有时价格是由企业与顾客之间的长期合约约定的。甚至有时没有正式协议,企业也能保持价格稳定,以避免频繁地变动价格给自己的长期客户造成困扰。

第二,有些价格有黏性是因为一旦企业印制和分发了它的产品目录或价格单,改变起来就成本高昂。

7.(1)劳动变动会引起短期总供给曲线发生移动。劳动量增加使短期总供给曲线向右移动;而可得到的劳动量减少使短期总供给曲线向左移动。

(2)资本变动会引起短期总供给曲线发生移动,物质资本或人力资本增加使短期总供给曲线向右移动;而物质资本或人力资本减少使短期总供给曲线向左移动。

(3)自然资源变动会引起短期总供给曲线发生移动,自然资源可获得性的增加使短期总供给曲线向右移动;而自然资源可获得性的减少使短期总供给曲线向左移动。

(4)技术知识进步使短期总供给曲线向右移动;可得到的技术减少使短期总供给曲线向左移动。

(5)预期价格水平上升一般会减少物品与劳务的供给量,并使短期总供给曲线向左移动。反之,短期总供给曲线向右移动。

8. 在短期中,宏观经济试图达到的目标是充分就业和物价稳定,即不存在非自愿失业,同时,物价既不上升也不下降。如答图15-5所示。

AD 和 AS 相交于 E_0 时 y 处于充分就业的水平 y_f,价格为 P_0,而此时的 P 既不会上升也不会下降。即 E_0 点表示宏观经济管理的短期目标,即充分就业和价格稳定。

9. 总需求是经济社会对产品和劳务的需求总量,这个需求总量通常以产出水平来衡量,经济社会总需求一般包括消费需求、投资需求、政府购买需求和国

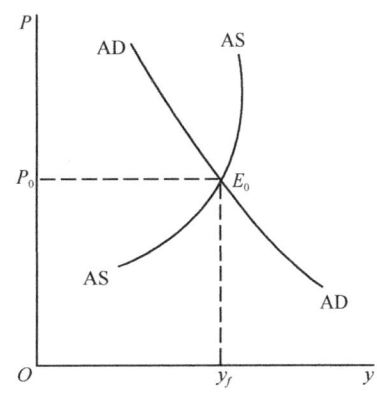

答图 15-5 宏观经济短期目标

外需求，总需求受多种因素影响，其中最主要的影响因素是价格水平，在宏观经济学中，为了说明总需求怎样受价格的影响引入了总需求曲线这一概念，即总需求量和价格之间的几何关系。在凯恩斯主义总需求理论中，总需求曲线的理论主要由产品市场均衡和货币市场均衡理论来反映。

10. 总供给曲线表示国民收入和价格水平之间的几何关系，可根据劳动力市场的均衡以及生产函数推导总供给曲线，当资本存量不变时，国民收入随就业量的增加而增加，就业量取决于劳动力市场的均衡，因此总供给曲线理论来自生产函数和劳动力市场均衡理论。

六、计算题

1. （1）产品市场均衡

$y = c + i + g = 1\,000 + 0.8 y_d + 300 - 60r + 200$（其中 $y_d = y - T$）

$= 1\,000 + 0.8(y - 0.125y) + 300 - 60r + 200$

简化得到 IS 方程：$y = 5\,000 - 200r$

货币市场均衡为：$M/P = L = 0.5y - 200r$

所以，$4\,000/P = 0.5y - 200r$

得到 LM 方程为：$r = 0.002\,5y - 20/p$

联立 LM 方程和 IS 方程：$y = 5\,000 - 200(0.002\,5y - 20/p)$

则总需求函数为：$y = 3\,333.33 + 2\,666.67/p$

（2）当 $p = 2$ 时：收入 $y = 3\,333.33 + 2\,666.67/2 = 4\,666.67$

利率 $r = 0.002\,5 \times 4\,666.67 - 10 = 1.67$

2. （1）当价格上升到 1.2 时

$$\begin{cases} N_d = 150 - 10w/1.25 \\ N_S = 60 + 4w/1.1 \end{cases}$$

市场均衡条件 $N_d = N_S$，解得 $w \approx 7.3$，$N = 89.2$

因此，当政府刺激需求时，就业量从 80 增加到 89，名义工资从 4 美元上升到 7.3 美元，实际工资从 4 美元上升到 $\frac{7.3}{1.2} \approx 6.08$ 美元。

（2）当工人要求增加 10% 的工资时：

$$\begin{cases} N_d = 150 - 10w/1.25 \\ N_S = 60 + 4w/1.1 \end{cases}$$

市场均衡为 $N_d = N_S$，解得 $w = 7.73$，$N = 88.11$

均衡就业量从 89 下降到 88，名义工资从 7.3 上涨到 7.73，实际工资从 6.08 美元上升到 $\frac{7.73}{1.25} \approx 6.18$ 美元。

（3）在充分就业的产出水平上，总产出是 800，实际工资为 4 美元，均衡就业量为 80。若现期劳动市场工资低于 4 美元，则劳动需求量将会超过 80 单位，工人会要求更高的工资，最终，在长期，会达到均衡工资 4 美元，就业量也会回到 80，产量也会达到均衡的 800。

3.（1）IS 方程：

$Y=C+I+G=200+0.8Y_d+100-0.8r+120=200+0.8(Y-80)+100-0.8r+120$，

解得：$Y=1780-4r$

LM 方程：

$0.2Y-8r=200$，解得：$Y=1000+40r$

（2）把 IS 方程和 LM 方程联立方程组：

$Y=1780-4r$；$0.2Y-8r=200/P$。消除 r 解得总需求曲线为：$Y=1780/1.1+100/1.1P$

4.（1）供求均衡时，AD=AS。则有：$200=800-80P$，解得均衡 $P=7.5$，均衡国民收入 $Y=200$。

（2）总需求上涨 10% 时的需求为：$(1+10\%)(800-80P)=880-88P$，供求均衡时的价格为：AD=AS=200，解得 $P=7.73$，均衡国民收入 $Y=200$。

5.（1）总需求曲线向左平移 10% 后的总需求方程为：

$Y_d=1080-P$，均衡时 $Y_d=Y_s$，$1080-P=1000+P$，解得均衡 $P=40$，均衡 $Y=1040$

（2）总需求曲线向右平移 10% 后的总需求方程为：

$Y_d=1320-P$，均衡时 $Y_d=Y_s$，$1320-P=1000+P$，解得均衡 $P=160$，均衡 $Y=1160$

（3）总供给曲线向左平移 10% 后的总需求方程为：

$Y_s=900+P$，均衡时 $Y_d=Y_s$，$900+P=1200-P$，解得均衡 $P=150$，均衡 $Y=1050$

七、论述题

1. $Y=C+I+G+NX$，当价格水平下降时，提高了经济中货币的真实价值，并使消费者感觉更富有，这又鼓励他们更多地支出，消费者支出增加意味着物品与劳务的需求量更大。相反，价格水平上升降低了货币的真实价值，并使消费者感觉变穷，这又减少了消费者支出以及物品与劳务的需求量。上述说明的价格水平对消费影响的效应被称为财富效应。根据财富效应，式中，P 与 C 反方向变动，而 C 又是总需求的重要组成部分，总需求与价格是反方向变动的，故总需求曲线向右下方倾斜。

2. IS 曲线方程：$y=c(y-t)+i(r)+g$，LM 曲线方程：$M/P=L_{1(y)}+L_{2(r)}$，在两个方程中，如果把 Y 和 r 当作未知数，而把其他变量，特别是价格水平 P 当作参数来对这两个方程联立求解，则所求得的 y 的解式一般包含 P 这一变量。该解式表示了不同价格 P 与不同的总需求量 y 之间的函数关系，即总需求函数。总需求曲线反映的是产品市场和货币市场同时处于均衡时，价格水平和总需求量的关系。

3. 在长期生产函数中，包括生产函数中的三个主要自变量在内的一切自变量都可以改变。首先，技术水平可以有很大进步，存在着足够的改善技术的时间。其次，人口的增长能够影响充分就业的劳动者的数量。最后，资本的存量也会随着积累的增加有着很大的变化。而短期内，在一定时期和一定条件下，总供给将主要由经济的总就业水平决定，其固定资产不可变。

4. 企业可以以工资 W 雇用一个工人，该工人按劳动的边际产品所给定的量生产更多的产品。企业将这些产品以价格 P 出售，便可从中获利。企业将不断利用这一获利的机会，直到增雇的工人将劳动的边际产品降低到和实际工资相等时为止，企业达到利润最大化。如答图 15-6 所示。

5. 在长期中，古典学派认为，总供给曲线是一条位于经济的潜在产量或充分就业产量水平上的垂直线。如答图 15-7 所示。

古典总供给曲线之所以具有垂直形状，是因为：①古典学派假设货币工资和价格水平可以迅速或立即进行调节，使得实际工资总是处于充分就业时的水平，从而使产量或国民收入也总是处于充分就业时的水平，不受价格的影响。②古典学派一般研究经济事物的长期状态，而在长期中，即使不采用货币工资和价格水平能够迅速或立即调整的假设，货币工资和价格水平也被认为具有充分的时间来进行调整，使得实际工资处于充分就业时的水平，从而，总供给曲线也是一条垂直线。

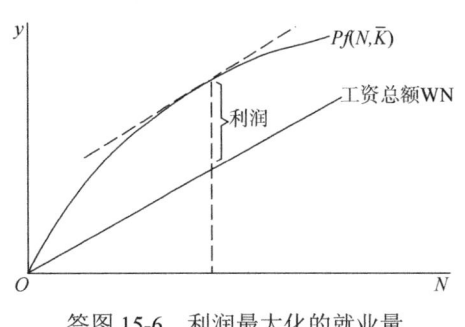

答图 15-6 利润最大化的就业量

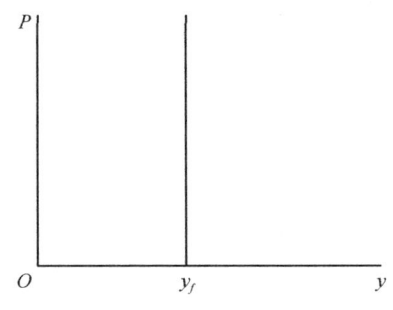

答图 15-7 古典总供给曲线

6. 在短期，凯恩斯总需求曲线是水平线的原因是：①货币工资和价格均具有刚性，也就是说，二者完全不能进行调整。②《就业、利息和货币通论》所研究的是短期情况，即使不使用刚性工资的假设，由于时间很短，货币工资和价格水平也没有足够的时间来进行调整。

7. 如答图 15-8 所示，代表总需求曲线的 AD_1 和凯恩斯总供给曲线（P_0E_0）相交 E_1 点。在 E_1 这一点，价格水平是 P_0，产量（y_1）处于小于充分就业的产量水平。为了改善这个状态，国家可通过增加需求的政策来使总需求曲线（AD_1）向右移动到 AD_0 的位置。这样，P_0E_0 与 AD_0 相交 E_0 点。这一点说明，此时的价格水平仍然为 P_0，但国民收入已经达到充分就业的数量（y_f）。

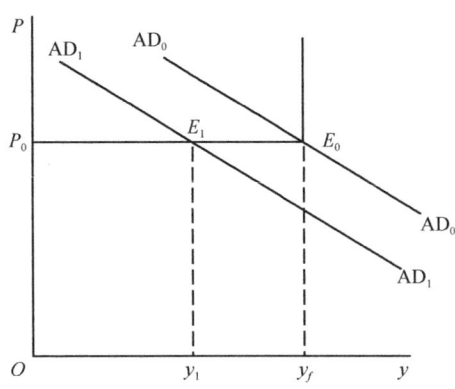

答图 15-8 凯恩斯总供给曲线的政策含义

8. 总供给曲线的理论主要由总量生产函数和劳动力市场理论来反映。在劳动力市场理论中，经济学家对工资和价格的变化及调整速度的看法是有分歧的。

古典总供给理论认为，劳动力市场的运行没有阻力，在工资和价格可以灵活变动的情况下，劳动力市场能够得以出清，这使经济的就业总能维持充分就业状态，从而在其他因素不变的情况下，经济的产量总能保持在充分就业的产量或潜在产量水平上。因此，在以价格为纵坐标、总产量为横坐标的坐标系中，古典总供给曲线是一条位于充分就业产量水平的垂直线。

凯恩斯的总供给理论认为，在短期，一些价格是有黏性的，从而不能根据需求的变动而调整。由于工资和价格黏性，短期总供给曲线不是垂直的。凯恩斯总供给曲线在以价格为纵坐标、总产量为横坐标的坐标系中是一条水平线，表明经济中的厂商在现有价格水平上，愿意供给所需的任何数量的商品。凯恩斯总供给曲线基础的思想是，作为工资和价格黏性的结果，劳动力市场不能总维持在充分就业状态，由于存在失业，厂商可以在现行工资下获得所需的劳动，因而他们的平均生产成本被认为是不随产出水平变化而变化的。

一些经济学家认为，古典的和凯恩斯的总供给曲线分别代表着关于劳动力市场的两种极端的说法。在现实中，工资和价格的调整经常介于两者之间。在这种情况下，在以价格为纵坐标、总产量为横坐标的坐标系中，总供给曲线是向右上方延伸的，这即为常规的总供给曲线。

总之，针对总量劳动市场关于工资和价格的不同假定，宏观经济学中存在这三种类型的总供给曲线。

9.（1）IS—LM 模型。

①IS 曲线描述的是产品市场达到均衡时，国民收入与利率的组合点的轨迹。

②LM 曲线描述的是货币市场达到均衡时，国民收入与利率的组合点的轨迹。

③IS—LM 模型是产品市场同时达到均衡，即同时达到投资（I）＝储蓄（S），货币需求（L）＝货币供给（M）时，国民收入与利率决定的模型。

④一方面，在产品市场上，国民收入决定于消费、投资、政府支出和净出口加起来的总支出或者说总需求水平，而总需求尤其是投资需求要受到利率影响，利率则由货币市场供求决定，也就是说，货币市场会影响产品市场；另一方面，产品市场决定的国民收入又会影响货币需求，从而影响利率，即货币市场的均衡受到产品市场的影响。因此，产品市场与货币市场是相互影响、相互作用的，要分析国民收入和利率的决定，只有将两者结合起来，建立一个产品市场与货币市场的一般均衡模型，即 IS—LM 模型。

（2）AS—AD 模型。

①AD 曲线（总需求曲线），描述的是产品市场和货币市场同时达到均衡时价格水平与国民收入间的函数关系。所谓总需求是指整个经济社会在每一个价格水平下对产品和劳务的需求总量，它由消费需求、投资需求、政府购买需求和国外需求构成。以横轴表示总需求，纵轴表示价格水平，AD 曲线一般向右下倾斜，这是因为：随着价格水平的上升，一方面，会使得实际货币供给下降，从而均衡利率上升，抑制了投资与消费，总需求下降；另一方面，会导致人们的财富和实际收入水平下降以及出口相对价格的提高，从而消费下降，出口减少，总需求下降。

②AS 曲线（总供给曲线），描述的是在其他条件不变的情况下，价格水平与社会总

供给之间的函数关系。所谓总供求是指整个经济社会在每一价格水平下提供的产品和劳务的总量。根据理论基础的不同（如劳动市场上的价格是否出清，工资是否具有黏性等）可分为长期总供给曲线（古典经济学派）与短期总供给曲线（凯恩斯学派）。长期总供给曲线是一条垂直于潜在产出的直线，认为财政和货币政策只会带来价格的上涨，而不能影响实际产出。短期总供给曲线则向右上倾斜，且认为财政和货币政策是有效的。

③AS—AD 模型将 AD 曲线与 AS 曲线结合起来，说明宏观经济运行中产量和价格水平的决定与宏观经济的波动。如可以运用 AS—AD 模型说明宏观经济波动中短期的萧条、高涨和滞胀状态以及长期中的充分就业状态。同时，可以得出相应的应对措施。

（3）两者的联系与区别。

①联系。

a. AS—AD 模型中的 AD 曲线可由 IS 曲线和 LM 曲线推导得到。

b. AS—AD 模型与 IS—LM 模型都可以用来分析财政政策和货币政策的有效性。

②区别。

a. IS—LM 模型都是在一般价格水平固定不变的假定下进行的，并没有说明收入和价格之间的关系。AD—AS 总供求模型取消了价格水平固定不变的假定，着重说明收入和价格水平的决定。

b. AS—AD 模型不仅能说明总需求曲线移动的效应，而且还能说明总供给曲线移动的效应，这是 IS—LM 模型所不能做到的。

10. 在古典总供给曲线模型中，其几何表示是一条垂直的直线，货币供给增加会使价格水平上升，总产出不变，名义 GNP 增大，利率下降，就业量不变。而在凯恩斯主义总供给曲线模型中，货币供给增加时，价格水平不变，总产出增加，利率会下降，就业量则会扩大。

八、案例分析

案例一：

（1）在一个给定的价格水平之下，任何使总支出曲线移动的因素都会导致总需求曲线的移动。例如：

①家庭消费需求的变化。

②企业投资需求的变化。

③政府购买和税收的变化。

④进出口的变化。

⑤货币供给的变化。如扩张性的财政政策，政府支出增加或税收减少会使总需求曲线右移；自主性消费、自主性私人投资和政府购买的变动，其增加会使 IS 曲线右移，从而也使总需求曲线右移，其减少会使总需求曲线左移。

导致总供给曲线变动的因素有：

①可得到劳动数量的变化。

②物质资本或人力资本的变动。

③自然资源可获得性的变动。

④技术知识变化、技术进步会使得既定资源生产出更多的产量,从而使总供给曲线右移。

⑤对价格水平的预期。

⑥自然灾害和战争。

(2)在供给和需求的互相平衡下,市场会达到一个均衡的状态。市场的均衡过程就是商品均衡价格,是商品市场上需求和供给这两种相反的力量共同作用的结果。市场均衡,分为局部均衡和一般均衡。如果市场上只有一种或几种商品达到供求平衡,这是局部均衡。如果所有的商品都达到了供求平衡,这就是一般均衡。必须强调,一般均衡才是真正的均衡,局部均衡只是暂时的均衡。

当市场价格偏离均衡价格时,一般在市场机制的作用下,这种供求不相等的非均衡状态会逐步消失,自动回复到均衡价格水平:首先,当市场价格低于均衡价格时,商品供给量大于需求量,出现商品过剩,一方面会使需求者压低价格,另一方面又会使供给者减少商品供给量,这样商品的价格必然下降到均衡价格水平。相反,当市场价格低于均衡价格时,需求量大于供给量,出现商品短缺,一方面迫使需求者提高价格,另一方面又使供给者增加商品的供给量,这样该商品的价格必然上升,一直上升到均衡价格的水平。

案例二:

(1)宏观经济学用总需求—总供给模型对经济中的萧条、高涨和滞胀状态的说明主要是通过说明短期的收入和价格水平的决定来完成的。如答图15-9和答图15-10所示。

从答图15-9可以看到,短期的收入和价格水平的决定有两种情况。

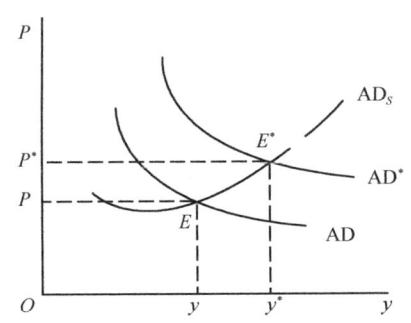
答图15-9 萧条状态与高涨状态的说明

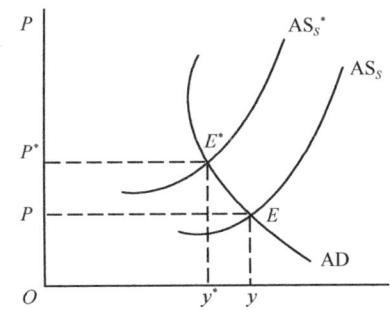
答图15-10 滞胀状态的说明

第一种情况是,AD是总需求曲线,AS_S是短期总供给曲线,总供给曲线和短期总供给曲线的交点E决定的产量或收入为y,价格水平为P,二者都处于很低的水平,第一种情况表示经济的萧条状态。

第二种情况是,当总需求增加,总需求曲线从AD向右移动到AD^*时,短期总供给曲线AS_S和新的总需求曲线AD^*的交点E^*决定的产量或收入为y^*,价格水平为P^*,二者都处于很高的水平,经济处于高涨状态。

现在假定短期总供给曲线处于供给冲击而向左移动,但总需求曲线不发生变化。在这种情况下,短期收入和价格水平的决定可以用答图15-10表示。在答图15-10中,AD是总需求曲线,AS_S是短期总供给曲线,交点E为收入y,价格水平为P。现在由于出现供给冲击,短期总供给曲线向左移动到 AS_S^*,总需求曲线和新的短期总供给曲线的交点 E^* 决定的产量为 y^*,价格水平为 P^*,这个产量低于原来的产量,而价格水平却高于原来的价格,这种情况表示经济处于滞胀状态。

(2)本题考查学生对地方政府干预经济的看法。如今,中国经济正处于转型升级的关键阶段。一方面,中国地域广阔,各地经济发展水平有所差别;另一方面,在新形势下如何理顺"有为政府"与"有效市场"的关系,又是各地方政府在推动经济发展过程中的必答题。

对于政府在经济发展中的职能,亚当·斯密、马歇尔、凯恩斯等西方经济学理论家都有过专门的分析。如果回到现实,政府在经济社会当中的职能大致可以概括为"经济发展""城市建设""社会民生"这三大部分。从不同角度看,某一层级政府的作用具有区域上的相对性。例如,从广东省的角度看,佛山市是一个区域,广东省政府的决策对佛山市具有宏观性;而从中国的角度看,广东省则是一个区域,广东省的决策对全国来说又只是局部的。

不过,不管是从哪一个层面思考地方政府的管理,这种管理其实都可以看作一种资源调配。对地方政府来说,其通常参与调配的资源可以分为三种:一是可经营性资源。其与现实经济对应就是产业经济资源。二是非经营性资源。其属于民生经济资源,包括公共事务、公共产品等。三是准经营性资源,即城市经济资源。这种资源既可以公共事务、公共产品的形式由政府提供给社会,又可以作为可经营性资源让企业、社会以及海内外投资者来共同参与。例如,交通、邮电、园林绿化、环境保护、教育、科技、文化、卫生、体育事业等城市公用工程设施和公共生活服务设施等。

为了促进产业经济与企业的发展,地方政府应积极规划、引导、扶助、协调、监督、管理。企业发展了,政府的财政收入也就有了保障。

财政收入用来做什么?非经营性资源、民生经济是必须支付的,因为要体现公平、体现托底、体现提升等原则。同时,地方政府在兴建大型基础设施的时候,往往也不可能凭一己之力承担,这就需要采取政府和社会资本合作(PPP)等模式,邀请海内外投资者共同参与。从前者来看,地方政府某种程度上扮演准宏观的角色;从后者来看,则又具有准企业、准微观的特征。

正是因为地方政府具有"双重特征",同时还需要参与调配上述"三种资源",所以地方政府就尤其需要做好"超前引领",即让企业做企业该做的事,政府负责企业做不了或做不好的事,进而更好发挥自身职能,促进当地经济发展。

需要看到,地方政府若要做好"超前引领",就需要遵循市场规则,依靠市场力量,对产业经济发挥导向、调节、预警作用,对城市经济发挥调配、参与、维序作用,对民生经济发挥保障、托底、提升作用。具体来看,地方政府需要运用规划、投资、消费、价格、税收、利率、汇率和法规等政策,用理念创新、制度创新、组织创新、技术创新等手段,有效推进供给侧结构性改革,最终促进当地经济形成领先优势并实现可持续增长。

可以预见的是,在五大发展理念的引导下,中国各级地方政府将会更好地发挥经济发展中的"超前引领"作用,从而提供中国方案,形成可供世界共同探索和思考的经验。

第十六章 失业与通货膨胀

一、单项选择题

1. A【解析】通货膨胀跟物价水平有关。换种说法：如果纸币的发行量超过了流通中实际所需要的货币量，引起全面持续的物价上涨，说明经济生活中出现了通货膨胀。但不能说纸币的发行量大于流通中实际所需要的货币量，就立马推出有了通货膨胀，还可能是其他原因造成的。

2. C【解析】进口商品价格上涨。成本推动型通货膨胀又称为供给型通货膨胀，是由厂商生产成本增加而引起的一般价格总水平的上涨，造成成本向上移动的原因大致有：工资过度上涨，利润过度增加，进口商品价格上涨。

3. C【解析】从通货膨胀产生的原因分析，需求拉动型的通货膨胀使国民收入增加；成本推动型的通货膨胀则使国民收入下降。

4. B【解析】需求拉动的通货膨胀又称超额需求通货膨胀，是指总需求超过总供给所引起的物价水平的持续上涨的情形。更进一步地说，这种通货膨胀把一般价格水平的上升归结为因投资、政府购买、消费以及出口所形成的对社会商品的需求超过了按现行价格可能得到的供给。因此需求拉动的通货膨胀通常用于描述某种总需求的增长引起的价格波动。

5. A【解析】成本推动型通货膨胀是指在总需求基本未变的情况下，由于工资及其他生产要素成本的增加而推动了物价总水平上涨。

6. C【解析】通货膨胀的收入分配效应主要表现在三个方面：
（1）通货膨胀会产生有利于利润收入者而不利于工资收入者的分配。
（2）通货膨胀会产生有利于债务人而不利于债权人的分配。
（3）通货膨胀会产生有利于国家而不利于公众的分配。

7. A【解析】成本推动型通货膨胀，即由于提高工资或市场垄断力量提高生产要素价格致使生产成本增加而引发的通货膨胀。题目中选项A、C涉及生产要素价格，但选项C不是生产成本增加而是减少，因此选A。

8. A【解析】为减少经济中存在的失业，应该采取扩张性财政政策，包括扩大政府预算、增加政府投资、赤字财政、降低税率、出口退税、消费补贴等，就是要刺激消费，刺激投资，多花钱，以促进经济增长和保证就业。

9. D【解析】货币贬值导致物价上涨，增加消费可以让自己的损失降到最低，如果年初100元能买一箱水，这100元你放到年尾，只能买当初的半箱水。这个例子有些夸张，只是为了方便看出效果。一句话，在通胀期内，现在的100元能买到的东西，未来买不到了。所以可以适当增加生活必需品的订货（库存）。20世纪80～90年代社会上流行囤积各种商品，其实就是通货膨胀的表现。在通胀期内，商品为王。所以，在增加现期消费的时候，应着重考虑购买生活必需品，减少服务类消费。

10. D【解析】平衡的通货膨胀是指每种商品的价格均按同一比例上升，包括各种生产要素的价格，如劳动的价格即工资、土地的价格即租金和资本的价格即利息率等。

实际上，各种商品价格按相同的速度和相同的比例上升的情况在现实经济生活中是难以出现的，因此，平衡的通货膨胀在现实生活中更像是一种巧合。多数情况下，通货膨胀都表现为非平衡的通货膨胀。

非平衡的通货膨胀是指在经济中各种商品的价格按不同比例上涨的通货膨胀。这是一种常见和多发的通货膨胀类型。这种类型的通货膨胀之所以常见，是因为不同商品和服务的价格毕竟受不同因素的影响。

11. C【解析】限制工资增长需要干预劳动力市场，会影响到收入分配，属于收入政策。

12. C【解析】价格调整方程中 y^* 表示潜在的 GDP 水平。

13. D【解析】在经济膨胀时期，存在过度需求，会引起通货膨胀，这时，政府应采取紧缩性的财政政策，即减少支出、增加税收以便缩减总需求，抑制通货膨胀。

14. C【解析】本题考查教材基本知识。

15. C【解析】查看需求拉动型、成本推动型通货膨胀的定义。

16. A【解析】失业人口占劳动力的百分比就是失业率。

17. B【解析】本题考查教材基本知识。

18. B【解析】周期性失业又称为总需求不足的失业，是由于总需求不足而引起的短期失业，它一般出现在经济周期的萧条阶段。这种失业与经济中周期性波动是一致的。

19. A【解析】在不知情的情况下，债权人不能对自己的贷款利率进行调整，所以当通货膨胀率升高，钱变得不值钱时，债务人还款变得轻松，而债权人得到的钱却因为通胀而价值缩水；也因为通胀，雇主的营业额也会相应提高，而当人们没有意识到通胀时，员工的工资就不会上涨，这样，他们的实际工资是下降的，而雇主独吞了营业额上涨的好处。

20. C【解析】提高失业率。通过菲利普曲线可以直接得出。

21. D【解析】选项 A、B、C 都可以用来衡量通货膨胀的物价指数，因此都正确。

22. B【解析】通货膨胀率与失业率之间的交替关系决定了短期的菲利普斯曲线。

23. B【解析】工资推动通货膨胀是工资过度上涨所造成的成本增加而推动的价格总水平上涨。工资上涨使得生产成本增长。

24. B【解析】工资与原材料都属于成本。

二、多项选择题

1. ABD【解析】自然失业率是指充分就业条件下的失业率。一般认为影响因素包括摩擦性失业、结构性失业和自愿失业等经济社会难以消除的失业因素，与周期性失业、经济运行周期及总需求水平无关。因此，正确答案为 ABD。

2. ABD【解析】摩擦性失业，一般指在较短时间内，人们由于各种原因，诸如怀孕和工作上的变更等而失去工作。因此，这种失业在经济运行正常时也会存在。劳动市场交易效率的提高可以增加劳动力市场的信息，从而缩短劳动者寻找合适工作的时间，部分降低此种失业。而需求管理的货币政策、财政政策等短期需求管理政策对此种失业无显著影响。因此，选 AD。

3. AC【解析】通货膨胀收入再分配效应的内容有：通货膨胀有利于债务人，不利于债权人；通货膨胀有利于利润收入者和浮动收入者，不利于固定收入者；通货膨胀有利于实物财富所有者，不利于货币财富持有者；通货膨胀有利于政府，相当于政府征收通货膨胀税，不利于普通民众。因此，正确答案为AC。

4. ABD【解析】菲利普斯曲线说明失业和通货膨胀的关系。短期菲利普斯曲线表明，物价上涨率上升时，失业率下降；物价上涨率下降时，失业率上升。选项C没有正确描述这种关系，因此错误，选项A、B正确。凯恩斯的需求管理政策可以通过货币政策、财政政策影响物价，可以影响短期菲利普斯曲线。因此，正确答案为ABD。

5. AB【解析】货币数量论是一种用流通中的货币数量的变动来说明商品价格变动的货币理论。根据货币数量论，货币供给的增长决定通货膨胀率，而货币在长期中是中性的，并不影响实际利率。货币供给增长率下降和货币流动速度下降均会减少流通中的实际货币量，引起通货膨胀率下降，而出口减少和总产出增长率上升并不影响通货膨胀。因此，正确答案为AB。

三、判断题

1. 错【解析】一般来说，摩擦性失业是难以避免的。
2. 对【解析】题干表述正确。
3. 对【解析】题干表述正确。
4. 错【解析】它是非自愿失业。非自愿失业包括摩擦性失业、结构性失业和周期性失业。
5. 错【解析】一般地说，一些摩擦性失业是难以避免的，同时扩张需求跟消除摩擦性失业无关系。
6. 错【解析】这是非自愿失业的一种形式。
7. 错【解析】需求不足这种失业是非自愿失业。
8. 错【解析】结构性失业是指劳动力的供给和需求不匹配所造成的失业，其特点是既有失业，又有职位空缺，失业者或者没有合适的技能，或者居住地点不当，因此无法填补现有的职位空缺。
9. 错【解析】只有货币持续增长，才能维持长期通货膨胀。
10. 错【解析】发生通货膨胀时三者可能会都增加，但其计算的方式不同，影响的因素不同，所以变化幅度不一定相同。
11. 对【解析】通货膨胀会引起收入再分配。通货膨胀主要有两个效应：①产出效应；②收入再分配效应。关于收入再分配效应，宏观经济学是这样阐释的：

a. 通货膨胀有利于债务人，不利于债权人。
b. 通货膨胀有利于利润收入者和浮动收入者，不利于固定收入者。
c. 通货膨胀有利于实物财富所有者，不利于货币财富持有者。
d. 通货膨胀有利于政府，相当于政府征收通货膨胀税，不利于普通民众。

12. 对【解析】通货膨胀有利于债务人，不利于债权人。
13. 对【解析】在温和通货膨胀的情况下，产品价格的上涨速度一般总是快于名义工资的提高速度，因此，企业的利润就会增加。而这又会刺激企业扩大投资，从而促进经济增长。

14. 错【解析】要区分好失业率、自然失业率、充分就业三者之间的的关系。

15. 错【解析】充分就业是指在某一工资水平之下，所有愿意接受工作的人，都获得了就业机会。充分就业并不等于全部就业，而是仍然存在一定的失业。但所有的失业均属于摩擦性的和结构性的，而且失业的间隔期很短。通常失业率等于自然失业率时的就业水平称为充分就业。

四、名词解释

1. 失业率：是指失业人口占劳动人口的比率（一定时期全部就业人口中有工作意愿而仍未有工作的劳动力数字），旨在衡量闲置中的劳动产能，是反映一个国家或地区失业状况的主要指标。

2. 摩擦性失业：是指因季节性或技术性原因而引起的失业，即由于经济在调整过程中，或者由于资源配置比例失调等原因，一些人需要在不同的工作中转移，一些人等待转业而产生的失业现象。

3. 结构性失业：经济产业的每次变动都要求劳动力供应能迅速适应变动，但劳动力市场的结构特征却与社会对劳动力需求不吻合，由此而导致的失业被称为"结构性失业"。结构性失业，主要是由于经济结构（包括产业结构、产品结构、地区结构等）发生了变化，现有劳动力的知识、技能、观念、区域分布等不适应这种变化，与市场需求不匹配而引发的失业。

4. 周期性失业：又称总需求不足的失业，是由于整体经济的支出和产出水平下降即总需求不足而引起的短期失业，它一般出现在经济周期的萧条阶段。这种失业与经济中周期性波动是一致的。在复苏和繁荣阶段，各厂商争先扩充生产，就业人数普遍增加。在衰退和谷底阶段，由于社会需求不足，前景暗淡，各厂商又纷纷压缩生产，大量裁减雇员，形成失业大军。

5. 自然失业率：是指充分就业下的失业率，是失业率围绕其波动的平均水平。自然失业率既是一个不会造成通货膨胀的失业率，也是劳动市场处于供求稳定状态的失业率。

6. 充分就业：是指在某一工资水平之下，所有愿意接受工作的人，都获得了就业机会。充分就业并不等于全部就业，而是仍然存在一定的失业。但所有的失业均属于摩擦性的和结构性的，而且失业的间隔期很短。通常把失业率等于自然失业率时的就业水平称为充分就业。

7. 潜在的 GDP：也称潜在产出或潜在国民收入。潜在 GDP，指一国在一定时期内可供利用的经济资源在充分利用的条件下所能生产的最大产值，也就是该国在充分就业状态下所能生产的国内生产总值。这里的国内生产总值就反映了在该时期内的最大产出能力。

8. 奥肯定律：奥肯定律用来描述 GDP 变化和失业率变化之间存在的一种相当稳定的关系。这一定律认为，失业率每高于自然失业率 1 个百分点，实际 GDP 将低于潜在 GDP 2 个百分点。

9. 通货膨胀：在信用货币制度下，流通中的货币数量超过经济实际需要而引起的货币贬值和物价水平全面而持续的上涨。用更通俗的语言来说就是：在一段给定的时间内，给定经济体中的物价水平普遍持续增长，从而造成货币购买力的持续下降。

10. 通货紧缩：当市场上流通货币减少，人民的货币所得减少，购买力下降，影响物价至下跌，造成通货紧缩。

11. 消费者价格指数：一个反映居民家庭一般所购买的消费品和服务项目价格水平变动情况的宏观经济指标。CPI是度量通货膨胀的一个重要指标。

12. 通货膨胀率：是货币超发部分与实际需要的货币量之比，用以反映通货膨胀、货币贬值的程度。年度通货膨胀率＝$(P_1-P_0)/P_0$，P_1为现今物价平均水平，P_0为去年的物价水平。

13. 温和的通货膨胀：是指并不严重扭曲相对价格或收入的物价上涨。（每年物价上升比例在10%以下。）

14. 奔腾的通货膨胀：是指年通货膨胀率为10%～100%。这时货币流通速度提高而货币购买力下降，并且均具有较快的速度。

15. 超级通货膨胀：是指年通货膨胀率在100%以上。发生这种通货膨胀时，价格持续猛涨，人们都尽快地使货币脱手，从而大大加快货币流通速度。

16. 爬行式通货膨胀：是指年通货膨胀率不超过3%，并且在经济生活中没有形成通货膨胀的预期的通货膨胀。

17. 非平衡的通货膨胀：是指在经济中各种商品的价格按不同比例上涨的通货膨胀。这是一种常见和多发的通货膨胀类型。这种类型的通货膨胀之所以常见，是因为不同商品和服务的价格毕竟受不同因素的影响。（平衡的通货膨胀是指每种商品的价格均按同一比例上升，包括各种生产要素的价格，如劳动的价格即工资、土地的价格即租金和资本的价格即利息率等。）

18. 未预期到的通货膨胀：是指没有意识到、没法事先准备的通货膨胀。

19. 需求拉动通货膨胀：又称超额需求通货膨胀，是指总需求超过总供给所引起的一般价格水平的持续显著的上涨。需求拉动的通货膨胀理论把通货膨胀解释为"过多的货币追逐过少的商品"。

20. 成本推动通货膨胀：又称成本通货膨胀或供给通货膨胀，是指在没有超额需求的情况下由于供给方面成本的提高所引起的一般价格水平持续和显著的上涨。

21. 结构性通货膨胀：是指在没有需求拉动和成本推动的情况下，只是由于经济结构因素的变动，也会出现一般价格水平的持续上涨。

22. 菲利普斯曲线：表明失业与通货膨胀存在一种交替关系的曲线，通货膨胀率高时，失业率低；通货膨胀率低时，失业率高。

五、简答题

1.（1）摩擦性失业指因季节性或技术性原因而引起的失业，即由于经济在调整过程中，或者由于资源配置比例失调等原因，一些人需要在不同的工作中转移，一些人等待转业而产生的失业现象。

（2）经济现象中，由于产业结构等方面的不断变化，原有的工作不断消失，新的工作不断产生,而工人在交换工作时需要时间,因而就产生了相应的临时性失业,即摩擦性失业。它的规模决定于失业工人和他寻找工作碰到一起时所遇到的结构上的困难。这种结构上的困难,主要是指缺乏就业机会的信息,缺乏就业的知识,以及缺乏迅速移动必须具备的先决条件。摩擦性失业也和工人自由寻找新工作与随意变换工作有关。在自由经济中,摩擦性失业是一种经常性的失业,并非周期性的。

(3)减少摩擦性失业的办法,主要是增加劳动力的流动性和多提供有关就业机会的情报。

2.(1)经济产业的每次变动都要求劳动力供应能迅速适应变动,但劳动力市场的结构特征却与社会对劳动力需求不吻合,由此而导致的失业被称为"结构性失业"。

(2)结构性失业,主要是由于经济结构(包括产业结构、产品结构、地区结构等)发生了变化,现有劳动力的知识、技能、观念、区域分布等不适应这种变化,与市场需求不匹配而引发的失业。

3. 通货膨胀指物价水平普遍而持续地上升。衡量通货膨胀的指标是物价指数。物价指数是表明某些商品的价格从一个时期到下一个时期变动程度的指数。根据计算物价指数的商品品种的不同,物价指数主要分为三种,分别是消费物价指数、批发物价指数和国民生产总值折算指数。这三种物价指数都能反映出基本相同的通货膨胀率变动趋势,其中消费物价指数与人民生活水平关系最密切,因此,一般都用消费物价指数来衡量通货膨胀。

4.(1)爬行式通货膨胀,其特点是通货膨胀率低而且比较稳定,一般不超过3%。

(2)温和的通货膨胀,其特点是通货膨胀率不高,一般为3%~10%。

(3)奔腾的通货膨胀,其特点是通货膨胀率较高,10%~100%,并且还在加剧。

(4)恶性通货膨胀,其特点是通货膨胀率非常高,通货膨胀率持续为50%左右,而且完全失去了控制。

5. 需求拉动型通货膨胀是指总需求超过总供给所引起的一般价格水平的持续显著上涨,其主要原因是总需求增加。总需求包括消费需求、投资需求、政府需求与国外需求,而财政政策、货币政策、消费习惯的突然改变等,都能影响总需求,从而引起需求拉动型的通货膨胀。具体说来,消费需求的增加、投资需求的扩大、政府支出的增加、减税、净出口增加等,都会导致总需求的增加,从而形成需求拉动通货膨胀。

6. 成本推动型的通货膨胀是指在没有过度需求的情况下,由于供给方面成本的提高所引起的一般价格水平持续和显著的上涨。成本推动型通货膨胀又可以分为工资推动通货膨胀和利润推动通货膨胀。工资推动通货膨胀指不完全竞争的劳动市场造成的过高工资所导致的一般价格水平的上涨。利润推动通货膨胀是指具有垄断地位的企业利用市场势力谋取过高利润所导致的一般价格水平的上涨。

7. 通货膨胀对社会不同集团的人有不同的影响,会使一些人从中受益,也会使一些人由此受害。就债权人与债务人而言,通货膨胀不利于债权人而有利于债务人;就雇主与工人而言,通货膨胀是有利于雇主而不利于工人的;就政府与公众而言,通货膨胀是有利于政府而不利于公众的。

8. 凯恩斯认为,在未实现充分就业,即资源闲置的情况下,总需求的增加只会使国民收入增加，而不会引起价格水平上升。这也就是说，在未实现充分就业的情况下，不会发生通货膨胀。在充分就业实现，即资源得到充分利用之后，总需求的增加无法使国民收入增加，而只会引起价格上升。这也就是说，在发生了通货膨胀时，一定已经实现了充分就业。

9. 一般来说，结构性失业比摩擦性失业问题更严重。摩擦性失业是指经济中由于正常的劳动力流动而引起的失业。经济中劳动力的流动是正常的，所以，这种失业的存在也是正常的。结构性失业是指由于经济结构的调整，部分行业劳动力在技能、素质等方面的不适应造成的失业。在这种情况下，往往"失业与空位"并存，即一方面存在有工作无人做的"空位"，另一方面又存在有人无工作的"失业"。所以结构性失业的问题更严重一些。

10. 不能。充分就业并不意味着100%的就业，即使经济能够提供足够的职位空缺，失业率也不会等于零，经济中仍然会存在摩擦性失业和结构性失业。凯恩斯认为，如果消除了"非自愿失业"，失业仅限于摩擦性失业和自愿失业的话，经济就实现了充分就业。所以充分就业不是指有劳动能力的人都有工作。

11. 菲利普斯曲线表明失业与通货膨胀存在一种交替关系，通货膨胀率高时，失业率低；通货膨胀率低时，失业率高。根据成本推动的通货膨胀理论，货币工资增长率可以表示通货膨胀率。因此，这条曲线就可以表示失业率与通货膨胀率之间的交替关系，即失业率高，通货膨胀低；失业率低，则通货膨胀率高。这就是说，失业率高表明经济处于萧条阶段，这时工资与物价水平都较低，从而通货膨胀率也就低；反之，失业率低表明经济处于繁荣阶段，这时，工资与物价水平都较高，从而通货膨胀率也就高。失业率与通货膨胀率之间存在反方向变动关系，是因为通货膨胀使实际工资下降，从而能刺激生产，增加劳动的需求，减少失业。

（1）菲利普斯曲线：由菲利普斯发现，是在以横轴表示失业率、以纵轴表示货币工资增长率（后经索罗和萨缪尔森修正改为通货膨胀率）的坐标系中，画出的一条向右下方倾斜的曲线，该曲线表明货币工资增长率与失业率成反向变动关系。其政策含义是可以利用通货膨胀来抑制失业，也可以用提高失业率来降低通货膨胀率。

（2）长期菲利普斯曲线：在以横轴表示失业率、以纵轴表示通货膨胀率的坐标系中是一条垂直的曲线，表明失业率与通货膨胀率不存在替代关系，此时社会的失业率处在自然失业率的水平上。其政策含义是长期无法利用通货膨胀来降低失业率，失业率始终保持在自然失业率的水平上。

（3）附加预期菲利普斯曲线：货币主义的代表人物弗里德曼指出：企业和工人关注的不是名义工资而是实际工资。当劳资双方谈判新工资协议时，他们都会对新协议期的通货膨胀进行预期，并根据预期的通货膨胀相应地调整名义工资水平。因此，人们预期通货膨胀率越高，名义工资增加越快。根据此理论，菲利普斯曲线修正为附加预期的菲利普斯曲线。从而将菲利普斯曲线方程式改写为 $\pi = \pi^e - \varepsilon(u - u^*)$。附加预期的菲利普斯曲线有一个重要性质，就是当通货膨胀等于预期通货膨胀时，失业处于自然失业率。当预期完全进入工资，附加预期的菲利普斯曲线就成为长期菲利普斯曲线，若未完全进入，则为短期菲利普斯曲线。

六、计算题

（1）自然失业率为：$U_n=0.06$。

（2）短期菲利普斯曲线和长期菲利普斯曲线如图答 16-1 所示。

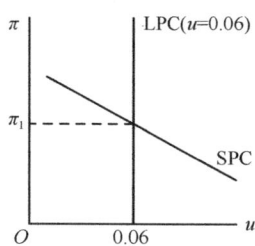

答图 16-1　短期菲利普斯曲线和长期菲利普斯曲线

（3）$\Delta\pi=-0.5\Delta u=-0.05$，$\Delta u=0.1$。提高 10 个百分点。

政府应该：第一，控制需求。通货膨胀的一个基本原因就在于总需求超过了总供给。因此，治理通货膨胀首先是控制需求，实行紧缩性政策。紧缩性政策是当前各国对付通货膨胀的传统手段，是迄今为止运用得最广、最为有效的政策措施。其主要内容包括紧缩性财政政策、紧缩性货币政策、紧缩性收入政策等。①紧缩性财政政策。紧缩性财政政策主要是通过削减财政支出和增加税收的办法来治理通货膨胀。削减财政支出的目的是通过限制支出而减少政府的需求，从而缩减总需求。其措施主要有：减少国家基本建设和投资支出，限制公共事业投资，削减政府各部门的经费支出，减少社会福利支出等。增加税收主要是增加企业与个人的税收，增税以后，企业与个人收入减少，从而降低投资水平与消费水平。②紧缩性货币政策。紧缩性货币政策又称为"抽紧银根"，通货膨胀的直接原因是货币供应量过多。因此要降低通货膨胀率，中央银行可以通过减少流通中货币供应量的办法来实现。具体通过公开市场业务出售政府债券，回笼货币，减少经济体系中的存量；提高利率，如提高再贴现率、贴现率、法定存款准备金率、银行存款利率等。利率的上升促使人们将更多的钱用于储蓄，从而使消费需求减少，利率的上升使投资成本上升，对投资需求也有抑制作用。③紧缩性收入政策。紧缩性收入政策是对付成本推动型通货膨胀的有效方法。其主要内容是采取强制性的手段，限制提高工资和获取垄断利润，抑制成本的提高，从而控制物价的上涨。具体来说包括工资管制和利润管制。政府以强制手段对可能获得暴利的企业利润实行限制措施。利润管制的办法有管制利润率，对超额利润征收较高的所得税等。此外，有的国家还通过制定一些法规限制垄断利润，以及对公用事业产品直接实行价格管制等。

第二，增加供给。造成通货膨胀的原因是社会的总需求大于总供给，治理通货膨胀一方面要通过紧缩性政策减少总需求，另一方面要增加总供给。主要措施有：减税以提高劳动者的工作意愿和劳动生产率，增加企业的投资愿望，从而带动总供给的增加；减少政府对企业的限制，让企业更好地扩大商品供给；鼓励企业采用新技术，更新设备和调整产业结构。

第三，调整经济结构。引起通货膨胀的一个原因是经济结构的失调，所以治理通货膨胀的一个方案是调整经济结构，各产业部门之间保持一定比例，避免某些产品如粮食、原材料等供求因结构失调而推动物价上涨。

七、论述题

1. 通货膨胀会给社会经济生活各方面带来影响，可称之为通货膨胀效应。通货膨胀的经济效应分为可以完全预期的通货膨胀与无法完全预期的通货膨胀，它们的经济效应是不同的。

在前一种情况下，通货膨胀率在相当长的时期是相当稳定的，人们可以根据过去的经验对未来作出相当正确的预期，并根据这一预期来调整自己的经济行为，从而通货膨胀并不影响各种实际变量，只是引起名义变量与通货膨胀率同比例变动。

在后一种情况下通货膨胀率较大，人们无法准确地作出预期并调整自己的经济行为，从而通货膨胀就要影响实际变量。

（1）收入分配和财产分配效应。如通货膨胀对社会不同集团的人有不同的影响，会使某些人从中收益，也会使某些人由此受害。资源的重新配置效应，在通货膨胀中，那些价格上涨超过成本上升的行业将得到扩张；而价格上涨小于成本上升的行业将收缩。当价格上涨是对经济结构、生产率提高的反映时，价格变动的资源配置将趋于合理；反之，当通货膨胀使价格信号扭曲、无法正常反映社会供求状况，使价格失去调节经济的作用时，通货膨胀会破坏正常的经济秩序，降低经济运行效率。

（2）产量效应。通货膨胀的产量效应是指通货膨胀对整个经济的产量与就业水平的影响。一般认为，由于通货膨胀中的物价水平的上升快于货币工资的上升，从而实际利润增加，产量和就业增加。

（3）对外贸易和国际收支效应。某国出现通货膨胀时，随着国内一般物价水平的不断上涨，货币在不断贬值，会使得原来的汇率不能维持，不得不降低本国货币对外国货币的比值。这样，通货膨胀引起汇率变化，必然影响对外贸易和国际收支，产生对外贸易和国际收支效应。

通货膨胀引起汇率变化，是因为一国国内货币数量过多，国内商品价格上涨，表明该国货币购买力下降；反之，货币购买力上升。货币购买力的升降，必然引起两国货币关系的变化。

在现实生活中，出现通货膨胀时，一国物价上涨与货币贬值，同货币对外贬值或汇率下降幅度不同时，就为实行外汇倾销创造了条件。外汇倾销又会导致各国之间展开"外汇战"，往往对早实行外汇倾销的国家不利。

2.（1）自然失业率又称"充分就业失业率""长期均衡失业率"，指经济中在正常情况下仍长期自然存在的失业水平。自然失业率的大小受多种因素的影响，如劳动力市场的发育水平和组织状况，劳动力的年龄结构、性别结构、知识与技能结构、产业与职业结构，失业者寻找工作的愿望与难易程度，经济结构的变动等。各国自然失业率不相同，一国各个时期的自然失业率也不尽相同。在菲利普斯曲线关系上，自然失业率是与一定低水平的稳定不变的通货膨胀率相适应的失业率。所以自然失业率也是与经济自然增长率相一致的失业率。理性预期学派提出，自然失业率是人们的货币工资和物价上涨的预期与实际通货膨胀率相一致时的失业率。他们认为，由于自然失业率决定于劳动力市场，尤其是失业人口的构成因素以及人们的合理预期，因此政府试图通过宏观的财政和货币政策来降低自然失业率的做法往往失效。

（2）自然失业率在经济理论中有着重要的地位，许多重要的经济模型都是建立在自然失业率的基础上的。

①经济理论中的奥肯定律、菲利普斯曲线等理论都是建立在自然失业率的基础上的。很多经济理论都假设市场出清，经济中的失业水平维持在自然失业率水平上。由于各种原因，经济尽管会出现波动，造成失业暂时偏离自然失业率水平，但是经济会很快回复到自然率水平，失业也回复到自然失业率水平。

②自然失业率是经济中的一个参照系，经济政策理论的目标之一就是实现自然失业率，此时也就实现了充分就业。

③自然失业率的概念使人们深化了对失业问题的认识。零失业率不是经济中的理想状态，经济中总会存在摩擦性失业，摩擦性失业使得经济更具有动态效率。

（3）自然失业率在现实经济中也起着十分重要的作用，许多重要的宏观经济政策都是根据自然失业率理论制定的。

①宏观经济政策的目标之一就是实现充分就业。如果经济实现了充分就业，则此时经济中的失业水平也就降到了自然失业率水平。因此，自然失业率可以作为衡量此类促进就业的宏观经济政策的效果的工具。实际失业率越接近自然失业率，政策效果越好；反之，则效果不好。

②政府可以根据自然失业率来制定相关的货币政策，避免引发通货膨胀。因为短期内，通货膨胀和失业之间存在替代性的关系：通胀越高，失业率越低；反之，则相反。政府发行货币时，用货币政策刺激经济时，必须考虑这个替代关系，避免引发高通胀。

③自然失业率随着时间的推移，也会发生变化，政府实施也应根据自然失业率的变化，相应地修正财政和货币政策。（此题比较灵活，需要学生知识面比较全。）

八、案例分析

案例一：

（1）关于失业的宏观经济政策原理。凯恩斯的有效需求理论为通过宏观经济政策调整就业奠定了理论基础。凯恩斯认为，资本主义社会的就业量决定于有效需求的水平，能否达到充分就业取决于有效需求的大小。在自由放任的资本主义经济生活中，社会总需求决不会经常与社会总供给相等，总需求不足是资本主义经济经常存在的现象，资本主义经济完全有可能处于非充分就业均衡状态。因此，摩擦性失业和自愿失业并不能概括一切失业现象，这说明客观上存在第三种失业，即非自愿失业。它是指由于社会对商品的需求不足，生产吸纳愿意工作的人数减少而造成的失业，故又称为需求不足的失业（凯恩斯失业）。这种失业在经济增长放慢时上升，而在经济繁荣时下降，即它的变动与经济周期的不同阶段相关，也称为周期性失业。而边际消费倾向递减规律、资本边际效率递减规律、流动偏好规律是造成有效需求不足的原因。

凯恩斯认为，在经济衰退时采用通货膨胀政策，运用提高物价的方法降低实际工资，可以提高资本边际效率，刺激投资，增加就业。凯恩斯提出了需求管理政策，即实行政府干预经济的政策来提高社会有效需求，从而达到促进生产、提高就业的目的。具体措施如下。

①实行扩张性的财政政策，用举债的方式扩大政府开支。主张政府承担公共事业投资，承担社会福利责任。政府还应对私人进行订货和贷款，通过国家直接进行投资或消费来弥补私人消费和投资的不足，以便提高国民收入和就业水平。

②实行扩张性的货币政策，通过中央银行调节货币供应量，以影响利率的变动来间接影响社会需求，银行当局可通过增加货币供应量来刺激就业。

③实行政府干预对外贸易的政策，扩大出口，限制进口，保持本国贸易顺差，以利于国内经济繁荣与增加就业。

④实行高额累进税政策进行收入再分配，以促进消费，通过消费的增加提高全社会的就业水平。

（2）贵州当前的就业和再就业压力。贵州当前失业情况比较严重，并且失业类型呈现多样化。贵州的失业主要包括以下几种类型。

第一，每年新增就业人口的居高不下、劳动力供给过多情况下的自然性失业。绝对人口过多，人口基数大，是贵州省的一个基本国情，再加上中华人民共和国成立后三次人口出生高峰出生的人口相继进入就业年龄，使得城镇每年新增劳动力数量庞大，相对于经济发展所能提供的就业岗位来说，形成了持续的劳动力供大于求的局面。

第二，"招工难"和"就业难"并存、"冗员"和"缺员"并存，存在严重的结构性失业。经济结构的变动必然要求劳动力的流动来适应这些变动。但由于整体劳动力的既定技术结构、地区结构、性别结构在短期内难以改变，从而就会出现结构性失业，即劳动力供求结构脱节所造成的失业。贵州的就业市场一个特点是，低素质劳动力充足，没有经验的大学毕业生充足，出现了就业难；但另一方面，贵州也缺乏高素质人才、国际性人才、技能性人才，企业招工难。贵州的高级技工严重缺乏就是一个例子。

第三，隐性失业。在贵州，隐性失业特别是国有企业隐性失业情况严重，贵州国有企业的隐性失业人员约占 1/3。隐性失业的存在往往给经济带来无以估计的损失。隐性失业造成国有企业的冗员：一方面劳动力资源得不到充分利用，劳动力的流动受到影响；另一方面，又形成不必要的管理投入，使企业的管理效率降低。而且企业还要为这些人员支付工资、承担其再就业工程的费用，造成企业成本的上升和产品价格竞争力的下降。

第四，有效需求不足的失业。前几年我国需求不足，消费对经济的拉动明显乏力，导致物价下跌，生产下降，失业上升。造成这些问题的主要原因在于：一方面，在由传统的计划经济向社会主义市场经济转型过程中，出现许多不确定因素，如医疗体制、住房体制、教育体制的改革，使居民的未来预期支出骤增，居民宁可将货币以相当低的利息率存在银行，也不愿用于即期消费，而消费不旺又导致企业产品缺乏市场，开工不足，影响了投资的增长；另一方面，经济增长缺乏热点，加之经济体制改革和产业结构调整所产生的国有企业经营困难，企业不愿或不能扩大投资，这也是引发投资需求不足的重要因素。

(3) 解决就业和再就业的措施。解决贵州当前的就业和再就业问题，既要考虑宏观经济政策的采用，也要考虑社会文化和制度方面的建设。

第一，改变劳动力供给状况，减少失业。失业的存在首先表现为劳动力供给总量大于需求总量，另外就是劳动力的结构与需求不相称。其治理包括以下几方面内容：控制和减少劳动力的供给，延长每个劳动者接受教育年限、控制人口的增长；为失业者或易受失业威胁的劳动者提供帮助，如可通过大力培育劳动力市场，为劳动力要素供求双方提供信息，通过政策和舆论手段，使全社会关心失业职工；广泛开展职业培训，提高劳动者的素质，使劳动力供给与需求相适应。

第二，建立适度的失业保障体制。根据自然失业理论，就业水平是由一个国家跟地区的经济活动水平所决定的。从现代发达市场经济国家的发展进程中不难发现，充分的社会保障起到了社会"减震器"的作用，缓解了社会矛盾，保证了市场的正常运行。建立多层次、完善的社会保障体系将是一段时期内我国经济体制改革和社会发展与稳定的重要任务，也是规避风险、减少社会震荡、实现社会公平和共同富裕的重要制度保证。

第三，积极扩大省内消费需求，促进生产和就业规模的扩张。贵州省目前就业状况在一定程度上是消费需求不足而导致经济增长乏力所致。为此要增加城乡居民特别是低收入居民的货币收入，提高他们的购买力。开辟新的消费热点，创造新的消费需求，以此促进生产和就业规模的扩大。

第四，建立适合省情的培训就业制度。贵州省目前失业的结构性特征十分突出，加强就业培训是解决全省失业与再就业的基础。通过一系列有效的就业前培训、下岗或转岗培训、在岗培训，可提高劳动者的素质或技能，可缓和再就业矛盾。

第五，加快完善劳动力市场和就业服务体系，这不但有利于缓解结构性失业问题，也会部分降低摩擦性失业。为此要大力培育劳动力市场，充分发挥其配置劳动力资源的功能。加强对就业的指导和服务，增加和提高职业介绍所的数量和质量，建立城乡一体的就业信息服务网络，减少因信息不畅而造成的再就业困难。

所以，在解决失业问题时不仅需要采取常用的宏观经济政策，还需要社会和文化各方面政策的配套。目前贵州省推行的再就业工程是以政府劳动部门为主推动的，在治理城市失业方面具有特别重要的意义。从长期看，控制人口增长和加强劳动力培养，是从根本上解决失业问题的战略性措施。

案例二：

通货膨胀一般指因纸币发行量超过商品流通中的实际需要的货币量而引起的纸币贬值、物价上涨现象。其实质是社会总需求大于社会总供给。

(1) 通货膨胀的分类。

①作为货币现象的通货膨胀。货币数量论在解释通货膨胀方面的基本思想是，每一次通货膨胀背后都有货币供给的迅速增长。这一理论的出发点是如下所示的交易方

程：$MV=Py$。式中，M 为货币供给量；V 为货币流通速度，它被定义为收入与货币量之比，即一定时期（如一年）平均一元钱用于购买最终产品与劳务的次数；P 为价格水平；y 为实际收入水平。方程左边的 MV 反映的是经济中总支出，而右边的 Py 为名义收入水平。

②需求拉动型通货膨胀。总需求过度增长超过了现有价格水平下的商品总供给，引起物价普遍上涨。总需求的过度增长表现为由于投资膨胀和消费膨胀所导致的持续货币供应量超过社会商品可供量的增长，因而又称为过量需求通货膨胀。

③成本推动型通货膨胀。由于成本上升所引起的物价普遍上涨。导致成本上升的因素：一是物耗增多，二是工资的提高超过劳动生产率的增长。

我国通货膨胀的原因如下。

①从根本上说中国式的通货膨胀同样是一种货币现象，它先是两大资产（楼市与股市）价格上涨，然后传导到食品价格上涨并引致全面通货膨胀。中国式的通货膨胀是由货币过多引起的，但并非过多的货币会平均式地同时流向各个行业导致各种商品的物价同时等幅度地全面上涨，而是过多的货币先流入强势部门或行业（如房地产），然后由这些行业去投资或消费来推高商品或服务的物价水平。于是，关联行业价格上涨、收入增加，从而使这些关联行业又增加投资或消费，再对这些行业需要的产品价格产生影响。最后价格上涨才传到整个经济薄弱的环节——农产品及食品的价格上。正如奥地利学派经济学家罗斯巴德所说，一旦这些最弱势部门的商品和服务价格上涨，也就标志着全面的通货膨胀开始形成。

②对外贸易顺差连年大幅增长，年平均增长率近 50%。对外贸易的不平衡不断加剧，不断增长的对外贸易顺差在我国现行外汇政策下最终以人民币的形式进入国内流通领域，不断加剧的对外贸易不平衡在很大程度上导致了当前我国货币供应过剩，导致了当前我国流动领域中的货币供应量超过了实际需求，货币供给过多，必然产生需求拉动型通胀。2008 年上半年城乡居民收入增长均超过经济增速，虽然是好事，但在当时 CPI 涨幅加速的情况下，居民收入增长超过经济增长，也会成为形成需求拉动型通胀的因素，引发了通货膨胀的发生。

③从成本推动层面看，国际能源价格大幅上涨，带动消费价格上涨。近年来，国际能源价格猛增，导致商品的生产成本增高。国际石油价格等其他能源价格和国际大宗商品价格上涨并通过进出口贸易传导到国内市场。我国约 40% 的国际石油依存度必然导致石油类产品价格到国内商品价格传导的速度更快。但是，到目前为止，国际能源价格上涨对中国通货膨胀的压力还不是非常明显。一方面，我国对能源和部分初级产品的价格管制，使得能源进口价格的增长不会立刻反映到原材料燃料动力购进价格上；另一方面，企业需要对过剩产品进行消化，这使得原材料燃料动力购进价格的增长不会立刻反映到工业品出厂价格和居民消费价格上来。

（2）控制方法。

①控制货币供应量。通货膨胀形成的直接原因是货币供应过多，因此，治理通货膨胀一个最基本的对策就是控制货币供应量，使之与货币需求量相适应，稳定币值以稳定物价。而要控制货币供应量，必须实行适度从紧的货币政策，控制货币投放，保

持适度的信贷规模，由中央银行运用各种货币政策工具灵活有效地调控货币信用总量，将货币供应量控制在与客观需求量相适应的水平上。

②调节和控制社会总需求。治理通货膨胀仅仅控制货币供应量是不够的，还必须根据各种通货膨胀深层原因对症下药。对于需求拉动型通货膨胀，调节和控制社会总需求是关键。各国对于社会总需求的调节和控制，主要是通过制定和实施正确的财政政策与货币政策来实现。在财政政策方面，主要是大力压缩财政支出，努力增加财政收入，坚持收支平衡，避免赤字财政。在货币政策方面，主要采取紧缩信贷，控制货币投放，减少货币供应总量的措施。财政政策和货币政策相配合，综合治理通货膨胀，两条很重要的途径是：控制固定资产投资规模和控制消费过快增长，以此来实现控制社会总需求的目的。

③增加商品的有效供给，调整经济结构。由于引起通货膨胀的一个原因是经济结构的失调，所以治理通货膨胀的一个方案是调整经济结构，各产业部门之间保持一定比例，避免某些产品如粮食、原材料等供求因结构失调而推动物价上涨。

④对外经济政策。一般来说，我国国内的通货膨胀与其国际收支状况具有相互推拉的作用。在各国都出现通货膨胀的情况下，我国必须采取适当的对外经济政策，以减轻国际收支失衡对国内物价的不利影响，并阻止国外通货膨胀的输入。

⑤保持经济低速增长。由于经济的高速增长往往伴随着通货膨胀，近些年来，各国政府面临两种选择：或保持较高的经济增长速度，但同时保持较高的通货膨胀率；或降低经济增长速度，甚至以经济的衰退来压低通货膨胀率。不少发达国家往往选择后者。

第十七章　宏观经济政策

一、单项选择题

1. B【解析】本题考查宏观经济政策的目标。宏观经济政策的目标有四个，即充分就业、价格稳定、经济持续均衡增长和国际收支平衡。宏观经济政策就是为了达到这些目标而制定的手段和措施。

2. C【解析】本题考查财政政策中影响国民收入的因素。最容易选错为选项 B，其实政府购买是指各级政府购买物品和劳务的支出，但是它也包含公共服务的支出，即购买的东西用于公共服务，而这是无法定义价值的。而选项 C 消费支出，$Y=C+I$，收入等于计划消费加上计划投资，从而直接影响国民收入。

3. B【解析】本题考查政府干预的影响。在经济衰退时期，如果政府不加干预的话，则税收减少，同时政府支出增加。

4. A【解析】本题考查扩张性财政政策的作用。扩张性财政政策可以缓和经济萧条但同时也会增加政府债务。

5. A【解析】本题考查政府购买和税收对国民收入的影响。政府购买与国民收入呈正相关；而税收与国民收入呈反相关。政府购买和数效应大于税收乘数效应，因此选 A。

6.A【解析】本题考查 IS 曲线的移动对均衡收入的影响。政府支出增加使 IS 右移，只有在 LM 平缓而 IS 陡峭时才能使均衡收入变动接近于 IS 的移动量。

7.D【解析】本题考查紧缩性的货币政策。选项 A、B、C 都是扩张性货币政策，只有选项 D 是紧缩性货币政策。

8.D【解析】本题考查央行的作用。基础货币都在央行里，财政部向央行出售政府债券时，基础货币会增加；而商业银行、企业、居民手上的都是流通货币，也就是经过乘数效应放大后的货币。

9.C【解析】本题考查 LM 曲线移动对均衡收入的影响。增加货币供给使 LM 曲线右移，只有 LM 平缓而 IS 垂直时才能使得均衡收入不受影响。

10.B【解析】本题考查国民收入增加的影响。假定政府没有实行财政政策，国民收入水平的提高会使政府税收增加，政府支出减少，政府财政赤字减少。

11.D【解析】本题考查"挤出效应"的发生原理。"挤出效应"是指政府支出增加所引起的私人消费或投资降低的效果，所以选项 D 正确。

12.D【解析】本题考查商业银行的储备金。吸收的存款太多、未找到那么多合适的贷款对象、向中央银行申请的贴现太多，都有可能使得商业银行有超额储备。

13.D【解析】本题考查商业银行的法定储备。商业银行的储备如果低于法定储备，那么收回部分贷款是其最简单易行的操作方式。

14.B【解析】本题考查市场利率对银行准备金的影响。市场利率的提高，说明市场货币供应紧张，贷款需求增加，银行准备金持有的成本增加，银行会尽可能地将资金贷出去，减少现金准备。

15.A【解析】如果中央银行提高再贴现率，那么商业银行再贴现的金额就会减少，为了应对不时之需，商业银行内部就会相应地提高超额准备金。

16.C【解析】本题考查紧缩性的货币政策。在公开市场出售政府债券属于紧缩性货币政策，其他三个选项都是扩张性货币政策。

17.C【解析】本题考查央行的公开市场业务。公开市场业务是指中央银行在金融市场上公开买卖政府债券以控制货币供给和利率的政策行为。中央银行在公开市场上买进政府债券会使得利率降低。

18.A【解析】本题考查商业银行超额准备金的含义。商业银行的超额准备金等于实际准备金减去法定准备金。

19.C【解析】本题考查中央银行最常用的政策工具。公开市场业务是目前中央控制货币供给最重要也是最常用的政策工具。

20.C【解析】本题考查央行的公开市场业务。中央银行在公开市场上买进政府债券会使得公众手里的货币增加。

21.A【解析】本题考查扩张性财政政策的影响。扩张性财政政策影响的是总需求，且会使总需求曲线向右移动。

22.D【解析】本题考查货币政策影响经济的渠道。货币政策主要通过改变借贷成本影响经济，宽松的货币政策使得贷款利率下降，刺激经济的发展；相反，紧缩的货币政策使得贷款利率上升，抑制经济的发展。

23. B【解析】本题考查政府税收和政府支出变化对国民收入的影响。政府购买支出乘数 $K_1=1/(1-\beta)$，税收乘数 $K_2=-\beta/(1-\beta)$，其中 β 为边际消费倾向。国民收入 $=500\times K_1+500\times K_2=500\times(K_1+K_2)=500\times1=500$（亿元）。所以不管 β 为多少，都会使国民收入增加 500 亿元。

24. C【解析】补偿性财政政策是斟酌使用财政政策的一种情况，即扩张性和紧缩性财政政策交替使用时的状况。题目是根据反经济周期的需要来交替使用财政政策的行为，它没有为实现财政收支平衡而影响政府财政政策的制定，因而属于补偿性财政政策。

25. A【解析】本题考查自动稳定器的功能。自动稳定器是指经济系统本身存在的一种会减少各种干扰对国民收入冲击的机制，能够在经济繁荣时期自动抑制通货膨胀，在经济衰退时期自动减轻萧条。自动稳定器可以缓解周期性的经济波动，故选项 A 正确，选项 B、C、D 错误。

26. D【解析】本题考查自动稳定器的作用方式。财政制度中的税收制度是经济自动稳定器，农产品价格变化是经济自由变量，不属于财政政策的自动稳定器。

27. A【解析】本题考查通货膨胀时采取的财政政策。在有通货膨胀时应采取紧缩性财政政策，只有选项 A 符合条件。

28. A【解析】本题考查存在失业时应采取的财政政策。在经济中存在失业时应采取扩张性财政政策，只有选项 A 符合条件。

29. A【解析】本题考查经济过热时采取的财政政策。在经济过热时应采取紧缩性财政政策，只有选项 A 符合条件。

30. A【解析】本题考查银行降低贴现率的作用。降低贴现率则银行的融资成本降低，银行的贷款意愿增加，故选 A。

31. C【解析】本题考查紧缩性货币政策对货币供给量和利率的影响。紧缩性货币政策会减少货币供给量，提高利率，故选 C。

32. D【解析】本题考查法定准备金率提高的影响。当中央银行提高法定准备金率时，商业银行可提供放款及创造信用的能力就下降。因为准备金率提高，货币乘数就变小，从而降低了整个商业银行体系创造信用、扩大信用规模的能力，其结果是社会的银根偏紧，货币供应量减少，利息率提高，投资及社会支出都相应缩减。

33. B【解析】本题考查紧缩的财政政策和紧缩的货币政策的影响。同时使用紧缩的财政政策和紧缩的货币政策则国民收入一定会下降。

34. B【解析】本题考查的是货币供给量的增加带来的名义利息率的变化。货币供给量增加，在货币需求不变的情况下，供大于求，导致名义利息率下降。

35. D【解析】本题考查财政政策的概念。财政政策是政府变动税收和支出以便影响总需求进而影响就业和国民收入的政策。只有选项 D 符合条件。

36. B【解析】本题考查货币供给增加对利率和投资的影响。货币供给增加属于扩张的货币政策，它能够降低利率从而增加投资。

37. B【解析】本题考查自动稳定器的内涵。内在稳定器的功能主要通过下述三项制度得到发挥：首先是政府税收的自动变化；其次是政府转移支付的自动变化，包括政府的失业救济和其他社会福利支出；最后是农产品价格维持制度。所以选项 B 正确。

38. B【解析】贴现率提高，商业银行向中央银行借款就会减少，准备金减少从而货币供给量就会减少，利率提高。

39. B【解析】扩张性的财政政策使得 IS 曲线向右移动，利率上升从而私人投资减少。

40. A【解析】反周期波动的财政政策就是在经济高涨时采用紧缩的财政和货币政策，在经济萧条时采用扩张的财政和货币政策。

41. C【解析】宽松的财政政策和货币政策分别使得 IS 曲线和 LM 曲线都向右移动，在保证两者一定的移动幅度之下，可以使得利率保持不变。

42. B【解析】LM 曲线斜率较小，即 LM 曲线较平缓时，使用财政政策可以使利率在上升较小水平的同时促进国民收入增长。

43. B【解析】选项 A 是财政政策，选项 C、D 不会影响货币供给。

44. A【解析】在价格具有弹性的情况下，货币供给增加，价格水平会成比例地增加，因此实际货币存量不受影响。

45. A【解析】LM 曲线斜率相同的情况下，IS 曲线越陡峭，挤出效应越小，财政政策效果越强。

46. B【解析】IS 曲线斜率相同的情况下，LM 曲线越平坦，货币政策效果越弱。

47. D【解析】$r=\dfrac{k}{h}y-\dfrac{m}{h}$，货币需求对利率变动缺乏敏感性，即 h 很小，则 $\dfrac{k}{h}$ 很大，货币需求增加引起的利率上升很大，挤出效应很大；$i=e-d\cdot r$，投资支出对利率变动具有很强敏感性，即 d 很大，政府支出增加引起一定量的利率水平上升，对投资减少得越多，挤出效应越大。

二、多项选择题

1. ABC【解析】本题考查扩张的货币政策。选项 A、B、C 都属于扩张的货币政策，能够扩大货币供给，而选项 D 属于紧缩的货币政策，会缩减货币供给。

2. ABC【解析】本题考查政府支出和政府收入。事实上，选项 A、B、C 都属于政府支出，会增加预算赤字；而选项 D 属于政府收入，不会增加预算赤字。

3. BCD【解析】本题考查政府的财政政策工具。选项 A 是央行的货币政策工具，不选。

4. ACD【解析】本题考查财政制度内在稳定器的作用。内在稳定器只能减缓经济波动，而不能起到促进经济增长、保持财政预算平衡、防止经济波动的作用。

5. ABC【解析】本题考查央行的货币政策工具。选项 D 是财政政策工具，故不选。

6. ABD【解析】本题考查增加货币供给对均衡收入的影响。增加货币供给，LM 曲线向右移动，当 LM 曲线平缓，而 IS 曲线垂直时，均衡收入不会发生变化。选项 A、B、D 的情况都会使均衡收入发生变化。

7. ABD【解析】本题考查"挤出效应"的发生原理。参考单项选择题第 11 题的答案解析。

8. ABC【解析】本题考查扩张的货币政策。其中选项 A、B、C 都是扩张性的货币政策。

9. BD【解析】本题考查政府支出和政府税收对收入的影响。增加政府支出使总支出增加；增加税收使可支配收入减少，并由此使消费减少；减少税收使可支配收入增加，并由此使消费增加。因此选项 A、C 说法正确，选项 B、D 说法错误。

10. BCD【解析】本题考查宽松的货币政策。选项 A 为紧缩的货币政策。

11. ACD【解析】本题考查紧缩的财政政策。减少政府支出和增加税收属于紧缩性财政政策，故选 A、C、D。

12. ABD【解析】本题考查央行的公开市场业务。中央银行在公开市场上卖出政府债券是希望减少流通中基础货币以紧缩货币供给，故选项 A、B、D 不属于中央银行在公开市场上卖出政府债券所希望的结果。

13. ABD【解析】本题考查公开市场业务的概念。公开市场业务是指中央银行在金融市场上公开买卖政府债券以控制货币供给和利率的政策行为。选项 A、B、D 都不属于公开市场业务。

14. BCD【解析】本题考查影响货币需求的因素。选项 B，名义收入增加，若价格水平同比例上升则不会引起货币需求的增加。选项 C，货币流通速度提高，若商品总价值不变，则货币需求量减少。选项 D，名义利率提高，人们更愿意将钱存入银行，对货币的需求就会减少。故只有选项 A 会导致货币需求增加。

15. ABD【解析】本题考查紧缩的货币政策。选项 C，从公开市场卖出有价证券，则可以将社会上的资金集中到中央银行，社会上的资金变少，故属于紧缩的货币政策。其余选项都不是紧缩的货币政策。

16. AD【解析】本题考查内在稳定器的内涵。参考单项选择题第 37 题的答案解析。

三、判断题

1. 对【解析】在实行累进税的情况下，经济衰退使纳税人的收入自动进入较低纳税档次，政府税收下降的幅度会超过个人收入下降的幅度，从而可起到抑制衰退的作用；反之则相反。

2. 对【解析】转移支付是包括养老金、失业救济金、退伍军人补助金、农产品价格补贴、公债利息等政府与企业支出的一笔款项。

3. 错【解析】相机抉择是指政府在进行需求管理时，可以根据市场情况和各项调节措施的特点，机动地决定和选择当前究竟应采取哪一种或哪几种政策措施。相机抉择分为相机抉择的财政政策和相机抉择的货币政策。

4. 错【解析】减少税收是财政政策，不由中央银行决定。

5. 对【解析】货币供给增加时，利息率会降低，取得信贷更为容易，因此经济萧条时多采用扩张性货币政策；反之，货币供给减少时，取得信贷比较困难，利率也随之提高，因此，在通货膨胀严重时，多采用紧缩性货币政策。

6. 对【解析】政府购买使得大量资金涌入社会，故属于注入量。

7. 错【解析】当实际 GDP 小于充分就业的 GDP 时，说明经济处于萧条期，应采取扩张性的货币政策。

8. 对【解析】减少税收和增加政府支出属于典型的扩张性的财政政策。

9. 错【解析】当经济过热时，一国货币当局应提高再贴现率，在公开市场上卖出政府债券，提高法定准备金率。

10. 对【解析】再贴现率政策、公开市场业务和法定准备金率是常用的货币政策工具。

11. 对【解析】当政府在公开市场上卖出政府债券时，公众将自己手中的货币换成政府债券，故社会上的货币供给量减少。

12. 对【解析】政府转移支付是财政制度自动稳定器的项目之一。

13. 对【解析】一般我们将凯恩斯理论体系的政策应用称为总需求管理，另外还有总供给管理，包括人力政策、收入政策等。

14. 对【解析】在总需求量不足时，政府可采取扩张性的财政政策来抑制衰退；在总需求过剩时，政府可采取紧缩性的财政政策来抑制繁荣。

15. 错【解析】"挤出效应"使扩张性财政政策会挤出私人投资。

16. 错【解析】提高再贴现率属于紧缩性货币政策。

17. 对【解析】中央银行在公开市场卖出债券使得社会上的货币供给量减少，故属于紧缩性的货币政策。

18. 错【解析】财政政策主要影响 IS 曲线。

19. 错【解析】财政政策主要通过 IS 曲线对总需求曲线产生影响。

20. 对【解析】一般我们将凯恩斯理论体系的政策（包括财政政策和货币政策）称为总需求管理。

21. 对【解析】基础货币＝法定准备金＋超额准备金＋银行系统的库存现金＋社会公众手持现金。

22. 错【解析】一般来说，扩张性财政政策在增加国民收入的同时会提高利率水平。

23. 对【解析】一般来说，扩张性货币政策在增加国民收入的同时会降低利率水平，取得贷款较为容易，而存款意愿下降，从而产生通货膨胀的压力。

24. 对【解析】货币乘数是法定准备金率的倒数，$k=\dfrac{1}{r_d}$，其中 k 为货币乘数，r_d 是法定准备金率。

25. 错【解析】提高准备金率的目的是抑制银行资金的流动性，减少可贷资金量。

26. 错【解析】中央银行在公开市场上购买政府证券会增加货币供给量。

27. 错【解析】在公开市场上出售债券属于紧缩的货币政策，会提高利息率。

28. 错【解析】当经济衰退时，一国货币当局应降低再贴现率，在公开市场上买进政府债券，降低法定准备金率。

29. 对【解析】政府债券的性质包括两个方面：第一，从形式上看，政府债券也是一种有价证券，它具有债券的一般性质。政府债券本身有面额，投资者投资于政府债券可以取得利息，因此，政府债券具备了债券的一般特征。第二，从功能上看，政府债券最初仅是政府弥补财政赤字的手段，随着金融市场的发展，逐渐具备了金融商品和信用工具的职能，成为国家实施宏观经济政策、进行宏观调控的工具。因此，政府债券既是财政政策工具，又是货币政策工具。

30. 错【解析】内在稳定器是指经济系统本身存在的一种会减少各种干扰对国民收入冲击的机制。自动稳定器作用有限，特别是对于剧烈的经济波动，自动稳定器更难以扭转。因此，西方经济学者认为，为确保经济稳定，政府要审时度势，主动采取一些财政措施，变动支出水平或税收以稳定总需求水平，使之接近物价稳定的充分就业水平。这就是斟酌使用的财政政策。

31. 错【解析】挤出效应是政府支出增加所引起的私人消费或投资降低的效果，而不是税收增加引起的。

32. 错【解析】LM 曲线斜率较小，即 LM 曲线平缓时，财政政策效果较大。

33. 对【解析】LM 曲线表达式：$r=\frac{k}{h}y-\frac{m}{h}$，货币需求对收入的变化越敏感，即货币需求的收入系数 k 越大，则 $\frac{k}{h}$ 越大，LM 曲线越陡峭。

四、名词解释

1. 财政政策：是指政府变动税收和支出以便影响总需求进而影响就业和国民收入的政策。变动税收是指改变税率和税率结构。变动政府支出指改变政府对商品与劳务的购买支出以及转移支付。

2. 扩张性财政政策：是指经济萧条时，政府采用减税措施，给个人和企业多留些可支配收入，以刺激消费和投资需求从而增加生产和就业。政府扩大对商品和劳务的购买，多搞些公共建设，就可以扩大私人企业的商品销路，还可以增加消费，刺激总需求。政府还可以采用投资税收抵免或加速折旧等办法给私人投资以津贴，直接刺激私人投资，增加生产和就业。以上所有这些措施，都是扩张性的财政政策。

3. 紧缩性财政政策：是指在经济高涨、通货膨胀率上升太快时，政府可以采用增税、减少政府支出等紧缩性财政措施以控制物价上涨。

4. 货币政策：是指货币当局即中央银行通过银行体系变动货币供给量来调节总需求的政策。

5. 扩张性货币政策：在经济萧条时增加货币供给，一方面可降低利息率，刺激私人投资；另一方面货币供给增加可直接支持企业扩大投资，进而刺激消费，使生产和就业增加。

6. 紧缩性货币政策：在经济过热、通货膨胀率太高时，可紧缩货币供给量以提高利率，抑制投资和消费，使生产和就业减少些或增长慢一些。

7. 政府支出：是指整个国家中各级政府支出的总和，由许多具体的支出项目构成，主要可分为政府购买和政府转移支付两类。政府购买是指政府对商品和劳务的购买。政府转移支付是指政府在社会福利保险、贫困救济和补助等方面的支出。

8. 税收：是政府收入中最主要的部分，它是国家为了实现其职能按照法律预先规定的标准，强制地、无偿地取得财政收入的一种手段，因此税收具有强制性、无偿性、固定性三个基本特征。

9. 公债：当政府税收不足以弥补政府支出时，政府就会发行公债，使公债成为政府财政收入的又一组成部分。公债是政府对公众的债务，或公众对政府的债权，包括中央政府的债务（国债）和地方政府的债务（地方债）。

10. 自动稳定器：也称内在稳定器，是指经济系统本身存在的一种会减少各种干扰对国民收入冲击的机制，能够在经济繁荣时期自动抑制通货膨胀，在经济衰退时期自动减轻萧条，无须政府采取任何行动，包括政府税收的自动变化、政府支出的自动变化和农产品价格维持制度。

11. 斟酌使用的财政政策：西方经济学者认为，为确保经济稳定，政府要审时度势，主动采取一些财政措施，变动支出水平或税收以稳定总需求水平，使之接近物价稳定的充分就业水平。这就是斟酌使用的或权衡性的财政政策。

12. 挤出效应：是指政府支出增加所引起的私人消费或投资降低的效果。

13. 存款准备金：是指经常保留的供支付存款提取用的一定金额。

14. 法定准备金率：准备金在存款中起码应当占的比率是由政府（具体由中央银行）规定的，这一比率称为法定准备金率。

15. 法定准备金：按法定准备金率提留的准备金是法定准备金。法定准备金的一部分是银行库存现金，另一部分存放在中央银行的存款账户上。

16. 再贴现率：是指中央银行对商业银行及其他金融机构的贷款或者放款利率。

17. 公开市场业务：是指中央银行在金融市场上公开买卖政府债券以控制货币供给和利率的政策行为。这是目前中央控制货币供给最重要也是最常用的工具。

18. 政府债券：是指政府为筹措弥补财政赤字的资金而发行的支付利息的国库券或债券。

五、简答题

1.（1）财政政策是政府变动税收和支出以便影响总需求进而影响就业和国民收入的政策。财政政策主要分为政府支出和政府收入两个部分。

（2）政府支出是指整个国家中各级政府支出的总和，主要分为政府购买和政府转移支付两类。政府购买是指政府对商品和劳务的购买。如购买军需品、购买机关办公用品、发放政府雇员报酬、实施公共项目工程所需的支出等。政府支出中另一部分是转移支付。与政府购买不同，政府转移支付是指政府在社会福利保险、贫困救济和补助等方面的支出。这是一种货币性支出，政府在付出这些货币时并无相应的商品和劳务的交换发生，是一种不以取得本年生产出来的商品和劳务作为报偿的支出。因此，转移支付不能算作国民收入的组成部分。

（3）政府收入。税收是政府收入中最主要的部分，它是国家为了实现其职能按照法律预先规定的标准，强制地、无偿地取得财政收入的一种手段，因此税收具有强制性、无偿性、固定性三个基本特征。正因为如此，税收可作为实行财政政策的有力手段之一。

（4）当政府税收不足以弥补政府支出时，政府就会发行公债，使公债成为政府财政收入的又一组成部分。公债是政府对公众的债务，或公众对政府的债权。它不同于税收，是政府运用信用形式筹集财政资金的特殊形式，包括中央政府的债务和地方政府的债务。

2.（1）补偿性财政政策是一种积极的权衡性财政政策。这种政策强调，财政预算的功能是实现经济稳定发展，预算既可以盈余，也可以赤字。

（2）补偿性财政政策思想与以前的平衡预算的政策思想有很大不同。平衡预算财政思想按其历史发展阶段有三种含义：年度平衡预算、周期平衡预算、充分就业平衡预算。它们的思想都强调财政收支的平衡，甚至以此作为预算目标。

但是，补偿性财政政策思想强调财政预算的平衡、盈余或赤字都只是手段，目的是追求无通货膨胀的充分就业以及经济的稳定。当均衡收入低于充分就业水平时，政府有义务实行扩张性财政政策以及实现充分就业。如果预算起初是盈余，政府可减少盈余甚至造成赤字；如果起初是赤字，政府可允许有更大的赤字。总之，按这种思想，政府应当比关心预算平衡更关心经济。

3.（1）税收是政府收入中最主要的部分，它是国家为了实现其职能按照法律预先规定的标准，强制地、无偿地取得财政收入的一种手段，因此税收具有强制性、无偿性、固定性三个基本特征。正因为如此，税收可作为实行财政政策的有力手段之一。

（2）税收具有乘数效应，即税收的变动对国民收入的变动具有倍增作用。由于税收乘数有两种：一种是税率的变动对总收入的影响，另一种是税收绝对量的变动对总收入的影响，因此税收作为政策工具，当被用来调节社会总需求时，既可以通过改变税率来实现，也可以通过变动税收总量来实现，如通过一次性减税来达到刺激社会总需求增加的目的。就税率而言，由于所得税是税收的主要来源，所以，改变税率主要是变动所得税的税率。一般来说，降低税率、减少税收都会引致社会总需求增加和国民产出的增长，反之则引起社会总需求和国民产出的减少。因此在需求不足时，可采取减税措施来抑制经济衰退；在需求过旺时可采取增税措施来抑制通货膨胀。

4.（1）公开市场业务是指中央银行在金融市场上公开买卖政府债券以控制货币供给和利率的政策行为。这是目前中央控制货币供给最重要也是最常用的工具。

（2）公开市场业务之所以能成为中央银行控制货币供给最主要的手段，是因为运用这种政策手段有着比用其他手段更多的灵活性：第一，能按照中央银行主观意图进行，不像贴现政策那样中央银行只能用贷款条件或变动借款成本的间接方式鼓励或限制其贷款数量；第二，中央银行可通过买卖政府债券把商业银行的准备金有效控制在自己希望的规模；第三，操作规模可大可小，交易方法的步骤也可随意安排，更便于保证准备金比率调整的精确性；第四，不像法定准备金率或贴现率手段那样具有很大的行为惯性，在中央银行根据市场情况认为有必要调节方向时，业务容易逆转。

5.（1）挤出效应：是指政府支出增加引起私人消费或私人投资降低的效果。

（2）作用机制：

①在一个充分就业的经济中，政府支出的增加会产生完全的挤出效应，即充分就业，政府支出增加→商品市场上竞争加剧→物价上涨→实际货币供给量 $\frac{M}{P}$ 减少→用于满足投机性需求的货币供给减少→债券价格下降→利率上升→私人投资减少、私人消费减少。

②在一个非充分就业的经济中，扩张性财政政策产生的挤出效应是部分的，即政府

支出增加→产出水平提高→交易性货币需求增加→货币需求大于货币供给，维持平衡→投机性货币需求减少，货币市场重新平衡，利率上升→私人投资减少。

如答图 17-1 所示，初始的均衡状态的收入为 y_0、利率为 r_0。当政府实行一项扩张性财政政策，则会使 IS 右移到 IS′，本来收入应从 y_0 增加到 y_2，但实际上收入不可能增加到 y_2，因为如果收入要增加到 y_2，则必须假定利率 r_0 不上升，但利率不可能不上升，因为 IS 向右移动时，国民收入增加了，因而人们用于投机需求的货币必须减少，这就要求利率上升。因此，政府支出增加，导致均衡利率上升，抑制私人投资，这就是所谓的"挤出效应"，即 y_1y_2。由于存在政府支出"挤出"私人投资，因此，收入只能增加到 y_1。

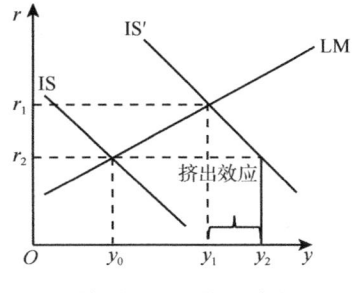

答图 17-1 挤出效应

六、计算题

1.（1）①由 $L=M$，即 $100=0.2Y-500r$

解得：$Y=500+2\,500r$

由 $Y=C+I+G=40+0.8(Y-50)+140-1\,000r+50=0.8Y+190-1\,000r$

解得：$Y=950-5\,000r$

联立方程组：$\begin{cases} Y=950-5\,000r \\ Y=500+2\,500r \end{cases}$，解得：

均衡收入 $Y=650$，均衡利率 $r=6\%$，投资 $I=80$。

②由 $Y=C+I+G=40+0.8(Y-50)+110-500r+50=0.8Y+160-500r$

解得：$Y=800-2\,500r$

联立方程组：$\begin{cases} Y=800-2\,500r \\ Y=500+2\,500r \end{cases}$，解得：

均衡收入 $Y=650$，均衡利率 $r=6\%$，投资 $I=80$。

（2）①由 $Y=C+I+G=40+0.8(Y-50)+140-1\,000r+80=0.8Y+220-1\,000r$

解得：$Y=1\,100-5\,000r$

联立方程组：$\begin{cases} Y=1100-5\,000r \\ Y=500+2\,500r \end{cases}$，解得：

均衡收入 $Y=700$，均衡利率 $r=8\%$，投资 $I=60$。

②由 $Y=C+I+G=40+0.8(Y-50)+110-500r+80=0.8Y+190-500r$

解得：$Y=950-2\,500r$

联立方程组：$\begin{cases} Y=950-2\,500r \\ Y=500+2\,500r \end{cases}$，解得：

均衡收入 $Y=725$，均衡利率 $r=9\%$，投资 $I=65$。

（3）由于情况①的投资利率敏感系数大于情况②，即情况①中IS曲线较平缓，意味着使用扩张性财政政策时"挤出效应"较大，利率上升时排挤掉的私人投资较多，因而均衡收入增加较少。

2. (1) ①由 $L=M$，即 $150=0.2Y-400r$

解得：$Y=750+2\,000r$

联立方程组：$\begin{cases} Y=1\,250-3\,000r \\ Y=750+2\,000r \end{cases}$，解得：

均衡收入 $Y=950$，均衡利率 $r=10\%$。

②由 $L=M$，即 $150=0.25Y-875r$

解得：$Y=600+3\,500r$

联立方程组：$\begin{cases} Y=1\,250-3\,000r \\ Y=600+3\,500r \end{cases}$，解得：

均衡收入 $Y=950$，均衡利率 $r=10\%$。

(2) ①由 $L=M$，即 $170=0.2Y-400r$

解得：$Y=850+2\,000r$

联立方程组：$\begin{cases} Y=1\,250-3\,000r \\ Y=850+2\,000r \end{cases}$，解得：

均衡收入 $Y=1\,010$，均衡利率 $r=8\%$。

②由 $L=M$，即 $170=0.25Y-875r$

解得：$Y=680+3\,500r$

联立方程组：$\begin{cases} Y=1\,250-3\,000r \\ Y=680+3\,500r \end{cases}$，解得：

均衡收入 $Y\approx 987$，均衡利率 $r\approx 8.77\%$。

(3) 由于情况①的货币需求的利率系数比情况②小，即前一种情况中 LM 曲线较陡峭，因此一定的货币供给增量能使利率下降较多，对投资和均衡收入的刺激作用较大。

七、论述题

1. (1) 西方经济学者认为，为确保经济稳定，政府要审时度势，主动采取一些财政措施，变动支出水平或税收以稳定总需求水平，使之接近物价稳定的充分就业水平。当认为总需求非常低，即出现经济衰退时，政府应削减税收、降低税率、增加支出或双管齐下以刺激总需求；反之，当认为总需求非常高，即出现通货膨胀时，政府应增加税收或削减开支以抑制总需求。这样一套斟酌使用的经济政策就是凯恩斯主义的相机抉择的经济政策。但相机抉择的经济政策在理论上和实践中面临一些问题，为此，在采取相机抉择的经济政策时，还要辅之以限制货币工资和价格的收入政策。

(2) 理论上，相机抉择的经济政策是为了变动总需求，而按照凯恩斯定律的假设，不论需求量是多少，经济社会大致都能以不变的价格提供相应的供给量，因此总需求的变动只能影响产量水平而不会影响价格水平，即价格和工资存在刚性。

(3) 实践中，在实际经济活动中存在各种各样的限制性因素影响这种相机抉择的经济政策作用的发挥，集中体现在以下几个方面：①时滞。认识总需求的变化，变动经济政策以及乘数作用的发挥都需要时间。②不确定性。实行经济政策时，政府主要面临两个方面的不确定：第一，各种乘数大小难以准确地确定；第二，政府必须预测总需求水平通过经济政策作用达到预定目标究竟需要多少时间，而在这一时间内，总需求特别是投资可能发生了戏剧性的变化，这就可能导致决策失误。③外在的不可预测的随机因素的干扰，也可能导致经济政策达不到预期效果。④挤出效应，即财政支出增加，会使利率提高，私人投资支出减少。所以，在实行相机抉择的经济政策时，必须全面考虑这些因素，尽量使效果接近预期目标。

2."挤出效应"是指政府支出增加所引起的私人消费或投资降低的效果。

如答图 17-2 所示，在 IS—LM 模型中，政府支出增加使得 IS 曲线向右移动至 IS′ 处，由于货币政策不变，故 LM 曲线不变，如果没有挤出效应，国民收入应该从 y_0 增加到 y_2，但由于挤出了私人投资和消费，所以国民收入只从 y_0 增加到 y_1。$y_1 y_2$ 表示的就是挤出效应的大小。下面用 IS—LM 模型分析各因素如何影响挤出效应的大小。

在不考虑政府税收的三部门经济中，由 IS—LM 模型

$$\begin{cases} \text{IS}: y = c+i+g = (\alpha+\beta \cdot y)+(e-d \cdot r)+g \\ \text{LM}: \dfrac{M}{P} = m = L(r,y) = k \cdot y - h \cdot r \end{cases},$$

所以 IS 曲线的斜率绝对值为 $\dfrac{1-\beta}{d}$，LM 曲线的斜率绝对值为 $\dfrac{k}{h}$。

如答图 17-3 所示，在 LM_1 曲线下的挤出效应为 $y_2 y_3$，在 LM_2 曲线下的挤出效应为 $y_1 y_3$，因此 LM 曲线斜率的绝对值 $\left(\dfrac{k}{h}\right)$ 越大，挤出效应越大。或者说，货币需求的收入系数 k 越大，货币需求的利率系数 h 越小，挤出效应越大。

经济学解释：k 越大，支出增加引起的货币需求增加越多，利率上升越多，投资减少越多，国民收入减少越多，挤出效应越大。h 越小，货币需求增加引起的利率上升越大，挤出效应越大。

如答图 17-4 所示，在 IS_1 曲线下的挤出效应为 $y_2 y_3$，在 IS_2 曲线下的挤出效应为 $y_1 y_3$，因此 IS 曲线斜率的绝对值 $\left(\dfrac{1-\beta}{d}\right)$ 越小，挤出效应越大，或者说，边际消费倾向 β 越大，投资的利率系数 d 越大，挤出效应越大。

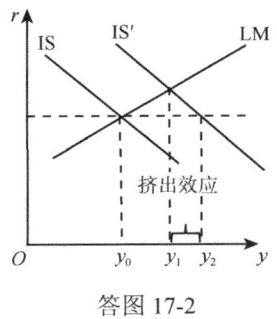

答图 17-2

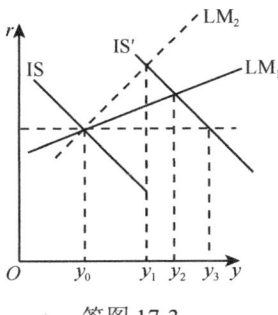

答图 17-3

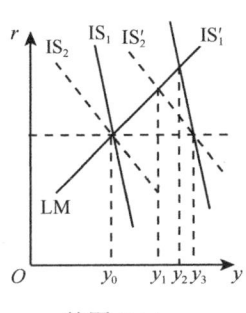

答图 17-4

经济学解释：β 越大，支出乘数 $\dfrac{1}{1-\beta}$ 越大，利率升高使得投资减少引起的国民收入减少越多，挤出效应越大。d 越大，政府支出增加引起一定量的利率水平上升，对投资减少得越多，挤出效应越大。

3. 对有顺差的过热经济采取紧缩货币政策不合适。理由如下：

（1）紧缩性货币政策的含义。紧缩性货币政策是通过降低货币供应的增长率来降低总需求水平，在这种政策下，取得信贷较为困难，利息率也随之提高。因此，在通货膨胀较严重时，采用紧缩性的货币政策较合适。

（2）紧缩性货币政策对有顺差的过热经济的影响。紧缩性的货币政策对过热的经济有抑制作用，但不能调节国际收支顺差，从而不能实现宏观经济的外部均衡。一方面，中央银行实施适度从紧的货币政策，通过灵活调节利率等措施，适时调控货币供应总量和结构，可以有效地控制通货膨胀，使国民经济成功实现"软着陆"。从而达到抑制经济过热的目的。另一方面，紧缩性的货币政策同时通过以下三个途径影响国际收支状况。

①产出减少→进口减少→顺差增加。
②价格水平下降→出口增加，进口减少→顺差增加。
③利率提高→资本净流出减少→顺差增加。

所以，紧缩性的货币政策能够抑制经济过热，但是不能使顺差减少，即不能兼顾两大经济目标。对有顺差的过热经济仅仅采取紧缩货币政策是不合适的。

（3）实施紧缩货币政策的同时提高汇率可以兼顾两大经济目标。提高汇率→出口减少，进口增加。所以，在实施紧缩货币政策的同时提高汇率能兼顾两大经济目标：顺差减少和产出减少。

八、案例分析

案例一：

（1）货币政策工具主要有三大类：①再贴现率政策。再贴现率政策是指中央银行通过变动给商业银行及其他存款机构的贷款利率来调节货币供应量。再贴现率提高，商业银行向中央银行借款就会减少，准备金减少从而货币供给量就会减少；再贴现率降低，商业银行向中央银行借款就会增加，准备金增加从而货币供给量就会增加。②公开市场业务。这是目前中央控制货币供给最重要也是最常用的工具。公开市场业务是指中央银行在金融市场上公开买卖政府债券以控制货币供给和利率的政策行为。当中央银行在公开市场上购买政府债券时，商业银行和其他存款机构的准备金将会增加；当中央银行出售政府债券时，情况则相反。准备金的变动就会引起货币供给按乘数发生变动。准备金变动了，银行客户取得信贷变得容易或困难了，本身就会影响经济，同时，中央银行买卖政府债券的行为，也会引起债券市场上需求和供给的变动，因而影响到债券价格以及市场利率。③变动法定准备金率。如果中央银行认为需要增加货币供给，就可以降低法定准备金率，使所有的存款机构对每一笔客户存款只需留出更少的准备金；反之则相反。

（2）①积极发挥货币政策工具调整结构和流动性补充功能，2017年全省金融机构累计获得735亿元央行资金，贵州省重点领域和薄弱环节的金融支持力度继续加大。

②在运用货币政策工具引导金融机构做好深度贫困地区金融支持工作方面，截至2017年末，全省扶贫再贷款限额244.2亿元，余额240.6亿元，均位居全国前列。

案例二：

（1）①扩张性财政政策是指通过财政收支活动来增加和刺激社会的总需求，通过减税、增加财政支出等手段扩大社会需求，进而提高社会总需求水平，缩小社会总需求和社会总供给之间的差距，最终实现社会总供需的平衡。

稳健的货币政策，是指根据经济变化的征兆来调整政策取向，当经济出现衰退迹象时，货币政策偏向扩张；当经济出现过热时，货币政策偏向紧缩。最终反映到物价上，就是保持物价的基本稳定。

②"积极""稳健"这两个词的含义很丰富，虽然这几年的提法一样，但是重点内容和含义不同。

从积极的财政政策来讲，这一次强调了对经济调结构的支持，所以财政支出的重点应该会发生变化，更多地转向补短板的领域，如精准扶贫、污染防治，当然也包括重点项目后续资金的保障。

对稳健的货币政策，2018年提出了更加明确的要求，控制宏观杠杆率，然后进一步提出了要管住货币信贷的闸门，不是调整，是管住，同时强调要保证货币信贷增速处于合理水平，货币信贷增速、社会融资的目标非常具体。

（2）①我国当前采取的扩张性财政政策是当今复杂的国际及国内的经济形势决定的，对我国的经济状况也有着很大的影响：第一，财政所直接投资的项目和行业的经济将很快明显出现景气，这些项目的类别现在基本已经确定，主要是城市适用住房建设、城市基础设施、城乡电网建设与改造、环境保护、农田水利、水土保持、植树造林以及铁路公路建设和通信邮电等。第二，与财政直接投资项目密切相关的项目和经济也将得到带动从而较快增长，这便是所谓的乘数效应或关联效应。第三，整个国民经济将会由于上述经济的活跃而出现景气。

然而，我国持续地实行扩张性的财政政策，也导致了一定的"挤出效应"。第一，我国个体经济的投资增长率呈现不断下降的趋势。第二，扩张性财政政策方向不一致，在扩张性财政政策中，有些政策属于扩张性的，但有些政策又是紧缩性的；或者存在政府的扩张财政政策与民争利的情况，是目前我国扩张性财政政策挤出效应的又一独特表现。

②稳健的货币政策对于抑制通胀、稳定物价以及促进经济增长等都起到了积极作用。首先，稳健的货币政策在抗击通胀方面起到了作用。不管是央行发行短期央票还是提高法定存款准备金率，其目的都是回收过量放出去的基础货币，并同时向市场释放中央坚决治理通胀的决心与信心。其次，货币政策通过影响利率进而改变汇率，并在一定贸易条件下影响国际收支平衡。

稳健的货币政策有利于治理日益高涨的通货膨胀，但同时也给经济发展带来了其他不利的影响：第一，经济增长放慢。主要体现在影响消费、投资和出口三个方面。稳健的货币政策使利率上升，则老百姓可以获得较多的资本收益，大家更倾向于储蓄而不是消费，消费减少；稳健的货币政策意味着信贷紧缩，企业获得贷款的难度加大，投资减少；利率上升使得汇率上升，出口将减少，影响经济发展。投资、消费和出口下降，经济增长速度自然也会下降。第二，失业率上升。失业与通货膨胀存在一种此消彼长的交替关系，即通货膨胀率高时，失业率低，通货膨胀率低时，失业率高。稳健的货币政策在控制通胀时，国内的失业问题又会凸显。

第十八章 开放经济下的短期经济模型

一、单项选择题

1. C【解析】本题考查蒙代尔—弗莱明模型的关键假设。蒙代尔—弗莱明模型的一个关键假设是所考察的经济是资本能够完全流动的小型开放经济。小型是指所考察的经济只是世界市场的一小部分，从而其本身对世界某些方面，特别是利息率的影响微不足道。资本完全流动是指该国居民可以完全进入世界金融市场。

2. A【解析】本题考查蒙代尔—弗莱明模型与IS—LM模型的区别。这两个模型都强调了产品市场与货币市场之间的相互作用。这两个模型都假定物价水平是固定的，并说明是什么因素引起总产出的短期波动。两者的主要差异在于，IS—LM模型假设一个封闭经济，而蒙代尔—弗莱明模型假设一个开放经济。

3. C【解析】本题考查汇率直接标价法和间接标价法之间转换的计算公式。间接标价法与直接标价法互为倒数。所以选项C正确。

4. A【解析】本题考查IS^*曲线。IS^*曲线向右下方倾斜，这是因为较高的汇率减少了净出口，这又减少了总收入，出口的减少使计划支出曲线向下移动，从而使收入减少。

5. B【解析】本题考查LM^*曲线。LM^*曲线之所以垂直是因为汇率并没有进入LM^*方程式。给定世界利率，无论汇率如何，LM^*方程式决定了总收入。

6. D【解析】本题考查蒙代尔—弗莱明模型。经济的均衡处于IS^*曲线和LM^*曲线的交点。这个交点表示产品市场与货币市场都均衡时的汇率与收入水平。蒙代尔—弗莱明模型描述的是短期经济。

7. B【解析】本题考查浮动汇率制度下汇率的决定。在浮动汇率制度下，汇率由市场供求力量决定，允许汇率对经济状况的变动作出反应，自由地变动。

8. A【解析】本题考查实际货币余额供给公式。实际货币余额的供给量为M/P，中央银行增加了货币供给，即M增加，价格水平不变，所以，实际货币余额的供给量增加。

9. A【解析】本题考查固定汇率下的小型开放经济。向公众购买债券是中央银行试图增加货币供给，这种政策会使LM^*曲线向右移动，它就对汇率施加了向下的压力。

10. D【解析】本题考查固定汇率下的货币政策。如果中央银行试图增加货币供给，它就对汇率施加了向下的压力。为了维持固定汇率，货币供给和LM^*曲线必须回到初始位置。因此，在固定汇率制度下，名义货币政策是无效的。

11. C【解析】蒙代尔—弗莱明模型说明了财政政策和货币政策对小型开放经济的影响都取决于汇率是浮动的还是固定的。

12. B【解析】本题考查浮动汇率下的财政政策和货币政策。在浮动汇率下，只有货币政策能影响收入，财政政策通常的扩张性影响被通货价值的上升和净出口的下降所抵消。

13. A【解析】本题考查固定汇率下的财政政策和货币政策。在固定汇率下，只有财政政策能影响收入。货币政策正常潜力的丧失是因为货币供给全部用在了把汇率维持在所宣布的水平上。

14. C【解析】本题考查净出口的决定因素。净出口取决于实际汇率。

15. A【解析】本题考查蒙代尔—弗莱明模型解释的小型开放经济中的总需求曲线。给定价格水平，增加收入的政策和事件使总需求曲线向右移动；给定价格水平，减少收入的政策和事件使总需求曲线向左移动。价格影响曲线上的移动。

16. B【解析】本题考查固定汇率制度。在固定汇率制下，一国中央银行随时准备按事先承诺的价格从事本币与外币的买卖。一般地说，固定汇率的运行是影响一国货币供给的。以美国为例，假定美联储宣布，它把汇率固定在每 1 美元兑换 100 日元。为了有效实行这种政策，美联储要有美元储备和日元储备。

17. D【解析】本题考查固定汇率市场。在这种情况下，市场上的套利者发现有获利机会：他们可以在外汇市场上用 2 美元购买 300 日元，然后将 300 日元卖给美联储，从中获利 1 美元。其余选项说法都不正确。

18. D【解析】本题考查实际汇率的计算。选项 D 错误，实际汇率＝名义汇率×国内产品价格/国外产品价格。

19. B【解析】本题考查净出口相关知识。要注意的是净出口可以小于零。

20. C【解析】本题考查世界利率相关知识。小型开放经济中的居民绝不会以任何高于 r_w 的利率借贷，因为他们总可以以 r_w 的利率从国外得到贷款。同样，这个经济的居民也不必以低于 r_w 的利率放贷，因为他们总可以通过向国外放贷而获得收益。

21. A【解析】本题考查资本完全流动的小型开放经济。在一个小型开放经济中，国内利率在短时间内可能略有上升，但一旦出现这种情况，外国人就会注意到较高利率并开始向这个国家放贷（如通过购买这个国家的债券）。其他选项都不正确。

22. A【解析】本题考查汇率对一国经济的影响。当人民币升值，进口会变多，出口变少，国人更情愿去国外旅游消费。

23. B【解析】本题考查国际贸易。当国内总需求增加，会导致国内产出增加从而增加国民收入，在开放经济中，更多的国人会选择消费国外产品和劳务，以至于贸易收支状况可能恶化。

24. B【解析】本题考查汇率变动对一国的影响。汇率变动对利率没有影响，当美元贬值，美国的东西相对就便宜，人们更愿意进口美国的东西，所以，美国出口会增加。

二、多项选择题

1. AB【解析】本题考查汇率主要标价方法。汇率主要有两种标价方法：一是直接标价法，二是间接标价法。

2. BC【解析】本题考查世界主要的汇率制度。世界上的汇率制度主要有固定汇率制与浮动汇率制两种。

3. CD【解析】本题考查影响净出口的最主要因素。从国际贸易的角度看，影响一国净出口的因素有很多。在宏观经济学中，汇率和国内收入水平被认为是两个最重要的因素。

4. ACD【解析】本题考查蒙代尔—弗莱明模型和IS—LM模型的区别。内容参考单项选择题第2题答案解析。

5. AD【解析】本题考查蒙代尔—弗莱明模型。蒙代尔—弗莱明模型的一个关键假设是所考察的经济是资本能够完全流动的小型开放经济，研究的是小国。

6. AC【解析】本题考查小型开放经济的概念。小型开放经济中的"小型"是指所考察的经济只是世界市场的一小部分，从而其本身对世界某些方面，特别是利率的影响微不足道。"资本完全流动"是指该国居民可以完全进入世界金融市场。特别是，该国政府并不阻止国际借贷。由于这样的假设，可以得到小型开放经济中的利率必定等于世界利率这样的结论。

7. ABCD【解析】本题考查在蒙代尔—弗莱明框架下，财政政策变动的影响。假定政府通过增加政府购买或减税刺激国内支出。由于这种扩张性财政政策增加了计划支出，它使IS曲线向右移动，结果，汇率上升了，而收入水平保持不变。

8. ACD【解析】本题考查小型开放经济中的货币政策和财政政策。货币政策通过改变汇率而不是改变利率来影响收入。在一个小型开放经济中，只要利率上升到世界利率 r_w 以上，资本就迅速从国外流入以便从较高的回报中获益。小型开放经济中，扩张性财政政策使汇率上升，导致净出口减少，抵消了扩张性财政政策对收入的影响。

9. AC【解析】本题考查在小型开放经济中，固定汇率下的货币政策。在固定汇率下货币政策通常是无效的。由于同意把汇率固定，中央银行放弃了它对货币供给的控制。

10. ABCD【解析】本题考查有着固定汇率的小型开放经济。假定政府通过增加政府购买或减税刺激国内支出，这种政策使 IS^* 曲线向右移动，对汇率产生了向上的压力。但是在固定汇率制度下，由于中央银行随时准备按照固定汇率进行外国与本国通货的交换，套利者对汇率上升作出的反应是把外汇卖给中央银行，这就自动引起货币扩张。货币供给的增加使 LM^* 曲线向右移动。因此，在固定汇率下财政扩张增加了总收入。

11. ABCD【解析】本题考查南—北关系模型化的两种思路。在用经济模型分析南—北关系的过程中，存在两种思路：一是把两个区域视为在同一个基本结构中按同一个模型运行，但两个区域的具体参数有区别；二是将两个区域视为各自具有根本性区别的结构。在第一种思路中，两个区域的经济是对称的，相应的分析称为对称方法（或模型）；第二种思路被称为非对称的，相应的分析被称为非对称模型。

12. CD【解析】本题考查经济领域以外的因素。信心因素和意识形态因素是经济领域以外的因素。

13. ABCD【解析】本题考查汇率的概念。汇率是一个国家的货币折算成另一个国家货币的比率，它表示的是两个国家货币之间的互换关系。汇率主要有两种标价方法：一种被称为直接标价法，另一种被称为间接标价法。在实际生活中，当人们提到两个国家之间的"汇率"时,一般都指的是所谓名义汇率,名义汇率是指两个国家通货的相对价格。

14. ABC【解析】本题考查名义汇率的概念。在实际生活中,当人们提到两个国家之间的"汇率"时,一般都指的是所谓名义汇率,名义汇率是指两个国家通货的相对价格。名义汇率并没有考虑到两个国家价格水平的情况,而当考虑到两国价格因素时,就涉及实际汇率这一概念。

15. ABC【解析】假设实际汇率较低,在这种情况下,由于国内产品相对便宜,所以,这时外国人想购买该国的许多产品,而国内居民减少购买进口产品,这导致该国的净出口增加。

16. ABCD【解析】本题考查影响汇率变化的因素。从一般意义上讲,影响外汇需求曲线移动的因素和影响外汇供给曲线移动的因素都是影响汇率变化的因素。在现实中,经常提到的影响汇率变化的因素主要有进出口、投资或借贷、外汇投机等。

17. AB【解析】本题考查汇率变动对一国经济的影响。当人民币升值,进口增加,出口会减少,所以选项C、D两种情况不会出现。

18. ABD【解析】本题考查两国之间的汇率。若英镑相对于美元来说升值了,则对于美元而言,英镑减少了;对于英镑而言,美元增加了;英国的商品在美国相对价格就会上升。

三、判断题

1. 对【解析】本题考查直接标价与间接标价之间的关系。如果人们得到了某种外币的直接标价,只要取其"倒数",即用1除以这个标价,就马上得到了该外币的间接标价,反之亦然。

2. 错【解析】本题考查的是名义汇率。在实际生活中,当人们提到两个国家之间的"汇率"时,一般都指的是所谓名义汇率。

3. 错【解析】本题考查名义汇率。没有考虑到两国价格因素的是名义汇率,而实际汇率考虑到了两国的价格因素。

4. 对【解析】本题考查管理浮动的概念。浮动汇率制中的管理浮动通过对外汇供求的影响来影响汇率。

5. 对【解析】本题考查汇率概念。汇率既然是两种商品之间的兑换率,当然就是货币市场买卖双方交易的市场价格。

6. 对【解析】本题考查固定汇率制度。在固定汇率制下,一国中央银行随时准备按事先承诺的价格从事本币与外币的买卖。

7. 错【解析】本题考查名义汇率。名义汇率是没有考虑到两国价格因素。

8. 对【解析】本题考查实际汇率的计算公式。实际汇率=名义汇率×国内产品价格/国外产品的价格。所以,可以根据两个国家的名义汇率和物价水平来计算这两个国家之间的实际汇率。

9. 错【解析】本题考查实际汇率。如果实际汇率高,外国产品就相对便宜,而国内产品相对昂贵。

10. 错【解析】本题考查对净出口知识的掌握。净出口是可以小于零的。

11. 对【解析】本题考查净出口与实际汇率之间的关系。实际汇率越低，净出口越大；反之，则越小。

12. 对【解析】本题考查蒙代尔—弗莱明模型和 IS—LM 模型。蒙代尔—弗莱明模型对产品与服务市场的描述与 IS—LM 模型不一致，原因是增加了净出口这个新项。

13. 对【解析】本题考查蒙代尔—弗莱明模型的假设。蒙代尔—弗莱明模型假设国内物价水平和国外物价水平都是固定的，因此，实际汇率与名义汇率是同比例的。

14. 错【解析】本题考查汇率与净出口之间的关系。净出口反向地取决于汇率 e。

15. 错【解析】本题考查 IS^* 曲线。在其他因素不变时，政府购买增加时，IS^* 曲线向右方移动。

16. 对【解析】本题考查影响货币需求的因素。利率高，对货币需求减少；反之，对货币需求增加。收入高，对货币需求就大；反之，对货币需求小。

17. 错【解析】本题考查蒙代尔—弗莱明模型。蒙代尔—弗莱明模型旨在分析短期经济波动。

18. 对【解析】本题考查 LM^* 方程。LM^* 曲线之所以垂直是因为汇率并没有进入 LM^* 方程式。给定世界利率，无论汇率如何，LM^* 方程式决定了总收入。

19. 对【解析】本题考查 LM^* 曲线的移动。货币供给会影响 LM 曲线，从而 LM 曲线的移动会影响 LM^* 曲线的移动。

20. 对【解析】本题考查蒙代尔—弗莱明模型。IS^* 曲线和 LM^* 曲线综合在一起就形成了蒙代尔—弗莱明模型。

21. 对【解析】本题考查蒙代尔—弗莱明模型的应用。蒙代尔—弗莱明模型最重要的应用是，在该模型的假定之下，考察在不同的汇率制度下，经济的总收入和汇率会对不同的政策变动作出什么反应。

22. 错【解析】本题考查蒙代尔—弗莱明模型的应用。税收减少时，IS 曲线向右移动。这提高了汇率，但对收入没有影响。

23. 错【解析】本题考查开放经济和封闭经济中货币政策的影响。虽然货币政策在开放经济中与在封闭经济中一样影响收入，但货币传递机制是不同的。在一个封闭经济中货币供给的增加使支出增加是因为它降低了利率并刺激了投资。在一个小型开放经济中，由于利率是由世界利率固定的，所以这一货币传递渠道并不存在。

24. 错【解析】本题考查小型开放经济中的货币政策。在一个小型开放经济中，货币政策通过改变汇率而不是改变利率来影响收入。

25. 对【解析】本题考查固定汇率制度。在固定汇率制度下，一国中央银行宣布一个汇率值，并随时准备买卖本币把汇率保持在所宣布的水平上。

26. 错【解析】本题考查小型开放经济中固定汇率下的货币政策。在固定汇率下货币政策通常是无效的。

27. 对【解析】本题考查小型开放经济中固定汇率下的货币政策。由于同意把汇率固定，中央银行放弃了它对货币供给的控制。但是，一个采用固定汇率的国家也可以运用一种货币政策：它可以决定改变所固定的汇率水平。

28. 对【解析】本题考查 LM^* 曲线的移动。在蒙代尔—弗莱明模型中，货币贬值使

LM*曲线向右移动，它起着类似于浮动汇率下货币供给增加的作用。

29. 对 【解析】本题考查货币升值和贬值对收入与净出口的影响。在蒙代尔—弗莱明模型中，货币贬值使 LM*曲线向右移动，它起着类似于浮动汇率下货币供给增加的作用。因此，货币贬值扩大了净出口，并增加总收入。相反，货币升值使 LM*曲线向左移动，减少了净出口，并降低了总收入。

30. 对 【解析】本题考查蒙代尔—弗莱明模型的政策效果。蒙代尔—弗莱明模型说明了财政政策和货币政策对小型开放经济的影响都取决于汇率是浮动的还是固定的。更具体地说，蒙代尔—弗莱明模型说明了货币政策与财政政策影响总收入的效力取决于汇率制度。

31. 错 【解析】本题考查浮动汇率下的财政政策。在浮动汇率下，只有货币政策能影响收入。

32. 错 【解析】本题考查南—北关系。出于便于模型化的目的，北方一般被认为是工业化的、技术先进的、高收入的地区，并向南方出口工业制成品；南方则被认为是农业占统治地位、技术相对落后、平均收入较低、向北方出口初级产品的地区。

33. 对 【解析】本题考查南—北关系。在南—北关系中，北方的出口是南方的进口，南方的出口是北方的进口，地区间便有了明确的相互依赖性。

34. 对 【解析】本题考查实际收入和净出口的关系。当收入提高时，该国消费者用于购买本国产品和进口产品的支出都会增加。一般认为，出口不直接受一国实际收入的影响。因此，一国净出口反向地取决于一国的实际收入。

35. 对 【解析】本题考查边际进口倾向这个概念。边际进口倾向是指净出口变动与引起这种变动的收入变动的比率。

四、名词解释

1. 汇率：是指一个国家的货币折算成另一个国家货币的比率，它表示的是两个国家货币之间的互换关系。

2. 直接标价法：是指用一单位的外国货币作为标准，折算为一定数额的本国货币来表示的汇率。用这种标价法，一单位外币折算的本国货币量减少，即汇率下降表示外国货币贬值或本国货币升值。

3. 间接标价法：是指用一单位的本国货币作为标准，折算为一定数额的外国货币来表示的汇率。

4. 名义汇率：是指两个国家通货的相对价格，名义汇率并没有考虑到两个国家价格水平的情况。

5. 固定汇率制：是指一国货币同他国货币的汇率基本固定，其波动限于一定的幅度之内。

6. 浮动汇率制：是指一国不规定本国货币与他国货币的官方汇率，听任汇率由外汇市场的供求关系自发地决定。

7. 实际汇率：是两国产品的相对价格，它告诉我们，能按什么比率用一国的产品交换另一国的产品。

8. 贸易顺差：当一国出口额大于进口额时，即当该国净出口为正时，该国存在贸易顺差。

9. 贸易逆差：当一国出口额小于进口额时，即当该国净出口为负时，该国存在贸易逆差。

10. 蒙代尔—弗莱明模型：蒙代尔—弗莱明模型是"IS—LM 模型"在开放经济中的形式，是一种短期分析，假定价格水平固定；又是一种需求分析，假定一个经济的总供给可以随总需求的变化迅速作出调整，以经济中的总产出完全由需求方面决定。

11. 外生变量：也称"输入变量"，指完全由经济系统外部确定并输入系统的变量，它只对系统产生影响而不受系统的影响。

12. 内生变量：在经济模型中，内生变量是指该模型所要决定的变量，可以在模型体系内得到说明。

13. 套利：套利交易是指利用相关市场或相关电子合同之间的价差变化，在相关市场或相关电子合同上进行交易方向相反的交易，以期望价差发生变化而获利的交易行为。

14. 货币贬值：是指通货的官方价值的下跌。

15. 货币升值：是指通货的官方价值的上升。

16. 南—北关系：划分世界经济的一种常用方法是区别发达国家和发展中国家。前者通常称为北方，后者通常称为南方。"南—北"这一术语暗含着一个地理上的格局，世界上较富裕的国家大多位于北半球，较贫穷的国家位于南半球。

五、简答题

1.（1）实际汇率。若实际汇率较低，则国内产品相对便宜，这时外国人想购买该国的许多产品，而国内居民减少购买进口产品，这导致该国的净出口增加。反之，则会出现相反的情况。由于国内产品相对于国外产品昂贵，外国人将减少购买该国的产品，而国内居民想购买较多的进口产品。因此，该国的净出口将减少。

（2）国内收入水平。当收入提高时，该国消费者用于购买本国产品和进口产品的支出都会增加。一般认为，出口不直接受一国实际收入的影响。因此，一国净出口反向地取决于一国的实际收入。

2. IS^* 方程：$y=c(y)+i(r_w)+g+nx(e)$

LM^* 方程：$M/P=L(r_w, y)$

第一个方程式描述了产品市场的均衡，第二个方程式描述了货币市场的均衡。外生变量是财政变量 g、货币变量 M、物价水平 P 以及世界利率 r_w。内生变量是收入 y 和汇率 e。

3. 封闭经济和开放经济中，实际货币余额的供给量 M/P 被中央银行固定（央行确定 M）并存在黏性价格的假设（这使 P 固定）。需求量（由 r 与 y 决定）一定会等于这个固定的供给。在一个封闭经济中，财政扩张引起均衡利率的上升。利率的这一上升（它减少了货币需求量）让均衡收入增加（这又增加了货币需求量）。与此相反，在一个小型开放经济中，r 固定在 r_w，因此，可以满足这个方程式的只有一个收入水平，当财政政策变动时，这一收入水平保持不变。因此，当政府增加支出或减税时，汇率的升值和净出口的减少必然会大到足以完全抵消政策对收入的扩张作用。

4. 现在假定中央银行增加了货币供给。由于假定物价水平是固定的，货币供给的增加意味着实际货币余额的增加。实际货币余额的增加使 LM^* 曲线向右移动，如答图 18-1 所示。因此，货币供给的增加提高了收入并降低了汇率。

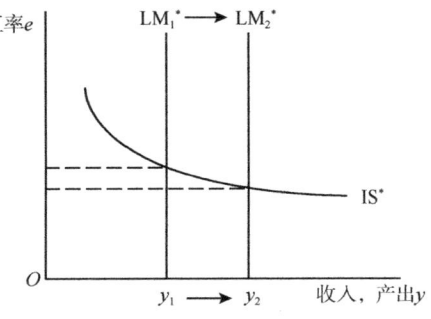

答图 18-1　浮动汇率下的货币扩张

5. 假定政府通过增加政府购买或减税刺激国内支出。这种政策使 IS^* 曲线向右移动，如答图 18-2 所示，对汇率产生了向上的压力。但是根据教材对固定汇率制度所作的说明，由于中央银行随时准备按照固定汇率进行外国与本国通货的交换，套利者对汇率上升作出的反应是把外汇卖给中央银行，这就自动引起货币扩张。货币供给的增加使 LM^* 曲线向右移动。因此，在固定汇率下财政扩张增加了总收入。

6. 若一个固定汇率制度下运行的中央银行想要增加货币供给，这种政策的初始影响是使 LM^* 曲线向右移动，降低了汇率，见答图 18-3。但是，由于中央银行承诺按固定汇率交易本国与外国通货，根据教材对固定汇率制度所作的说明，套利者对汇率下降作出的反应是向中央银行出售本国通货，导致货币供给和 LM^* 曲线回到其初始位置。因此，在固定汇率下货币政策通常是无效的。

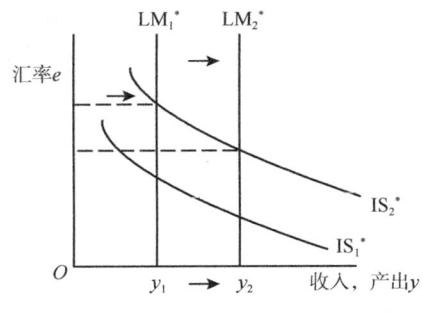

答图 18-2　固定汇率下的财政扩张

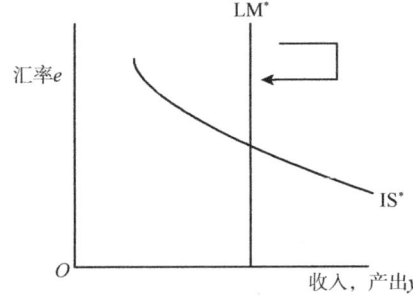

答图 18-3　固定汇率下的货币扩张

7. 总结如答表 18-1 所示。

答表 18-1　蒙代尔—弗莱明模型中政策效应的总结

政策	汇率制度					
	浮动汇率制度			固定汇率制度		
	对以下各项的影响					
	y	e	nx	y	e	nx
财政扩张	—	↑	↓	↑	—	—
货币扩张	↑	↓	↑	—	—	—

六、计算题

1.（1）市场报价折算成美元为 500 美元，双方不能成交。
（2）汇率在 1 元人民币＝400/4 500＝0.089 美元时他才能买到电冰箱。

2.（1）英镑/马克＝2/0.5＝4，所以 1 英镑等于 4 马克。
（2）在市场上，将 1 英镑兑换为 5 马克，将 5 马克兑换为 2.5 美元，用 2 美元与政府换 1 英镑，在交易中获利 0.5 美元，或者是用 2.5 美元与政府换 1.25 英镑，在交易中获利 0.25 英镑。

3.（1）用美元表示的人民币汇率 1/8＝0.125。
（2）该电冰箱的美元价格为 2 400/8＝300（美元）。
（3）该吉他的人民币价格为 800×8＝6 400（元）。

七、论述题

1. 假设外汇市场上只有德国和美国两个国家进行美元和欧元的兑换活动，从德国人的角度看，他们感兴趣的是用 1 欧元可兑换多少美元。答图 18-4 给出了欧元兑换美元的需求曲线和供给曲线。

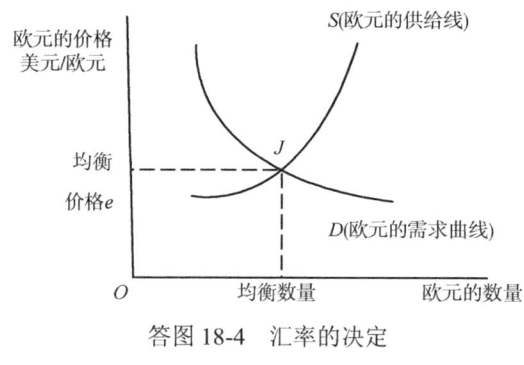

答图 18-4 汇率的决定

图中，供给曲线 S 是向右上方倾斜的，说明如果欧元可以兑换更多的美元时，将有更多的欧元持有者愿意供给欧元，构成对欧元更多的供给。相反，需求曲线 D 是向右下方倾斜的，说明当欧元的价格降低时，会有更多的美元持有者愿意将美元兑换成欧元。两条曲线的交点，即为市场均衡点，该点给出了供求双方在均衡时持有的欧元数量和欧元以美元所表示出来的价格，即汇率 e。

2. 以美国为例，假定美联储宣布它将把汇率固定在 1 美元兑换 100 日元，但由于某种原因，外汇市场均衡汇率是 1 美元兑换 150 日元。在这种情况下，市场上的套利者发现有获利机会：他们可以在外汇市场上用 2 美元购买 300 日元，然后将 300 日元卖给美联储，从中获利 1 美元。当美联储从套利者手中购买这些日元时，向他们支付的美元自动地增加了美国的货币供给。货币供给以这种方式继续增加直到均衡汇率降到美联储所发布的水平。

3. 实际上，蒙代尔—弗莱明模型与 IS—LM 模型密切相关。这两个模型都强调了产品市场与货币市场之间的相互作用。这两个模型都假定物价水平是固定的，并说明是什么因素引起总产出的短期波动。两者的主要差异在于，IS—LM 模型假设一个封闭经济，而蒙代尔—弗莱明模型假设一个开放经济。

4. 在一个小型开放经济中，国内利率在短时间内可能略有上升，但一旦出现这种情况，外国人就会注意到较高利率并开始向这个国家贷款。资本的流入使国内利率回到世界利率的水平。同样,如果某事件使国内利率下降,资本就会流出该国到国外去赚取更高的收益,而这种资本流出将使国内利率回升到世界利率水平。

5. 把净出口曲线和简单凯恩斯收入决定图形结合在一起推导出 IS* 曲线,如答图 18-5 所示。在答图 18-5(a)中,汇率从 e_1 上升到 e_2,使净出口从 nx(e_1)减少为 nx(e_2)。在答图 18-5(b)中,净出口的减少使计划支出曲线向下移动,从而使收入从 y_1 减少为 y_2。答图 18-5(c)中,IS* 曲线概括了汇率 e 和收入 y 之间的关系。

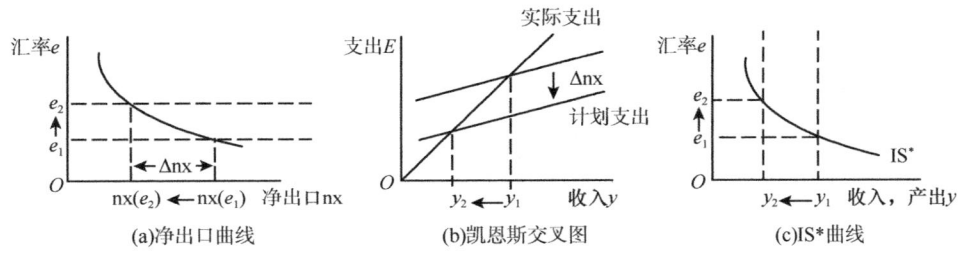

答图 18-5　IS*曲线的推导

6. 财政政策在小型开放经济中与封闭经济中有着十分不同的影响。在封闭经济的 IS—LM 模型中,财政扩张增加了收入;而在浮动汇率的小型开放经济中,财政扩张使收入保持在同一水平上。这种不同在机制上是因为小型开放经济中 LM 曲线是垂直的,而我们用来研究封闭经济的 LM 曲线是向上倾斜的。

利率和汇率是其中的关键变量。在一个封闭经济中,当收入增加时,利率上升,因为更高的收入增加了对货币的需求。在一个小型开放经济中这种情况是不可能的,只要利率上升到世界利率以上,资本就迅速从国外流入以便从较高的回报中获益。这一资本流入不仅使利率回到世界利率水平,还有另一个作用:由于国外投资者需要买进本币在国内投资,资本流入增加了外汇市场上对本币的需求,抬高了本币价值。本币的升值使国内产品相对于国外产品变得昂贵,从而减少了净出口,净出口的减少抵消了扩张性财政政策对收入的影响。

7. 答图 18-6、答图 18-7 显示了当物价水平下降时所发生的情况。由于较低的物价水平增加了实际货币余额,LM* 曲线向右移动,如答图 18-6 所示。实际汇率贬值,而收入的均衡水平提高了。正如答图 18-7 所示,总需求曲线概括了物价水平和收入水平之间的这种负相关关系。

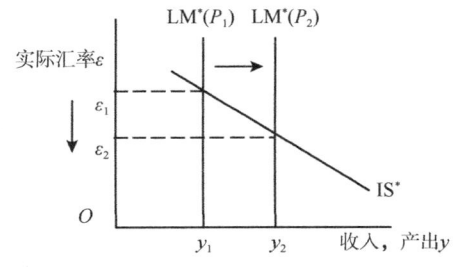
答图 18-6　蒙代尔—弗莱明模型

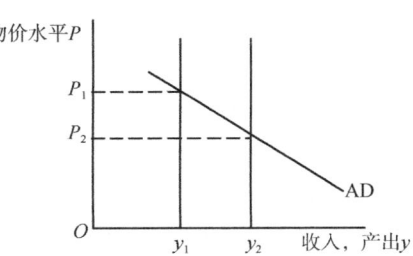
答图 18-7　总需求曲线

正如 IS—LM 模型解释了封闭经济中的总需求曲线一样,蒙代尔—弗莱明模型解释了小型开放经济的总需求曲线。在这两种情况下,总需求曲线都表示随着物价水平变动而产生的产品和货币市场的一组均衡。而且，在这两种情况下，除物价水平变动外，任何改变均衡收入的因素都会使总需求曲线移动。给定价格水平，增加收入的政策和事件使总需求曲线向右移动；给定价格水平，减少收入的政策和事件使总需求曲线向左移动。

八、案例分析

案例一：

（1）汇率变动对国际经济的影响：

①加剧发达国家与发展中国家的矛盾。战后美元的两次贬值，使初级产品生产国家的外汇收入遭受损失；而它们的美元债务，由于订有黄金保值条款，丝毫没有减轻，至于其他非美元债务，有的则相对加重。

②加剧发达国家之间的矛盾，促进区域经济集团的建立与加强。一国货币汇率的下跌，必然会加剧发达国家之间争夺销售市场的斗争。20世纪80年代以前，美元汇率急剧下跌，日元与联邦德国马克的汇率日益上升，资本主义世界货币十分动荡。美国政府对美元汇率日趋下降的现象放任不管，其目的就在于扩大本国的出口，迫使日本及西欧等工业发达国家采取刺激本国经济发展的措施，以扩大从美国进口。美元汇率的一再下降，加深了西欧共同体国家的困难，使这些国家陷入经济增长缓慢、失业现象严重，以及手中持有的美元价值日益下跌的困难处境。就是在这种情况下，当时欧洲共同体九国决定建立"欧洲货币体系"，确定成员国之间汇率波动界限，建立欧洲货币基金，并创设欧洲货币单位。"欧洲货币体系"的建立，固然是共同体实现财政经济联合、最终走向货币一体化的必然过程，但美元日益贬值、美元汇率急剧下降则是促进"欧洲货币体系"加速建立的一个直接原因。

（2）制约汇率发挥作用的条件：①一国对外开放的程度。一国经济对外依赖程度较深，进出口贸易在国民生产总值中所占比重较大者，汇率变动对该国经济进程影响就较大；反之，则较小。②一国商品生产是否多样性。汇率变动对生产单一商品的国家的经济影响较大；对商品生产多样化的国家影响较小。③与国际金融市场的联系程度。汇率变动对与国际金融市场联系密切的国家影响就较大，对较少参与国际金融市场活动的国家影响就较小。④通货的兑换性。一国货币完全自由兑换、在国际支付中使用较多者，影响就较大；否则影响较小。

案例二：

改革开放近40年来，我国政府始终在财政政策、货币政策协调配合的方式、方法上不断摸索前进。在未来发展的道路上，为进一步保持经济稳定、促进经济增长，我们还有很多需要注意的地方。

（1）应该正确认识财政政策与货币政策对宏观经济的调控作用，在此基础上以合理分工为前提力争实现财政政策与货币政策的协调运作。

货币政策的优势在于对总量进行调节而财政政策更适合对结构进行调整，无论哪一方的缺失或弱化，都会导致经济失衡并造成严重后果。而经济总量和经济结构更是一个经济体协调发展所必须考虑的两个关键因素。

（2）对财政政策和货币政策工具的手段及应用范围作适当调整。

货币政策对总需求的调整应该尽量降低行政干预度，并采用更加多样化的市场手段及工具，如利率、再贴现率、存款准备金率等，并遵循商业银行市场经营原则，减少政策调节给商业银行带来的政策性风险，促使其发挥稳定的调节作用。

财政政策的作用范围应以基础性和公益性投资项目为主，明确政府在公共投资领域的主导作用。财政政策不宜参与竞争性投资项目，该领域的投资应以货币政策为主，充分利用市场的调节功能以防止盲目投资，达到节省社会资源的可持续发展目标。

财政政策由于其特殊性可以实现多层次调节，以预算、税率等宏观调控手段对宏观经济总量进行调节进而影响社会总供求关系；以财政的投资性支出、转移性支出等手段对产业结构及区域经济结构进行调节；另外，财政补贴及转移性支付等手段可以对微观的居民及企业形成影响，进而实现财政政策的微观调节功能。

第十九章 经济增长

一、单项选择题

1. C【解析】本题考查经济增长的标志。主要体现为社会生产力水平的不断提高。

2. D【解析】注意人均的问题，如果是 GNP 的总量的话，就遗漏了人口增长带来的总的 GNP 增加。因此，强调人均更加客观。

3. B【解析】选项 A，有保证的增长率易受到各种因素影响，不稳定；选项 B，自然增长率较稳定；选项 C，一般情况下，实际增长率小于自然增长率。

4. B【解析】根据经济增长理论，人口增长率上升将降低人均资本的稳定状态。

5. C【解析】增长率用来描述经济增长的程度。

6. A【解析】经济增长是"量"的概念，经济发展是"质"的概念。经济增长和经济发展是量变与质变的关系。

7. C【解析】新古典增长模型的基本设定包括：①全社会只生产一种产品；②储蓄函数为 $S'=sy$，s 为常数，且 $0<s<1$；③不存在技术进步，也不存在资本折旧；④生产的规模报酬不变；⑤劳动和资本可以相互替代，且劳动力按一个不变的比率 n 增长。

8. A【解析】人均生产函数曲线的特征是从原点出发向右上方倾斜，其斜率为正；而人均储蓄函数的斜率决定于储蓄率（$1>S>0$），故人均储蓄函数与人均生产函数具有相同的形状，斜率均为正。

9. A【解析】对于没有技术进步的新古典增长模型来说，其稳态条件是 $sf(k)=(n+\delta)k$。新古典增长模型认为，稳态是一种长期均衡状态。在稳态时，人均资本达到均衡值并维持在均衡水平不变，在忽略了技术水平不变的条件下，人均产量也达到稳定状态。

10. C【解析】此时要考虑，作为技术状态的变量 A 随着时间的推移增大时，以一个固定的比例 a 增长。

11. A【解析】从短期看，更高的储蓄率导致了总产量和人均产量增长率的增加。从长期看，随着资本积累，增长率逐渐降低，最终又回落到人口增长的水平。总之，储蓄率的增加不能影响到稳态增长率，但确实能提高收入的稳态水平，即储蓄率的增加只有水平效应，没有增长效应。在新古典增长模型中，储蓄率上升，会导致人均资本的上升，而人均收入是人均资本的增函数，因而储蓄率上升会提高人均产量，直到经济达到新的均衡为止。储蓄率下降的结果则反之。

12. C 【解析】要加强对答表 19-1 的记忆，以及掌握其推导过程。

答表 19-1　具有技术进步的新古典增长模型的稳态增长率

内生变量	符号	稳态增长率
人均资本	$\frac{K}{N} = \hat{k}A$	a
人均产量	$\frac{Y}{N} = \hat{y}A$	a
总资本	$K = \hat{k}AN$	$n+a$
总产出	$Y = \hat{y}AN$	$n+a$

注：Y 为总产出；k 为资本总量；A 为技术进步。

13. A 【解析】详见答表 19-2。

答表 19-2　没有技术进步的新古典增长模型的稳态增长率

内生变量	符号	稳态增长率
人均资本	$k = \frac{K}{N}$	0
人均产量	$y = \frac{Y}{N}$	0
总资本	K	n
总产出	Y	n

注：Y 为总产出；K 为资本总量。

14. C 【解析】在 $Y = A \cdot f(K, L)$ 中，A 表示创新。

15. C 【解析】稳态（steady-state）是指包括资本存量和产出在内的有关内生变量将不会随时间的推移而变化的一种状态。根据上述说明，在新古典增长模型中，经济达到稳态的条件是 $k=0$，进一步地，对没有技术进步的新古典增长模型来说，该模型稳态的条件是：

$$sf(k) = (n+\delta)k$$

对具有技术进步的新古典增长模型来说，该模型稳态的条件是：

$$sf(k) = (n+\delta+a)k$$

16. A 【解析】人口增长率的上升增加了总产量的稳态增长率。

17. A 【解析】当人均资本低于稳态水平时，它的资本存量将增加，经济增长得越快。

二、多项选择题

1. AB 【解析】宏观经济学中，GDP 既是衡量一个国家（或地区）经济活动的重要指标，也是反映该国家（或该地区）在一定时期内生产总成果的重要指标。因此，从理论的层面看，为了描述和反映一个经济体（国家或地区）物质产品的丰富和增加，很自然地联系到以 GDP 表示的产量的概念。

一般地，在宏观经济学中，经济增长被定义为产量的增加，这里，产量既可以表示为经济的总产量（GDP 总量），也可以表示为人均产量（人均 GDP）。

2. ABC【解析】增长与发展是密切联系的两个不同概念。如果说经济增长是一个"量"的概念，那么经济发展就是一个比较复杂的"质"的概念。总之，经济发展是反映一个经济社会总体发展水平的综合性概念。

经济增长是指一国一定时期内产品和服务量的增加，用来量度的是 GDP（GNP）或其人均值。经济发展除包含经济增长外，还包含经济结构的变化（如产业结构的合理化和高度化，消费结构的改善和升级），社会结构的变化（如人口文化教育程度的提高，寿命的延长，婴儿死亡率的下降），环境的治理和改善，收入分配的变化（如社会福利的增进，贫富差距的缩小）等。所以，经济增长是经济发展的基础，没有经济增长就不会有经济发展，当然也有可能出现有增长而无发展的情况。

3. ABC【解析】丹尼森把经济增长因素分为两大类：生产要素投入量和生产要素生产率。关于生产要素投入量，丹尼森把经济增长看成劳动、资本和土地投入的结果，其中土地可以看成不变的，其他两个则是可变的。关于生产要素生产率，丹尼森把它看成产量与投入量之比，即单位投入量的产出量。要素生产率主要取决于资源配置状况、规模经济和知识进展。具体而言，丹尼森把影响经济增长的因素归结为六个：①劳动；②资本存量的规模；③资源配置状况；④规模经济；⑤知识进展；⑥其他影响单位投入产量的因素。

4. ABD【解析】丹尼森的结论是，知识进展是发达资本主义国家最重要的增长因素。丹尼森所说的知识进展包括的范围很广。它包括技术知识、管理知识的进步和由于采用新的知识而产生的结构与设备的更有效的设计在内，还包括从国内的和国外的有组织的研究、个别研究人员和发明家，或者从简单的观察和经验中得来的知识。生产力的成长主要决定于一个国家自然资源禀赋、实质资本数量累积与质量提升、人力资本累积、技术水准提升以及制度环境改善。

5. AB【解析】假设生产函数为：$Y=AF(L, K)$

式中 Y 为生产总量；A 为全生产要素，即包括知识、技术在生产中的作用；L 为劳动力数量；K 为资本总量。

由微积分的知识，可以得出：$\Delta Y = MPL \times \Delta L + MPK \times \Delta K + \Delta A$

其中，MPL 为劳动的边际生产率；MPK 为资本的边际生产率；上面的式子变形可得：

$$\Delta Y/Y = a\Delta L + b\Delta K + \Delta A/A$$

其中，a 为劳动在总产出的份额，b 为资本份额，$\Delta A/A$ 就是索罗余量。

6. ABD【解析】新古典增长模型的基本假设是：①经济由一个部门组成，该部门生产一种既可用于投资也可用于消费的商品；②该经济为不存在国际贸易的封闭经济，且政府部门被忽略；③生产的规模报酬不变；④该经济的技术进步、人口增长及资本折旧的速度都由外生因素决定；⑤社会储蓄函数为 $S=sY$，s 为储蓄率。

7. ABC【解析】资本劳动比率是内生变量。

8. BCD【解析】人们变得节俭以后，支出减少，储蓄率增加，就会导致人均资本占有增加，人均产出增加，总资本存量增加。

9. AB【解析】$\dot{\hat{k}} = sf(\hat{k}) - (n+\delta+a)\hat{k}$ 这一方程表明，每单位有效劳动的资本存量的变化取决于以下两方面的因素：等式右边第一项 $sf(\hat{k})$ 表示每单位有效劳动的实际投资量；第二项 $(n+\delta+a)$ 可以理解为投资平衡水平，表示投资量必须恰好使每单位有效劳动的投资保持在现有水平。

经济必须维持一定的投资水平以使 k 不下降的原因如下：首先，现有的资本存量不断磨损，需要有新投资以使资本存量不减少；其次，由于劳动和知识的增长，有效劳动的数量是不断增加的，因此，需要足够的投资以使每单位有效劳动拥有的资本存量保持不变。

三、判断题

1. 对【解析】宏观经济学中，经济增长被定义为产量的增加，这里，产量既可以表示为经济的总产量（GDP 总量），也可以表示为人均产量（人均 GDP）。

2. 错【解析】经济增长的程度可以用增长率来描述。经济增长率（RGDP）是末期国民生产总值与基期国民生产总值的比较，以末期现行价格计算末期 GNP，得出的增长率是名义经济增长率，以不变价格（基期价格）计算末期 GNP，得出的增长率是实际经济增长率。在量度经济增长时，一般都采用实际经济增长率，经济增长率也称经济增长速度，它是反映一定时期经济发展水平变化程度的动态指标，也是反映一个国家经济是否具有活力的基本指标。

3. 错【解析】经济增长是指一国一定时期内产品和服务量的增加，用来量度的是 GDP（GNP）或其人均值。经济发展除包含经济增长外，还包含经济结构的变化（如产业结构的合理化和高度化，消费结构的改善和升级），社会结构的变化（如人口文化教育程度的提高，寿命的延长，婴儿死亡率的下降），环境的治理和改善，收入分配的变化（如社会福利的增进，贫富差距的缩小）等。所以，经济增长是经济发展的基础。

4. 错【解析】全要素生产率是指一个系统的总产出量与全部生产要素真实投入量比。产出增长＝生产率增长的贡献＋资本增长的贡献＋劳动增长的贡献。全要素生产率无法直接观测到，只能间接地衡量。$g_A = g_Y - ag_K - (1-a)g_N$。因此，全要素生产率是作为一个余量计算出来的，即作为考虑了可以直接衡量的增长决定因素后剩余的产出增长率，由于这个原因，g_A 有时被称为索洛余量。

5. 对【解析】美国经济学家丹尼森把经济增长因素归结为：生产要素投入量和生产要素生产率。因此，本题正确。

6. 对【解析】知识转化为技术，技术进步推动社会发展。

7. 错【解析】管理和组织知识方面的进步更可能降低生产成本，增加国民收入，因此它对国民收入的贡献比改善产品物理特性对国民收入的贡献影响更大。

8. 对【解析】新古典增长模型的基本假定是：①经济由一个部门组成，该部门生产一种既可用于投资也可用于消费的商品；②该经济为不存在国际贸易的封闭经济，且政府部门被忽略；③生产的规模报酬不变；④该经济的技术进步、人口增长及资本折旧的速度都由外生因素决定；⑤社会储蓄函数为$S=sY$，s为储蓄率。

9. 错【解析】资本深化＝人均储蓄（投资）－资本广化。

10. 对【解析】投资曲线$sf(k)$和$(n+\delta)k$线相交处的A点被称为稳态。意味着包括资本存量和产出在内的有关内生变量将不会随时间的推移而变化的一种状态。

11. 错【解析】在新古典增长模型中，经济达到稳态的条件是$k=0$。

12. 对【解析】一旦经济达到稳态，人均产出的增长率就只取决于技术进步的速率。根据新古典增长模型，只有技术进步才能解释持续增长和生活水平的持续上升。

13. 对【解析】如答图19-1所示，经济最初位于C点的稳态。现在假定储蓄上升了，这使储蓄曲线上移至$s'f(k)$的位置。这时新的稳态为C'，比较C点和C'点，可知储蓄率的增加提高了稳态的人均资本和人均产量。对于从C点到C'点的转变，这里需要指出两点。第一，从短期看，更高的储蓄率导致了总产量和人均产量增长率的增加，这可以从人均资本从初始稳态的k_0上升到新的稳态中的k'这一事实中看出。因为增加人均资本的唯一途径是资本存量比劳动力更快地增长，进而又引起产量的更快增长。第二，由于C点和C'点都是稳态，按照前面关于稳态的分析，稳态中的产量增长

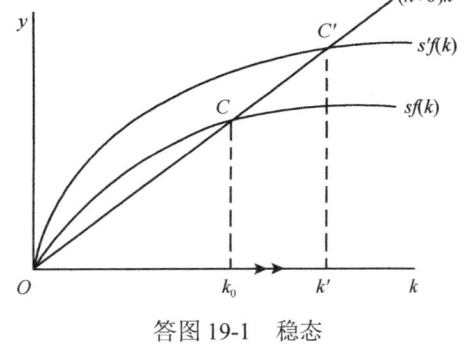

答图19-1　稳态

率是独立于储蓄率的，从长期看，随着资本积累，增长率逐渐降低，最终又回落到人口增长的水平。

四、名词解释

1. 经济增长：是指产量的增加，产量既可以表示为经济的总产量，也可以表示为人均产量。经济增长的程度可以用增长率来表示。

2. 经济发展：不仅包括经济增长，还包括国民生活质量，以及整个社会经济结构和制度结构的总体进步。

3. 稳态分析：新古典增长模型认为，稳态是一种长期均衡状态，在稳态时，人均资本达到均衡值并维持在均衡水平不变，在忽略了技术水平不变的条件下，人均产量也达到稳定状态。

4. 资本的黄金分割律：是经济学家费尔普斯关于人均消费最大化与人均资本关系的关系式。基本内容是：若使稳态人均消费达到最大，稳态人均资本量的选择应使资本的边际产品等于劳动的增长率。

5. 国内生产总值：是指一个国家（或地区）所有常住单位在一定时期内生产的全部最终产品和服务价值的总和，常被认为是衡量国家（或地区）经济状况的指标。国内生产总值是国民经济核算的核心指标，也是衡量一个国家的总体经济状况的重要指标。

6. 资本深化：指在经济增长过程中，当人均储蓄超过资本广化，使得人均资本k上升，这被称为资本的深化。资本深化常被定义为工人人均资本数量的提高——它意

味着劳动生产率和收入的提高，因为工人在工作中使用了更多的资本。其经济增长方程为：$\Delta k = sy - (n+\delta)k$，$s$ 表示边际储蓄率，δ 表示固定的资本折旧率，Δk 表示资本存量变化量，n 表示固定的劳动增长率。如果不考虑折旧，当 $sy > nk$，$\Delta k > 0$ 时，人均资本量增加，称为资本的深化。

7. 增长核算：增长核算是一种经济分析方法，它将观测到的总产出（GDP）增长分解成几部分，而各部分分别与各要素投入的变化和生产技术的变化相关。增长核算将产出增长的源泉分解为劳动、土地、资本、教育、技术知识和其他多种因素。

8. 全要素生产率：全要素生产率是指一个系统的总产出量与全部生产要素真实投入量之比，测算公式为：全要素生产率＝产出总量÷全部资源投入量。全要素生产率增长率是指全部生产要素（包括资本、劳动、土地，但通常分析时都略去土地不计）的投入量都不变时，生产量仍能增加的部分。

9. 索洛余量：由于全要素生产率无法直接观测到，所以要间接地衡量。从方程 $g_A = g_Y - ag_K - (1-a)g_N$ 可知，全要素生产率是作为一个余量计算出来的，作为直接衡量增长的决定因素后剩余的产出增长率，由于这个原因，g_A 有时被称为索洛余量。

10. 资源配置：资源配置是指对相对稀缺的资源在各种不同用途上加以比较作出的选择。资源是指社会经济活动中人力、物力和财力的总和，是社会经济发展的基本物质条件。在社会经济发展的一定阶段上，相对于人们的需求而言，资源总是表现出相对的稀缺性，从而要求人们对有限的、相对稀缺的资源进行合理配置，以便用最少的资源耗费，生产出最适用的商品和劳务，获取最佳的效益。

11. 规模经济：规模经济是指扩大生产规模而引起经济效益增加的现象。规模经济反映的是生产要素的集中程度同经济效益之间的关系。规模经济的优越性在于：随着产量的增加，长期平均总成本下降的特性。但这并不仅仅意味着生产规模越大越好，因为规模经济追求的是能获取最佳经济效益的生产规模。一旦企业生产规模扩大到超过一定的规模，边际效益就会逐渐下降，甚至跌破趋向零，乃至变成负值，引发规模不经济现象。

12. 规模报酬不变：规模报酬又叫作规模收益，指在技术水平和要素价格不变的条件下，当比例变动时，产量（收益）变动的状态。长期的产量增加的比例等于各种生产要素增加的比例，称为规模报酬不变。例如，厂商的要素投入增加 100%，产量的增加量也是 100%。

13. 折旧：是指在固定资产使用寿命内，按照确定的方法对应计折旧额进行系统分摊。它是固定资本在使用过程中因损耗逐渐转移到新产品中去的那部分价值的一种补偿方式。

14. 投资：指特定经济主体为了在未来可预见的时期内获得收益或是资金增值，在一定时期内向一定领域投放足够数额的资金或实物的货币等价物的经济行为。

15. 资本广化：是指实际资本的增长率与劳动力（或人口）的增长率相等，从而总资本和总劳动的比率得以保持不变。资本广化与资本深化相对应。

16. 生产函数：每个时期各种投入要素的使用量，与利用这些投入所能生产某种商品的最大数量之间的关系。

17. 稳态：是指包括资本存量和产出在内的有关内生变量将不会随时间的推移而变化的一种状态。根据上述说明，在新古典增长模型中，经济达到稳态的条件是 $k=0$。

五、简答题

1. 经济增长是产量的增加，这里的产量可表示为经济的总产量，也可表示成人均产量。经济增长通常用经济增长率度量。经济发展不仅包括经济增长，还包括国民的生活质量，以及整个社会经济结构和制度结构的总体进步。经济发展是反映一个经济社会总体发展水平的综合性概念。如果说经济增长是一个"量"的概念，那么经济发展就是一个"质"的概念。

2.（1）经济增长的定义：经济增长是指一国经济活动能力的扩大，其衡量标准就是一国商品和劳务总量，即国民生产总值的增长状况，或人均国民生产总值的增长状况。经济增长不同于经济发展，经济发展是指一国由不发达状态转入发达状态。经济发展不仅包括经济增长，而且还包括社会制度、经济结构等的变化。

（2）经济增长的源泉：经济增长的源泉主要是劳动数量增加和质量提高、资本存量的增加，技术进步和资源配置效率提高。

3. 提示：经济增长是 GNP 或人均 GNP 的增加，决定经济增长的因素主要有：①制度。它是一种涉及社会、政治和经济行为的行为规则，决定人们的经济与其他行为，也决定一国的经济增长。制度的建立与完善是经济增长的前提。②资源。经济增长是产量的增加，产量是用各种生产要素生产出来的。各种生产要素是资源，因此，增长的源泉是资源的增加。资源包括劳动与资本。劳动指劳动力的增加，劳动力的增加又可以分为劳动力数量的增加与劳动力质量的提高。资本分为物质资本与人力资本。物质资本又称有形资本，是指设备、厂房、存货等的存量。人力资本又称无形资本，是指体现在劳动者身上的投资，如劳动者的文化技术水平、健康状况等。经济增长中必然有资本的增加。③技术。技术进步在经济增长中的作用，体现在生产率的提高上，即同样的生产要素投入量能提供更多的产品。技术进步在经济增长中起到最重要的作用。技术进步主要包括资源配置的改善、规模经济和知识的进展。

4. 新古典增长模型建立在一个新古典生产方程体系之上，强调了在一个封闭的没有政府部门的经济中储蓄、人口增长及技术进步对增长的作用，它关注的焦点是经济增长的直接原因。新古典增长模型的基本假定如下。

（1）经济由一个部门组成，该部门生产一种既可用于投资也可用于消费的商品。

（2）该经济为不存在国际贸易的封闭经济，且政府部门被忽略。

（3）生产的规模报酬不变。

（4）该经济的技术进步、人口增长及资本折旧的速度都由外生因素决定。

（5）社会储蓄函数为 $S=sY$，s 为储蓄率。

5. 新古典增长模型认为，稳态是一种长期均衡状态，在稳态时，人均资本达到均衡值并维持在均衡水平不变，在忽略了技术水平不变的条件下，人均产量也达到稳定状态。

（1）对具有技术进步的新古典增长模型来说，该模型稳态的条件是：

$$sf(\hat{k}) = (n+\delta+a)\hat{k}$$

（2）对没有技术进步的新古典增长模型来说，该模型稳态的条件是：
$$sf(k) = (n+\delta)k$$

6. 在新古典增长模型中，一方面，储蓄率上升会导致人均资本上升，而人均收入是人均资本的增函数，因而储蓄率上升会增加人均产量，直到经济达到新的均衡为止。储蓄率下降的结果则相反。另一方面，储蓄率的变动不能影响到稳态的增长率，从这点上说，储蓄率的变动只有水平效应，没有增长效应。

7. 新古典增长理论虽然假定劳动力按一个不变的比率 n 增长，但当把 n 作为参数时，就可以说明人口增长对产量增长的影响。

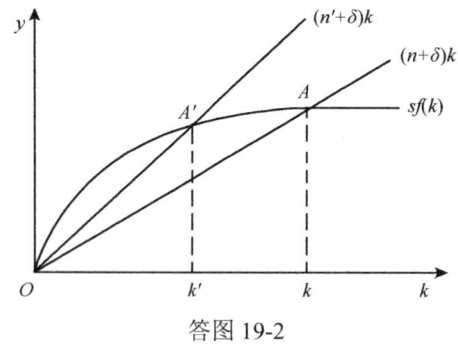

答图 19-2

答图 19-2 中，经济最初位于 A 点的稳态均衡。现在假定人口增长率从 n 增加到 n'，则答图 19-2 中的 $(n+\delta)k$ 线便发生移动，变为 $(n'+\delta)k$ 线，这时，新的稳态均衡为 A' 点。比较 A' 点与 A 点可知，人口增长率的增加降低了人均资本的稳态水平（从原来的 k 减少到 k'），进而降低了人均产量的稳态水平。这是从新古典增长理论中得出的又一重要结论。西方学者进一步指出，人口增长率上升导致人均产量下降正是许多发展中国家面临的问题。两个有着相同储蓄率的国家仅仅由于其中一个国家比另一个国家的人口增长率高，就可以有非常不同的人均收入水平。

对人口增长进行比较静态分析得出的另一个重要结论是，人口增长率的上升增加了总产量的稳态增长率。理解这一结论的要点在于：一方面，懂得稳态的真正含义，并且注意到 A' 点和 A 点都是稳态均衡点；另一方面，由于 A 点和 A' 点都是稳态，故人口增加对人均资本和人均产量的增长率都不产生影响。（在考研答题中，简答题仍旧要力求详细，可用文字加图示来回答。）

8.（1）鼓励资本形成。根据增长核算方程，资本存量的上升会促进经济增长。从直观的角度看，由于资本是被生产出来的生产要素，因此，一个社会可以改变它所拥有的资本量。

（2）增加劳动供给。增长核算方程表明，增加劳动供给会引起经济增长。容易理解，所得税的提高减少了工人的工作所得从而会降低工作的积极性；与之相反，所得税减免是加强激励、促使人们努力工作的一个途径。

（3）建立适当的制度。研究生活水平国际差异的西方学者把这些差异部分归因于物质和人力资本的投入差别，部分归因于使用这些投入的生产效率。各国生产效率水平不同的一个原因是指导稀缺资源配置的制度不同。因此，创建适当的制度对经济增长是非常必要的。

（4）鼓励技术进步。索洛模型表明，人均收入的持续增长来自技术进步。虽然索洛模型没有解释技术进步，在一定程度上技术进步具有决定性作用，提高了全要素生产率，许多公共政策的目的仍在于鼓励技术进步。

六、计算题

1. （1）经济均衡增长时：$sf(k)=nk$，其中 s 为人均储蓄率，n 为人口增长率。代入数值得 $0.3(2k-0.5k^2)=0.03k$，得 $k=3.8$。

（2）由题意，有 $f'(k)=n$，于是，$2-k=0.03$，$k=1.97$。

因此与黄金律相对应的稳态的人均资本量为 1.97。

2. 稳态条件为：$sf(k)=(n+g+\delta)k$，其中 s 为储蓄率，n 为人口增长率，δ 为折旧率。

代入数值得 $0.28\sqrt{k}=(0.01+0.02+0.04)k$，得 $k=16$，从而，$y=4$，即稳态产出为 4。

如果 $s=0.1$，$n=0.04$，则 $k=1$，$y=1$，即此时稳态产出为 1。

3. 劳动的国民收入份额为：$b=1-\alpha=0.75$。

资本和劳动对经济增长的贡献为

$$0.25\times 2\% + 0.75\times 0.8\% = 1.1\%$$

所以技术进步对经济增长的贡献为

$$3.1\% - 1.1\% = 2\%$$

4. （1）新古典增长模型的稳态条件为

$$sy=(n+\delta)k$$

将有关关系式及变量数值代入上式，得

$$0.1(2k-0.5k^2)=(0.05+0.05)k$$
$$0.1k(2-0.5k)=0.1k$$
$$2-0.5k=1$$
$$k=2$$

将稳态时的人均资本 $k=2$ 代入生产函数，得相应的人均产出为

$$y=2\times 2-0.5\times 2^2=4-\frac{1}{2}\times 4=2$$

（2）相应地，人均储蓄函数为

$$sy=0.1\times 2=0.2$$

人均消费为

$$c=(1-s)y=(1-0.1)\times 2=1.8$$

七、论述题

第一，长期内，储蓄率对产出的增长率没有任何效应，即效应为零。为了正确理解这一回答的含义，设想一下经济在长期内保持一个不变的正增长率。为了维持这个增长率，我们需要什么条件？显然，人均资本必须保持增长，而且由于资本边际收益递减，人均资本的增长速度还必须比人均产出的增长速度要快。这就意味着经济在每一时期内都要比以前储蓄得更多，特别是储蓄率必须随着时间的推移越来越高。这样下去，必然在经济运行到某一时期时，即使把所有的产出都储蓄起来而不去消

费，资本积累也不能达到稳定的增长率所要求的资本水平，结果经济的稳定增长就得不到保证。

第二，长期内，储蓄率影响着产量水平。储蓄率高的国家，人均产出水平也高。两个国家具有相同的劳动人口、相同的生产技术水平和相同的资本折旧率，但第一个国家的储蓄率高于第二个国家的储蓄率。因此，这两个国家具有相同的人均产出曲线和相同的资本折旧曲线，但两个国家的储蓄曲线不同：第一个国家的储蓄曲线（投资曲线）低于第二个国家的储蓄曲线（投资曲线）。这样，第二个国家的储蓄曲线与资本折旧曲线的交点位于第一个国家的储蓄曲线与资本折旧曲线的交点的右上方，从而第二个国家的人均资本与人均产出的长期水平和均高于第一个国家的人均资本与人均产出的长期水平和。所以，储蓄率高的国家，最终必然要比储蓄率低的国家具有更高的人均产出水平，从而具有更高的生活水平。

第三，储蓄率上升只能引起经济的短期增长，但不能使经济长期保持增长。事实上，从第一个结论可知，任何既定储蓄率下，经济的长期增长率都为零。再从第二个结论可知，高储蓄率下的人均产出水平高于低储蓄率下的人均产出水平。这样，在储蓄率上升后，人均产出水平就要上升，朝着对应于高储蓄率的产出水平不断靠近。一旦达到这个水平，此后的人均产出就保持不变，经济的增长率为零。可见，储蓄率的上升只能引起经济的短期增长，对经济的长期增长没有影响。

以上三个结论都是在没有技术进步的前提下得到的。在引入技术进步因素以后，经济将能保持长期增长。在有技术进步的情况下，经济的长期增长中以上三个结论仍然成立，即储蓄率对经济的长期增长率没有影响，但对产出水平有影响，而且储蓄率的上升会引起经济短期内以更快的速度增长，直到经济实现新的稳定状态时，增长率恢复到原来的增长率水平上，但这时经济中的总产出水平却比储蓄上升前的总产出水平高出了许多。

八、案例分析

案例一：

经济增长的源泉有：劳动数量增加和质量提高，资本存量的增加，技术进步和资源配置效率提高。

新古典经济增长模型的表达式可表示为

$$\frac{\Delta Y}{Y}=A+\alpha\frac{\Delta K}{K}+\beta\frac{\Delta L}{L}$$

式中，$\frac{\Delta Y}{Y}$、$\frac{\Delta K}{K}$、$\frac{\Delta L}{L}$ 分别为经济增长率、资本增长率和劳动力增长率；A、α、β 分别为技术进步的增长贡献率、资本的产出弹性系数和劳动力的产出弹性系数。在新古典经济增长模型中，经济增长率的变动不仅取决于资本和劳动力的增长率，而且取决于资本和劳动对产量增长相对作用的权数，以及技术的进步。

根据贵州现在经济发展的情况和面临的问题，以下方面是影响贵州经济发展的最主要因素。

（1）资本要素（K）。资本积累是经济增长的基础。经济增长的特征事实之一，就是人均资本量不断增加。许多经济学家都把资本积累占国民收入的10%～15%作为经济起飞的先决条件，把增加资本积累作为实现经济增长的首要任务。西方各国经济增长的事实表明，储蓄多从而资本积累多的国家，经济增长率往往是比较高的，如德国与日本等。

资本积累对经济增长的作用，主要体现在两个方面：第一，资本积累可以扩大企业的生产规模。这样，一方面，在生产过程中可以实行更加细致的专业化分工，提高生产效率，获得专业化利益；另一方面，专业化利益有时也体现在资本设备上。另外，有些要素如电子计算机、自动化装配线等，必须在生产规模达到足够大的程度时才能有效率地使用。第二，资本积累是创新与技术进步的物质基础。

资本在运动过程中能够增值，在市场机制的引导下，会自觉地从低利润行业流向高利润行业，从而使得资源优化配置的同时带动经济的增长。资本因素是传统经济增长理论中最重要的两大影响因素之一，资本因素用"实际资本存量（1952年价格）"来衡量。

在新古典模型中，经济均衡增长具有稳定性。当经济均衡增长的条件，即$sf(k)=nk$遭到破坏时，市场机制会迅速地作用，恢复该均衡条件。

如果社会储蓄率较高，储蓄量较多，大于"资本广化"所需要的储蓄量，资本供大于求，利率就会降低，厂商就会增加对资本的需求，人均资本量就会上升，"资本广化"量也相应上升，最终使人均储蓄量正好等于"资本广化"量。

反过来，如果社会储蓄率较低，储蓄量较少，少于"资本广化"所需要的储蓄量，资本供不应求，利率就会上升，厂商就会减少对资本的需求，人均资本量就会下降，"资本广化"量也相应降低，最终使人均储蓄量正好等于"资本广化"量。

显然，在新古典经济增长模型中，灵活性的利率机制保证了经济均衡增长的条件能够被自动满足，从而保证了经济均衡增长的稳定性。

当前，我国的要素市场尤其是资本市场还没有真正形成。由于利率不具有灵活性，不仅在微观上难以发挥有效配置稀缺资本的功能，而且在宏观方面，也不能调节人均资本拥有量，保证经济均衡增长。为了促进经济稳定持续增长，必须在产品商品化或市场化的同时，建立起真正的市场经济体制，发挥市场经济体制在有效配置与充分利用稀缺资源方面的重要作用。

（2）技术要素（A）。在新古典经济增长模型中，经济均衡增长率总是等于既定的劳动增长率。因此，经济均衡增长时，人均产量保持不变。但是，新古典增长模型认为，可以通过提高生产技术水平、提高储蓄率与降低人口增长率三种途径，增加人均产量，实现真正的经济增长。其中，技术进步是经济增长的最主要源泉。

技术进步之所以能极大地促进经济增长，主要在于技术进步会提高要素的边际生产力，使得同样的生产要素投入量能提供更多的产品。如果技术水平不变，那么，随着资本、劳动与自然资源投入的增加，产出虽然也会增加，但由于要素的边际报酬递减，不仅经济增长的速度会日益减慢，而且人均产量会不断降低。经济增长的特征事实显示，实际GDP的增长率总是超过各种投入的增长率，如资本—产出比率随着经济增长而递减。这表明技术进步在经济增长中起着十分重要的作用。若技术既定,受边际报酬递减规律的作用,资本—产出比率应该上升。

因此,当经济处在稳定状态时,人均产出的增长率完全取决于技术进步的增长率。根据新古典经济增长模型得知,只有技术进步才能解释经济持续增长和生活水平的长期上升,技术进步是推动经济增长的重要因素。虽然推动经济增长的因素有很多,如原材料、燃料、土地等传统生产要素以及政策、体制、组织管理水平等,但随着社会经济的发展我们会发现,技术进步因素在推动一国经济增长中所占的比率不断上升。据统计,20世纪30年代以前,技术进步对国内生产总值增长的贡献率只占10%左右;在20世纪50~70年代,西方发达国家技术进步对经济增长的贡献率已经均达到50%以上;20世纪80年代以来,技术进步对经济增长的贡献率已经提高到60%~80%。

当前,贵州的技术水平较低,创新能力薄弱,大多数高端产品的生产处于落后境地。另外,技术水平的落后,导致出口产品的附加值较少,在国际贸易中也处于十分不利的地位。所有这些因素的综合作用都严重制约了贵州经济的持续增长。为了促进贵州经济的持续增长,政府必须改革科研管理体制,增加科研投入,减少对经济的管制,鼓励自由竞争与创新,以加快技术进步。

(3)劳动力因素(L)。劳动力的数量与质量是决定一国经济增长的重要因素。尤其是劳动力的质量或素质,是决定一国经济增长最重要的因素。一个国家可以购买最先进的生产设备,但是这些先进的生产设备只有拥有一定技术,受过良好训练劳动者才能使用,并使它们充分发挥效用。提高劳动者的知识水平与生产技能,增强他们的身体素质与纪律意识,将极大地提高劳动生产率。

从新古典经济增长模型中经济均衡增长的条件[$sf(k)=nk$]中可以看到,降低人口增长率(n),减少人口总量,必然提高人均资本拥有量(k),进而增加人均产量。另外,在降低人口增长率的同时,增加人力资本投资,也必然提高生产效率,增加人均产量。

根据新古典经济增长模型,人口增长率高的国家在稳定状态下的人均资本存量较低,将会导致低水平的人均收入。也就是说,高水平的人口增长率更容易使我国的经济状态恶化,因为工人数量的不断增长将会导致低水平人均资本。然而,劳动力来源于人口,人口数量越多,劳动力来源越广。劳动力数量是劳动力因素影响经济的具体表现之一,随着现代化的实施和高科技的运用,劳动力质量对经济增长程度的影响有超越前者之势。劳动者是生产力的最重要组成部分之一,而生产力是促进经济增长的根本因素,这就是至今仍保留劳动力因素的原因所在。

当前,贵州人口总量过多,人口质量过低,人力资本投资过少,大大延缓了我国经济增长过程中人均产量的增加与生活水平的提高。我国必须增加教育、职业培训与卫生等领域的投入,提高劳动者的文化知识与生产技术水平,加强劳动者在生产过程中的纪律性,增强劳动者的体质,增加人力资本积累。

新古典经济增长模型主要用资本因素(K)和劳动力因素(L)来拟合GDP(Y)的增长。而实际研究表明,一国的GDP仅仅用以上两种指标来拟合是不够的,因此在最新的研究中,许多学者又加入了两个新指标:一个是研究制度因素(S)对经济增长的影响，另一个是研究产业因素（I）对经济增长的影响。

案例二：

我国经济发展告别旧常态、进入新常态，背后的原因是经济结构发生了变化、促进经济增长的因素发生了变化，深刻体现了经济发展的客观规律。

（1）我国劳动力数量趋于减少。2011年以来，我国失业劳动人口占总人口的比例开始下降，劳动参与率总体呈下滑趋势。这种现象的结果是工资增速提升，而且这种提升是全国性的，这使得我国低成本制造业受到挑战，我国劳动力低成本优势逐渐丧失。

（2）储蓄率稳步回落导致资本存量对经济增长的贡献减弱。2017年，全国60岁以上的老龄人口已超过2亿，占总人口的比例接近15%，老龄化越趋严重。老龄化社会意味着储蓄率下降，储蓄率下降意味着投资来源的下降，表明以往投资驱动型增长难以持续。

（3）劳动力转移效应和对外开放外溢效应降低。伴随经济发展，依靠农村富余劳动力转移提升生产率的空间趋于缩小。中国经济以往是以工业为基础、以出口为导向的，随着世界经济陷入低速增长，出口高速增长难以为继，沿海发达地区出口企业遭遇的融资难、融资贵问题，其深层次原因还是市场需求不足。

（4）我国进入第三产业比重上升时期。我国资源环境条件日渐紧张，节能减排已经是大势所趋，经济发展更加注重效率、创新。在以往的经济增长中，资源是廉价的，但是现阶段，我们的土地资源、水资源、能源已经非常紧张，60%的石油需要进口。与此同时，雾霾的大面积发生也使人们意识到环保的重要性。

总之，新常态是我国经济发展的必然过程，符合客观经济发展规律。

第二十章 宏观经济学的微观基础

一、单项选择题

1. C【解析】本题考查投资和消费的共同特征。选项A，"投资"一般由生产者完成，"消费"一般由消费者完成。选项B，可支配收入是从收入法的角度而言的，收入法中没有投资的概念，可支配收入由消费和储蓄组成。选项D，决定投资和消费的因素很多，不仅仅包括国民生产水平或可支配收入水平。

2. D【解析】本题考查生命周期假说的内涵。生命周期消费理论假定，人们总希望自己一生能比较平稳安定地生活，而不愿今朝有酒今朝醉，所以他们会计划在整个生命周期内均匀地消费。

3. A【解析】本题考查生命周期假说。退休前，人们的收入较多，积累的财富也越来越多，所以消费者的消费对积累的财富的比率是下降的；而退休后，人们的收入减少，积累的财富也越来越少，所以消费者的消费对积累的财富的比率是上升的。

4. C【解析】本题考查实际利率与储蓄的关系。实际利率上升对消费的影响可分解为两种效应：收入效应和替代效应。利率的上升既可能刺激也可能抑制储蓄，这取决于收入效应和替代效应的相对规模。

5. D【解析】本题考查企业的投资。选项A，厂商不仅仅增加固定资产投资。选项B，明显错误。选项C过于绝对，厂商增加的产出不一定刚好就是市场需求的增加量。

6. B【解析】本题考查边际消费倾向与平均消费倾向的关系。平均消费倾向的值是消费函数曲线上的点与原点的连线的斜率。边际消费倾向的值是消费函数曲线自己的斜率。当消费函数曲线过原点时（此时自发性消费为零），二者的值是相同的，且为常数。

7. D【解析】本题考查短期消费函数和长期消费函数的关系。短期消费函数的正截距的产生是由于消费者在经济周期各阶段有不同的消费行为，当期消费决定于当期收入及过去的消费支出水平。

8. D【解析】本题考查资本生产率与最优资本存量的关系。资本的生产率降低，则资本的边际收益降低，在资本的边际成本不变的条件下，最优资本存量将下降。

9. A【解析】本题考查租金率的内涵。企业按租金率R租赁资本并以价格P出售其产品，所以租金率是拥有资本的机会成本。

10. A【解析】本题考查托宾的Q理论。当企业资产的市场价值超过企业资产的重置价值时，新厂房设备的资本低于企业的市场价值。这种情况下，企业可发行较少的股票而买到较多的投资品，投资支出便会增加。

11. C【解析】本题考查永久收入消费理论。永久收入消费理论认为，消费者的消费支出主要不是由他的现期收入决定，而是由他的永久收入决定的。

12. A【解析】本题考查投资与利率的关系。一般来说投资是利率的减函数，实际利率增加时，总投资会减少。但当合意总投资曲线向上移动时，实际利率增加也会使总投资增加。

13. B【解析】本题考查利率对消费的影响。在第一期储蓄的前提下，利率的上升会使第二期消费相对于第一期消费变得更便宜。也就是说由于储蓄赚到的利息更多，消费者为得到1单位第二期消费所牺牲的第一期消费减少了，则消费者应该在第一期减少消费，而在第二期增加消费。

14. B【解析】本题考查生命周期消费理论的应用。根据生命周期消费理论，如果社会上年轻人和老年人比例增大，则消费倾向会提高。

15. A【解析】本题考查生命周期消费理论的应用。根据生命周期的消费理论，如果社会上中年人比例增大，则消费倾向会下降。

16. A【解析】本题考查生命周期理论和永久收入理论的联系。它们在如下几点上都是相同的：第一，消费不只同现期收入相关，而是以一生或永久的收入作为消费决策的依据；第二，一次性暂时收入变化引起的消费支出变动很小，即其边际消费倾向很低，甚至接近于0，但来自永久收入变动的边际消费倾向很大，甚至接近于1；第三，如果减税或增税只是临时性的，则消费并不会受到很大影响，只有永久性税收变动，政策才会有明显效果。

17. C【解析】本题考查决定实际租赁价格的因素。资本存量越低，资本的实际租赁价格越高；劳动投入量越高，资本的实际租赁价格越高；技术水平越高，资本的实际租赁价格越高。

18. C【解析】本题考查最优资本存量的动态调整。现在的投资决定未来的资本供给，反过来也可以说，现在的最优投资水平取决于未来的最优资本存量。假设调整过程是逐期实现的，既有资本存量与最优资本存量之间的缺口越大，企业的调整幅度越大，即投资率越快。

19. D【解析】本题考查住房投资的项目。一般慈善或公益不属于人们购买住房的主要目的。

20. D【解析】本题考查存货投资对经济周期波动的反映。存货占总支出中很小的一部分，但它在经济周期中的变动很大，成为经济波动研究的重点。存货的变动是经济周期波动的一个重要标志。

二、多项选择题

1. ABD【解析】本题考查资本存量与投资。选项A，新增投资一般不会均匀分布。选项B，意愿资本存量不可能不变。选项D，2年内及投资减免以后的几年中的投资不可能为0。

2. ABC【解析】本题考查相对收入假说下，影响消费倾向的因素。相对收入消费理论认为消费者会受自己过去的消费习惯以及周围消费水准的影响来决定消费，只有选项D是影响因素。

3. BCD【解析】本题考查影响投资的因素。投资往往是易变的，其主要原因之一是投资很大程度上取决于企业家的预期。

4. BCD【解析】本题考查重置投资、总投资、净投资的关系。总投资＝净投资＋重置投资，因为有重置投资，所以总投资比净投资更平稳。$v \cdot \Delta Y$表示增加的产量，产量增加与重置投资、净投资之间没有太直接的联系。

5. BD【解析】本题考查消费者跨期消费的最优决策行为必须满足的条件。必须满足两个条件：一是最优的消费决策必须是消费者最偏好的两期消费组合；二是最优的消费决策必须位于给定的预算约束线上。

6. AC【解析】本题考查现期收入和未来收入对预算约束线的影响。无论是现期收入还是未来收入的增加，都会使得预算约束线向外移动。

7. ABC【解析】本题考查生命周期理论和永久收入理论的联系。参考单项选择题第16题的解析。

8. ABC【解析】本题考查决定实际租赁价格的因素。参考单项选择题第17题的解析。

9. BCD【解析】本题考查租赁企业的成本。资本的成本比较复杂，每出租一单位资本，租赁企业需承担三种成本：一是利息成本，二是价格波动成本，三是资本折旧成本。

10. ACD【解析】本题考查影响住房需求曲线位置的因素。房屋的供给量不会影响到住房需求曲线的位置，故选项B排除。

11. ABCD【解析】本题考查企业持有存货的原因。四个选项都可能成为企业持有存货的原因。

12. CD【解析】本题考查自愿存货与非自愿存货。在经济繁荣时期，企业预期未来的销售将增加，从而会加快生产，导致产量超过销量，存货逐步增加，这是企业存货投资的自愿增加。而当经济开始衰退时，随着市场需求下降，产量会超过销量，企业非自愿地增加了存货。

13. ABCD【解析】本题考查对货币需求具有影响的宏观经济变量。四个选项都会对货币需求产生影响。

三、判断题

1. 对【解析】棘轮效应，是指人的消费习惯形成之后有不可逆性，即易于向上调整，而难以向下调整。尤其是在短期内消费是不可逆的，其习惯效应较大。这种习惯效应，使消费取决于相对收入，即相对于自己过去的高峰收入。

2. 对【解析】托宾的 Q 比率是公司市场价值对其资产重置成本的比率，其计算公式为：Q 比率＝公司的市场价值/资产重置成本。当 $Q>1$ 时，购买新生产的资本产品更有利，这会增加投资的需求。

3. 对【解析】资本存量是指企业现存的全部资本资源，它通常可反映企业现有生产经营规模和技术水平。

4. 错【解析】总投资＝净投资＋重置投资，存货投资对总投资没有必然的影响。

5. 对【解析】资本的边际收益和租赁价格的交点决定了企业的最优资本存量。当实际利率降低即资本租赁价格降低时，最优资本存量增加。

6. 错【解析】在利率上升的情况下，收入效应和替代效应都增加了第二期的消费，但两种效应对第一期消费的影响是相反的，可能增加也可能减少第一期消费。因此，利率的上升既可能刺激也可能抑制储蓄，这取决于收入效应和替代效应的相对规模。

7. 错【解析】现实中，由于借贷的限制使得现期消费不能大于现期收入。

8. 对【解析】持久收入假说暗示消费者努力使各期的消费平滑化，所以当前的消费取决于对一生中收入的预期。在任何一个时点上，消费者根据现在对一生收入的预期来选择消费。随着时间的推移，他们可能得到修正其预期的信息，所以会改变自己的消费。因此，答案正确。

9. 错【解析】收入增加时低收入者的消费会赶上高收入者的消费，但收入减少时，消费水平的降低相当有限。

10. 错【解析】这种消费上的特点被称为"棘轮效应"。

11. 对【解析】永久收入是指消费者可以预计到的长期收入。永久收入大致可以根据所观察到的若干年收入数值的加权平均数计得，距现在的时间越近，权数越大；反之，则越小。

12. 错【解析】它们都体现了一个基本思想：单个消费者是前向预期决策者。

13. 对【解析】按照新古典的传统，投资也是总需求的一部分，但是投资（需求）不同于消费（需求）之处在于，投资可以转化为未来的供给。

14. 对【解析】租赁价格即资本的边际成本，故资本的边际收益和租赁价格的交点决定了最优资本存量。

15. 错【解析】较高的通货膨胀率意味着较高的货币贬值率，在这种情况下，人们会减少货币的持有，降低对货币的需求。

四、名词解释

1. 消费：是指一国居民对本国和外国生产的最终产品和服务的支出，它是总支出的最大组成部分。

2. 跨期消费决策：凯恩斯所引进的消费函数把现期消费作为现期收入的函数，这是符合人们直觉的最简单明了的假设。然而，这种关系与现实不完全相符。事实上，当人们在作出消费和储蓄决策时，既要考虑现在，又要考虑未来。人们在现期消费与未来消费之间进行取舍时，必须提前预测他们在未来能够获得的收入，以及他们希望消费的商品与服务。

3. 跨期消费的无差异曲线：涉及跨期消费的消费者偏好可以用无差异曲线来表示，无差异曲线表示使消费者获得同样满足的第一期与第二期消费的组合。消费者对同一条无差异曲线上的所有点的偏好都是无差异的。

4. 实际利率上升对消费影响的收入效应：是指利率的上升使得消费者收入增加，从而可以向更高的无差异曲线移动，并把增加的收入分摊到两期消费中。

5. 实际利率上升对消费影响的替代效应：是指两期消费的相对价格变动造成两期消费量的变动。

6. 借贷约束或流动性约束：费雪的跨期消费决策模型的一个关键假设是消费者可以借贷或储蓄，因此，每期消费与每期收入可以不完全相等。但事实上，对很多人而言，有时借贷是不可能的。例如，一个希望出国旅行的大学生也许不能用银行贷款来为自己的旅行筹资。现实中，借贷的限制使得现期消费不能大于现期收入，即 $c_1 \leq y_1$。

7. 随机游走：如果永久收入假说是正确的，而且如果消费者能够进行理性预期，那么，消费随着时间推移而发生的变动就是不可预测的。这种不可预测的变动被称为随机游走。

8. 相对收入消费理论：此理论由美国经济学家杜森贝利（J.S.Duesenberry）所提出。他认为消费者会受自己过去的消费习惯以及周围消费水准的影响来决定消费，从而消费是相对地决定的，因此得名。

9. 棘轮效应：此效应是杜森贝利理论的核心，它是指消费者易于随收入的提高增加消费，但不易随收入的降低而减少消费，以致产生有正截距的短期消费函数。棘轮效应的特点是上去容易下来难。

10. 示范效应：杜森贝利的相对收入消费理论的另一个内容是指消费者的消费行为要受周围消费水准的影响，这就是"示范效应"。

11. 生命周期消费理论：美国经济学家弗兰科·莫迪利安尼（F. Modigliani）的生命周期消费理论强调人们会在更长时间范围内计划他们的生活消费开支，以达到他们在整个生命周期内消费的最佳配置。一般说来，年轻人家庭收入偏低，这时消费可能会超过收入。随着他们进入壮年和中年，收入日益增加，这时收入会大于消费，不但可能偿还青年时欠下的债务，更重要的是可以积些钱以备养老。等到年老退休，收入下降，消费又会超过收入，形成所谓负储蓄状态。

12. 永久收入消费理论：美国经济学家米尔顿·弗里德曼（M. Friedman）的永久收入消费理论认为，消费者的消费支出主要不是由他的现期收入决定，而是由他的永久收入决定的。永久收入是指消费者可以预计到的长期收入。永久收入大致可以根据所观察到的若干年收入数值的加权平均数计得，距现在的时间越近，权数越大；反之，则越小。

13. 投资：是购置物质资本的活动。投资可分为两大类：一类是在新资本品上的支出，称为固定投资，固定投资又可细分为企业固定投资和住房投资两部分；另一类是公司持有存货的增加，称为存货投资。

14. 企业固定投资：又称企业固定资产投资，是企业购买用于生产的机器设备和建筑物的活动。企业在生产和服务中使用的机器设备与建筑物构成企业固定投资的存量，或称为资本存量。资本存量在一定时期内的变动，即企业在一定时期内追加的资本存量就是企业固定投资。

15. 住房投资：市场经济下，住房是居民生活中很重要的一项投资。现实中，人们购买住房主要有三种目的：一是自己居住，二是向他人出租以收取租金，三是获取其由于价值增加而产生的利润。

16. 存货投资：是企业存货的变动。存货是企业持有的作为储备的产品，包括原材料、在生产过程中的产品（在产品），以及产成品。存货占总支出中很小的一部分，但它在经济周期中的变动很大，成为经济波动研究的重点。一般而言，在经济周期的繁荣与萧条之间，存货投资会逐步减少，在经济衰退时期，企业会大量削减存货，甚至使得存货投资成为负值。

17. 货币需求：是指人们在投资组合中所选择持有的现金、支票账户等货币资产的数量。

18. 货币需求的交易理论：该理论强调人们持有货币而不是其他资产是为了进行购买，即出于交易动机。持有货币需要承担成本，也能够获得收益，货币需求的交易理论正是通过权衡持有货币的成本和收益来决定持有货币的数量。

19. 新古典投资模型：现实中的大多数企业同时具备两种职能：一是生产职能，即生产产品和提供服务；二是投资职能，即为了未来生产而进行资本品投资。在这里，可以把企业的这两种职能分开，即假设市场中存在两种企业：生产企业通过租赁资本来生产产品与提供服务；租赁企业则专门从事固定资产的投资，它们购买资本品，并把资本转租给生产企业。这一模型大大简化了对企业固定投资的分析，被称为新古典投资模型。

五、简答题

1. 企业持有存货的原因是多方面的，主要有以下几点。

（1）保证生产的平稳化。商品的市场需求存在波动性，伴随市场需求的波动，企业的产品销量也会经历高涨与低落。由于可以持有一定数量的存货，企业不必随时调整生产以适应销售的波动，减少因频繁调整生产线和产量而造成的损失。企业可以在需求低落、产量高于销量时增加库存；在需求高涨、产量低于销量时，减少存货。

（2）避免脱销。产品的生产需要时间，不可能瞬间完成，企业常常需要在了解顾客需求水平之前作出生产决策，为了避免产品销量意外高涨而脱销，企业需要持有一定数量的存货。

（3）提高经营效率。与频繁少量订货相比，企业大量订货以持有库存的成本更低一些。正如与每天光顾商店购买一种生活用品相比，每周一次批量采购生活用品要更节省生活成本。

（4）在产品。有些库存是生产过程中不可避免的，因为有的产品在生产中要求多道工序，当一种产品仅仅部分完成时，会被作为企业存货的一部分。

2. 货币需求量受多方面因素影响，对货币需求具有重大影响的宏观经济变量有价格水平、实际收入和利率。较高的价格或收入提高了人们的流动性需求，从而使货币需求增加；利率通过预期收益来影响货币需求，利率越高，人们的货币需求就越大。然而，如果其他资产的利率高于货币，人们会愿意将更多财富从货币转向其他资产。

（1）价格水平。平均价格水平越高，人们在进行交易时所需要的货币就越多。

（2）实际收入。人们的实际收入越高，所进行的交易就越多，对持有货币的需求就越大。

（3）利率。投资组合配置理论表明，当风险和流动性保持不变时，货币需求取决于货币及其他非货币资产的预期收益。货币预期收益的提高能够增加货币需求，而其他资产预期收益的提高则使得财富所有者将货币转换为其他高收益资产，从而降低货币需求。

现实中还存在影响货币需求的其他因素，包括预期股票收益、预期债券收益、预期通货膨胀率、实际财富等。

3. 租赁企业的职能仅在于购买资本品，并把它们转租出去。租赁企业所从事的投资活动同样存在收益与成本。资本的收益来源于它将资本出租给生产企业所得收入，出租每单位资本得到的实际租赁价格为 R/P。资本的成本则比较复杂，每出租一单位资本，租赁企业需承担三种成本。

（1）利息成本。租赁企业需要投入资金购买固定资本，如果租赁企业通过借贷方式筹措资金，那么它必须为贷款支付利息。即使租赁企业没有借贷，这种利息成本也存在，因为如果企业用自己手头的现金购买一单位资本，它就损失了把这部分现金存入银行所能获得的利息。

（2）价格波动成本。租赁企业租出资本后，如果资本价格下降，企业会遭受损失，因为企业资产价值下降了；但如果资本价格上升，企业就有收益，因为企业资产价值上升了。

（3）资本折旧成本。资本在使用过程中存在磨损和消耗，称为折旧。折旧也是资本租赁成本的一部分。

4. 住房需求曲线向右下方倾斜，这是因为住房的相对价格越低，人们对住房的需求越大。住房需求曲线的位置取决于三个因素。

（1）人们的财富。人们拥有的财富越多，对住房的需求越大，因此财富的增加会使得住房需求曲线右移；反之，会使住房需求曲线左移。

(2) 拥有住房的真实净收益。净收益等于总收益减去总成本。总收益包括房主居住自有住房获得的隐性收益、出租住房获得的租金，以及住房增值所产生的资本收益；总成本包括抵押贷款、物业费、物业税和折旧等。住房净收益增加，如住房资本收益上涨或抵押贷款利率下降等，会使住房需求增加，住房需求曲线右移；反之，则会使住房需求曲线左移。

(3) 其他资产的真实净收益。作为一种资产投资方式的住房需求，取决于它与其他资产相比的相对收益。例如股票、债券等资产收益下降，投资住房就是较好的选择。也就是说其他资产收益减少会推动住房需求曲线右移；反之，会使住房需求曲线左移。

5. 生命周期理论和永久收入理论有联系也有区别。

就区别而言，前者偏重对储蓄动机的分析，从而提出以财富作为消费函数的变量的重要理由；而永久收入理论则偏重于个人如何预测自己未来收入的问题。

就联系而言，不管二者强调的重点有何差别，它们都体现了一个基本思想：单个消费者是前向预期决策者，因而在如下几点上都是相同的。

(1) 消费不只同现期收入相关，而是以一生或永久的收入作为消费决策的依据。

(2) 一次性暂时收入变化引起的消费支出变动很小，即其边际消费倾向很低，甚至接近于零，但来自永久收入变动的边际消费倾向很大，甚至接近于 1。

(3) 当政府想用税收政策影响消费时，如果减税或增税只是临时性的，则消费并不会受到很大影响，只有永久性税收变动，政策才会有明显效果。

六、计算题

1.（1）假设此人在工作期间每年收入为 Y，工作后每年的消费为 C，则此人一生的收入为 $(65-25) \times Y$，其中工作后的总消费为 $(85-25) \times C$，根据生命周期理论，在不考虑财富因素的情况下，有

$$(89-25) \times C = (65-25) \times Y$$

所以消费函数为：$C = \dfrac{2}{3} Y$

（2）根据生命周期理论，在人口不增长且人口构成均匀的情况下，任一时刻工作人员的储蓄恰好被退休人员的负储蓄所抵消，所以国家的总储蓄为零。

2.（1）最大化问题：$\max\limits_{c_1, c_2} U = c_1^{0.4} c_2^{0.6}$

$$s.t. \ c_1 + \frac{c_2}{1+r} = m_1 + \frac{m_2}{1+r}$$

$$c_1 = 40 + \frac{72}{1+r}, \quad c_2 = 168 + 60r$$

（2）当 $c_1 < m_1$ 时，即 $c_1 = 40 + \dfrac{72}{1+r} < 100$ 时，可得 $r > 0.2$，此时，消费者借出；

当 $c_1 = m_1$ 时，即 $c_1 = 40 + \dfrac{72}{1+r} = 100$ 时，可得 $r = 0.2$，此时，消费者既不借出也不

借入；

当 $c_1>m_1$ 时，即 $c_1=40+\dfrac{72}{1+r}>100$ 时，可得 $r<0.2$，此时，消费者借入。

(3) 因为 $\dfrac{\mathrm{d}c_1}{\mathrm{d}r}=-\dfrac{72}{(1+r)^2}<0$，$\dfrac{\mathrm{d}c_2}{\mathrm{d}r}=60>0$，所以当利率上升时，第 1 期消费下降，第 2 期消费上升，当利率下降时，第 1 期消费上升，第 2 期消费下降。

3.（1）最优资本存量是指实际使用资本量的边际成本等于该资本的边际收益时决定的全部投资量。根据最优资本存量决定公式有

$$0.1=P \cdot MP_K=\alpha AK^{\alpha-1}L^{1-\alpha}=0.3A(L/K)^{0.7}$$

将 $Q=100$ 和 $\alpha=0.3$ 代入生产函数可得

$$A(L/K)^{0.7}=\dfrac{100}{K}$$

将 $A(L/K)^{0.7}=\dfrac{100}{K}$ 代入最优资本存量决定公式，可得最优资本存量 $K=300$。

(2) 假设 Q 预期上升到 120，按照同样的分析方法，将相关数值代入最优资本存量决定公式，可得最优资本存量 $K=360$。

(3) 由（1）计算可得最优资本存量 $K=300$，现有的资本存量为 100，则两者的缺口为 200（300－100）。因此，第 1 年的投资量 $I_1=\lambda(K^*-K)=0.3\times(300-100)=60$。第 1 年后，资本存量为 160（100＋60）。因此，第 2 年的投资量 $I_2=\lambda(K^*-K)=0.3\times(300-160)=52$。

4.（1）设此人工作期消费为 C_1，退休期消费为 C_2，工作期收入为 Y_1，退休期收入为 Y_2，利率为 r，则根据题意有 $C_1=2C_2$，$Y_1=100$，$Y_2=0$，$r=0.5$，将这些代入费雪的实际预算约束方程 $C_1+\dfrac{C_2}{1+r}=Y_1+\dfrac{Y_2}{1+r}$，得此人退休期消费为 $C_2=37.5$ 万元，工作期消费为 87.5 万元，个人储蓄为工作期收入减去工作期消费，即 100－75＝25（万元）。

(2) 此时有 $C_1=2C_2$，$Y_1=100$，$Y_2=25$，$r=0.5$，将这些代入费雪的实际预算约束方程 $C_1+\dfrac{C_2}{1+r}=Y_1+\dfrac{Y_2}{1+r}$，得此人退休期消费为 $C_2=43.75$ 万元，工作期消费为 87.5 万元，个人储蓄为工作期收入减去工作期消费，即 100－87.5＝12.5（万元）。

(3) 此时有 $C_1=2C_2$，$Y_1=200$，$Y_2=0$，$r=0.5$，将这些代入费雪的实际预算约束方程 $C_1+\dfrac{C_2}{1+r}=Y_1+\dfrac{Y_2}{1+r}$，得此人退休期消费为 $C_2=75$ 万元，工作期消费为 150 万元，个人储蓄为工作期收入减去工作期消费，即 200－150＝50（万元）。

(4) 根据费雪的实际预算约束方程不难发现，当利率 r 上升时，若个人消费增加，则个人储蓄减少。

七、论述题

1. 鲍莫尔—托宾模型在 20 世纪 50 年代由经济学家威廉·鲍莫尔和詹姆斯·托宾

提出，该模型认为人们持有货币是有机会成本的，即用于购买债券等生息资产所能得到的利息；而人们持有货币是为了交易的方便，其收益在于减少交易成本，如果人们以货币形式持有大部分财富，那么他们总有货币可以用来交易，避免购买商品时每次都要将其他形式的资产转换为货币，减少交易成本。它描述了个人对货币资产的需求，正向地取决于支出而反向地取决于利率。

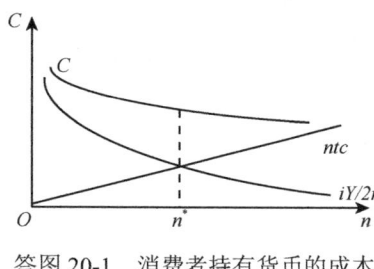

答图 20-1 消费者持有货币的成本

到银行提款的人所承担的总成本是放弃的利息和去银行的成本，即总成本（C）=放弃的利息+去银行的成本=$i \cdot \dfrac{Y}{2n} + n \cdot tc$，$Y$ 为一年中的实际支出；n 为去银行的次数；tc 为每去一次银行的固定成本；i 为利率。$\dfrac{Y}{2n}$ 为持有的平均货币量。消费者持有货币的成本如答图 20-1 所示。

$$总成本（C）= \dfrac{iY}{2n} + n \cdot tc$$

通过总成本的最小化，则得到最优的交易次数，即有 $n^* = \sqrt{\dfrac{iY}{2tc}}$

相应地，平均货币持有量 $= \dfrac{Y}{2n^*} = \sqrt{\dfrac{iY}{2tc}}$。其中，$n^*$ 为最优交易次数。存货理论分析表明，个人持有的实际余额存量与利率呈反方向变动，但随实际收入水平和交易成本的增加而增加。

由此可见，该模型认为，即使是交易性货币需求，也会对利率的变化作出敏感反应，而且相对于交易数值而言，货币的交易性需求也呈现出规模经济的性质。

2.（1）生命周期消费理论由美国经济学家弗兰科·莫迪利安尼（F. Modigliani）提出，它强调人们会在更长时间范围内计划他们的生活消费开支，以达到他们在整个生命周期内消费的最佳配置。永久收入的消费理论由美国经济学家米尔顿·弗里德曼（M. Friedman）提出，该理论认为消费者的消费支出主要不是由他的现期收入决定，而是由他的永久收入决定的。永久收入是指消费者可以预计到的长期收入。永久收入大致可以根据所观察到的若干年收入数值的加权平均数计得，距现在的时间越近，权数越大；反之，则越小。

（2）生命周期消费理论和永久收入的消费理论都体现一个基本思想：单个消费者是前向预期决策者，因而在如下几点上都是相同的：①消费不只同现期收入相关，而是以一生或永久的收入作为消费决策的依据；②一次性暂时收入变化引起的消费支出变动很小，即其边际消费倾向很低，甚至接近于 0，但来自永久收入变动的边际消费倾向很大，甚至接近于 1；③当政府想用税收政策影响消费时，如果减税或增税只是临时性的，则消费并不会受到很大影响，只有永久性税收变动，政策才会有明显效果。

（3）当前中国居民的消费和储蓄行为的经济解释。近年来，一方面，我国居民消费占 GDP 的比重呈现下降趋势，与其他国家进行横向比较，我国的消费需求是相对萎缩的；另一方面，我国却有高额的居民储蓄。根据消费函数理论，结合我国实际情况，可以总结出以下几个原因。

①居民收入增长缓慢。在决定消费的诸多因素中，收入是一个重要因素，居民的收入水平直接决定着消费支出的规模和水平。改革开放以来，在供给能力（特别是消费品的供给能力）迅速增大的同时，居民的收入增长长期滞后于经济增长，改变了 GDP 的支出结构，使得消费量不仅没有提高，反而趋于下降。

②城乡二元经济结构。随着收入水平的提高，边际消费倾向趋于下降，因此，在某一时点上，低收入水平的边际消费倾向要高于高收入水平的边际消费倾向。然而，由于城乡二元经济结构的存在，随着我国城乡居民收入差距逐渐扩大，城乡居民收入消费水平差距也逐渐扩大，而农村人口的边际消费倾向要高于城镇人口，前者占总人口的比重又很大，因此整体的边际消费倾向就比较低。

③财富因素。根据生命周期假说，消费者倾向于平滑消费，即在年轻时忙于财富积累，边际消费倾向较低，而年老时，边际消费倾向较高。而我国处于经济转轨时期，对于已退休或即将退休的人来说，由于其就业期正处于平均主义低收入的传统计划经济时期或者 20 世纪 80 年代个人财富积累刚刚起步阶段，基本没有多少积累财富。

④暂时收入增加。人们的消费是根据较长时期内的收入做出计划的，持久性收入是一生中的平均收入。在经济转轨时期，虽然居民收入有较大增长，但其收入来源却不是很规范，许多工资外收入不符合持久性收入的定义，是相对不稳定的，具有暂时性收入的性质。

⑤收支预期不确定。在市场化取向的改革中，居民消费的动力机制已发生变化，其中很重要的一个原因就是未来经济状况不佳会影响当期的消费意愿和储蓄意愿，与传统的计划经济体制相比，个人未来收入在市场经济中的不确定程度大大增加。此外，在经济转轨时期，原有的社会保障制度发生了重大变革，养老、医疗、教育、住房等方面的支出大大增加，价格扭曲的公共事业收费也在不断调整，从而增加个人支出。这种未来收入和支出的不确定性是减弱居民消费倾向而抬高其储蓄倾向的重要原因。

⑥制度性障碍。在我国目前的转轨经济中，消费的制度环境欠佳，其中之一就是流动性约束太强。消费者利用消费信贷进行负债消费，被称为流动性约束，其约束程度可以用消费信贷比例来衡量。目前我国金融市场正处于发展和开放之中，这方面的产品和服务需要进一步完善，因此极大地约束了居民的消费需求，使他们不得不进行储蓄以备未来之需。

八、案例分析

案例一：

（1）①固定资产投资是指投资主体垫付货币或物资，以获得生产经营性或服务性固定资产的过程。固定资产投资包括改造原有固定资产以及构建新增固定资产的投资。由于固定资产投资在整个社会投资中占据主导地位，因此，通常所说的投资主要是指固定资产投资。

②固定资产投资是当年 GDP 的一个重要组成部分。作为 GDP 的组成部分，每增加一定量的投资，就促进 GDP 总量的相应增加，形成投资需求对经济增长的拉动作用。固定资产投资可以形成未来生产和服务能力，一方面可以弥补因折旧和技术落后而淘汰的生产能力，即维持简单再生产；另一方面直接增加未来时期社会财富的创造能力，可以实现扩大再生产。固定资产投资形成生产资料和提供工作岗位，对扩大就业发挥重要作用。固定资产投资可以促进消费增长，提高人民生活水平。

（2）贵州省 2017 年固定资产投资完成 1.53 万亿元、增长 20.1%，增速居全国第 2 位，对经济增长的贡献率达到 67.5%，全年投资增速持续保持在 20% 以上。具体情况如下。

①重大工程项目强力推进。推动建成贵阳至重庆高速铁路、遵义至贵阳高速公路复线、茅台机场、清镇中铝退城进园电解铝等一批重大项目。

②重点领域投资不断扩大。加快实施 1 万公里高速公路网加密规划项目，厦蓉高速公路全线贯通，建成道真至南川、毕节至镇雄高速公路贵州段，贵阳至成都、贵阳至南宁高速铁路加快建设，完成交通投资 2 150.3 亿元。

③民间投资扎实推进。千方百计扩大民间投资，大力推广 PPP 模式，出台实施扩大民间投资三年攻坚行动计划和推广 PPP 三年行动计划，狠抓"三级一千"民间投资重点项目建设，公布基础设施领域 10 个 PPP 样板工程。

④项目资金保障能力不断增强。固定资产投资到位，资金增长 19.1%。社会融资规模增量达到 4 011.4 亿元。

案例二：

（1）①从购房者的角度来说，一方面，由住房的投资品属性——保值增值潜力决定；另一方面是极度不合理的房价租金比。如果我们将住房看成一个简单的消费品，那么住房的租金应该可以用来弥补购房支出产生的资金成本，但实际相差甚远，而这个较大的成本鸿沟很大程度上解释了住房的资产价值。所以说，在人们购房过程中，住房的投资品属性是一直存在的，并且正在逐渐占据更为重要的地位。

②受"父母买房，孩子养老"这种思想的影响，很多父母都会在能力允许的范围内尽可能地为孩子购房提供资助。

中国的住房市场起步较晚，20 世纪步入工作的一代人中有相当一部分受到福利分房政策的影响而不需要为住房奔波，因此他们会相对容易地积累财富，并将这部分财富传递给下一代。这种代际之间的财富转移在很大程度上解释了"高房价下毫不退缩的购房需求"这一现象，很多缺乏财富积累但是收入较高的年轻人因此可以提前进入住房买卖市场。

可以看出，在传统观念下的初始财富转移加之年轻一代的投资观念，确实形成了当下大量的购房需求，从中短期看，必然会给住房投资市场带来不小的冲击。

（2）短期内，限购限贷政策影响了购房者的市场预期，也增加了购房者的购房成本——取得购房资格和筹备首付资金，所以一些购房者转而观望，导致住房市场需求下降。同时，为了应对中央调控政策的要求，开发商会相应地调整住房供应和营销策略。所以，政府的调控政策在短期来看是有效果的。

从中长期看，一旦房价回归到正常轨道，前期积累的市场需求再次涌入市场，将会促使房价新一轮的快速上涨。

此外，市场调控的另外一个副作用同样不能被忽视，"政府调了又放，放了又调"，不管是主动也好、被动也罢，传递给市场的信号就是政府会为房地产市场的衰退买单，这会大大增加人们对房地产市场的信心。而政府如果希望能够通过这种方式来保持房地产市场的平稳发展，那么未来就需要更为严格的调控政策。

但我们也必须用正确的态度来面对政府的调控政策，在尚缺乏完善的信贷体系、匹配的金融产品，以及消费者对市场缺乏深入理解的今天，靠市场来解决房价问题显然是有风险的，政策调控还将继续发挥关键作用。而为了避免将来无策可用，市场化体系的推进步伐依然刻不容缓。

第二十一章　新古典宏观经济学和新凯恩斯主义经济学

一、单项选择题

1. A【解析】本题考查新古典宏观经济学和新凯恩斯主义经济学的争论与分歧。新古典宏观经济学和新凯恩斯主义经济学的争论与分歧主要在于对短期经济波动的解释和对政策干预的主张。

2. D【解析】本题考查新古典宏观经济学的理论渊源。新古典宏观经济学的理论渊源是货币主义。

3. C【解析】本题考查对美国经济学家的了解。美国经济学家米尔顿·弗里德曼被公认为货币主义的创始者和领袖。

4. B【解析】本题考查交易方程。在短期内 V 不会迅速变化。y 取决于资源、技术条件，而在充分就业的状态下，不可能发生大的变化，因此，V 和 y 被视为常量。

5. C【解析】本题考查剑桥方程。剑桥方程是 $M=kPy$。

6. D【解析】本题考查凯恩斯货币需求方程。继交易方程和剑桥方程后，20世纪30年代，凯恩斯又以灵活偏好为基础提出了新的货币需求方程。

7. D【解析】本题考查自然失业率。按照自然率假说，任何一个资本主义社会都存在一个自然失业率，其大小取决于该社会的技术水平、资源数量和文化传统，而在长期中，该社会的经济总是趋向于自然失业率（如6%）。

8. A【解析】本题考查关于经济学派的常识。理性预期学派也被称为新古典宏观经济学派。

9. B【解析】本题考查卢卡斯总供给函数。卢卡斯总供给函数 $y=nh(1-b)(p-\hat{p})+y^*$ 表明，经济的总产出与未被预期到的价格上升之间具有正相关关系。

10. A【解析】本题考查卢卡斯总供给函数的含义。卢卡斯总供给函数的含义是：预期价格与实际价格的偏离会导致实际产出与经济正常产出的偏离。

11. C【解析】本题考查新古典宏观经济模型。根据新古典宏观经济模型，货币冲击首先影响到一般价格水平，经济人得经过一段时间才能看清楚这种变化不是相对价格变化而是总需求变化，在这段时间里货币冲击的确能够影响产出。

12. D【解析】本题考查理性预期的总供给函数。理性预期的总供给函数认为，只要中央银行公开宣布降低货币增长率，则失业率不变，通货膨胀率会下降。

13. A【解析】本题考查实际经济周期理论。实际经济周期理论认为，实际国民生产总值的任何减少都是生产能力的减少。

14. B【解析】本题考查货币主义理论。货币主义理论提出，在没有通货膨胀的情况下，按平均国民收入的增长率再加上人口增长率来规定并公开宣布一个长期不变的货币增长率，是货币政策唯一的最佳选择。

15. C【解析】新凯恩斯主义与新古典综合派同属凯恩斯主义阵营，两者的关键区别在于，新古典综合派的理论倾向于假定一个固定的名义工资，而新凯恩斯主义则试图为解释工资和价格黏性现象提供一个可以接受的微观基础。

16. A【解析】非市场出清假设是新凯恩斯主义最重要的假设，这一假设来自原凯恩斯主义。该假设使新凯恩斯主义和原凯思斯主义具有相同的基础。非市场出清的基本含义是，在出现需求冲击或供给冲击后，工资和价格不能迅速调整到使市场出清的状态。缓慢的工资和价格调整使经济回到实际产量等于正常产量的状态需要一个很长的过程，如需要几年时间，在这一过程中，经济处于持续的非均衡状态。

17. A【解析】原凯恩斯主义非市场出清模型假定名义工资刚性，而新凯恩斯主义非市场出清模型假定工资和价格有黏性，即工资和价格不是不能调整，而是可以调整的，只是调整十分缓慢，需耗费相当的时日。

18. A【解析】新凯恩斯主义模型增添了原凯恩斯主义模型所忽略的两个假设：一是经济当事人最大化原则，即厂商追逐利润最大化和家庭追求效用最大化，这一假设源于传统的微观经济学；二是理性预期，这一假设来自新古典宏观经济学。经济当事人最大化原则和理性预期的假设使新凯恩斯主义突破了原凯恩斯主义的理论框架。

19. D【解析】货币非中性来自黏性价格，而价格的这种行为可以用市场不完全性来解释。

20. C【解析】货币的非中性涉及"古典"的两分法。经济中的变量可以分为两类：一类是名义变量，如货币量；另一类是实际变量，如就业、实际产量等。按照"古典"经济学的观点，市场机制是有效的，价格、工资等都有伸缩性。所以，货币等名义变量变化只影响价格水平等名义变量，对产量和就业等实际变量没有实质性的影响。与上述观点相反，新凯恩斯主义认为，货币等名义变量的变动会导致产量和就业量等实际变量的波动。

21. C【解析】市场的不完全性，加上不对称信息等因素，使工资和价格具有不易变动的黏性，所以市场是非出清的。

22. C【解析】工资和价格的黏性理论是新凯恩斯主义必须集中力量解决的重大问题，新凯恩斯主义为此提出了各种各样的理论。一种理论是将其区分为名义黏性和实际黏性。前者指在出现名义需求扰动时某种因素使得名义价格水平变动的比例不同于名义需求变动的比例；后者指某种因素阻止了实际工资的调整或存在一种工资相对于另一种工资或一种价格相对于另一种价格的黏性。

23. D【解析】实际黏性指某种因素阻止了实际工资的调整或存在一种工资相对于另一种工资或一种价格相对于另一种价格的黏性。

24. C【解析】厂商每次调整价格要花费的成本，这些成本包括研究和确定新价格、重新编印价目表、将新价目表通知销售点、更换价格标签等所支付的成本。因为产品价格的变动如同餐馆的菜单价目表的变动，所以，新凯恩斯主义者将这类成本称为菜单成本。这些成本是厂商在调整价格时实际支出的成本。另有一类成本是厂商调整价格的机会成本，它虽不是厂商实际支出的成本，但同样阻碍着厂商调整价格，也被称为菜单成本。

25. C【解析】按照新凯恩斯主义的观点，劳动通常取决于典型企业想要雇用多少劳动量，即取决于劳动需求曲线。其理由是，在大多数劳资关系中，雇用多少工人和工人的工作时间是多少都是由企业决定的。

26. C【解析】名义工资 W 的提高会使总供给曲线向左移动。反之，会使总供给曲线向右移动。如果名义工资提高，那么对于任何价格水平 P，实际工资 $w=\dfrac{W}{P}$ 都会提高。这意味着，劳动需求下降，从而产出减少。

二、多项选择题

1. AC【解析】本题考查新古典宏观经济学和新凯恩斯主义经济学在宏观经济学中的地位。目前，参与宏观经济学争论的观点和主张大体上被区分为新古典宏观经济学和新凯恩斯主义经济学两大派别。

2. CD【解析】本题考查货币主义的基本理论。货币主义的基本理论是新货币数量论和自然率假说。

3. ABCD【解析】本题考查费雪方程，按照西方学者的解释，V 是由一些"如公众的支付习惯，使用信用范围的大小，交通和通信的方便与否等制度上的因素"决定的。

4. ABCD【解析】本题考查对剑桥方程 $M=kPy$ 的理解。四个选项都正确。

5. ACD【解析】本题考查对剑桥方程和费雪方程的理解。选项B错误，费雪方程强调货币作为流通手段的职能；其他选项都正确。

6. AD【解析】本题考查凯恩斯货币需求方程。L_1 为对货币的交易需求，L_2 为对货币的投机需求。

7. AD【解析】本题考查货币主义对凯恩斯主义的评价。货币主义认为，凯恩斯的货币数量论比以往的货币数量论虽有进步，但也存在缺点。缺点主要是它只注意到利息率和收入对货币需求的影响，而忽略了人们对财富的持有量也是决定货币需求的重要因素。

8. BCD【解析】本题考查自然率的影响因素。按照自然率假说，任何一个资本主义社会都存在一个自然失业率，其大小取决于该社会的技术水平、资源数量和文化传统。

9. ABCD【解析】本题考查自然失业率。按照自然率假说，任何一个资本主义社会都存在一个自然失业率，其大小取决于该社会的技术水平、资源数量和文化传统，而在长期中，该社会的经济总是趋向于自然失业率。这就是说，人为的经济政策的作用可以暂时或在短期中使实际失业率大于或小于自然率，但是，在长期中，不可能做到这一点。

凯恩斯以前的传统经济学承认，资本主义存在两种失业，即摩擦性失业和自愿失业。大致说来，二者之和在全部劳动力中所占有的比例就是自然失业率。

10. ABC【解析】本题考查货币主义的政策主张。以弗里德曼为首的货币主义者根据其理论和对经验资料所作的分析，提出了自己的政策主张，主要包括三点：①反对凯恩斯主义的财政政策；②反对"斟酌使用"的货币政策；③力主单一政策规则。

11. BD【解析】本题考查货币主义理论。弗里德曼认为，货币政策能够胜任两项任务：防止货币本身成为经济混乱的一个主要根源，给经济提供一个稳定的环境。

12. ABC【解析】本题考查对经济学家人物的了解。理性预期学派也被称为新古典宏观经济学派，其代表人物有卢卡斯、萨金特、华莱士、巴罗等。

13. ABCD【解析】本题考查新古典宏观经济学派的假设条件。新古典宏观经济学派相信并且依赖于至少四个假设条件，即个体利益最大化、理性预期、市场出清和自然率假说。

14. ABCD【解析】本题考查新古典宏观经济学的实际经济周期理论。新古典宏观经济学的实际经济周期理论认为，宏观经济经常受到一些实际因素的冲击，明显的两个例子是石油危机和农业歉收，还有诸如战争、人口增减、技术革新等。

15. ABCD【解析】本题考查货币主义基本观点。根据新货币数量论和自然率假说，货币主义的主要观点及政策主张主要有以下几个。

（1）货币供给对名义收入变动具有决定性作用。弗里德曼认为，货币供给完全取决于货币当局的决策及银行制度，而货币需求函数则表明，货币供给与影响货币需求的因素完全无关。

（2）在长期中，货币数量的作用主要在于影响价格以及其他用货币表示的量（如货币工资等），而不能影响就业量和实际国民收入。

（3）在短期中，货币供给量可以影响实际变量，如就业量和实际国民收入。

（4）私人经济具有自身内在的稳定性，国家的经济政策会使它的稳定性遭到破坏。

16. AB【解析】新凯恩斯主义与新古典综合派同属凯恩斯主义阵营，两者的关键区别在于，新古典综合派的理论倾向于假定一个固定的名义工资，而新凯恩斯主义则试图为解释工资和价格黏性现象提供一个可以接受的微观基础。

17. ABCD【解析】非市场出清假设是新凯恩斯主义最重要的假设，这一假设来自原凯恩斯主义。该假设使新凯恩斯主义和原凯恩斯主义具有相同的基础。非市场出清的基本含义是，在出现需求冲击或供给冲击后，工资和价格不能迅速调整到使市场出清的状态。缓慢的工资和价格调整使经济回到实际产量等于正常产量的状态需要一个很长的过程，如需要几年时间，在这一过程中，经济处于持续的非均衡状态。

18. AB【解析】新凯恩斯主义认为，工资的黏性不仅来源于个别非理性和武断的行为，而且来源于有利于工人和厂商利益的长期的工资合同。

19. AD【解析】两个因素会使总供给曲线发生移动。

其一，名义工资 W 的提高会使总供给曲线向左移动。反之，名义工资下降会使总供给曲线向右移动。如果名义工资提高，那么对于任何价格水平 P，实际工资 $w=\dfrac{W}{P}$ 都会提高。这意味着，劳动需求下降，从而产出减少。其二，全要素生产率 A 的下降会使总供给曲线向左移动。如果 A 下降，就会使生产函数曲线向下移动，进一步地亦使劳动需求曲线向左移动。给定决定实际工资的名义工资和价格水平，则劳动需求减少，由于就业减少，故产出供给下降，总供给曲线向左方移动。

三、判断题

1. 对【解析】本题考查新古典宏观经济学和新凯恩斯主义经济学在宏观经济学中的地位。目前，参与宏观经济学争论的观点和主张大体上被区分为新古典宏观经济学和新凯恩斯主义经济学两大派别。

2. 错【解析】本题考查新古典宏观经济学和新凯恩斯主义经济学的争论与分歧。新古典宏观经济学和新凯恩斯主义经济学的争论与分歧主要在于对短期经济波动的解释和对政策干预的主张。

3. 对【解析】本题考查新古典宏观经济学的理论渊源。新古典宏观经济学的理论渊源是货币主义。

4. 错【解析】本题考查对美国经济学家的了解。美国经济学家米尔顿·弗里德曼被公认为货币主义的创始者和领袖。

5. 对【解析】本题考查货币主义的基本理论。货币主义的基本理论是新货币数量论和自然率假说。

6. 对【解析】本题考查新货币数量论货币主义内容。新货币数量论货币主义认为，货币数量是解释价格水平涨落的基本因素。

7. 对【解析】本题考查费雪方程的概念。费雪方程又称交易方程。

8. 错【解析】本题考查费雪方程。V 为货币的流通速度，按照西方学者的解释，V 是由一些"如公众的支付习惯，使用信用范围的大小，交通和通信的方便与否等制度上的因素"决定的，而这些因素在短期内不会有大的变化，因而在短期内 V 不会迅速变化。

9. 对【解析】本题考查费雪方程。V 和 y 被视为常量。这样，价格 P 就随着货币数量 M 正比例地发生变化。

10. 错【解析】本题考查剑桥方程。在剑桥方程 $M=kPy$ 中，k 为经常持有的货币量，即货币需求总量和名义国民生产总值的比例。

11. 对【解析】本题考查剑桥方程。在剑桥方程 $M=kPy$ 中，k 显然为货币流通速度的倒数。

12. 错【解析】本题考查剑桥方程和交易方程的异同。交易方程和剑桥方程不但在实质上是相同的公式，而且它们所企图说明的内容也是相同的。

13. 对【解析】本题考查货币主义对凯恩斯主义的评价。货币主义认为，凯恩斯的货币数量论比以往的货币数量论虽有进步，但也存在缺点。缺点主要是它只注意到利息率和收入对货币需求的影响，而忽略了人们对财富的持有量也是决定货币需求的重要因素。

14. 对【解析】本题考查凯恩斯的货币数量论。西方学者认为，凯恩斯把财富的构成看得过于简单，好像在现实的社会中，只有货币和债券两种资产可供人们选择，这些很显然都是有待于改进的。

15. 对【解析】本题考查弗里德曼的货币需求理论。弗里德曼强调，如果用于表示价格及货币收入的单位发生了变化，那么所需要的货币数量应同比例地变动。

16. 错【解析】本题考查自然失业率。人为的经济政策的作用可以暂时或在短期中使实际失业率大于或小于自然率，但是，在长期中，不可能做到这一点。

17. 对【解析】本题考查资本主义中的失业。凯恩斯以前的传统经济学承认，资本主义存在两种失业，即摩擦性失业和自愿失业。大致说来，二者之和在全部劳动力中所占有的比例就是自然失业率。

18. 错【解析】本题考查资本主义中的失业。资本主义在长期中不会存在非自愿失业的现象。

19. 对【解析】本题考查货币主义理论。货币主义提出，在没有通货膨胀的情况下，按平均国民收入的增长率再加上人口增长率来规定并公开宣布一个长期不变的货币增长率，是货币政策唯一的最佳选择。

20. 对【解析】本题考查理性预期的概念。理性预期的意思是：在长期中，人们会准确地或趋向于预期到经济变量所应有的数值。

21. 错【解析】本题考查实际周期理论。实际周期理论假定经济当中的每个人具有相同的偏好。

22. 对【解析】从宏观经济理论的角度看，新古典宏观经济学的理论影响主要表现在经济波动理论方面。

23. 对【解析】本题考查卢卡斯模型的相关概念。新古典宏观经济学的 AD—AS 模型，即是卢卡斯模型。

24. 对【解析】本题考查卢卡斯总供给函数的含义。卢卡斯总供给函数的含义是：预期价格与实际价格的偏离会导致实际产出与经济正常产出的偏离。

25. 对【解析】本题考查新古典宏观经济学的 AD—AS 模型。由新古典宏观经济学的 AD—AS 模型引申出的政策含义是，系统的货币政策无效，随机的货币政策有害。

26. 错【解析】本题考查新古典宏观经济模型。按照新古典宏观经济模型，波动的根源是货币冲击，而这种冲击一般是由中央银行的货币政策引起的。

27. 错【解析】本题考查新古典宏观经济学理论。按照新古典宏观经济学的说法，具有理性预期的当事人不会在长期中系统地和持续地犯认识上的错误，因此，宏观经济政策的有效性值得怀疑。

28. 错【解析】新凯恩斯主义与新古典综合派同属凯恩斯主义阵营。

29. 错【解析】缓慢的工资和价格调整使经济回到实际产量等于正常产量的状态需要一个很长的过程，如需要几年时间，在这一过程中，经济处于持续的非均衡状态。

30. 错【解析】原凯恩斯主义非市场出清模型假定名义工资刚性，而新凯恩斯主义非市场出清模型假定工资和价格有黏性。

31. 错【解析】如果名义工资提高，那么对于任何价格水平 P，实际工资 $w=\dfrac{W}{P}$ 都会提高。这意味着，劳动需求下降，从而产出减少。

32. 对【解析】全要素生产率 A 的下降会使总供给曲线向左移动。如果 A 下降，就会使生产函数曲线向下移动，进一步地亦使劳动需求曲线向左移动。给定决定实际工资的名义工资和价格水平，则劳动需求减少，由于就业减少，故产出供给下降，总供给曲线向左方移动。

四、名词解释

1. 自然率：主要指自然失业率。按照自然率假说，任何一个资本主义社会都存在一个自然失业率，其大小取决于该社会的技术水平、资源数量和文化传统，而在长期中，该社会的经济总是趋向于自然失业率。

2. 单一政策规则：货币主义的这一以货币供给量作为货币政策的唯一控制指标，而排除利率、信贷流量、准备金等因素的政策建议被称为单一政策规则。

3. 理性预期：是在有效地利用一切信息的前提下，对经济变量作出的在长期中平均说来最为准确的，而又与所使用的经济理论、模型相一致的预期。

4. 市场出清：无论劳动市场上的工资还是产品市场上的价格都具有充分的灵活性，可以根据供求情况迅速进行调整，有了这种灵活性，产品市场和劳动市场都不会存在超额供给。

5. 货币中性：是货币数量论一个基本命题的简述，是指货币供给的增长将导致价格水平的相同比例增长，对于实际产出水平没有产生影响。

6. 货币非中性：是指货币供应量的变化，引起实际利率和产出水平等实际经济变量的调整和改变。

7. 永久性收入：是指消费者可以预期到的长期收入，即预期在较长时期（3年以上）可以维持的稳定的收入流量。永久性收入可以把它理解成长期收入的平均预期值。以弗里德曼为代表的货币主义认为人们的货币需求与永久性收入有正相关的关系，凯恩斯学派则认为货币需求取决于当前收入。

8. 非市场出清：在出现需求冲击或供给冲击后，工资和价格不能迅速调整到使市场出清的状态。缓慢的工资和价格调整使经济回到实际产量等于正常产量的状态需要一个很长的过程，如需要几年时间，在这一过程中，经济处于持续的非均衡状态。

9. 名义黏性：是指在出现名义需求扰动时某种因素使得名义价格水平变动的比例不同于名义需求变动的比例。

10. 实际黏性：是指某种因素阻止了实际工资的调整或存在一种工资相对于另一种工资或一种价格相对于另一种价格的黏性。

11. 菜单成本：是指厂商每次调整价格要花费的成本，这些成本包括研究和确定新价格、重新编印价目表、将新价目表通知销售点、更换价格标签等所支付的成本。因为产品价格的变动如同餐馆的菜单价目表的变动，所以，新凯恩斯主义者将这类成本称为菜单成本。

五、简答题

1. 货币需求量主要取决于下面四方面的因素：①总财富。弗里德曼认为，总财富是决定货币需求的一个重要的因素。②非人力财富在总财富中所占的比例。弗里德曼把总财富分为非人力财富和人力财富两部分。③各种非人力财富的预期报酬率。弗里德曼认为，人们选择保存资产的形式除了各种有价证券外，还包括资本品、不动产、耐用消费品等有形资产。④其他影响货币需求的因素，如资本品的转手量、个人偏好等，以"变量"来概括。

2. 根据新货币数量论和自然率假说，货币主义的主要观点及政策主张主要有以下几个。

（1）货币供给对名义收入变动具有决定性作用。弗里德曼认为，货币供给完全取决于货币当局的决策及银行制度，而货币需求函数则表明，货币供给与影响货币需求的因素完全无关。

（2）在长期中，货币数量的作用主要在于影响价格以及其他用货币表示的量（如货币工资等），而不能影响就业量和实际国民收入。

（3）在短期中，货币供给量可以影响实际变量，如就业量和实际国民收入。

（4）私人经济具有自身内在的稳定性，国家的经济政策会使它的稳定性遭到破坏。

3. 货币主义的政策主张可以概括为以下三点：①反对凯恩斯主义的财政政策；②反对"斟酌使用"的货币政策；③力主"单一政策规则"，即以货币供给量作为货币政策的唯一控制指标，排除利率、信贷流量、准备金等因素。

4. 所谓理性预期是在有效地利用一切信息的前提下，对经济变量作出的在长期中平均说来最为准确的，而又与所使用的经济理论、模型相一致的预期。实际上，这一假设包含三个含义：①作出经济决策的经济主体是有理性的。②为了作出正确的预期，经济主体在作出预期时会力图得到有关的一切信息，其中包括对经济变量之间因果关系的系统了解和有关的资料与数据。③经济主体在预期时不会犯系统性的错误。理性预期的意思是：在长期中，人们会准确地或趋向于预期到经济变量所应有的数值。

5. 这一函数的意思是：如果价格水平等于人们预期的值 $p_t = p_t^e$，则总供给等于自然率的产出水平 y_n。否则，随着现实价格水平超出预期的价格水平，产出增加到自然率水平之上。

6. 新古典宏观经济学的观点是：①能预期到的货币供给的变化将只改变价格水平，而对实际产量和就业没有影响；②只有未预期到的货币供给的变化才影响实际产量。

7. 新古典宏观经济学的实际经济周期理论认为，宏观经济经常受到一些实际因素的冲击，明显的两个例子是石油危机和农业歉收，还有诸如战争、人口增减、技术革新等。它们引起经济波动的途径是，要么使人们的偏好发生变动，要么改变技术状况（生产率），或者使可利用的资源发生变动等。实际周期理论认为其中最常见、最值得分析的是技术的冲击。其基本理论主要是说明一个经济中的实际收入和波动源取决于技术和资本存量。假定技术进步，生产函数和总资源函数将会向上移动，使下期的消费和基本积累也相应增加，如果没有进一步的技术变化，经济会向新的稳定状态收敛，最终，资本存量、收入、消费和投资都将增加到各自新的稳态水平上。

8. 非市场出清假设是新凯恩斯主义最重要的假设，这一假设来自原凯恩斯主义。该假设使新凯恩斯主义和原凯恩斯主义具有相同的基础。非市场出清的基本含义是，在出现需求冲击或供给冲击后，工资和价格不能迅速调整到使市场出清的状态。缓慢的工资和价格调整使经济回到实际产量等于正常产量的状态需要一个很长的过程，如需要几年时间，在这一过程中，经济处于持续的非均衡状态。

9. 新凯恩斯主义和原凯恩斯主义都坚持非市场出清的假设，但两者的非市场出清理论存在重大差别，其表现为：①原凯恩斯主义非市场出清模型假定名义工资刚性，而新凯恩斯主义非市场出清模型假定工资和价格有黏性，即工资和价格不是不能调整，而是可以调整的，只是调整十分缓慢，需耗费相当的时日。②新凯恩斯主义模型增添了原凯恩斯主义模型所忽略的两个假设：一是经济当事人最大化原则，即厂商追逐利润最大化和家庭追求效用最大化，这一假设源于传统的微观经济学；二是理性预期，这一假设来自新古典宏观经济学。

10. 新凯恩斯主义的特征：第一，货币是非中性的；第二，经济中实际市场的不完全性对于理解经济波动十分关键。

六、论述题

1. 交易方程和剑桥方程不但在实质上是相同的公式，而且它们所企图说明的内容也是相同的，即货币数量与价格水平之间存在直接的因果数量关系，物价水平的高低，取决于货币数量的多少，二者成正向关系。它们被认为是早已存在于西方经济学的"货币数量论"的现代表达形式。二者的不同之处在于：交易方程强调货币的交易媒介的作用，而剑桥方程则强调对货币的需求方面。

2. 根据新古典宏观经济模型，货币冲击首先影响到一般价格水平，经济人得经过一段时间才能看清楚这种变化不是相对价格变化而是总需求变化，在这段时期里货币冲击的确能够影响产出。但是理性预期的经济当事人能够利用有关货币政策规则的知识，很快形成对未来价格的正确预期，纠正错误的产量决策，使社会总产量恢复到自然率水平。这就是说，只要货币当局的政策具有系统性，它就不能改变产出增长的长期路径。如果要长期影响产量，货币当局只能随机地改变货币政策，不让经济当事人掌握其规律，其代价是产出的剧烈波动。

3.（1）凯恩斯学派认为，短期内，国民收入波动的主要原因来自需求方面，IS—LM模型概括了凯恩斯学派的理论体系，是西方宏观经济政策的理论基础。财政政策和货币政策是西方国家进行总需求管理的两大基本经济政策。

（2）新古典宏观经济学模型主要说明，在不完全信息下，货币量和一般价格水平导致了货币的非中性，也就是货币量的变化导致了对一般价格和相对价格变化的短期混淆，从而带来了产业和就业的波动。由模型引申出的政策含义是，系统的货币政策无效，随机的货币政策有害。按照新古典宏观经济模型，波动的根源是货币冲击，而这种冲击一般是由中央银行的货币政策引起的。防止波动应该实行单一规则的货币政策。

（3）实际经济周期学派认为，经济周期主要是由总供给冲击造成的，某一部门的创新或技术变动所带来的影响会在经济中传播，进而引起经济的波动。实际经济周期理论在这里强调的是，技术的变化是收入和投资变动的根源，所以政府应该增加对技术创新的支持和投入。短期的需求管理政策不会对经济增长产生实质的影响。

4.（1）货币的非中性涉及"古典"的两分法。这种两分法是指经济中的名义变量对实际变量没有实质性影响。经济中的变量可以分为两类：一类是名义变量，如货币量；另一类是实际变量，如就业、实际产量等。按照"古典"经济学的观点，市场机制是有效的，价格、工资等都有伸缩性。所以，货币等名义变量变化只影响价格水平等名义变量，对产量和就业等实际变量没有实质性的影响。与上述观点相反，新凯恩斯主义认为，货币等名义变量的变动会导致产量和就业量等实际变量的波动，所以，古典的两分法失效。

（2）新古典宏观经济学与新凯恩斯主义经济学的一个关键区别在于对企业定价行为的看法。与新古典宏观经济学认为企业是"价格接受者"的观点相反，新凯恩斯主义认为企业是制定价格的、不完全竞争市场中的企业，而不是完全竞争市场中的企业。市场的不完全性，加上不对称信息等因素，使工资和价格具有不易变动的黏性，所以市场是非出清的。工资和价格的黏性理论是新凯恩斯主义必须集中力量解决的重大问题，新凯恩斯主义为此提出了各种各样的理论。

（3）市场出清假设是新凯恩斯主义最重要的假设，这一假设来自原凯恩斯主义。该假设使新凯恩斯主义和原凯恩斯主义具有相同的基础。非市场出清的基本含义是，在出现需求冲击或供给冲击后，工资和价格不能迅速调整到使市场出清的状态。缓慢的工资和价格调整使经济回到实际产量等于正常产量的状态需要一个很长的过程，如需要几年时间，在这一过程中，经济处于持续的非均衡状态。新凯恩斯主义和原凯恩斯主义都坚持非市场出清的假设，但两者的非市场出清理论存在重大差别，其表现为：①原凯恩斯主义非市场出清模型假定名义工资刚性，而新凯恩斯主义非市场出清模型假定工资和价格有黏性，即工资和价格不是不能调整，而是可以调整的，只是调整十分缓慢，需耗费相当的时日。②新凯恩斯主义模型增添了原凯恩斯主义模型所忽略的两个假设：一是经济当事人最大化原则，即厂商追逐利润最大化和家庭追求效用最大化，这一假设源于传统的微观经济学；二是理性预期，这一假设来自新古典宏观经济学。经济当事人最大化原则和理性预期的假设使新凯恩斯主义突破了原凯恩斯主义的理论框架。

5. 合同影响经济的关键在于对工资变化的规定与对合同期限的规定。商定的工资率一般在两种情况下是可能变化的：一是有计划的变化，即在多年长期合同中，规定了每年的工资变化；二是按生活费用协议的规定变化，即规定一个自动的工资提高率，以适应物价的上涨，也就是预先确定名义工资的变化，允许工资率上升以赶上未来的通货膨胀率。例如，有的 3 年合同规定，在未来的 3 年中工人每年可能得到 3% 的提高率，再加上通货膨胀率。显然，生活费用协定能够帮助稳定实际工资，若没有它，实际工资会由于通货膨胀而下降。合同期限是指合同年限和结束时期。合同年限是合同履行的时间长短，例如 3 年。整个经济中，所有的合同不可能在同一时期结束，这种现象叫作"交错合同"。在美国，绝大多数（大约 80%）的劳动合同是 3 年期的。而在日本和欧洲大多数国家，1 年期合同最普遍。如果合同是交错的，那么在冲击面前，与现有合同同时重新谈判以适应新情况的情形相比，名义工资将表现出更大的变动滞后或变动缓慢。

新凯恩斯主义者认为，长期劳动合同是实际收入和失业呈周期性变化的原因之一，因为它们在一定程度上限制了工资和价格的灵活性。可以用答图21-1说明上述观点。

图中，经济最初处位于 A 点。假定在本期出现了一个未被预期到的名义需求冲击，将总需求曲线 AD_0 移动到 AD_1，由于工资合同是在上期谈判决定且有效

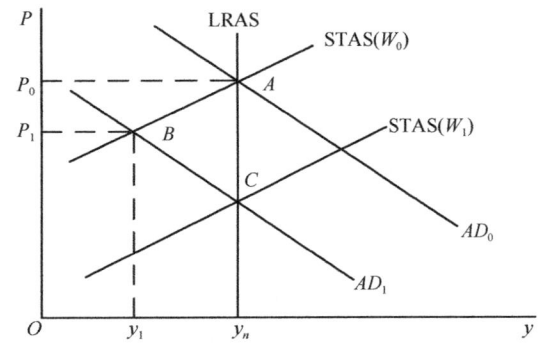

答图21-1 工资合同与政府对经济的干预

期限延至本期合同到期，因而名义工资暂时是刚性的（为 W_0），这时，经济将运行到图中的 B 点，实际产量将从 y_n 降至 y_1。由于长期名义工资合同的阻力，货币当局就有可能扩张货币供给量，即使被预期到也会使 AD 曲线右移并在 A 点重新达到均衡。如果货币当局对名义需求冲击的反应快于私人部门对名义工资的调整，相机干预就有了存在的理由。不变的名义工资使得货币当局能够影响实际工资率，从而影响就业和产量。

新凯恩斯主义认为，工资的黏性不仅来源于个别非理性和武断的行为，而且来源于有利于工人和厂商利益的长期的工资合同。按照美国经济学家费尔普斯的解释，建立长期劳动合同给厂商和工人双方都会带来好处：其一，对劳资双方来说，工资谈判都很费时间。他们都要对谈判组织内部和外部的相对工资结构做一番研究，还需预测诸如生产率、通货膨胀、需求、利润和价格之类的关键变量的未来变动情况。在处理与报酬谈判相关的各种复杂问题时，管理层都偏爱一种预先确定的规程。其二，这种谈判破裂的可能性总是存在的，工人感到可能需要求助于罢工活动以加强其谈判地位。这对于厂商和工人双方代价都很大。其三，面临不利的需求冲击，对于厂商来说，将工资率变动到一个新的水平可能不是一个最优策略。因为如果其他企业不这样做，该企业就降低了其相对工资，其结果将增加劳动力的流失，这对企业来说成本很大。

七、案例分析

（1）目前宏观经济学的主要共识有以下四点。

①在长期中，一国生产物品与劳务的能力决定了它的国民的生活水平。

②在短期中，总需求影响一国生产的物品与劳务的产量。

③在长期中，货币增长率决定通货膨胀率，但它并不影响失业率。

④在短期中，控制货币政策与财政政策的决策者面临通货膨胀与失业之间的替换关系。

（2）两者的主要分歧，在于：

①假设条件不同。新古典宏观经济学与新凯恩斯主义经济学最明显的分歧是，前

者坚持市场出清假设，而后者则坚持非市场出清假设。新古典宏观经济学家认为，工资和价格具有充分的伸缩性，可以迅速调整，通过工资和价格的不断调整，使供给量与需求量相等，市场连续地处于均衡之中，即被连续出清。总之，新古典宏观经济学把表示供给量和需求量相等的均衡看作经常可以得到的情形。与此相反，新凯恩斯主义则认为，当经济出现需求扰动时，工资和价格不能迅速调整到使市场出清的水平。缓慢的工资和价格调整使经济回到实际产量等于正常产量的状态需要一个很长的过程，如需要几年的时间，而在这一过程中，经济处于供求不等的非均衡状态。

②在解释经济波动方面不同。新古典宏观经济学与新凯恩斯主义经济学的分歧是，前者试图用实际因素从供给方面解释宏观经济波动，在新古典宏观经济学看来，引起经济波动的实际因素有很多，其中技术是一个重要的因素，在人口和劳动力固定的情况下，一个经济社会中所生产的实际收入便取决于技术和资本存量；后者则从需求方面解释宏观经济波动。

③政策主张不同。新凯恩斯主义认为，由于价格和工资的黏性，经济在遭受总需求冲击之后，从一个非充分就业的均衡状态回到充分就业的均衡状态是一个缓慢的过程，因此刺激总需求是必要的。所以，为了避免较长时期的非充分就业持续出现，凯恩斯主义认为应该采取宏观经济政策对经济进行干预，其中财政政策尤其重要。新古典宏观经济学反对政府干预。早期的理性预期学派就曾断言，由于人们的合理预期，相机抉择的政策对产量变动是无效的，因而，为了避免由政策的突然变动引起的经济波动，政府应按稳定的政策规则行事。

（3）我们在阅读经济学研究文献时，需要仔细区分研究者论证和结论中价值中立与带有价值判断的部分。在看待经济学家之间的争论时，我们需要区分他们之间的分歧属于实证分歧还是规范分歧，或是两者都有。对于实证分歧，我们需要从经济事实和逻辑推演的角度去分析他们争论的焦点所在，并且对于这些理论的优劣性，我们只能依靠对这些理论假说进行实证检验的结果来判断。对于规范分歧，我们一定要弄清经济学家不同意见背后所隐藏的价值判断，以及价值判断所依赖的价值体系基础。只有做到这些，我们才能正确地看待经济学家之间的争论，看清争论背后的本质，让经济学家的争论或者推动经济科学的前进，或者反映各自背后的价值观念和价值体系。

第二十二章　西方经济学与中国

一、单项选择题

1. A【解析】西方经济学的假设太严苛，应用范围比较狭窄，缺乏科学理论要求的内部一致性等。故西方经济学还不是科学理论。

2. B【解析】根据科学主义观点，西方经济学不是科学，它只是经验和方法论的集合体。

3. D【解析】计划和市场是资源配置的手段，资本主义国家可以用，社会主义国家也可以用。

二、论述题

1. 它并不是一个体系很科学的学科，倒是充斥着科学主义的成分。

西方经济学的微观部分是宏观部分的基础，如果微观经济学站不住脚，则宏观的支柱和整个西方经济学的大厦便会轰然倒塌，可是微观的基石并不是那么牢固。微观中几个重要的定律：边际效用递减规律、凯恩斯陷阱等都是与预期和心理相关的现象，同时微观的四大基石：无差异曲线、等产量曲线、向右上倾斜的供给曲线和生产要素的边际产品曲线都没有得到实践的检验，西方经济学大师埃克纳就曾发表经济学的这四大基石没有甚至是无法经实践检验的结论，而"实践是检验科学真理的唯一标准"是被所有从事科学研究的专家、学者都接受的，可见西方经济学的很多成果是难以用实践来衡量的，而西方经济学解决这个问题的是"经济学界广泛的共识"，即从事经济学相关的学者们对它们的共同认可，这与实践和实际相距甚远。

同时西方经济学的很多理论都有严格的限制条件和假设条件，如论证帕累托最优状态时有16个限制条件，很多都与现实不符。总之，经济学很像是在理想王国里研究一样，因此很多研究经济学的人最后都仿如神明，不食人间烟火，渐渐地脱离了现实，对解决现实问题也是束手无策。

西方经济学还是个喜欢用虚伪外衣伪装自己的学科。据公正的经济学者考证，马克思主义经济学和西方经济学的起源不分前后，但是因为西方经济学善于伪装，常使用一些看起来很时髦，但是却不是很本质的词语，所以很多人以为西方经济学与时俱进，可以解决很多现实问题，这是其迷人和误人的表现。

之前比较不解的一点是经济学对数学的依赖性越来越高了，仿佛它是科学的，有谁能否认数学的科学性呢？但是从事经济学的很多人是科学主义者，却不是真正的科学家。科学主义指利用貌似科学的方法进行研究却没有得出科学的结论，因此貌似科学实际不是科学，而西方经济学在这条路上走得已远矣，误导了很多的不知情人士。

但是西方经济学也不是一无是处，否则我们学习西方经济学干什么呢？西方经济学里的一些研究方法还是值得我们借鉴的，同时应用经济学领域的很多政策是可以为我国社会主义市场经济所用的。但是无论如何，西方经济学那些偏离实际的前提假设和结论是值得学者警惕的。作为学习经济学的学生，我们应该用理性和客观的眼光来看待与学习西方经济学，从而将书本上的理论变为实际的可以衡量的知识，也为解决实际问题提供法宝。

2.（1）中国经济的发展一直被世界各国所关注，因为其经济快速的发展以及发展模式质量的提高。但是在发展的过程当中也不乏一些质疑的声音，其中就包括西方经济学的问题。西方经济学思想已经经过了几个世纪的传承与发展，它一定有其独有的历史精髓，才使得其能够在岁月的年轮中得以沉淀下来。关于中国经济有一些学者提出问题，如西方经济学对于我国的市场化改革到底有哪些作用、怎样正确看待西方经济学等。换句话说，如何掌握适合我国经济发展的西方经济学思想以及合理运用西方经济学解决我国经济发展的难题，可以说是非常重要的一个问题。

（2）西方经济学思想的经典传承。西方经济学的理论学派很多，从重商主义到古典政治经济学,从庸俗经济学到约翰·穆勒的综合主义经济理论体系,到以马歇尔为代表的新古典学派,到凯恩斯革命,最后到现代主流经济学等。

(3) 西方经济学思想给中国经济带来的启示。中国经济一直处于快速发展中,GDP每年都有很高的增长。并且一直在不断超越发展中国家,有赶超发达国家的势头。但其中难免会遇到一些我们从未遇到过的问题,这就需要经济政策的制定者和领导者借鉴西方先进的、有效的、实用的经济思想,并进行合理的改造、升华,加以实施。

3. (1) 金融危机又称金融风暴,是指一个国家或几个国家与地区的全部或大部分金融指标的急剧、短暂和超周期的恶化。其特征是人们基于经济未来将更加悲观的预期,整个区域内货币币值出现幅度较大的贬值,经济总量与经济规模出现较大的损失,经济增长受到打击。往往伴随着企业大量倒闭,失业率提高,社会普遍的经济萧条,甚至有些时候伴随着社会动荡或国家政治层面的动荡。金融危机可以分为货币危机、债务危机、银行危机等类型。近年来的金融危机越来越呈现出某种混合形式的危机。

(2) 金融危机的根源。以 2008 年以来的金融危机为例。这次危机源自美国华尔街的次级抵押贷款危机,并逐步演变成一场大规模的信贷危机。回顾整个危机的发展过程,可以看到,这一由次级抵押债券而引发的危机,并非一次偶然的事故,而是有着深层次的根源,而这一根源就在于美国扭曲的经济增长方式和不平衡的经济结构。

(3) 金融危机对全球经济及我国的影响。全球经济的复杂多变,严峻挑战着世界货币政策。一方面,美欧等主要经济体开始出现信贷萎缩、企业获利下降等现象,经济增长放缓、甚至出现衰退的可能性加大。另一方面,全球的房地产、股票等价格震荡加剧,以美元计价的国际市场粮食、黄金、石油等大宗商品价格持续上涨,全球通货膨胀压力加大。所以,全球不但要面对美国降息的压力,而且要应对国内通货膨胀的压力,这些都使货币政策面临两难的抉择。

金融危机对我国产生了多方面的不利影响。首先是出口增长可能放缓。在拉动中国经济增长的"三驾马车"中,出口占据着非常重要的位置。因此,次贷危机可能会对我国未来的出口产生不利的影响,而对出口的影响一方面会直接作用于我国的经济增长,另一方面会通过减少出口导向型企业的投资需求而最终作用于整个宏观经济。其次,由于中国国际收支的资本项目还未完全开放、资产证券化的规模还处于初级阶段、中国有大量外汇储备,这些因素使中国免于受到此次金融危机的严重冲击。中国金融机构介入衍生产品不多,像住房贷款证券化等业务刚起步。如果美国的金融危机晚两年爆发,对中国的金融部门影响会更大。中国虽然没有在金融上遭受严重危机的冲击,但全球金融危机及经济衰退的影响对中国的冲击和考验也是严峻的。全球经济一体化和国际分工高度化、中国长期以来用外需来支持经济的发展模式等,都决定了中国不可能再一枝独秀。最后,美国的贸易主义抬头,对中国制造 2025 计划的实施产生消极影响。

(4) 针对金融危机制定相应对策和建议。针对美国全面爆发的金融危机我们不能作壁上观,但是应该怎么应对是应该仔细斟酌的大事情,应该科学、客观分析评估。一是要处理好保增长与结构调整的关系,加强对游资的管理。二是要改进货币基金政策的方案，不再以美元为中心，多国货币共同使用。三要把握扩大内需市场的重要机遇。四是坚持以人为本，彻底地告别旧时代和旧模式，加快深层次的体制改革的步伐，减少垄断、放松行政管制，释放经济活力，推动经济结构转型。

4.（1）实体经济与虚拟经济的关系。实体经济是指物质产品和精神产品的生产、销售以及为其提供相关服务的经济活动。不仅包括工业、农业、能源、交通运输、邮电、建筑等物质生产活动，也包括商业、教育、文化、艺术、体育等精神产品的生产和服务。

虚拟经济是与实体经济相对应、与传统的物质生产及其劳务活动相区别的一种经济形态，它以金融系统、金融机构、金融工具和金融市场为主要依托，是与虚拟资本的循环运动密切相关的经济活动。简单点说，虚拟经济就是以钱生钱的活动。

虚拟经济与实体经济是标与本的关系。实体经济是虚拟经济的基础，虚拟经济不能脱离实体经济，二者相互制约、相互作用。虚拟经济既可以促进实体经济的发展，也可以制约实体经济的发展。虚拟经济离实体经济越远，泡沫越大，泡沫破灭后的灾害也越大。过度发展、脱离实体经济的虚拟经济是空中楼阁。

必须加强对虚拟经济的监管力度。金融衍生品的创新，本来可以分散风险、提高银行等金融机构的效率，但当风险足够大时，分散风险的链条也许会变成传播风险的渠道，所以在开发金融衍生品的同时，必须加强相应监管，避免金融衍生品过度开发，进而控制风险的规模。要牢牢坚持虚拟经济服务于实体经济的原则和方针，理顺虚拟经济系统的运行规则、监管方式，构建完善的金融系统，适度发展与实体经济相适应和配套的虚拟经济。健全法律法规，完善资本市场，加强金融监管是当务之急。

对实体经济而言，加大产业调整结构，企业不能再以现有业务为由借新债还旧债，在获得新增银行贷款之后，不用于企业的改进创新，而是铤而走险，另辟蹊径，通过其他投资机会走出危机，最后弄得实体不实。同时还要整治实体经济产能过剩的问题，减少过度投资，也就是说现在用信贷资金砸出来的经济增长难以持续。

（2）第二次世界大战后，日本经历了30年的经济持续高速增长后出现了贸易摩擦不断、日元持续升值、资产价格飙升、货币供给与信贷规模扩张以及过热等现象，经历了经济泡沫化和泡沫破灭的过程，最后陷入长期的经济萧条。中国改革开放已经40年，从整体上看来，中国40年的经济发展路径与日本的很相似，如今，随着中美贸易摩擦加剧，出现了人民币持续升值、资产价格飙升与大幅波动、货币供给与信贷总量高位运行以及偏快的经济增长等经济形势。但是经过对比，也能发现存在明显的差别。日本的问题在于：长期贸易顺差引致货币升值，刺激泡沫经济的产生，长期高速增长带来的财富积累和乐观情绪推动"泡沫"不断膨胀。

第二次世界大战后，日本经济发展经历了两轮快速增长时期。第一轮从第二次世界大战后一直持续到1973年，年均增长率都在8%～10%。1974年，日本经济增长开始了第二轮的高速增长。第二轮日本经济增长从20世纪70年代末期始以3%～7%的增长速度持续到80年代末期，经济总量提升得比较可观。

伴随着日本经济高速增长的，是日本的高储蓄。与大多数亚洲国家一样，日本的储蓄率非常高，在经济高速增长时期，日本的储蓄率始终维持在30%以上，最高的年份超过了 40%。高速增长与伴随的高储蓄为日本积累了大量的财富，同时助长了国民普遍的乐观情绪。丰厚的资金大量流向了股票市场和房地产市场，股价和房价逐渐上涨。随着股市投机气氛盛行和房价投资升值的影响，并且在宽松的日本货币政策下，大量资金通过各种渠道重新进入股票市场和房地产市场。在一片繁荣预期的笼罩之下，日本的居民消费价格指数从 1977 年的 86 上涨至 1986 年的 115，"泡沫"正在渐渐地膨胀，"危机"悄然而至。

泡沫经济不断膨胀，为了抑制其继续膨胀，从 1989 年 3 月到 1990 年 8 月，日本央行连续五次提高贴现率。同时，日本央行明确要求金融机构限制对不动产业的贷款投入。信用全面减缩后，企业用于金融资产投资的资金骤降，加剧了股市下跌。急剧收紧的货币政策加速了资产泡沫的破灭。1990 年，股票市场开始暴跌，日经股价落入长期的熊市。当年，日本六大城市的房地产价格就下降了 15%～20%。经济开始萧条，但是日元仍在升值，银行不良资产迅速增加。一些大银行纷纷破产或重组。

日本泡沫经济的破灭，特别是房地产价格的持续下跌，造成大量坏账，引起日本金融危机。泡沫经济破灭之后，日本经济进入长期萧条期，经济发展受到重创。

（3）日本泡沫经济对我国经济的启示。积极引导经济转型，调整产业结构。须加快推动我国经济增长由依靠投资、出口拉动向依靠消费、投资和出口协调拉动转变。由主要依靠第二产业带动向依靠第一、第二、第三产业共同科学可持续发展的发展方向转变，由主要依靠增加物资消耗向依靠科技进步提高劳动者素质、生产效率和管理创新转变。经济的成功转型有利于降低我国的外贸依存度，削弱国外经济危机对我国经济的强烈冲击，增强国家的抗干扰性。基于我国具有人众多、城乡差异显著和产业结构有待升级等现实国情，我国应该坚持走依靠内需拉动经济的道路。

为过剩资金开辟投资渠道，大力发展新兴产业和服务产业。我国应该抓住经济高速发展的机遇，更加注重引导民间资本投入到新材料、新技术和新产品上，进行具有效益潜力的科研开发，通过新兴技术带动相关产业升级。同时，更加注重引导资金转向潜力巨大的有待大力发展的服务业领域，也可以借此增加就业、提高收入以及扩大消费。只有这样才能拓展投资渠道，丰富投资领域，避免资金过度集中于房市、股市等造成的泡沫现象。

加强对房地产行业和银行的监管力度。总结日本泡沫经济破灭的经验可见，房地产价格的大幅上涨容易引起泡沫经济和银行危机。我国用于开发房地产市场的资金主要来源于银行的贷款，房地产泡沫的膨胀和破灭都会对银行和金融行业带来严重影响。另外，由于市场的风险性，政府要加强对市场的管理和监控。我国监管还存在法律制度不健全、监管独立性较弱等问题。对此应明确各方的任务，提出切实可行的措施加强监管力度，保证经济体系的正常运行。其中，政府要着重加强对银行信贷的监管力度，确保金融机构资本金比例的充足，只有银行系统的安全，才能促进资产市场的健康发展，消化经济中的泡沫，避免泡沫破灭后出现的消极经济状况。

掌握好政府货币政策和财政政策调控。从以上的分析可知，日本政府在泡沫经济中的货币政策的力度过大，时机把握不当，反而对经济发展造成了恶果。1989 年开始，日本政府五次上调贴现率，金融形势开始迅速收缩，股票价格和房地产价格下跌给日本经济带来了严重的创伤。我国在面对股票市场和房地产市场的泡沫经济时，应该坚持稳健的货币政策，应在我国经济增长中通过多种合理稳妥的途径来消化泡沫。要继续坚持渐进的金融改革路径，审慎、稳健、前瞻地实施宏观调控，避免短时间的大起大落，有序地深化利率市场化、人民币汇率市场化、资本账户开放、综合经营等一系列金融自由化改革。政府监管部门对于银行的经营、资本市场的运作以及跨境资本的流动，要始终保持高度关注并予以审慎监管。

综上所述，从表象上看，当前我国经济与20世纪80年代的日本泡沫经济存在一些相似的地方。但是细加分析也会发现，当前我国经济与昔日的日本存在明显的差异，而这些差异的明确和合理运用，将对中国经济发展很有益处。因此，只要中国防微杜渐，采取合理科学的发展举措，将可以避免重蹈日本泡沫经济的覆辙。

5.（1）习近平总书记在河南考察时强调，我国发展仍处于重要战略机遇期，我们要增强信心，从当前我国经济发展的阶段性特征出发，适应新常态，保持战略上的平常心态。习近平总书记在与党外人士座谈会上再次强调，要正确认识中国经济发展的阶段性特征，进一步增强信心，适应新常态。全面认识中国经济新常态，把握经济发展的阶段性特征，创新宏观调控思路和方式，以改革创新重塑发展新动力，对在新常态下保持经济平稳健康发展，实现由高速增长向更高效率、更高效益的高效增长跃升具有重要意义。

①经济发展新常态主要有几个特点：从高速增长转为中高速增长；经济结构不断优化升级，第三产业消费需求逐步成为主体，城乡区域差距逐步缩小；从要素驱动、投资驱动转向创新驱动。

②经济新常态将给中国带来新的发展机遇：经济新常态下，经济增速虽然放缓，但经济规模决定的实际增量依然可观；新常态下的经济增长更趋平稳，增长动力更为多元；在经济新常态下，产业结构进一步优化升级，发展前景更加稳定；在经济新常态下，政府积极推动职能转变，市场活力进一步释放。

（2）创新宏观调控思路和方式。经济运行的新变化，要求创新宏观调控思路和方式，丰富完善新的调控方式，增强调控的科学性、针对性和有效性，使中国经济在进入新常态后继续保持稳定健康发展。

保持定力，稳定宏观政策基本取向。进入新常态后的增速换挡，是周期性调整和结构性因素相互作用的结果，但主要还是生产要素供需变化带来的潜在增长水平下降所致。如果不顾潜在增长水平下降，动不动就"踩油门"，采取短期强刺激政策，不仅难以阻止经济增速放缓，甚至可能加剧产能过剩、负债上升、资产泡沫、环境污染等结构性问题。因此，只要经济运行在合理区间，就要保持宏观政策基本稳定，坚持积极的财政政策和稳健的货币政策的合理搭配，不搞强刺激，不进行大的政策调整，给市场主体稳定的预期和信心。

主动作为，适时有序预调微调。保持宏观政策取向基本稳定，并不意味着无所作为。在周期性与结构性因素相互交织的情况下，实际增速与潜在增长率都存在较大易变性，如果放任市场自我调整，经济增速就有可能滑出合理区间。因此，宏观调控要瞄准经济运行中的突出问题，确定调控"靶点"，对关键领域和薄弱环节精准发力。当前，我国经济仍面临较大下行压力，需要及时有序进行预调微调，避免经济增速滑出合理区间。

远近结合，坚持和完善定向调控。宏观调控要立足当前，着眼长远，在总量调控和结构调整相结合的基础上进行政策组合，在稳增长、调结构、转方式和防风险的多重目标中寻求平衡，既要保持经济运行处在合理区间，更要促进结构调整和发展质量提升。财政政策要发挥"定向"功能，加强中西部铁路、棚户区改造、水利、能源、生态环保等重大工程投入，扩大医疗、养老等社会急需的公共服务供给，落实对农业、小微企业、服务业降税减负政策。货币政策要完善"有保有压"，加强金融对实体经济的支持，在定向降准等措施基础上，着力降低融资成本，缓解企业融资难、融资贵问题。需要指出的是，进入新常态后，制造业大规模扩张的空间逐步缩小，经济增长动力主要来自产业升级，提升产业价值链和产品附加值，推动经济向中高端水平发展，应成为定向调控的重要着力点。

改革创新，不断完善宏观调控方式。随着经济进入新常态，特别是市场配置资源作用不断增强，要更加尊重市场规律，更多运用间接调控手段，核心是处理好政府与市场的关系。要寓改革于宏观调控之中，深化财税体制改革，在预算管理、税制、事权和支出责任划分等方面推行一系列改革举措，在定向调控中有效发挥作用。金融改革要在放宽市场准入、利率市场化、存款保险制度等方面有序推进，以增强货币政策的传导性和有效性，发挥货币政策在总量平衡和促进增长等方面的作用。深化投资体制改革，确立企业投资主体地位，发挥发展规划、产业政策的约束和引导作用，加强对投资活动的土地利用、能源消耗、污染排放等管理，避免重复建设和无序竞争，增强宏观调控的有效性。

6.（1）去产能，即化解产能过剩，是指为了解决产品供过于求而引起产品恶性竞争的不利局面，寻求对生产设备及产品进行转型和升级的方法。我国倡导去产能的原因在于：受国际金融危机的深层次影响，国际市场持续低迷，国内需求增速趋缓，我国部分产业供过于求矛盾日益凸显，传统制造业产能普遍过剩，特别是钢铁、水泥、电解铝等高消耗、高排放行业尤为突出。当前，我国出现产能严重过剩主要受发展阶段、发展理念和体制机制等多种因素的影响。产能严重过剩越来越成为我国经济运行中的突出矛盾和诸多问题的根源。供给侧改革是指用改革的办法矫正供需和生产要素错误搭配，促进生产结构、产业结构、收入分配结构、区域结构等系列结构性问题化解和解决有效供给与市场需求不相适应的问题。改革的重点是供给侧结构调整，这必然离不开制度创新，其核心是提高要素生产率和能源资源利用率，发展可持续经济。在改革过程中，如何处理好政府与市场的关系，优化市场资源的配置结构，关系到能否有效地激发市场主体的活力。

（2）经济新常态下推进供给侧改革的作用主要有以下几个方面。

①优化经济结构。经济新常态下，发展战略性新兴产业，优化产业结构使其向更高等级演变，调整经济结构，提高整个经济的质量效益，将以往的由投资、出口拉动的经济增长模式转变为依靠创新和拉动内需的增长模式。

②加快转变经济发展的驱动力。供给侧改革促使经济发展的动力由传统的要素驱

动、投资驱动加快向创新驱动转变，推动以科技创新为核心的全面创新，构建布局合理、机制完善和结构优化的开放型创新体系，从而改变中国的整个经济发展方式。

③缓解供需结构性矛盾。进入新常态以来，中国经济需求侧面临投资空间变窄、消费能力受到制约的问题，但整个经济的问题不是总需求不足的问题，而是供给结构与需求结构不匹配的问题。目前，供给侧存在中低端产品过剩、高端产品供给不足的现象，其实质是结构性的有效需求不足。

④促进中国经济实现绿色低碳的可持续发展模式。供给侧改革的核心是通过制度改革提高全要素生产率，在经济发展中尽量降低资源、能源的损耗，在达到相同产出效果的同时减少污染物的排放，降低对环境的破坏。

三、案例分析

发展经济和保护环境关系到人类的前途和命运，影响着每一个国家、民族和个人。人口剧增、能源短缺、全球性气候变暖、臭氧层破坏、土地沙化、水土流失、森林面积减少等一系列严重问题随着经济全球化的扩张成为威胁人类生存和发展的重大问题。

贵州处于由传统社会向现代社会全面推进的转型时期，经济社会的迅速发展使得环境面临着巨大的压力。因此，贵州在今后的发展中，应坚持"大生态、大扶贫和大数据"三大战略，既要保护好绿水青山，又要通过多种途径发展山地特色产业，实现绿色发展、三产融合发展，实现绿水青山就是金山银山。

参 考 文 献

陈洪明，边文思，王东升.2009.西方经济学（宏观部分·第四版）同步辅导及习题全解[M].北京：中国水利水电出版社.

陈胜权.2005.宏观经济学名校考研真题与习题解析[M].北京：对外经济贸易大学出版社.

高鸿业.2018.西方经济学（宏观经济学·第七版）[M].北京：中国人民大学出版社.

李莹莹，汲欣欣.2010.西方经济学（宏观经济学·第四版）课堂笔记及习题全解[M].北京：中国水利水电出版社.

汤毛虎，滕佳宇.2013.西方经济学全真模拟试卷及详解[M].上海：复旦大学出版社.

武拉平.2013.宏观经济学案例集[M].北京：中国人民大学出版社.

翔高教育经济学教学研究中心.2011.西方经济学（宏观部分）考试手册（第二版）——核心考点命题思路分析[M].北京：中国人民大学出版社.

张顺.2015.宏观经济学习题集[M].北京：中国人民大学出版社.

后 记

本书由贵州财经大学李家凯老师、汪延明老师主编,第十二章、第十四章、第十七章和第二十章由贵州财经大学李小庆编写;第十三章、第十五章、第十八章、第二十一章由贵州财经大学周仁燕编写;第十六章、第十九章、第二十二章以及第二十一章的部分内容由贵州财经大学杨加裕编写。

另外,本书的出版要感谢贵州省经济学一流师资团队建设经费资助,以及贵州财经大学经济系基础教研室老师们提出的合理建议与意见。

本书在编写过程中难免存在不足之处,恳请广大老师和学生批评指正。

编写组

2018 年 5 月 10 日